新 坐 标 法 学 教 科 书

刑法思维与案例讲习

陈璇 著

北京大学出版社
PEKING UNIVERSITY PRESS

图书在版编目(CIP)数据

刑法思维与案例讲习 / 陈璇著. —北京:北京大学出版社,2023.4
ISBN 978-7-301-33651-9

Ⅰ.①刑… Ⅱ.①陈… Ⅲ.①刑法—案例—中国—教材 Ⅳ.①D924.05

中国国家版本馆 CIP 数据核字(2023)第 004341 号

书　　　名	刑法思维与案例讲习 XINGFA SIWEI YU ANLI JIANGXI
著作责任者	陈　璇　著
责任编辑	周　希　方尔埼
标准书号	ISBN 978-7-301-33651-9
出版发行	北京大学出版社
地　　　址	北京市海淀区成府路 205 号　100871
网　　　址	http://www.pup.cn　http://www.yandayuanzhao.com
电子邮箱	编辑部 yandayuanzhao@pup.cn　总编室 zpup@pup.cn
新浪微博	@北京大学出版社　@北大出版社燕大元照法律图书
电　　话	邮购部 010-62752015　发行部 010-62750672 编辑部 010-62117788
印　刷　者	三河市北燕印装有限公司
经　销　者	新华书店
	650 毫米×980 毫米　16 开本　27 印张　376 千字 2023 年 4 月第 1 版　2024 年 12 月第 4 次印刷
定　　　价	89.00 元

未经许可,不得以任何方式复制或抄袭本书之部分或全部内容。
版权所有,侵权必究
举报电话:010-62752024　电子邮箱:fd@pup.cn
图书如有印装质量问题,请与出版部联系,电话:010-62756370

编委会

新坐标法学教科书

主 编

李昊　江溯

编委会成员

陈　璇　　崔国斌　　丁晓东

董　坤　　巩　固　　何志鹏

雷　磊　　刘　斌　　任　重

宋华琳　　杨代雄　　尤陈俊

张凌寒　　张　翔　　朱晓喆

序
"有您这碗酒垫底,什么样的酒我全能对付"

近年来,源自德国的"鉴定式案例分析方法"在民法、刑法、行政法领域逐渐兴起。"鉴定式案例分析方法"听起来是个"洋味儿"十足的名称。但是,正像刑法理论中许多外来的概念、学说一样,我们需要关注的不是它来自哪个国家,也不是它叫什么名字,关键在于这个理论是不是能够契合当下我们的内在需要,是不是反映了理论研究和教学方面的某种内在规律。例如,"客观归责"可以说是近十多年来最炙手可热的一个舶来品。我始终认为,学术研究应当追本探原、以道御术,不能拘泥于某个学者所提出的具体学说,也不应当拘泥于"危险创设""危险降低""危险实现"之类令人眼花缭乱的名称本身,而应该剥开具体学说和名称的外壳,仔细看一看它的出现究竟体现出归责原理的何种发展规律——正是这种内在的规律才是真正本质和恒定的东西,才对推进我国刑法理论的发展具有指导意义,也才孕育着中国刑法学产出原创性智慧的契机。同样的道理,叫不叫"鉴定式分析方法"并不重要,关键在于把握住那些切中法学教育内在规律的"刚需"和"硬通货"。也就是,我们的案例教学究竟要达到怎样的目标?对照这种目标,传统的案例教学方法可能存在哪些缺失?为了满足案例教学的需要、契合法学教育的基本规律,鉴定式案例分析的思维又能给我们带来哪些启示和教益?

十年前,我从德国留学归来,入职中国人民大学法学院,之后很快发现,拿法律人必须具备的基本能力来衡量,我国传统的案例教学模式与实际的需求之间似乎有着不小的差距。传统案例教学采用的方式,其特点大致可以概括为:论题给定、专项训练,即将每个案例的研习重点集中在一两个问题上。这不禁让我想起,在钢琴教学中,有练习曲和乐曲之分。练习曲的特点在于,它把某种技术要素、难点集中起来,练音阶就是练音阶,练八度就是练八度,练换把就是练换把,不掺杂多余的内容,这便于初学者有目标地重点突破。传统的案例教学就类似于练习曲,它固然有助于加深学生对于特定知识点的理解,但其最大的缺陷就在于忽视了对学生通盘发现问题能力的培养。正如正式登台演奏的乐曲无不综合了多种技术要点,演奏者只有娴熟地综合运用多种技巧才能胜任。同样的道理,实践中的疑难案件往往杂糅交织着多重问题,只有具备在短时间内全面、准确搜索问题的能力,辩护人才能穷尽一切可能的辩点,公诉人才能找到真正有力的指控方向,法官才能作出公正的判决。鉴定式案例分析方法最值得借鉴的地方就在于,它所发展出来的从事实分段到罪刑规范的查找再到犯罪成立要件的逐一分析这一整套章法或曰程式,能够最大限度地督促分析者不放过任何一个有探讨空间的问题。

鉴定式案例分析方法的另一个优势在于它的"笨"。任何一个案件,无论它看上去怎样简单,分析者都需要穷尽一切问题和规范;任何一个结论,不论它如何浅显,分析者都必须经过严格的说理和论证,来不得半点敷衍和草率。正是这看似枯燥的一个法条一个法条的涵摄、一个要件一个要件的分析过程,才使我们能够发现那些平常容易被忽略、被遮蔽掉的问题,能够在法律写作中杜绝大而化之、不着边际的毛病,学会结合个案的丝丝细节将论证的每一环节都压实说透。在德国大学里,法科学生之所以能够较早地养成紧扣法条及判例进行说理的习惯,之所以能够较早地具备娴熟运用法律论证方法从事大篇幅专业写作的能力,与各主要部门法学科内高强度的案例分析训练是分不开的。从我本人的教学经验来看,愿意踏踏实实下这种"笨功夫"的学生,恰恰是法学论证和专业写作技能提升得最快、掌握得最扎实的。

我自2013年春季学期开始在中国人民大学法学院为本科生开设了刑法案例分析的选修课。这门课程吸收鉴定式案例分析方法的精髓,同时保留了传统案例教学方法的优长,发展出了"五步骤"的分析框架,以及地毯式全面分析与重点问题深入研讨相结合的教学模式。课程的内容是完全中国化的:一方面,所有案例素材均选自本土的典型案例;另一方面,分析模式的具体设计也适应了中国刑法的一系列特色制度,例如共同犯罪、罪量要素等。

　　本书是我所撰写的第一部教学用书。与学术专著相比，本书的写作给我带来的压力似乎更大。这让我想起了《宋人轶事汇编》里记载的一桩轶事："欧公（即欧阳修——引者注）晚年，尝自窜定平生所为文，用思甚苦。其夫人止之曰：'何自苦如此！尚畏先生嗔耶？'公笑曰：'不畏先生嗔，却怕后生笑。'""怕后生笑"，可谓一语中的！无论哪种形式的教学用书，均旨在为学生日常的学习、思考和训练提供一种标准的范本。而范本的建立绝非朝夕之功，不经历反复锤炼、长期积淀是无法完成的。为此，我作了两方面的努力：第一，本书的主体内容，无论是案例材料还是分析正文，抑或是方法讲授，都经历了九年课堂教学的持续打磨。其中不少案例多年来反复在使用，每一年的课堂研讨几乎都有新的发现，要么是找到了以前被忽略掉的问题，要么是变换了分析的思路，要么是对疑难点有了新的看法。我真切地感受到，九年讲授刑法案例课的过程，也是我自身分析能力和学生同步提升的过程，"教学相长"诚非虚言。第二，在本书最后定稿阶段，我专门听取了多名听过课的研究生的修改意见，并请他们对全书进行了分工校对。尽管如此，本书毕竟具有相当的探索和试验性，它无论在内容还是在形式上都有完善和提高的空间，诚挚期待和欢迎各位读者批评指正。①

　　记得现代京剧《红灯记》中有一段脍炙人口的场景：李玉和即将赴宴斗鸠山，临行前李奶奶以酒送行，李玉和举起酒碗念白道："妈，有您这碗酒垫底，什么样的酒我全能对付！"正如法学教育不可能、也无须毫无遗漏地给学生讲授每一部具体的法律一样，一门刑法案例分析课不可能、也无须穷尽刑法学所有的知识点，不可能、也无须覆盖司法实务的一切能力训练。学生走出校门后，还需要进一步在工作中学习、磨炼诸如阅卷、取证等实务操作的具体技能。但是，这门课程和本书的意义大概就在于，帮助学生练就应对一切法律问题所不可或缺的一套基本功、一种底层思维方法。只要本书能够为同学们未来的法律职业生涯送上一杯"垫底"的酒，那么其目标也就达到了。

　　北京大学出版社的蒋浩、杨玉洁和靳振国老师对本书出版给予了巨

---

① 我的电子邮箱为：chenxuan1226@hotmail.com。

大的支持;这些年来,我曾在不同场合与张翔、车浩、江溯、吴香香、查云飞等致力于案例教学探索的同人进行过交流和切磋;2013 年至今历届听课的同学在课上课下的讨论中带给了我各种意想不到的灵感;研究生储志豪、李时增、田扬、李妍彬、韩金泥、朱子龙同学协助校对了书稿。对于以上各位老师和同学,谨致以衷心的感谢。

陈　璇

二○二二年八月十八日于北京

目 录

第一章 导论：思维方法与分析框架 …………………………… 001
  一、从"头脑风暴"到体系性分析 …………………………… 001
  二、"五步骤"分析方法的基本构造 ………………………… 006
  三、特殊犯罪现象的分析模式 ……………………………… 023
  四、本书的目标、设计和使用指南 ………………………… 053
  五、结语 ……………………………………………………… 057

第二章 见义勇为案 …………………………………………… 058
  案情叙述 ……………………………………………………… 058
  思路提要 ……………………………………………………… 058
  具体分析 ……………………………………………………… 059
  难点拓展 ……………………………………………………… 089

第三章 聚苯乙烯案 …………………………………………… 099
  案情叙述 ……………………………………………………… 099
  思路提要 ……………………………………………………… 099
  具体分析 ……………………………………………………… 101
  难点拓展 ……………………………………………………… 124

第四章 稻香楼宾馆案 ………………………………………… 134
  案情叙述 ……………………………………………………… 134
  思路提要 ……………………………………………………… 134
  具体分析 ……………………………………………………… 136
  难点拓展 ……………………………………………………… 161

第五章　孩子与赎金案 …………………………………………… 168
案情叙述 ………………………………………………………… 168
单一行为说的分析方案 ………………………………………… 169
　思路提要 ……………………………………………………… 169
　具体分析 ……………………………………………………… 171
复合行为说的分析方案 ………………………………………… 203
　思路提要 ……………………………………………………… 203
　具体分析 ……………………………………………………… 205
重点复习 ………………………………………………………… 239

第六章　毕业季的四套西服案 …………………………………… 240
案情叙述 ………………………………………………………… 240
思路提要 ………………………………………………………… 241
具体分析 ………………………………………………………… 243
重点复习 ………………………………………………………… 272

第七章　地铁站的行李箱案 ……………………………………… 273
案情叙述 ………………………………………………………… 273
思路提要 ………………………………………………………… 274
具体分析 ………………………………………………………… 275
难点拓展 ………………………………………………………… 305

第八章　面包车与银行卡案 ……………………………………… 318
案情叙述 ………………………………………………………… 318
思路提要 ………………………………………………………… 319
具体分析 ………………………………………………………… 321
难点拓展 ………………………………………………………… 346

第九章　"K粉"案 ………………………………………………… 353
案情叙述 ………………………………………………………… 353
思路提要 ………………………………………………………… 354
具体分析 ………………………………………………………… 357
重点复习 ………………………………………………………… 402

知识点索引 …………………………………………………… 403

分析框架索引 ………………………………………………… 409

主要参考文献 ………………………………………………… 411

附录　刑法案例分析课规划 ………………………………… 419

第一章　导论：思维方法与分析框架

一、从"头脑风暴"到体系性分析

当一名法科大学生花费了大概一年的时间，系统地修过刑法总论和刑法各论的课程之后，对刑法典的重点法条以及刑法学的基本概念和原理都已经有了大体的了解。刑法教义学的体系建构、概念创设和学说展开，一方面具有科学探索的价值，另一方面又具有重大的实践意义；其终极目的是能以现行刑法规范为依据，为刑事案件的合理分析和裁判提供可靠的思维支撑。因此，案例分析是法科教育中最为重要的基本功或曰"童子功"之一。

在正式进入讲授鉴定式案例分析方法的学习之前，我想先给听课的同学做一个测试。请大家先就以下这个案例，自行展开分析。

【路见不平拔刀相助】

某日 18 时许，丙驾驶摩托车载着乙经过某地，见一名过路妇女 X 佩戴着金项链。两人互相使了一个眼色，丙开着摩托车冲上前，乙趁 X 不备将其佩戴的金项链（价值 7000 元）夺走，然后逃窜。X 大声呼救，甲闻讯立即驾驶汽车追赶。两车的车速均超过了该路段的最高限速。追至一立交桥上时，此时立交桥上只有零星的车辆驶过。甲多次喝令乙、丙停车，乙、丙非但不听，反而为了摆脱甲的追赶在立交桥上高速蛇形行驶。在此情况下，甲加速向前，与乙、丙的摩托车并行（相距约75厘米），试图将他们逼停。相持约 20 秒后，摩托车失去平衡，先后与右侧立交桥护栏和甲的汽车发生碰撞，最后侧翻，导致乙跌落桥下死亡、丙摔落桥面造成左小腿骨折等多处损伤；丙在治疗中小腿截肢,经法医鉴定为二级伤残。①

从分析结论上看,自然会有无罪说和有罪说两派,但我更关心的是得出结论的论证过程。从以往课堂讨论的情况来看,主张无罪说的同学大致提出了如下三种代表性见解:(1)甲并没有将乙、丙二人置于死地的故意,他只想帮物主把金项链夺回,而且死伤结果也是被害人自己危险行驶造成的,与甲的行为无因果关系;(2)甲的行为是见义勇为,如果要把这种行为当作犯罪处理,那以后就没有人在他人遇到歹徒袭击时敢于出手相助了;(3)甲的行为成立正当防卫。支持有罪说的同学提出如下三点理由:(1)甲明知自己的行为会使对方发生侧翻事故,而仍采用这种近逼的方法,存在杀人和伤害的故意;(2)因为乙、丙二人的抢夺已经既遂,不法侵害已经结束,所以甲无权进行正当防卫,其致对方死伤的行为成立犯罪;(3)虽然可以认为不法侵害尚未结束,但甲的防卫行为导致一死一重伤的严重损害结果,已经明显超过了必要限度,故他仍须承担刑事责任。

尽管同学们基本上能够找到案件中存在的争议点,但大多还停留在"东一榔头西一棒"的"头脑风暴"阶段,即缺乏清晰的思考方向与路径,不知以何处作为切入口展开分析。于是,就很容易仅凭自己的第一直觉,想到哪儿就从哪儿入手,哪里熟悉就从哪里入手。这样的分析方法至少存在以下问题:

第一,**顾此失彼**,**遗漏要点**。案例分析的第一个原则是**考察的全面性**,即要求分析者首先必须能够将案件所涉及的问题涓滴不漏地挖掘出来。但杂乱无序的思维方法往往只顾及分析者自己熟悉或者一眼容易看到的问题,自然无法保证案例分析的全面与周密。在我看来,目前我国通行的刑法案例教学方法恰恰忽视了对学生发现问题能力的培养。市面上传统的案例教程,大多是按照刑法总论和各论教科书的篇章体例来对案例进行编排分类的,并且每个案例后又有提示性的问题。这种方法的优势在于能够引导学生对案例中的某个争议问题展开深入思索。但其存在的最大问

---

① 案情改编自"张德军故意伤害案",载中华人民共和国最高人民法院刑事审判第一、二、三、四、五庭主办:《刑事审判参考》(总第51集),法律出版社2006年版,第1—4页。

题却在于,容易将学生对案例的思考范围仅仅局限在标题或者提示性问题所指向的某一个或某几个知识点上。换言之,传统的刑法案例教学基本上停留在"举例子说法理"的阶段,它能够加深学生对单个知识点或者单个法律条文的理解,但却很难教授学生在面对一个包含了错综复杂的法律关系、牵扯诸多规范的案件时,如何去庖丁解牛、抽丝剥茧。打个比方,传统的案例教学法就好比让初学游泳者把着泳池边上的扶手逐一练习换气、蹬腿等分解动作,它可以使学习者的每个动作变得标准和到位,却不能保证他进入江河湖海后游弋自如、闲庭信步。无论是法官、检察官还是律师、学者,法律职业者所面临的考验恰恰就在于,当一个完全陌生的现实案件摆在面前的时候,既不会再有提示性问题的指引,也很难指望总是有一众人等可供集思广益、共同研讨。因此,练就独立地搜寻和发掘案件中隐藏的全部问题的能力,就成为案例分析教学首要的目标。

第二,**叠床架屋,浪费精力**。案例分析的第二个原则是**思维的经济性**,即要求分析者在全面搜寻问题的基础上,应当使分析的过程尽量简洁、高效。这便要求案例分析必须遵循一定的思维次序和步骤,对某些问题的检验必须以另一些问题得到肯定回答为前提。换言之,如果前提性的问题已被否定,则后续的分析自然没有必要再展开。例如,一旦确定行为在客观上毫无法益侵害的危险,那就可以直接得出行为人无罪的结论,无须再去分析他在主观上是否有故意或者过失;又如,对正当防卫、紧急避险等正当化事由展开检验,是以行为符合法定犯罪构成要件为前提的。可是,在一个毫无章法的案例分析中,由于没有按照逻辑顺序对问题进行排列,故势必造成多头检验,造成精力和时间上不必要的消耗。以上述案件为例,如果可以认定甲对被害人的死伤结果既无故意也无过失,那就可以得出其行为无罪的结论,根本无须再去考察他是否成立正当防卫。

1997年《刑法》全面修订后的二十多年间,我国刑法理论的重心逐渐从批判刑法转移到解释刑法、从刑事立法学转向刑法教义学。法教义学"为法律规范适用于个案时不可避免的评价余地给出智识上可检验、公开和合理的操作标准"[1],从而天然契合于现代法治所追求的法的安

---

[1] 参见雷磊:《法教义学与法治:法教义学的治理意义》,载《法学研究》2018年第5期,第66页。

定性和可预测性这一价值目标。只有逻辑严密、层次清晰的案例分析方法，才能最终有效地发挥法教义学的这项法治国机能，即最大限度地确保案件处理的透明性与可检验性，最大限度地保证判决结论的可信度。不可否认，与自然科学不同，法学无法不食人间烟火、不谙人情世故，无法与某一社会时期的价值观念相绝缘，而所谓"正义的感情预先得出了结论，而法律则只在事后为其提供理由和界限"①，即先有结论后找理由的现象也在所难免。但是，正如卢曼（Luhmann）的系统论思想所指出的，法律系统需要按照自己的符码进行运作，作为系统外环境的经济、政治、社会等考量，只有被"转译"为系统内部结构可识别的符码之后，才能对系统产生影响。② 也唯有如此，方可实现法律系统稳定规范预期的目标。同理，正是严格体系化的案例分析方法的存在，才能迫使裁判者必须将得出结论的理由一一拿到法学的台面上来接受检验，"是骡子是马拉出来遛遛"，从而最大限度消除暗箱操作的嫌疑。无论有多少价值观念掺入其中，也无论解释者意图得出何种结论，相关的论据都必须纳入法教义学论证的话语和程序之中，都必须接受法教义学论证的筛查和拷问。例如，在探讨上述案件的过程中，有人认为甲无罪的实质理由在于，从贯彻社会主义核心价值观的角度出发，如果在本案中对见义勇为者判处了刑罚，则不利于弘扬社会正气、不利于鼓励公民之间互相协助。不过，这并不是从规范，而是从政策或者社会效果的角度提出的论据。因此，持该理念的解释者必须结合《刑法》的规定，使自己的意见能够融入法教义学的论证思维之中，转化为法教义学的概念话语，并在层层的学理推演过程中获得证立。

当前，我国正在推进强化裁判文书说理性的改革。③ 一国法律职业者的说理水平，与法学教育对法律论证能力的培养状况直接相关。试想，当大学法科的案例教学都拿不出一套规范严格的分析程序时，我们怎么能祈求公众相信法院对案件的处理是透明公正、有理有据的呢？当

---

① Arthur Kaufmann, Rechtsphilosophie, 2. Aufl., 1997, S. 64.
② 参见陆宇峰：《"自创生"系统论法学———一种理解现代法律的新思路》，载《政法论坛》2014年第4期，第155页。
③ 中共十八届三中全会通过的《中共中央关于全面深化改革若干重大问题的决定》中明确提出了"增强法律文书说理性，推动公开法院生效裁判文书"的总体要求。

大学课堂上的案例分析都处在混乱随意的状态之中,我们又如何指望法官能够做出一份严格以法律为准绳,论证充分、喻之以理的判决呢?

由此可见,**全面准确地发现问题**、**条理清晰地展开分析**以及**深入有效地进行说理论证**,是法律人的三项核心能力。强化这三项能力的培养,就成为我国刑法案例教学改革的内在需求和发展趋势。在这一方面,德国的鉴定式案例分析方法可以为我们提供有益的启示和借鉴。在民法、刑法、公法等不同部门法中,鉴定式案例分析的具体模式固然存在差异,但其共通的特点都在于①:其一,穷尽一切问题和方案,即要求学生必须展现案件中涉及的所有问题以及一切可能的解决途径。其二,言必有据,即任何一次涵摄结论的得出、任何一次观点立场的选择,都必须经过论证、给出理由。因此,按照鉴定式完成的案例分析报告,呈现出逻辑递进、思维严谨并且体系串联的塔体式层次。鉴定式案例分析的系统训练,不仅使学生加深了对理论知识的理解,更重要的是使学生掌握了体系性推论和深入论证的思维能力。因此,有的学者将鉴定式案例研习称为"德国法学教育皇冠上的明珠"。② 有鉴于此,本书试图吸收德国鉴定式案例教学法的优势,为我国刑法案例教学的改革完善进行抛砖引玉式的探索和尝试。

本章旨在对刑法鉴定式案例分析方法进行一个入门式的简要介绍。首先,笔者将以故意的既遂犯作为标准形态,阐述案例分析方法的"五步骤"基本框架。其次,我将针对未完成形态、过失犯、不真正不作为犯、结果加重犯、共同犯罪以及认识错误等特殊犯罪现象的分析模式作专门介绍。最后,将对本书的目标、设计和使用指南略作交代。

---

① 参见葛云松、金可可、田士永、黄卉:《法治访谈录:请求权基础的案例教学法》,载《法律适用(司法案例)》2017年第14期,第25页;陈璇:《刑法鉴定式案例分析方法导论》,载《燕大法学教室》2021年第1期,元照出版公司2021年版,第60—62页;张翔、田伟:《基本权利案件的审查框架(一):概论》,载《燕大法学教室》2021年第3期,元照出版公司2021年版,第24—26页。

② 参见夏昊晗:《鉴定式案例研习——德国法学教育皇冠上的明珠》,载《人民法治》2018年第18期,第33页。

二、"五步骤"分析方法的基本构造

刑法鉴定式案例分析方法,可以划分为"事实单元的划分""参与人员的列出""涉嫌犯罪的检验""犯罪竞合的处理"以及"全案分析的结论"五个步骤。现分述如下。

(一)事实单元的划分

俗话说:"一口吃不成胖子"。在面对任何一项复杂任务的时候,我们首先要做的就是化整为零,将任务分解成若干小项,尔后按顺序分步骤地一一完成。因此,当一个案件中包含多重行为事实时,为了使分析过程清晰化,有必要先将案件事实划分成若干单元,然后循序渐进、各个击破。

关于事实单元的划分标准,主要有"行为标准"和"行为人标准"两种。前者依据不同的行为来分解案件事实;后者则是以行为人为单位来组织分析框架。二者各有利弊。不过,相比而言,行为标准从总体上来说更为清晰明了,而且也更加便于处理参与形式错综复杂以及由先行行为引起保证人地位的案件。① 因此,建议初学者还是优先选择行为标准。依据该标准,划分事实单元的基本原则有如下几点:

1. 按照时间发展的顺序,一个行为引起一个结果的,即可成立一个独立的事实单元。②

2. 不应将同一犯罪的预备行为与实行行为分割成不同的事实单元。预谋型的故意犯罪往往有一个逐步发展的过程,从而在外观上表现为前后相继的多个行动环节;如果行为人先为实行犯罪准备工具、制造条件,然后又进入到着手实行的阶段,那么我们就应当有意识地将这两者看作一个犯罪的整体,归入一个事实单元之中。"在绝大多数的案件中,将一个整体的事件切割成预备、实行和既遂几大块,是没有意义的。"③例如:

---

① Vgl. Beulke, Klausurenkurs im Strafrecht Ⅰ, 7. Aufl., 2016, Rn. 49; Bosch, Übungen im Strafrecht, 8. Aufl., 2017, S. 13.
② Vgl. Beulke, Klausurenkurs im Strafrecht Ⅰ, 7. Aufl., 2016, Rn. 35.
③ Kindhäuser/Schumann/Lubig, Klausurtraining Strafrecht, 3. Aufl., 2016, S. 37.

【西瓜刀案】

A意图杀害B,于2017年2月1日到五金店购买了一把西瓜刀。同年2月5日—8日,A又分三次到B的住宅附近侦察,掌握B每天的活动规律。2月12日晚10时许,B下班回到家,正欲打开房门时,埋伏在一旁的A提起西瓜刀朝B身上连砍十余下后离去。B被邻居发现后送往医院,于2月13日晨6时许抢救无效死亡。

在本案中,尽管从自然事实的角度来看,A先后实施了三个独立的举动,即买刀、踩点和砍杀,但由于我们根据刑法学的基本知识可以预先认识到,前两者均属杀人的预备行为,所以应当将其与最后的实行行为放在同一个事实单元中去考察。

3. 在多人参与犯罪的情况下,一个事实单元必须包含正犯行为。因为,通说认为,我国《刑法》在共犯人分类的问题上,采取了作用分类与分工分类相结合的模式,故在实质上承认了正犯与狭义共犯(即教唆犯和帮助犯)的划分。① 基于共犯从属性的原理,教唆犯、帮助犯的成立以存在相应正犯行为为前提。这就意味着,对正犯行为的分析必须先于狭义共犯。所以,应当有意识地将正犯者与共犯者的行为置于同一个事实单元之中,从而确保共犯的可罚性从属于正犯。例如:

【土豪别墅案】

2012年7月5日,某私营企业主C告诉职员D和E,目前公司资金运转困难,让二人设法到一土豪F家中去偷些现金来。D和E商议后,由D于7月7日去购买了用于撬门的器械。7月10日晚,趁F举家外出之机,D在外望风,E利用工具进入F的别墅,打开保险箱取走现金20万元。

在本案中,从时间顺序上来看,先后出现了C唆使盗窃、D购买作案

---

① 参见高铭暄:《中华人民共和国刑法的孕育诞生和发展完善》,北京大学出版社2012年版,第30—32页;陈兴良:《教义刑法学》(第三版),中国人民大学出版社2017年版,第660页;张明楷:《刑法学》(第六版),法律出版社2021年版,第508页。

工具、D 在外望风以及 E 实施入室盗窃多个举动。但是,如果我们据此将本案划分为四个单元,那就意味着 C 的行为与 E 的行为被分隔在了前后两个事实单元当中。这样一来,当我们判断 C 是否构成教唆犯时,就不得不预先进入第四个事实单元去考察 E 的正犯是否违法,这势必造成不必要的混乱。对于仅实施了从旁协助行为的 D 来说,也同样如此。所以,最好的办法就是将 C、D、E 的行为全部归入一个事实单元,尔后以 E 为中心,在确定了 E 的行为性质之后再将分析的目光扩及 C 和 D。

4. 我们需要用简短的标题来对每个单元中的事实情况作一概括。由于标题是对案件事实而非规范判断结论的总结,所以应当尽量采用中性的用语,避免使用"故意杀人""入室盗窃"等带有确定罪名意味的表述。① 例如,前述两个案例的事实可以分别概括为"刀砍致死"以及"入屋取财"。

(二)参与人员的列出

在每一事实单元之下,需要以单个参与人为单位展开分析。当涉及多人共同参与犯罪时,也应当逐一对每个行为人分别加以考察,而不能"眉毛胡子一把抓",将所有参与人放在一起同时进行。至于参与人排列次序的先后,总体上应当遵循"**密接者优先**"的原则,具体而言需要注意以下几点:

1. 若多人的行为有唆使、协助和实行之分,则应当遵循"先正犯后共犯"的原则,从疑似正犯者,即在客观上与法益侵害结果的发生具有最直接、最紧密关系的行为人开始。② 因为由共犯从属性所决定,确定正犯行为的性质是判断教唆、帮助行为是否成立犯罪的先决条件。以"土豪别墅案"为例,由于直接完成窃取现金行为的人是 E,故应当优先考察他的行为,然后再去分析 C 和 D。

2. 在有可能成立间接正犯的场合,应当从直接实现犯罪构成要件的人即疑似被利用者开始分析。

3. 在有可能成立共同正犯的场合,应当从对实现犯罪贡献最大者开

---

① Vgl. Gropengießer/Kohler, Glück und Unglück eines römischen Feldherrn, Jura 2003, S. 277.

② Vgl. F. C. Schroeder, Anleitung für strafrechtliche Übungsarbeiten, JuS 1984, S. 699; Beulke, Klausurenkurs im Strafrecht Ⅰ, 7. Aufl., 2016, Rn. 41.

始。若各参与人贡献大致相当,则可以从任何一人开始。①

需要说明的是,在肯定共犯从属性原则的前提下,关于正犯须满足何种条件时狭义共犯才能成立,即从属性程度的问题,刑法理论上曾有极端从属性说、限制从属性说、最小从属性说等不同看法。目前,我国多数学者采纳了德、日等大陆法系国家通行的限制从属性说,即认为只要正犯符合构成要件且具有违法性,相应的教唆犯和帮助犯即可成立。②因此,即便我们从案件事实中发现某行为人因年龄或者精神病而欠缺责任能力,一看便知该人不可能成立任何犯罪,也必须按照既定的程序对他的行为进行分析。因为尽管他本人不成立犯罪,但其行为是否符合构成要件、是否违法,却会直接影响到其他犯罪参与人的行为是否成立共犯或间接正犯。

(三)涉嫌犯罪的检验

在每一个参与人之下,我们需要对他在该事实单元中的所作所为可能成立的犯罪逐一进行分析,这是整个案例分析的核心部分所在。具体来说:

1.某一行为可能构成的犯罪,都必须毫无遗漏地考虑在内。

首先,即便行为人的行为涉及法条竞合中的特别法条,也不能遗漏对行为是否符合普通法条的分析。当一个行为可能触犯的多个法条之间存在包容关系时,初学者很容易根据特别法优于普通法的原则,直接将普通法完全摒除出考虑的范围。这种做法是存在问题的。如果该行为同时符合普通法条和特别法条,那么我们将在下一个分析环节中通过竞合的判断决定优先适用特别法条;如果该行为不符合特别法条所规定的某些要素,但已完全符合普通法条,那么由于特别法优于普通法的原则只适用于某个具体行为同时符合特别法和普通法的情形③,故此时完

---

① 具体分析次序的确定,详见本章第三部分第(五)点。
② 参见黎宏:《刑法学总论》(第二版),法律出版社2016年版,第261页;张明楷:《刑法学》(第六版),法律出版社2021年版,第557页;周光权:《刑法总论》(第四版),中国人民大学出版社2021年版,第362页。
③ 参见张明楷:《刑法分则的解释原理》(第二版),中国人民大学出版社2011年版,第730页。

全可以适用普通法条。① 换言之,由于在最终得出检验结论之前,我们还无法确定一个行为究竟是否同时符合了特别法和普通法,所以在搜索待检验的法条时,不能预先把普通法排除出审查的视野。

【国有单位出纳案】

国有单位的出纳 G,利用职务上的便利将其与另一名出纳共同保管的单位现金 1 万元取走。

我们在分析 G 的行为时,既需要考虑《刑法》第 382 条的贪污罪,也不能忘记作为贪污罪普通法条的《刑法》第 264 条的盗窃罪。由于按照《刑法》第 383 条的规定和 2016 年 4 月 18 日最高人民法院、最高人民检察院《关于办理贪污、贿赂刑事案件适用法律若干问题的解释》第 1 条的规定,G 贪污的数额不满 3 万元又不具有其他较重的情节,故无法适用贪污罪的规定。但该行为却完全符合了《刑法》第 264 条规定的所有构成要件,故应当以盗窃罪论处。

相对刑事责任能力人的责任范围问题,也能够说明对罪名进行全面检验的重要性。《刑法》第 17 条第 2 款规定,已满 14 周岁不满 16 周岁的人,只有犯故意杀人、故意伤害致人重伤或者死亡、强奸、抢劫等 8 种犯罪的,才负刑事责任。在一段时间内,刑法学界对于这 8 种犯罪的具体范围存在争论,有的认为其仅限于以相关罪名定罪的情况(罪名说),有的则认为只要行为在实质上属于相关犯罪即可(行为说)。② 2002 年 7 月 24 日全国人大常委会法制工作委员会发布的《关于已满十四周岁不满十六周岁的人承担刑事责任范围问题的答复意见》采取了"行为说",其规定:《刑法》第 17 条第 2 款所规定的 8 种犯罪,是指具体犯罪行

---

① 也有学者对此持不同看法,认为在行为按照特别法条都没有处罚必要性的情况下,既然特别法条都有意放过被告人,从而形成了"意图性的立法空白",那么退而求其次转而根据普通法条定罪的做法,就明显违反了立法者的意思。参见周光权:《法条竞合的特别关系研究——兼与张明楷教授商榷》,载《中国法学》2010 年第 3 期,第 165—168 页;黎宏、赵兰学:《论法条竞合的成立范围、类型与处罚规则》,载《中国刑事法杂志》2013 年第 5 期,第 40 页。

② 罪名说参见何秉松主编:《刑法教科书(上卷)》,中国法制出版社 2000 年修订版,第 262—265 页;高铭暄主编:《刑法专论》,高等教育出版社 2002 年版,第 207 页;行为说参见张明楷:《刑法学》(第二版),法律出版社 2003 年版,第 189—190 页。

为而不是具体罪名。所以,《刑法》第17条中规定的"犯故意杀人、故意伤害致人重伤或者死亡",是指只要故意实施了杀人、伤害行为并且造成了致人重伤、死亡后果的,都应负刑事责任;而不是指只有犯故意杀人罪、故意伤害罪的,才负刑事责任。但实际上,"罪名说"与"行为说"之争是没有意义的,立法者专门作出解释也没有太大的必要。例如,已满15周岁的甲实施决水行为,导致多人死亡。全面考虑该行为可能触犯的法条,需要进行如下检验:第一,考虑决水罪(《刑法》第115条第1款)。构成要件符合性和违法性均已具备,但由于决水罪不属于相对刑事责任能力者能够承担刑事责任的犯罪,故甲不成立决水罪。第二,考虑故意杀人罪(《刑法》第232条)。行为符合本罪的构成要件且违法,同时故意杀人罪属于《刑法》第17条第2款所列8种犯罪之一,故甲成立故意杀人罪。由此可见,只要将涉嫌的全部犯罪都纳入到考虑的范围,即便采用"罪名说",也能够顺理成章地得出有罪结论,避免相对刑事责任能力人逃避罪责。

其次,在搜索罪名时,可以采取"**法益导向法**"。众所周知,我国《刑法》分则主要是按照行为侵犯的法益类别进行分章排序的。我们需要预先从案件事实中找到受到威胁或者侵害的法益有哪些,然后再以一个个法益为线索"按图索骥"地查找罪名。例如,甲是公安局交警大队队长,发现乙驾驶的货车严重超载后不责令其自行卸货,而是在训诫几句后予以放行,后乙所驾货车与对向行驶的一辆二轮摩托车正面相撞,导致2人死亡、1人重伤,造成财产损失10万元。考察与甲的行为具有因果联系的损害,可以发现其涉及的法益包括:个人人身法益即生命、健康;个人财产法益;公共安全;国家机关工作人员职务行为的客观、公正和有效性。据此,我们需要在《刑法》分则第二、四、五、九章搜索出相关待检验的罪名,如交通肇事罪、过失致人死亡罪、过失致人重伤罪、故意毁坏财物罪、玩忽职守罪等。

2. 在考察某一犯罪是否成立时,除了要分析其核心条文之外,还要考虑与其相关的法律拟制条款。

对于某些罪名来说,刑法中涉及该罪名的条文不止一处。因此,在考察某一行为是否符合该罪名时,就需要全面分析与之相关的所有条文,特别是以法律拟制的方式规定按照本罪处理的那些条文。因为,法律拟制是将原本不符合某种规定的行为也按照该规定处理。① 这就意味着某些完全不同于核心条文所规定之类型的行为,也应当按照该罪名论处。在这种情况下,该罪名实际上就包含了多种不同的行为类型。所以,当我们认定某一行为不符合核心条文的规定时,不能就此打住,而应当进一步考察该行为是否符合相关的法律拟制。要做到这一点,我们平时在学习刑法分则时,就必须"常做有心人",勤于对涉及同一罪名的不同条文进行分类整理。例如,抢劫罪的核心条文是《刑法》第263条,但《刑法》中还有不少按照抢劫罪处理的其他条款。对此可以整理如下:

抢劫罪 ┌ 一般规定:普通抢劫罪(第263条)
       │ 法律拟制 ┌ 事后抢劫(转化型抢劫)(第269条)
       │   │ 准抢劫(携带凶器抢夺)(第267条第2款)
       │   └ 聚众"打砸抢",毁坏公私财物的,对首要分子按抢劫罪论(第289条第2句)
       └ 注意规定:聚众"打砸抢",抢走公私财物的,对首要分子按抢劫罪论(第289条第2句)

图1.1 《刑法》中的核心条文及其相关的法律拟制条款(抢劫罪)

3. 多个待查犯罪的先后顺序,可按以下原则确定:

(1)当行为人可能触犯的多个法条之间有法条竞合关系时,应当先分析能够对该行为作出最完整的描述的规定,即特别法条,然后再去考察普通法条。例如,行为人偷取他人公务枪支的行为,既可能成立《刑法》第127条第1款前段的盗窃枪支罪,也可能成立《刑法》第264条的盗窃罪。由于盗窃枪支罪能够对该行为做出最完整、详细的评价,故应当先判断行为是否符合第127条第1款第1分句前段。

(2)当行为人可能触犯的多个法条之间没有法条竞合关系时,应当根据严重程度从重罪到轻罪依次检验,若严重程度无明显区别,则可按照发生的时间先后排列。

4. 刑法学中的犯罪论体系,实质上就是判断犯罪是否成立的基本检

---

① 参见张明楷:《刑法分则的解释原理》(第二版),中国人民大学出版社2011年版,第631页。

验框架。

众所周知,我国刑法学界存在着四要件犯罪构成体系和三(或二)阶层犯罪论体系之争。不过,从实践操作型体系(或曰教学法体系)①的角度来看,似乎无论哪种方案都承认,层次界分清晰是一个理想的犯罪论体系应当具有的特点;无论哪种观点都肯定,对积极的犯罪成立要件的检验应当先于对消极的出罪事由要件的检验。② 在本书中,笔者采取了以结果和行为无价值二元论为基础的当代三阶层犯罪论体系。③ 在认定行为是否构成某一犯罪时,应当依照"构成要件符合性→违法性→责任"的阶层式步骤依次展开;在每一阶层之下,又可细分为若干要素。现将当代三阶层犯罪论体系的基本构造图示如下:

当然,在赞同"不法—责任"阶层式犯罪论构造的阵营之内,还有其他不同的体系方案。在我国刑法理论界,有学者支持以结果无价值论为基础的古典三阶层犯罪论体系④,亦有学者采取以结果无价值论为基础的两阶层犯罪论体系⑤。

---

① 关于实践操作型体系与科学探索型体系的区分,详见陈璇:《刑法教义学科学性与实践性的功能分化》,载《法制与社会发展》2022年第3期,第146—148页。

② 首先,持四要件犯罪构成体系的学者在反驳阶层式犯罪论者的批判时,并没有否定"阶层性"本身的价值,而是反复强调,层次性绝不是阶层式犯罪论体系独有的专利,四要件犯罪构成体系在分析案件时同样能够做到逻辑清晰、层次分明,它"并不是杂乱无章的"。(参见高铭暄:《论四要件犯罪构成理论的合理性暨对中国刑法学体系的坚持》,载《中国法学》2009年第2期,第6—7页)其次,尽管四要件犯罪构成体系并没有在四方面要件内部设置消极出罪事由,但采用该体系的教科书无一例外地都在四方面要件之后专门设立了"排除犯罪性事由"(或者"正当行为")一章。黎宏教授虽然主张我国四要件的犯罪构成体系不必重构,但又认为应当从以下两个方面入手对传统的犯罪构成体系加以完善:其一,贯彻客观优先的阶层递进理念,确保关于客观法益损害的判断优先于关于主观罪过和责任能力的判断;其二,承认一种不以行为人具备刑事责任能力,而仅以行为人的行为大致符合了犯罪构成客观方面(包括客体)为内容的犯罪概念。(参见黎宏:《我国犯罪构成体系不必重构》,载《法学研究》2006年第1期,第46—48页)其实,经过黎宏教授完善后的这种四要件犯罪构成体系,已经和贝林—李斯特的古典犯罪体系相差无几了。

③ 该体系对新古典犯罪论和目的行为犯罪论进行了融合,在当今德国刑法学界居于主导地位,其主要奠基者是德国学者加拉斯(Gallas)。Vgl. Gallas, Zum gegenwärtigen Stand der Lehre vom Verbrechen, ZStW 67 (1955), S. 1ff; Roxin/Greco, Strafrecht AT, Bd. I, 5. Aufl., 2020, § 7 Rn. 23ff; Freund, in: MK-StGB, 4. Aufl., 2020, Vor § 13 Rn. 13ff.目前,我国刑法学界支持这一体系的有周光权:《刑法总论》(第四版),中国人民大学出版社2021年版,第90页。

④ 参见陈兴良:《教义刑法学》(第三版),中国人民大学出版社2017年版,目录第2—3页,正文第450页;付立庆:《刑法总论》,法律出版社2020年版,目录第2—3页。

⑤ 参见张明楷:《刑法学》(第六版),法律出版社2021年版,第163—164页。

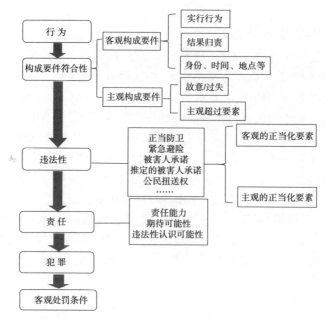

图 1.2 当代三阶层犯罪论体系的基本构造

以下是三种体系构造的大体轮廓:

表 1.1 三种犯罪论体系的基本构造

以二元论为基础的三阶体系	以结果无价值论为基础的三阶体系	以结果无价值论为基础的二阶体系
一、构成要件符合性 ·实行行为 ·结果归责 ·其他客观构成要件要素 ·主观构成要件要素	一、构成要件符合性 ·实行行为 ·结果归责 ·其他客观构成要件要素	一、不法构成要件 ·积极构成要件要素 ·消极构成要件要素(正当化事由)
二、违法性 ·正当化事由	二、违法性 ·正当化事由	
三、责任 ·责任能力 ·违法性认识可能性 ·期待可能性	三、责任 ·故意/过失 ·责任能力 ·违法性认识可能性 ·期待可能性	二、责任 ·故意/过失 ·责任能力 ·违法性认识可能性 ·期待可能性

和本书所采用的体系相比,以结果无价值论为基础的三阶体系的特点是,将故意、过失等主观要素置于责任之中;以结果无价值论为基础的二阶体系一方面将主观要素置于责任之中,另一方面则将构成要件符合性与违法性合二为一,从而把违法阻却事由理解为消极的构成要件要素。① 采取不同的阶层式体系,原则上不会对案例分析产生实质性的影响。主要在以下两个问题上,选择不同的体系可能会影响到分析思路或者结论:(1)容许性构成要件的认识错误。在三阶体系中,由于正当化事由和构成要件相分离,所以当行为人对正当化事由的前提事实发生错误时,无法根据构成要件错误的原理排除故意。于是,为了使行为人免受故意罪之刑,学界就发展出了狭义的限制责任说、法律效果的限制责任说等解决方案。但在二阶体系中,由于正当化事由本身就是不法构成要件的一个组成部分,所以针对其前提事实发生的认识错误就属于构成要件错误,能够直接产生排除故意的效果。(2)共同犯罪。根据共犯从属性原理,狭义共犯的成立以正犯行为具备构成要件符合性和违法性为前提。二元论和结果无价值论对于不法行为的理解是存在差异的,前者认为不法行为应当包含故意等主观要素,后者则主张不法行为不包含主观要素。于是,前者认为参与他人无罪过行为的举动不能成立狭义共犯,后者则认为可以。同学们在具体进行案例分析时可以自行选择任意一种体系,而无需说明选择的理由。

当案件涉及告诉才处理、追诉期限等诉讼条件时,可以在相关犯罪的分析结论中附带予以说明。例如:××的行为成立诽谤罪。根据《刑法》第 246 条第 2 款的规定,除非出现"严重危害社会秩序和国家利益"的情况,本罪属于告诉才处理的犯罪。本案中,××的诽谤行为并未涉及社会秩序和国家利益,故最终是否追究其刑事责任,还取决于被害人是否告诉。

---

① 张明楷教授承认,他虽然"没有采用消极的构成要件要素理论,但与消极的构成要件要素理论似乎没有本质区别"。[张明楷:《刑法学》(第六版),法律出版社 2021 年版,第 164 页。]

5.对于每一罪名的检验,都应当遵循涵摄技术的操作规程。

(1)涵摄的基本步骤

所谓涵摄,是指将案件事实归属到特定法规范的构成要件之下的技术。① 涵摄实际上就是在具体的案件事实与抽象的法律规范之间建立起对应关系的思维过程。具体到案例分析中,它需要经历以下四个步骤:

①抛出问题。在正式开始分析之前先需要明确审查的对象,也就是需要结合案情将有待讨论的问题概括出来。例如,甲持刀捅刺乙腹部致其死亡的行为,可能成立故意杀人罪;A 指使年仅 15 周岁的 B 趁 C 不备暗中取走其 1 万元现金的行为,可能成立盗窃罪的间接正犯。

②界定概念。"对法律概念进行解释,这是展开涵摄的逻辑前提。"②所以,接下来需要对法定构成要件要素中的相关概念进行解释,以明确其内涵。在此需要运用文义、体系、历史、目的等多种解释方法。③ 如果学界对于某一法律概念的理解存在争议(如"盗窃"这一概念是否包含"秘密性"的要件),而且该争议将对案件的分析结论产生影响,那么分析者就应当对各种学说的要义及其论据予以简要叙述,并在评说利弊的基础上确立自己的观点。

③确定事实与规范的对应关系。在对法定构成要件要素进行了抽象界定之后,我们需要进一步考察,案件事实能否归入到该要素内涵所包摄的范围之内。抽象的法律规范与具体的案件事实之间总是存在着距离,涵摄的任务就是一方面使规范朝着事实的方向具象化,另一方面使事实朝着规范的方向抽象化,在这种相互靠近的过程中揭示二者的对应关系。可见,如果分析者只是固守在其中一端而拒绝朝另一端迈进,他就无法使规范和事实产生联系,也不可能完成涵摄的任务。因此,分析者既不能简单地复述法律规范和法律概念,也不能机械地重复案情描

---

① 参见〔德〕卡尔·拉伦茨:《法学方法论》,黄家镇译,商务印书馆 2020 年版,第 204 页。

② Engisch, Einführung in das juristische Denken, 12. Aufl., 2018, S. 88.

③ 关于这些解释方法的系统介绍,参见张明楷:《刑法分则的解释原理》(第二版),中国人民大学出版社 2011 年版,第 41—108 页。

述,而应当着力论证为什么概念和事实能够(或者不能)建立起对应关系?① 只要规范和事实是否对应还存在模糊、可疑之处,涵摄工作就应当不放过任何一个疑点,一路刨根问底,直至所有的问题都被澄清、规范和事实之间的对应关系已众目昭彰为止。例如,乙、丙、丁三人将甲逼至墙角,对其拳打脚踢,甲为了脱身掏出随身携带的一把水果刀对三人一通乱刺,导致乙重伤、丙轻伤。当我们在审查甲的行为是否属于防卫过当时,不能只是重复一下教科书中防卫过当的定义,也不能只是复述一下《刑法》第20条第2款或者2020年8月28日最高人民法院、最高人民检察院、公安部《关于依法适用正当防卫制度的指导意见》第12、13条的抽象规定,而应当切实说明为什么可以认定甲的行为是(或者不是)当时情境下为及时、有效制止不法侵害所必不可少的反击手段。这里就需要结合防卫人与侵害人在体格、人数上的对比,防卫人捅刺的力度、次数和部位等具体细节展开详细论证。

就上面这个例子,许多初学者开始写作涵摄时,很容易写成:甲面对乙、丙、丁的不法侵害,持刀乱刺导致乙重伤、丙轻伤,该行为虽然造成了重大损害,但并未明显超过必要限度,不属于防卫过当。

这种分析明显流于粗疏,有大而化之、蒙混过关之嫌。以笔者的经验来看,要提高涵摄写作的质量,一个有效的途径就是层层追问。要对上述涵摄加以改进,就可以展开以下问答:

问:为什么说甲的反击未明显超过必要限度?

答:因为甲所采取的反击手段是为制止不法侵害所必不可少的。

问:为什么说甲的反击手段必不可少?

答:因为甲只有使用刀具砍刺,才能保证自己及时、有效地制止对方三人的殴打。

问:凭什么说只有这种措施才能保证防卫的及时和有效性呢?

答:第一,乙、丙、丁三人虽然赤手空拳,但在3:1的情况下,侵害人

---

① 我国的许多司法裁判理性不强,很重要的一个表现就是:判决书在叙述了查明的案件事实以及相关证据后,只是简单地列出法律依据和构成要件的概念即径行给出裁判结论,至于具体事实和抽象规范究竟是如何实现一致的,其思维过程和具体理据却始终处在无从查考的"黑箱"之中。因此,欲从根本上袪除这一顽疾,就必须在大学课堂的案例分析教学中强化涵摄技术的训练。

在人数上的优势使得防卫人在力量对比上处于下风。甲如果只是以拳脚相对抗,并不足以压制对方的侵害,他只有动用具有一定杀伤力的器械,才能弥补自身在力量上的劣势。第二,行为当时,甲已被乙、丙、丁三人围逼到墙角处,其闪转腾挪的空间极为有限,如果不动用凶器果断反击,就可能在多人的殴打之下丧失防卫时机。

可见,这几轮追问下来,分析者不得不将自己的思维从表面、抽象的层次一步步地向案件的核心疑点、争点和难点推移,由此一步步地丰富自己的论据、提升论证的深度和信服力。形象地说,这种方法的要诀就是不让分析者那么容易就"糊弄"过去,而是把任何可能打马虎眼的地方都尽量坐实,迫使分析者从原来的"隔靴搔痒"一步步走向"切中肯綮"。

④得出结论。在每一个构成要件要素的检验工作完成之后,都应当对涵摄的阶段性结论作一概括。

不妨举一例以展示涵摄的具体过程:

【驱鬼案】

朱某以驱鬼为由,诱骗于某拿出4300元及价值3220元的黄金首饰作为道具,交给朱某"施法驱鬼"。朱某将上述财物用纸包好后,在"施法"过程中,乘于某不备,用事先准备好的相同纸包调换装有财物的纸包。待"施法"完毕,将该假纸包交还于某,并嘱咐3日后才能打开,随后将于某的上述财物带离现场。①

> 朱某以假装施法驱鬼的方式取得了被害人于某价值7520元的财物,可能构成诈骗罪。(**抛出问题**)诈骗罪的客观构成要件表现为,通过虚构事实、隐瞒真相使对方陷入错误认识,并且基于错误认识处分数额较大的财产,从而遭受财产损失。其中,对方的错误并不是指任何意义上的错误,而必须是导致处分财产的认识错误。(**界定概念**)本案中,虽然朱某制造了"施法驱鬼"的假象,令于某产生了错误认识,但这种错误并未使于某自愿做出处分其财物的

---

① 参见朱影盗窃案,载中华人民共和国最高人民法院刑事审判第一、二、三、四、五庭主办:《中国刑事审判指导案例(危害国家安全罪·危害公共安全罪·侵犯财产罪·危害国防利益罪)》,法律出版社2009年版,第595页。

> 决定。于某将现金和黄金首饰交给朱某，仅仅是供其做驱鬼的道具使用，而没有转移对该财物的占有。可见，朱某的欺骗手段的作用仅在于创造条件使被害人放松警惕、疏于对财物的监视，从而达到趁其不备窃取该财物的目的。（**确定事实与规范的对应关系**）因此，甲的行为不符合诈骗罪的客观构成要件。（**得出结论**）

一旦遇到可能存在争议的问题，涵摄工作都应当遵循以上四个步骤展开；当然，对于明显无争议的部分，可以简化涵摄的过程，不必严格进行分步推论。

（2）涵摄的文体和文风

①所谓"鉴定式文体"

在德国法学教育中，"鉴定式文体"（Gutachtenstil）是与"裁判式文体"（Urteilsstil）相对立的。鉴定式文体的特点是先抛出问题，继而对各种可能的解决方案进行叙述和斟酌，经过一步步的推论，最后得出答案。裁判式文体的行文顺序则恰好相反，作为法官撰写裁判文书时所使用的文体，它往往上来就先亮明法官的判断结论，然后再一一阐述作出该判决的理由。① 大学课堂上的案例分析，主要采取的是鉴定式文体。不过，在分析过程中，对于那些不存在疑问、无需详细论述就可以迅速得出结论的部分，也可以采取裁判式文体。

②肥瘦搭配的"五花肉"

一篇好的案例分析固然需要全面地涉及案件中的所有问题，但同时又和做文章一样，也需要做到重点突出、详略得当，力戒平均用力。对于疑难争议问题，应当用墨如泼、详加论证；对于没有争议的点，则应该惜墨如金、点到即止。理想的案例分析不是越长越好，而应当是"有话则长，无话则短"。形象地说，既不能都是肥肉，让人吃后顿觉油腻反胃，又不能都是瘦肉，使人感到味同嚼蜡，而应当如五花肉一般该肥的地方肥、该瘦的地方瘦。不过，"如何一方面避免论述不完整，另一方面又防止论

---

① 参见吴香香：《请求权基础——方法、体系与实例》，北京大学出版社2021年版，第13—14页。Vgl. Valerius, Einführung in den Gutachtenstil, 4. Aufl., 2017, S. 26.

述冗长多余,这只有通过长期的经验积累才能找到门道。"①

为杜绝一切"凑字数"或"注水"之嫌,有两点是需要注意的:

首先,请勿大段重复案件事实和法律条文的内容。第一,在案件事实已经给定的情况下,机械复述案情对于分析论证毫无价值。② 第二,从以往的作业来看,不少同学会不自觉地在分析中大段地照搬法律、司法解释或规范性文件的原文。这是不必要的。因为在法律推理当中,法律、司法解释以及规范性文件的内容作为公之天下的大前提,原则上无须复述。如前所述,仅从给定的事实或者既有的法条本身出发,都不足以直接得出涵摄的结论,涵摄工作的重点在于分析事实和规范之间的关系,在于揭示案件事实能或者不能涵摄于法律规定之中的理由。

其次,对学说的介绍以必要为限。刑法学素以学说林立、门派繁杂著称,几乎每个问题都存在两种以上的不同观点。例如,在"着手"的认定问题上,存在主观说、形式客观说、实质客观说、折中说等;在不能犯与未遂犯的区分标准问题上,存在主观危险说、印象说、具体危险说、客观危险说等;在防卫限度的问题上,存在必需说、基本相适应说、折中说等。但是,案例分析的目的并不是进行理论研究和探索,而是在有限的时间内尽快为实际问题找到相对合理的解决方案。由案例分析的实务导向所决定,并非任何时候都需要在案例分析中对理论争议的图景进行全面铺陈,对学说纷争的展示应该限制在必不可少的范围之内,具体来说,需要注意以下两点:

第一,只有当学说争议切实影响到分析结论时,才需要对理论之争展开评析。笔者将之概括为"结论一致则不问理由"原则。具体来说:刑法理论上往往存在这种情况,即虽然存在学说的对立,但是不同的学说只是在论证理由或者思维进路上存在分歧,其结论却完全一致。在这种情况下,既然不论采取哪种立场都会得出相同的结论,那么分析者就没有必要为了在不同学说中进行抉择而耗费笔墨。③ 例如,B持木棍对A实施暴力袭击,A为保护自身安全掏出刀刺中B的腹部;B倒地后血流不止,A在本可以迅速将其送往医院救治的情况下置之不理、扬长而

---

① F. C. Schroeder, Anleitung für strafrechtliche Übungsarbeiten, JuS 1984, S. 699.
② Vgl. Bosch, Übungen im Strafrecht, 8. Aufl., 2017, S. 29.
③ Vgl. Beulke, Klausurenkurs im Strafrecht Ⅰ, 7. Aufl., 2016, Rn. 19; Kindhäuser/Schumann/Lubig, Klausurtraining Strafrecht, 3. Aufl., 2016, S. 51.

去，B因得不到及时救治而伤重身亡。本案涉及的是先行行为引起作为义务的情况，无论是形式义务来源说还是实质义务来源说都一致认为，先行行为属于作为义务的来源之一。所以，在讨论A对于防止B的死亡是否负有保证人义务时，无须对形式义务来源说和实质义务来源说之争详加展开。但是，正当防卫等违法阻却事由能否成为先行行为，对此学界却存在分歧：采取肯定说，则可能认定A成立不作为的故意杀人罪；支持否定说，则应当认为A无罪。既然这种争论将直接影响到本案的分析结论，那么分析者就需要通过论证在不同立场之间做出选择。不过，假如A持刀反击的防卫行为本身已经超过了必要限度，那么由于该行为具有违法性，而不论肯定说还是否定说都会认定先行行为的成立，故分析者无须对相关理论争议进行评析。

第二，在有必要对理论争议进行介绍、比较和分析时，无须对每种观点展开长篇大论的叙述，只需精炼地概括出不同学说的核心要义，并阐述自己采纳某一观点的理由即可。①

③严格遵守引注规范

在讨论争议问题的过程中，不免需要参考、引证各类学说、观点。来自书籍、期刊、报纸、集刊上的观点，应当注明文献出处；来自实务部门指导性案例、参考性案例或者典型案例的观点，也应当注明案件编号或者来源（如《刑事审判参考》《中国刑事审判指导案例》《中国审判案例要览》《最高人民法院公报》《最高人民检察院公报》等）。关于引注的格式，可以参照《法学引注手册》（2019年版）。

6.对于刑法条文的援引必须精准。王泽鉴先生在谈到民法上的请求权分析方法时强调："解题之际，须明确指出支持某项请求权之法律规范。……绝不能以概括笼统用语（如依之规定、依侵权行为法则），来掩饰不清楚法律思维过程。"②在刑法中，关于构成要件的分析也必须以罪刑规范的精准援引为基础。按照最高人民法院2009年10月26日《关于裁判文书引用法律、法规等规范性法律文件的规定》第1条的规定，人民法院的裁判

---

① 不过，由于初学者不太容易准确地把握论述详略的火候，所以建议同学们在刚开始进行案例分析练习的时候，还是应当坚持"宁详勿缺"的原则。

② 王泽鉴：《民法思维：请求权基础理论体系》（2022年重排版），北京大学出版社2022年版，第40页。

文书在引用相关法律、法规等规范性法律文件作为裁判依据时,"应当准确完整写明规范性法律文件的名称、条款序号"。在我国《刑法》中,往往一个条文的不同款甚至同一款的不同句(或者前后段)规定了多个罪状。这时,就必须将援引的条文精确到条、款、项、句、分句、段。例如:在分析故意伤害罪(致人死亡)时,所引法条应表述为"第234条第2款第1句第2分句";在讨论行为是否构成非法侵入住宅罪时,所引法条应表述为"第245条第1款后段";在讨论行为是否构成盗窃危险物质罪时,所引法条应表述为"第127条第1款第1分句后段"。①

(四)犯罪竞合的处理

在每一事实单元内,如果经过分析认定某一行为人同时成立两个以上的犯罪,那就需要专门考察其究竟成立真正的竞合(数罪),还是想象竞合,抑或是法条竞合,进而决定对其最终适用的罪名。

(五)全案分析的结论

在案例分析的最后,需要对全案所涉人员的刑事责任逐一进行总结。

综上所述,"五步骤"案例分析方法的基本结构如下表所示:

表1.2 "五步骤"案例分析方法

1	事实单元的划分		
		行为标准	
2	参与人员的列出	"密接者优先"原则	
3	涉嫌犯罪的检验	搜索罪名	"法益导向"法
		犯罪论体系	构成要件符合性→违法性→责任
		涵摄	①抛出问题
			②界定概念
			③确定事实与规范的对应关系
			④得出结论
4	犯罪竞合的处理		
5	全案分析的结论		

---

① 条、款、项、句都有明确而统一的标识,不存在疑问。关于"分句"和"段"的使用,本书初步采取以下区分标准:若一句中前后内容以分号区隔,则使用"第1分句""第2分句"的表述;若一句中前后内容以逗号区隔,则使用"前段""后段"的表述。

根据"五步骤"方法写出的案例分析报告大体呈现如下样式：

一、事实概括
（一）行为人甲
1. 犯罪 A（第×条）
(1) 构成要件符合性
(2) 违法性
(3) 责任
(4) 结论
2. 犯罪 B（第×条）
(1) 构成要件符合性
(2) 违法性
(3) 责任
(4) 结论
3. 竞合
（二）行为人乙
犯罪 A（第×条）
(1) 构成要件符合性
(2) 违法性
(3) 责任
(4) 结论

二、事实概括
行为人丙
1. 犯罪 C（第×条）
(1) 构成要件符合性
(2) 违法性
(3) 责任
(4) 结论
2. 犯罪 D（第×条）
(1) 构成要件符合性
(2) 违法性
(3) 责任
(4) 结论
3. 竞合

三、全案分析结论
1. 甲的刑事责任
2. 乙的刑事责任
3. 丙的刑事责任

三、特殊犯罪现象的分析模式

从前面对刑法案例分析基本框架的叙述，我们不难发现，"检验可能成立的犯罪"，是案例分析程序中最为核心的一环。大陆法系刑法学通行的教学体系，历来是沿着"从典型到特殊"的顺序展开的。即，首先确定一个"标准"的犯罪行为，即单个人实施的故意作为犯的既遂形态，以此为模本发展出一系列犯罪成立要件；然后再分别围绕未遂、过失、不作为、共犯等特殊形态，阐述其特别的归责原理。① 上文主要是以单独结果

---

① Vgl. Jescheck/Weigend, Lehrbuch des Strafrechts AT, 5. Aufl., 1996, S. 560; Kühl, Strafrecht AT, 8. Aufl., 2017, § 1 Rn. 4. 这种体系安排无疑具有教学法上的优势，即有助于初学者循序渐进地掌握犯罪的各种要件。但是从科学体系的视角看来，该体系是否存在"堆砌化"、"补丁化"之嫌，究竟能否揭示不同犯罪现象之间的内在关联，可能还存在疑问。参见陈璇：《刑法教义学科学性与实践性的功能分化》，载《法制与社会发展》2022 年第 3 期，第 157—158 页。

犯的既遂为标本,接下来将对各种特殊形态的分析模式加以说明,这主要包括犯罪的未完成形态、过失犯、不作为犯、共同犯罪、结果加重犯。末尾,还将专门谈一下在出现了认识错误的情况下,检验思路将会受到何种影响。

(一)犯罪的未完成形态

当案件事实表明,行为人虽然实施了一定的行为但并未"得逞"时,就提示我们,需要展开对犯罪未完成形态的考察。犯罪未完成形态的检验,需要注意以下两点:

1.应当遵循"**从重到轻**"的思维顺序,即先考虑从行为是否成立较重的形态;若不成立,则再进一步考察行为是否符合较轻形态的要件。具体来说:(1)根据《刑法》第 23 条的规定,考察行为是否已经进入"着手实行犯罪"的阶段。若是,则根据导致实行行为未既遂的原因,又存在两种可能:一是犯罪未遂,二是犯罪中止。(2)若否,则根据《刑法》第 22 条的规定,考察行为是否属于为实行犯罪作预备的举动。若是,则根据导致预备行为未能进入实行阶段的原因,又存在两种可能:一是犯罪预备,二是犯罪中止。(3)若否,则意味着行为不成立犯罪。

可以将以上检验思路图示如下:

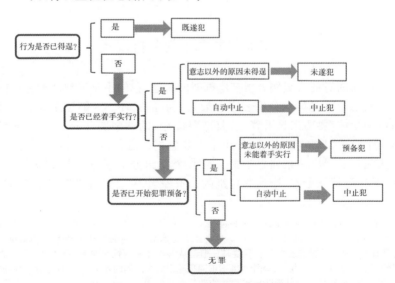

图 1.3 犯罪的未完成形态的检验思路

2. 应当遵循"**从主观到客观**"的检验顺序。与既遂犯的情况不同，犯罪未完成形态的共同特点在于，客观构成要件根本没有或者未能完整地得以实现。由此决定，在对犯罪未完成形态进行分析时，只有从行为人的主观意图出发，才能确定该行为可能成立何种犯罪。① 因此，应当首先考察犯罪故意等主观构成要件，尔后再检验客观行为是否已经进入着手实行犯罪的阶段或者是否已经进入犯罪预备阶段。犯罪未遂的分析模式如下：

犯罪未遂的分析模式

先决判断：未得逞（犯罪既遂的要件未获满足）

1. 构成要件符合性
   （1）主观构成要件
   　　①故意
   　　②主观超过要素
   （2）客观构成要件
   　　①着手实行
   　　②未得逞是由于犯罪分子意志以外的原因
   　　③其他客观构成要件要素（身份、时间、地点等）
2. 违法性
3. 责任

具体分析的展开，举一例说明。

---

① 参见蔡仙：《刑法案例教学与归入法之提倡》，载《安顺学院学报》2021年第3期，第85页。Vgl. Putzke, Der strafbare Versuch, JuS 2009, S. 896; Bosch, Übungen im Strafrecht, 8. Aufl., 2017, S. 14，55; Kindhäuser, Strafrecht AT, 8. Aufl., 2017, § 30 Rn. 3. 当然，这种分析思路是与德国未遂犯理论较为强烈的主观化倾向密切相关的。如果在未遂论上持客观主义的立场，是否一定要采取"从主观到客观"的判断思路，可能还存在讨论的余地。例如，张明楷教授主张：在未遂犯处罚根据的问题上，应当采取实质客观说中的危险结果说；行为具有发生何种法益侵害结果的现实危险，并不依赖于行为人的行为计划与主观故意内容；未遂犯的故意与既遂犯的故意一样都是责任要素，而不是主观的违法要素，只有当确定行为产生了致人死亡的现实危险时，才进一步判断行为人是否认识到这种危险，如果得出肯定结论，该行为便成立杀人未遂。（参见张明楷：《刑法学》（第六版），法律出版社2021年版，第443页）按照这样的逻辑，需要率先进行的可能是关于行为客观法益危险性的分析，对未遂犯似乎就应当采取"从客观到主观"的分析思路。

【饭馆老板案】
　　H因生意亏损,急需一笔资金,但四处拼借无门,就对饭馆老板I说:"3日之内给我2万元,否则我就找人把你开的饭馆全给砸了。"I十分恐惧,回家后向好友J诉说了此事。J知道H要钱的原因,便找到H,交给他2万元现金,说:"这是你要的钱,拿去好生经营,不要再为难I了。"

　　本案中,由于行为人H最后取得了2万元现金,故其究竟是否已经既遂可能还有争议。因此,需要预先对其是否成立敲诈勒索罪的既遂进行分析。对H刑事责任的分析可以这样展开:

1. 敲诈勒索罪(第274条第1分句)(×)
(1)构成要件符合性
　　H采用以毁坏I的财物相威胁的方式,逼迫他在期限内交付2万元,实施了敲诈勒索的行为。本罪的既遂要求被害人由于威胁产生恐惧心理,并基于恐惧心理向行为人交付数额较大的财物,进而遭受财产损失。本案中,尽管H最终获得了2万元现金,但这并不是I基于恐惧交付财物,而是J自愿相赠的结果,它不能归责于H的敲诈勒索行为。因此,H的敲诈勒索行为并未实现既遂。

(2)结论
　　H的行为不成立敲诈勒索罪的既遂。

2. 敲诈勒索罪(第274条第1分句,第23条)(√)
(1)构成要件符合性
①主观构成要件
　　H意图通过以毁坏财物相威胁的方式,迫使I交付2万元,他明知该行为会导致I的财产法益遭受损害而希望这种结果发生,故具有敲诈勒索罪的故意。同时,他也具有非法占有I的2万元现金的目的。

②客观构成要件
　　根据前述分析,H已经完整地实现了敲诈勒索罪的实行行为,但并未达到既遂,符合本罪未遂的客观构成要件。

(2)违法性
　　并无违法阻却事由。

(3) 责任

并无责任阻却事由。

(4) 结论

H 成立敲诈勒索罪的未遂。

当然,如果行为人完全没有造成任何损害结果(比如行为人为了杀人开枪,但子弹打偏,无人伤亡),那就不必从既遂犯的分析开始,而是直接进入未遂的考察即可。例如:

【毒鼠强案】K 意图杀害 L,便在 L 的饭盒中投入"毒鼠强"。L 吃下后不久即出现癫痫症状,K 见状顿生不忍之心,立即把 L 送往医院急救,L 经及时治疗脱险,但经鉴定,其伤势构成重伤。

对 K 的刑事责任可以作如下分析:

1. 故意杀人罪(第 232 条,第 23 条)(×)

由于没有出现死亡结果,故 K 的行为可能成立故意杀人罪的未遂。

(1) 构成要件符合性

①主观构成要件

K 在实施杀人行为时,明知自己投放"毒鼠强"的行为会导致 L 的死亡,并追求这一结果的出现,故具备杀人的故意。

②客观构成要件

首先,K 将足以致死的"毒鼠强"放入 L 的饭食中,并使其吃下,已经将为杀害 L 所必要的实行行为全部实施完毕。其次,L 之所以没有死亡,是因为 K 突生怜悯之心主动救助使其得到及时的医治,而不是意志以外的原因造成的。

(2) 结论

K 不成立故意杀人罪的未遂犯。

2. 故意杀人罪(第 232 条,第 24 条)(√)

(1) 构成要件符合性

根据前述分析,K 的杀人行为已经实行终了。在实行终了的情况下,只有当行为人自动有效地防止了结果的发生时,才能成立犯罪中止。

K 随后基于怜悯的动机自动采取了及时送往医院的救助措施,并且最终避免了 L 的死亡。

(2)违法性

并无违法阻却事由。

(3)责任

并无责任阻却事由。

(4)结论

K 成立故意杀人罪的中止犯。

3. 故意伤害罪(第 234 条第 2 款第 1 句第 1 分句)(√)

(1)构成要件符合性

①客观构成要件

首先,根据前述分析,K 在 L 的食物中投入"毒鼠强"的行为具有致人死亡的危险。由于伤害是死亡的必经阶段,故该行为当然也具有严重损害他人健康的危险。其次,投毒行为所创造的风险也得到了实现,因为毒药的作用最终给被害人 L 造成了重伤结果,故该结果可归责于 K 的行为。

②主观构成要件

根据前述分析,K 具有杀人的故意。由于伤害是死亡发生所必经的阶段,故任何一个杀人的故意中都必然包含着伤害的故意。因此,K 具备伤害的故意。

(2)不存在违法阻却或者责任阻却事由。

(3)结论

K 成立故意伤害罪。

4. 竞合

故意杀人罪与故意伤害罪之间是法条竞合关系,其中故意杀人罪是特别法。故按照"特别法优于普通法"的原理,在 K 的行为同时成立两罪的情况下,应当排除故意伤害罪法条的适用,仅以故意杀人罪(中止)论处即可。①

5. 结论

K 成立故意杀人罪的中止犯。由于他造成了重伤这一损害结果,故

---

① 关于故意杀人罪和故意伤害罪之间竞合关系的分析,详见本书第 238—239 页的相关内容。

根据第 24 条第 2 款后段的规定,应当减轻处罚。

3. 犯罪中止的分析模式

在德国刑法学中,犯罪中止被视为一种个人的刑罚消灭事由(persönlicher Strafaufhebungsgrund)。犯罪中止并非与犯罪未遂相并列的概念,它本质上仍属于犯罪未遂①,只是未遂下属的一种特殊事由。这与德国的刑事立法直接相关。因为,《德国刑法典》第二章第二节为"未遂",其中就包括了"因中止而未遂"的情况(第 24 条),其法律后果为免除处罚。所以,对于涉及中止的案例来说,构成要件符合性、违法性、责任部分的检验完全沿用未遂的考察模式,只是紧接责任之后需要专辟一个阶段对中止成立与否进行分析。②

但是,这种分析模式是否适用于我国,可能还有待研究。首先,我国《刑法》第二章第二节为"犯罪的预备、未遂和中止",故刑法理论历来都将中止看作与未遂相并列的一种独立的犯罪停止形态。事实上,中止的成立也确实不受未遂之要件的限制,因为按照《刑法》第 24 条第 1 款的规定,中止并不以行为人"已经着手实行犯罪"为必要,在犯罪预备阶段同样可能成立中止。其次,根据《德国刑法典》第 22 条的规定,犯罪未遂的成立要件只包括两个要件:一是直接着手实现构成要件,二是未发生所预期的结果。中止因为完全符合这两项要求,故可以为未遂所包含。但是,我国《刑法》第 23 条第 1 款明确规定,犯罪未遂除了"着手实行"和"未得逞"之外,还以未得逞是"犯罪分子意志以外的原因"所造成为前提,这就将中止排除出了未遂的范畴。最后,《刑法》第 24 条第 2 款并未如《德国刑法典》第 24 条那样对中止一概免除处罚,而是设置了免除处罚和减轻处罚两种可能,所以似乎无法如德国刑法理论那样将中止看成一种刑罚消灭事由。有鉴于此,本书没有采取"中止隶属于未遂"的分析模式,而是将中止和未遂的分析模式彼此独立。

---

① 因此,德日刑法理论也将犯罪中止称为"中止未遂",与之相对应的是所谓"障碍未遂"。参见〔日〕大谷实:《刑法讲义总论(新版第 5 版)》,黎宏、姚培培译,中国人民大学出版社 2023 年版,第 368、387 页。

② Vgl. Gropp, Strafrecht AT, 2. Aufl., 2015, § 9 Rn. 195; Kühl, Strafrecht AT, 8. Aufl., 2017, § 16 Rn. 8; Kindhäuser, Strafrecht AT, 8. Aufl., 2017, § 30 Rn. 4, § 32 Rn. 2. 由于我国台湾地区"刑法"对犯罪中止采取了与德国相仿的立法模式,故台湾学者也支持这一分析模式。参见蔡圣伟:《刑法案例解析方法论》,元照出版有限公司 2023 年版,第 181—183 页。

(二)过失犯

由过失犯的不法构造所决定,其分析模式具有如下三个特点:

1. 根据《刑法》第 15 条第 1 款的规定,过失犯的成立以造成了实害结果为先决条件。所以,应当首先判断是否出现了过失犯构成要件所要求的法益侵害结果。一旦发现结果没有现实发生,即可终止检验,直接得出无罪结论。

2. 过失犯不法的核心要件是行为违反注意义务。首先,在交通运输、工程建设、危险物品生产等业务领域,基本上已经形成了较为完备的成文安全规范。如果行为人背离了以保障法益安全为目的的特别规范,原则上即可认定他违反了注意义务。其次,在缺乏成文规范的领域,则需要进行实质性的判断。在此,有必要设置一个"标准人"用以比对,从而确定行为人是否违反了注意义务:如果标准人在当时条件下能够预见结果,那就说明行为人没有预见是因为违反了必要的小心谨慎义务;反之,如果标准人和行为人一样均无法预见结果,那就说明行为人是出于不可预见的原因引起了结果,属于意外事件。至于应当为标准人配置何种能力,是理性一般人还是行为人本人的能力,这在刑法理论上素有争议,由此也形成了二阶过失犯论和一阶过失犯论。二阶过失犯论主张:注意义务违反性具有客观和主观双重的意义,分别定位于构成要件位阶和责任位阶;构成要件阶层中预见可能性的判断是根据一般人标准,责任阶层中预见可能性的判断则是根据行为人标准。① 一阶过失犯论则主张:预见可能性的判断自始只能根据行为人标准,故只需要在构成要件阶段对注意义务违反性作一次性检验即可。② 分析者可以自行决定采取哪一种过失犯论。

3. 过失犯的结果归责范围需要经受多项归责原理的限制③,主要包括注意义务的结果避免可能性(合义务替代行为)、注意义务的规范保护目的、被害人自我答责等。

---

① Vgl. Jescheck/Weigend, Lehrbuch des Strafrechts AT, 5. Aufl., 1996, S. 565; Sternberg-Lieben/Schuster, in: Schönke/Schröder, StGB, 30. Aufl., 2019, § 15 Rn. 118.

② Vgl. Maurach/Gössel/Zipf, Strafrecht AT, TeilBd. II, 8. Aufl., 2014, § 43 Rn. 172; Duttge, in: MK-StGB, 4. Aufl., 2020, § 15 Rn. 95ff.

③ 可以说,现代客观归责理论的大多数下位原理就是围绕过失犯问题发展出来的。Vgl. Roxin/Greco, Strafrecht AT, Bd. I, 5. Aufl., 2020, § 24 Rn. 10ff.

现将两种过失犯论的分析模式概括如下:

二阶过失犯论的分析模式

1. 构成要件符合性
   (1) 结果已经出现
   (2) 行为与结果之间具有条件关系
   (3) 行为违反了**客观注意义务**(结果对于**一般人**可预见)
   (4) 结果可归责于过失行为
       ① 注意义务的结果避免可能性(合义务替代行为)
       ② 注意义务的规范保护目的
       ③ 被害人自我答责
2. 违法性
3. 责任
   (1) 行为违反了**主观注意义务**(结果对于**行为人**可预见)
   (2) 责任能力等其他责任要件

一阶过失犯论的分析模式

1. 构成要件符合性
   (1) 结果已经出现
   (2) 行为与结果之间具有条件关系
   (3) 行为违反了注意义务(结果对于**行为人**可预见)
   (4) 结果可归责于过失行为
       ① 注意义务的结果避免可能性(合义务替代行为)
       ② 注意义务的规范保护目的
       ③ 被害人自我答责
2. 违法性
3. 责任:责任能力等责任要件

(三) 不真正不作为犯

【火灾案】
　　某天夜晚,住在楼房顶层的甲和他的两个幼子被困于大火之中,无法从楼梯逃生,唯一能考虑的办法是将孩子从窗户扔出。该楼层高 6 到 7 米,楼下已经有三名健壮的男子张开双臂,做好了接住逃生者的准备。甲因顾虑摔伤的风险而迟迟不敢把孩子抛出。最后一刻,他独自从窗户跳出并得救,两个幼子却不幸葬身火海。①

不真正不作为犯既可以是故意也可以是过失,在故意不作为犯中也同样有既遂和未遂之分。这里仅列出其典型形态,即故意不作为犯既遂的分析模式。由于作为犯和不作为犯的检验模式存在重大差别,而有的案件中涉嫌构成犯罪的行为究竟是作为还是不作为又存在疑问,所以在进入犯罪判断之前,有必要先对作为和不作为的界分标准加以说明。②在确认行为人实施的是不作为之后,进入构成要件符合性阶段,这里同样需要区分客观和主观两个部分。在确定既遂结果已经出现的情况下,其余客观构成要件的检验究竟应当如何安排,学界还有不同看法。

较为流行的一种观点认为,故意不作为犯的检验顺序应当与故意作为犯大体相当。具体来说③:(1)在认定结果已现实发生之后,先考察如果要有效地防止结果出现,要求行为人采取何种措施(作为的内容),再进一步追问,行为人本人是否具备实施该行为的能力(作为的能力)。这里所说的"作为能力",仅涉及行为人是否具有采取相应救助措施的体力、知识和技能问题,如目睹幼子落水的父亲是否会游泳、是否拥有足够的体力从湖水中将幼子拖上岸。至于期待可能性的问题,即是否因为救助措施会给行为人本人带来某种危险(如父亲虽会游泳,但他患有心脏病,进入寒冷的湖水之中可能诱发心肌梗死)而无法期待其作为,则留待责任阶段再去考虑为宜。④(2)接下来检验的是因果关系和客观归责。在因果关系部分,主要考虑假如行为人实施了相应的积极举动,能否确保避免案件中特定损害结果的发生。在火灾案中,假如甲将孩子扔

---

① Vgl. BGH, JZ 1973, S. 173.
② 相关的问题和学说,参见张明楷:《刑法学》(第六版),法律出版社 2021 年版,第 189—193 页。
③ Vgl. Roxin, Strafrecht AT, Bd. Ⅱ, 2003, § 31 Rn. 176ff; Wessels/Beulke/Satzger, Strafrecht AT, 47. Aufl., 2017, Rn. 1205.
④ Vgl. Kühl, Strafrecht AT, 8. Aufl., 2017, § 18 Rn. 33.

出窗外,孩子们就不会死于大火,故可以肯定不作为和结果之间的因果关系。在客观归责的部分,则需要根据作为义务的结果避免可能性、被害人自我答责等原理,判断不作为所创造的危险是否在结果中得到了实现。拿火灾案来说,从楼层的高度以及楼下救援人员的人数、工具来看,即便甲及时将孩子扔出窗外,后者摔伤甚至摔死的概率仍然很高。这就说明,救助措施虽然能够使孩子避开被烧死这一特定的结果,但由现实状况所决定,被害人将"出得龙潭,又入虎穴",作为义务无法确保其最终转危为安。所以,该死亡结果无法归责于甲的不作为。① (3) 客观构成要件检验的最后一项,是考察行为人是否具有保证人的地位。对于纯粹的结果犯(如故意杀人罪、故意毁坏财物罪)来说,一旦确定行为人的保证人地位,即可肯定作为和不作为之间具有等价性;但是对于那些在行为方式和样态方面有特定要求的犯罪(如诈骗罪)来说,在保证人地位之外还需要另行判断不作为是否与作为相等价。② (4) 对主观构成要件进行考察。上述检验模式可以图示如下:

不作为犯的分析模式(1)

先决判断:作为还是不作为?
1. 构成要件符合性
   (1) 客观构成要件
       ① 结果已经出现
       ② 能有效防止结果发生的行为是什么?
       ③ 行为人是否具有实施该行为的能力?
       ④ 因果关系与客观归责
       ⑤ 保证人地位
   (2) 主观构成要件:故意
2. 违法性
3. 责任:责任能力、违法性认识可能性、期待可能性等责任要件

---

① Vgl. Kindhäuser, Strafrecht AT, 8. Aufl., 2017, § 36 Rn. 20; Wessels/Beulke/Satzger, Strafrecht AT, 47. Aufl., 2017, Rn. 1001.

② Vgl. Kaspar, Strafrecht AT, 2015, Rn. 1007f; Lackner/Kühl, StGB, 29. Aufl., 2018, § 13 Rn. 16.

另一种观点则认为,对于作为犯来说,由于行为人积极设定了引起结果的条件,故行为和结果是否具有因果关系,能够对构成要件的成立范围起到初步限定的作用;但对于不作为犯来说,能够避免结果发生的作为可谓不计其数,故因果关系本身并不能对构成要件的成立范围进行有效的限制,真正能够发挥限制功能的是保证人地位这一要件。既然不真正不作为犯的核心在于保证人义务,那么在确定结果之后,就应当将保证人义务置于客观构成要件之首。① 只有在认定行为人具有保证人地位之后,才有必要进一步考察违反保证人义务的不作为与结果之间是否具有因果关系。这一观点的检验模式可以图示如下:

不作为犯的分析模式(2)

先决判断:作为还是不作为?

1. 构成要件符合性
   (1) 客观构成要件
      ① 结果已经出现
      ② 保证人地位
      ③ 能有效防止结果发生的行为是什么?
      ④ 保证人是否具有实施该行为的能力?
      ⑤ 因果关系与客观归责
   (2) 主观构成要件:故意
2. 违法性
3. 责任:责任能力、违法性认识可能性、期待可能性等责任要件

事实上,通说也承认,假如案件中的行为人很明显不具有保证人地位,那就不必严守第一种模式的分析步骤,可以直接从保证人地位要件入手否定构成要件符合性。②

(四)结果加重犯

结果加重犯建立在基本犯的基础之上。根据我国《刑法》的规定以

---

① Vgl. Arzt, Zur Garantenstellung beim unechten Unterlassungsdelikt (1. Teil), JA 1980, S. 553f; Seher, Die objektive Zurechnung und ihre Darstellung im strafrechtlichen Gutachten, Jura 2001, S. 819.

② Vgl. Kindhäuser, Strafrecht AT, 8. Aufl., 2017, § 36 Rn. 6.

及通说的观点,从罪过形式来看,基本犯和结果加重犯大体上有三种组合方式:"故意犯+过失犯"(如故意伤害致人死亡)、"故意犯+故意犯"(如为劫取财物故意杀害被害人)、"过失+过失"(如铁路运营安全事故造成特别严重后果)。对于结果加重犯,应当首先检验基本犯的全部成立要件;在确认基本犯成立的前提下,再对加重犯的成立条件加以判断。具体分析模式如下:

结果加重犯的分析模式

1. 先决判断:基本犯已经成立
2. 构成要件符合性
   (1) 加重结果已经出现
   (2) 基本犯与加重结果之间存在因果关联(直接性)
   (3) 主观构成要件
3. 违法性
4. 责任

(五)共同犯罪

共同犯罪案件的分析应当遵循两个原则:

第一,"**先分工分类,后作用分类**"。如前所述,我国《刑法》关于共犯的规定采取了作用分类与分工分类相结合的方法。由于分工分类法以是否实施了某一具体犯罪的构成要件作为划分共犯参与人的标准,故它对共同犯罪的定罪起着关键性的作用;作用分类法着重解决的则是各参与人的刑罚轻重,即量刑的问题。根据"先定罪,后量刑"的逻辑顺序,应当先确定参与人在何种犯罪内成立共同犯罪,谁是正犯,谁是狭义共犯,然后再根据个人在共同犯罪中所起的实质作用分出主犯与从犯。① 两种分类法之间的关系,列表如下:

---

① 参见钱叶六:《双层区分制下正犯与共犯的区分》,载《法学研究》2012年第1期;陈兴良:《刑法适用总论(上卷)》(第三版),中国人民大学出版社2017年版,第471页以下。对于通说的批判,参见张明楷:《共犯人关系的再思考》,载《法学研究》2020年第1期;张明楷:《刑法学》(第六版),法律出版社2021年版,第516页。

表1.3 分工分类法与作用分类法之间的关系

分工分类法	作用分类法	
正犯	主要实行犯	主犯
	次要实行犯①	从犯
教唆犯	起主要作用者	主犯
	起次要作用者	从犯
帮助犯	起辅助作用者	从犯

第二,"**先正犯,后共犯**"。首先,如前所述,在分工分类法之下,基于共犯的限制从属性原理,狭义共犯的成立以正犯具有构成要件符合性和违法性为先决条件,故应当从案件中的疑似正犯者,即与法益侵害结果有最直接和最紧密关系的人入手。其次,就某一参与人来说,对于他在一个事实单元中涉嫌构成的某个犯罪,也应当先考察其是否成立正犯,在不成立正犯的情况下再考虑其是否成立狭义共犯。

共同犯罪,既可能是多人构成共同正犯的情况,也可能是多人之间存在正犯与狭义共犯之分的情况。② 以下将分别介绍这两种情况的具体分析模式,最后附带谈谈犯罪共同说与行为共同说在案例分析中的具体表现。

1. 共同正犯

共同正犯要求,在客观上二人以上共同实行了犯罪,在主观上二人以上具有共同的犯意。具体来说可以区分为以下三种情形:③

(1)甲、乙共同实施某一犯罪的构成要件行为,其行为方式和所作

---

① 正犯(实行犯)是否有成立从犯的可能,即究竟是否存在所谓的"次要实行犯",学界还有不同看法。通说对此持肯定态度,认为:"在犯罪集团的首要分子领导下从事犯罪活动,罪行不够重大或情节不够严重,或者在一般共同犯罪中虽然直接参加实行犯罪,但所起作用不大,行为没有造成严重危害后果等。这种情况就是次要的实行犯。"[高铭暄、马克昌主编:《刑法学》(第十版),北京大学出版社、高等教育出版社2022年版,第173页。]但是,也有的学者指出,既然实行犯直接导致结果发生,那么它对于共同犯罪的实现就必然发挥着主要作用,而无法与间接导致结果发生的帮助犯等量齐观。参见杨金彪:《分工分类与作用分类的同一——重新划分共犯类型的尝试》,载《环球法律评论》2010年第4期,第54—55页。

② 我国传统刑法理论习惯于将这两种情况分别称为"简单的共同犯罪"与"复杂的共同犯罪"。参见高铭暄、马克昌主编:《刑法学》(第十版),北京大学出版社、高等教育出版社2022年版,第167—168页。

③ Vgl. Bosch, Übungen im Strafrecht, 8. Aufl., 2017, S. 69ff.

贡献不存在差别,例如二人基于共谋一起往被害人饮用的茶水中倒入毒药。在此情况下,可以从任意一个参与者开始进行分析,在分析过程中需要说明结果可归责于两者的理由。不过,考虑到多个参与行为难以截然区分开来,也可以将各参与者作为整体一并进行检验。

（2）在复合行为犯的场合,甲、乙各自分担了一部分的实行行为,例如甲、乙基于意思联络,由甲实施暴力压制被害人的反抗,乙则负责从被害人身上取走财物。在此情况下,如果对甲、乙依次分别进行考察,就会发现:由于甲只实施了暴力行为而未实施取财行为,故要认定其成立抢劫罪,就必须同时考虑乙的取财行为,看该取财行为能否归责于他;同理,由于乙只实施了取财行为而未实施暴力行为,故要肯定其成立抢劫罪,也必须同时考虑甲的暴力行为,看该暴力行为可否归责于他。正是考虑到甲、乙各自的行为只有借助"相互归责"才能满足抢劫罪的构成要件,所以建议将甲、乙二人放在一起进行分析。① 分析者需要说明,由于二人有意识地合作分担了抢劫罪的实行行为,故甲乙各自实施的行为可以实现相互归责从而形成一个整体。

（3）甲、乙基于意思联络,乙将被害人引诱至作案地点,甲则开枪射击杀害被害人。在此情形中,由于甲的射杀行为与死亡结果具有更为紧密的联系,故应当先对甲的行为进行检验。然后再论证,乙的诱骗行为虽然单独看来似乎不属于故意杀人罪的实行行为,但对于构成要件的实现起到了重要或者关键作用②,故仍然具有事实支配。

当二人在共谋的基础上各自完整地实施了构成要件行为,并且都对结果的发生发挥了作用力时,由于双方是"全部实行全部责任",故认定两者均成立正犯不存在任何困难。③ 相比于单独正犯来说,共同正犯独有的归责特点在于"部分实行全部责任",即纵使某一行为人并未完整地实施甚至根本没有实施构成要件行为,也可能要求其承担正犯之责。所以,重点是要弄清在"部分实行"的情况下,认定"全部责任"的思路。

---

① Vgl. Roxin/Schünemann/Haffke, Strafrechtliche Klausurenlehre, 4. Aufl., 1982, S. 22; Safferling, Übungsklausur-Strafrecht: Mittäterschaftlicher Diebstahl, JuS 2005, S. 136; Kindhäuser, Strafrecht AT, 8. Aufl., 2017, § 40 Rn. 26.
② 参见张明楷:《刑法学》(第六版),法律出版社2021年版,第533页。
③ 甚至可以说,这种情形其实和单独正犯没有什么区别。

在单独正犯(既遂)中,客观构成要件和主观构成要件大体上是可以截然分开的;但是,在共同正犯中,客观上未实现或者未完全实现构成要件的行为之所以能够被视为正犯,在很大程度上取决于参与者的共同行为意思。① 正如罗克辛(Roxin)所言,共同正犯中的"分工以及'共同实行',是以参与者按照共同计划行事为前提的"②。比如,在以上所举的第(2)种情形中,如果没有共同行为意思作为联结的纽带,那么甲、乙的行为至多只能分别成立故意伤害罪以及盗窃罪(或者抢夺罪),正是合作抢劫的共同计划才使得双方各自的行为成为了抢劫罪的正犯行为。可见,由于共同正犯中客观与主观要素往往无法截然切割开来,所以其分析思路也很难完全套用客观构成要件与主观构成要件相分离的模式。③ 关于共同正犯的分析,大体上可以按照以下步骤展开:

共同正犯的分析模式

1. 构成要件符合性
   (1) 确定结果已经出现,且各行为人具备身份等特殊要素。
   (2) 共同正犯的归责要素:
      ① 弄清共同行为意思的内容,包括:
         · 对于犯罪事实的认知
         · 目的等主观的超过要素
         · 共同实施行为的合意
      ② 确定每一参与人对结果作出了何种贡献。
      ③ 论证参与人的贡献是否足以成立共同正犯,从而适用"部分实行全部责任"。
2. 违法性
3. 责任

2. 正犯与狭义共犯并存

如前所述,根据共犯的限制从属性原理,在正犯与狭义共犯并存的

---

① Vgl. Welzel, Studein zum System des Strafrechts, ZStW 58 (1939), S. 551.
② Roxin, Strafrecht AT, Bd. Ⅱ, 2003, § 25 Rn. 189.
③ Vgl. Seher, Vorsatz und Mittäter-Zu einem verschwiegenen Problem der strafrechtlichen Beteiligungslehre, JuS 2009, S. 2ff.

情况下,应当首先考察直接造成法益侵害的行为,在确定该行为符合构成要件且违法的前提下,再进一步检验教唆或者帮助行为是否符合满足教唆犯或者帮助犯的成立条件。以下是狭义共犯的检验模式:

教唆犯的分析模式

1. 构成要件符合性
 (1) 前提要件
    存在相关犯罪的正犯行为,即符合构成要件且违法的行为。
 (2) 客观要件
    实施了通过唆使引起他人犯意的行为。
 (3) 主观要件
    具有教唆的故意:
    ①对自己的教唆行为会使他人产生犯意具有故意;
    ②对被教唆的行为会发生法益侵害结果具有故意。
2. 违法性
3. 责任

帮助犯的分析模式

1. 构成要件符合性
 (1) 前提要件
    存在相关犯罪的正犯行为,即符合构成要件且违法的行为。
 (2) 客观要件
    实施了对他人的正犯行为提供(物理或者心理)协助的行为。
 (3) 主观要件
    具有帮助的故意:
    ①对自己的行为会对正犯发挥协助作用具有故意;
    ②对被帮助的行为会发生法益侵害结果具有故意。
2. 违法性
3. 责任

【入室"教训"案】

M、N两人均与O有仇,便商量一起到O家中"教训一下他"。但其中M只想重伤O,N则想趁机将O杀害。两人商议妥当后仍不放心,遂找到P,说他们打算进入O的住宅内偷些钱物,请P届时在外望风,事成之后必有重酬;P信以为真,遂一口应允。到了商定的日期,P在外放哨,M、N两人潜入O的住宅,一同对O拳打脚踢,导致O伤重不治死亡。

尽管M、N、P三人实施了多个举动,但根据前述原理,本案是以M、N的暴力行为为核心形成的共同犯罪案件,故不应把多个举动分割开来,而应将之并入一个单元当中进行分析。对三人刑事责任的分析如下:

(一)M

1.故意杀人罪(第232条)(×)

(1)构成要件符合性

①客观构成要件

M拳打脚踢的暴力行为与N的行为结合在一起共同引起了O的死亡,是引起死亡结果不可或缺的部分。

②主观构成要件

M无意杀害O,对于N的杀人计划也没有认识,故不具备本罪的故意。

(2)结论

M不成立故意杀人罪。

2.故意伤害罪(第234条第2款第1句第1分句)(√)

(1)构成要件符合性

①客观构成要件

M的暴力行为具有致人重伤的危险,O的死亡结果也当然地包含了重伤结果在内。

②主观构成要件

M明知自己的行为会导致O重伤,并追求这种结果发生,故具备本罪的故意。

(2)违法性

不存在违法阻却事由。

(3)责任

不存在责任阻却事由。

(4)结论

M成立故意伤害罪。[①]

3.非法侵入住宅罪(第245条第1款后段)(√)

(1)构成要件符合性

①客观构成要件

由于M没有合法的理由强行进入O的住宅,故他实施了非法侵入住宅的行为。

②主观构成要件

M明知自己的行为会破坏O的住宅安宁,并希望这种结果的发生,故具备本罪的故意。

---

① 为简明起见,此处略去对故意伤害"致人死亡"这一结果加重犯的考察。

(2)不存在违法阻却事由和责任阻却事由

(3)结论

M 成立非法侵入住宅罪。

4. 竞合

M 的先后两个行为分别成立非法侵入住宅罪和故意伤害罪。如何处理两罪之间的关系,学界尚有不同意见:有的认为两者是牵连关系①;有的主张两者是吸收关系;有的则提出两者属于想象竞合关系②。但不论根据哪种看法,结论都是一致的,即:为了伤害他人而侵入他人住宅的,仅以故意伤害罪一罪论处即可。

(二)N

1. 故意杀人罪(第 232 条)(√)

(1)构成要件符合性

①客观构成要件

N 的暴力行为与 M 的行为共同引起了 O 的死亡。

②主观构成要件

M 明知两人的暴力行为会致 O 死亡,并且追求这种结果发生,故具备本罪的故意。

(2)不存在违法阻却或者责任阻却事由。

(3)结论

N 成立故意杀人罪。

2. 故意伤害罪(第 234 条第 2 款第 1 句第 1 分句,第 26 条第 1、4 款)(√)

伤害是杀人必经的阶段,既然 N 成立故意杀人罪,那么他也必然成立故意伤害罪。

同时,由于 M 和 N 在伤害的范围内有共同的故意,而且两人也在此基础上共同实施了伤害他人的实行行为。所以,在故意伤害罪的范围内,M 与 N 成立共同正犯。又由于二人对实现故意伤害罪的作用基本相当,故应认为他们在共同犯罪中均起主要作用,都是主犯。

3. 非法侵入住宅罪(第 245 条第 1 款后段,第 26 条第 1、4 款)(√)

由于 M、N 两人的行为在强行进入 O 的住宅这一事实上完全相同,所以与前述对 M 的分析一样,N 也成立非法侵入住宅罪。同时,M、N 既有共同非法侵入他人住宅的行为,也是在相互谋议的基础上实施该行为的,故二人成立本罪的共同正犯,且均为主犯。

4. 竞合

(1)根据前述分析,故意杀人罪与故意伤害罪之间是法条竞合关

---

① 参见高铭暄、马克昌主编:《刑法学》(第十版),北京大学出版社、高等教育出版社 2022 年版,第 482 页。

② 参见张明楷:《刑法学》(第六版),法律出版社 2021 年版,第 651 页。

系,故根据"特别法优于普通法"的原则,仅以故意杀人罪论处即可。

(2)根据前述分析,当行为人为了实施故意杀人而非法侵入他人住宅时,仅以故意杀人罪论处。

综上,对N应以故意杀人罪论处。

(三)P

本案中,P并未实施犯罪构成要件的行为,其单纯望风的行为只可能成立某种犯罪的帮助犯。

1.故意杀人罪(第232条,第27条)(×)

①前提条件

根据前述分析,N成立故意杀人罪,故本罪帮助犯赖以成立的正犯行为已经具备。

②客观条件

虽然在整个作案过程中,并未出现被人发现等异常情况,但P的望风行为毕竟还是使行为人更为放心大胆地实施故意杀人罪,故对本罪的实行提供了协助作用。

③主观条件

P对N杀害O的计划一无所知,故不具有帮助他人实施杀人的故意。

(2)结论

P不成立故意杀人罪的帮助犯。

2.故意伤害罪(第234条,第27条)(×)

与前述分析相似,由于P并不知晓M、N共同伤害的计划,故不具备帮助他人实施伤害的故意。所以,P不成立故意伤害罪的帮助犯。

3.盗窃罪(第264条,第27条)(×)

(1)构成要件符合性

本案中,正犯者M和N都没有实施盗窃行为,故本罪帮助犯赖以成立的正犯行为并不存在。

(2)结论

P不成立盗窃罪的帮助犯。

4.非法侵入住宅罪(第245条第1款后段,第27条)(√)

(1)构成要件符合性

①前提要件

如前所述,M、N成立非法侵入住宅罪的共同正犯。故本罪帮助犯赖以成立的正犯行为已经存在。

②客观要件

P的望风行为为M、N顺利实施非法侵入住宅提供了有利条件。

③主观要件

P虽然不知道M、N暴力袭击O的计划,但他知道两人要强行进入O的住宅实施犯罪,也知道自己的行为会对两人侵犯O的住宅安宁起到协助作用,并希望该结果发生,故具备本罪的故意。

(2)不存在违法阻却或者责任阻却事由。

(3)结论

P成立非法侵入住宅的帮助犯。同时,根据第27条的规定,在共同犯罪中起辅助作用的是从犯,故 P 属于本罪的从犯,应当从轻、减轻或者免除处罚。

全案分析结论

1. M 成立故意伤害罪(主犯)。
2. N 成立故意杀人罪。
3. P 成立非法侵入住宅罪(从犯)。

3. 犯罪共同说与行为共同说

晚近 20 年间,受日本刑法理论的影响,犯罪共同说和行为共同说进入到了我国的共犯理论之中。当前,影响较大的是部分犯罪共同说和行为共同说。前者认为,即使二人以上实施了不同的犯罪,但只要这些犯罪之间具有重合之处,那么各参与人在重合的限度之内成立共同犯罪。① 后者则主张,只要二人以上实施的引起构成要件结果的行为是相同的,即可认定其成立共同犯罪,各参与人不同的犯罪故意只影响其责任和罪名,却与共同犯罪的成立与否无关。② 二者的判断结论基本一致,只是在思考路径上存在差异。前者"先判断故意再认定共犯",即在确定二人以上是否成立共同犯罪之前,就需要考虑各参与人犯罪故意的内容,其思考框架符合以二元论为基础的三阶体系。后者则"先认定共犯再判断故意",它将共同犯罪理解为一种与故意等责任要素相分离的不法形态,它的思考方式与以结果无价值论为基础的阶层体系一致。在案例分析中,这两种学说的思路其实是内化于共同犯罪的具体判断之中的,无须专门提出进行论述。例如:

【尖刀案】

乙与 X 因琐事发生争执、推搡,被旁人劝开。乙正自感吃亏之时遇见了朋友甲,即对甲称 X 打了自己,要甲帮其"打回来"。甲立即上前责问 X 并与其发生扭打。乙也上前参与扭打,并使劲往 X 的腹部和腿部踢了数脚。其间,甲突然掏出随

---

① 参见王艳玲:《共同犯罪中关于部分犯罪共同说的司法适用——赵某某故意杀人、郭某某故意伤害案》,载国家法官学院案例开发研究中心编:《中国法院 2015 年度案例·刑法总则案例》,中国法制出版社 2015 年版,第 110—111 页;冯军、肖中华主编:《刑法总论》(第三版),中国人民大学出版社 2016 年版,第 325 页;陈兴良:《规范刑法学》(第四版),中国人民大学出版社 2017 年版,第 224—225 页;周光权:《刑法总论》(第四版),中国人民大学出版社 2021 年版,第 333—334 页。

② 参见黎宏:《刑法学总论》(第二版),法律出版社 2016 年版,第 263—265 页;张明楷:《刑法学》(第六版),法律出版社 2021 年版,第 540 页。

身携带的尖刀朝 X 的胸腹部连刺 3 刀,致 X 心脏破裂,急性大失血而死亡。①

本案中,各参与人是否以及在多大范围内成立共同犯罪,需要在具体罪名的共同正犯要件,特别是"共同实行的意思"中进行考察。

(一) 甲

1. 故意杀人罪(第 232 条)(√)

……

2. 故意伤害罪(第 234 条第 2 款第 1 句第 2 分句)(√)

……

(二) 乙

1. 故意杀人罪(第 232 条,第 26 条第 1、4 款)(×)

(1) 构成要件符合性(×)

①结果要件(√)

②共同实行的意思(×)

一方面,乙仅要求甲帮其"打回来",根据社会的一般理解,其意思是仅要求甲对 X 施以拳脚从而为自己出口气;另一方面,甲是在扭打过程中突然拔刀,乙事前并不知道他随身携带刀具。所以,乙缺乏杀人的故意,也就缺少与甲共同实施杀人的意思联络。②

2. 故意伤害罪(第 234 条第 1 款,第 26 条第 1、4 款)(√)

(1) 构成要件符合性

①结果要件(√)

……

②共同实行的意思(√)

首先,乙参与对 X 进行暴力殴打,他对于造成 X 轻伤以上结果持放任态度,具备伤害的故意。

其次,乙通过请求甲帮自己"打回来",与后者形成了共同伤害 X 的意思联络。

综上,乙具有与甲共同实行伤害的意思。

③共同实行的行为(√)

乙使劲往 X 的腹部和腿部踢了数脚,从袭击的力度、次数和部位来看,该暴力行为足以造成轻伤以上的后果。

综上,乙和甲构成故意伤害罪的共同正犯,二人皆为主犯。

---

① 案情源自聂昭伟:《蒋晓敏等故意杀人案——犯罪故意与行为不完全相同亦能成立共同犯罪》,载《人民司法·案例》2010 年第 4 期,第 9—12 页。

② 本书部分内容使用了阴影,是为了能在一长串分析过程中,比较醒目地凸显出相关原理(如行为共同说与犯罪共同说、事实认识错误等)发挥作用的位置与方式。

(2)违法性(√)
(3)责任(√)
乙成立故意伤害罪的共同正犯,系主犯。
3.故意伤害罪(第234条第2款第1句第2分句,第26条第1、4款)(结果加重犯)(√)
……
(三)竞合
1.甲同时成立故意杀人罪和故意伤害罪(主犯),根据法条竞合"特别法优于普通法"的原则,应适用故意杀人罪的法条。
2.乙成立故意伤害罪的基本犯和结果加重犯,应适用结果加重犯的法条。
全案分析结论
1.甲成立故意杀人罪。
2.乙成立故意伤害罪(致人死亡)的主犯。

(六)间接正犯

当直接造成法益侵害事实的行为在犯罪成立要件上有所欠缺时,就可能存在间接正犯的情况。借用"台前幕后"这一成语,可以将直接造成法益侵害的人(即疑似被利用者)称为"台前者",将疑似利用他人实现犯罪目的的人称为"幕后者"。在检验顺序上,应当首先考察台前者的情况,然后再分析幕后者。幕后者的分析框架大致如下:

间接正犯的分析模式
1.构成要件符合性 (1)客观构成要件 　①确定结果已经出现,且幕后者具备身份等特殊要素。 　②间接正犯的归责要素: 　　·台前者的行为欠缺某种犯罪成立要件(例外:"正犯背后的正犯") 　　·幕后者对台前者的犯罪事实有支配性(可能源自于胁迫、认识错误、组织结构、责任能力缺失等) (2)主观构成要件 2.违法性 3.责任

(七)认识错误

在刑法总论的课堂上,错误论往往是需要进行专题讲授的内容,甚至有不少教科书将认识错误的问题汇集起来单列一章。[①] 但是在案例分析中,认识错误却并非独立的一个板块,它始终只是故意或者责任判断的一个组成部分。正如金德霍伊泽尔(Kindhäuser)所言,"认识错误并不是犯罪构成要件要素。因此,我们不会对某种错误认识本身进行检验。事实上,问题始终(只)是,行为是否满足了各个主观的犯罪构成要件要素,例如故意、对正当化情境的认知等等。从这一点来看,当某种主观犯罪构成要件要素要求行为人具备特定的认知时,认识错误就是对该要素进行检验后得出的消极结论。"[②] 有的认识错误具有排除故意的效力;有的认识错误不影响故意的成立,但影响故意犯的责任大小。因此,当发现案件中的行为人产生了错误认识时,应当根据不同的错误类型,在相应的主观构成要件或者责任要素中加以考察。

1. 排除故意的认识错误

(1)具体的事实认识错误

在具体的事实认识错误中,尽管行为人的认识和现实的事实状态不一致,但没有超出同一构成要件的范围。学界一致认为,同一构成要件范围内的对象错误(error in persona vel objecto)不影响故意的成立。但是,同一构成要件范围内的打击错误(aberratio ictus)是否具有排除故意的效力,对此则存在争议。[③] 如果主张打击错误能够排除故意,那就应当沿着以下思路进行分析:首先,对于涉嫌犯有的故意罪而言,由于行为人对结果欠缺故意,故无法成立该罪的既遂。其次,考察行为是否成立该故意罪的未遂。最后,再对与实害结果相对应的过失犯罪展开检验。例如:

[①] 例如:Gropp, Strafrecht AT, 2. Aufl., 2015, § 13; Kühl, Strafrecht AT, 8. Aufl., 2017, § 13; Kindhäuser, Strafrecht AT, 8. Aufl., 2017, § 26; Wessels/Beulke/Satzger, Strafrecht AT, 47. Aufl., 2017, § 14.

[②] Kindhäuser, Strafrecht AT, 8. Aufl., 2017, § 26 Rn. 20.

[③] 相关争议参见张明楷:《论具体的方法错误》,载《中外法学》2008年第2期,第220—233页;刘明祥:《论具体的打击错误》,载《中外法学》2014年第2期,第378—389页;柏浪涛:《打击错误与故意归责的实现》,载《中外法学》2015年第4期,第1069页以下;张明楷:《再论具体的方法错误》,载《中外法学》2018年,第919—935页。

【子弹偏离案】
　　甲以杀害乙的意图举枪向其射击,没有注意到乙旁边还站着丙,结果因子弹偏离导致丙死亡,乙却安然无恙。

1.故意杀人罪(第 232 条)(×)
(1)构成要件符合性
①客观构成要件(√)
……

②主观构成要件(×)
　　由于子弹偏离目标而误击丙,这属于打击错误,故甲对于丙的死亡结果欠缺故意。

甲不成立故意杀人罪的既遂。

2.故意杀人罪(未遂)(第 232 条,第 23 条)(√)
……

3.过失致人死亡罪(第 233 条)(√)
……

4.犯罪竞合的处理
　　甲的一个行为同时成立故意杀人罪(未遂)和过失致人死亡罪,择一重罪最终应以故意杀人罪(未遂)处断。

(2)抽象的事实认识错误
　　在抽象的事实认识错误中,行为人认识的事实和现实发生的事实不一致,且两种事实跨越了不同的构成要件。
　　第一种情形:错误所跨越的不同构成要件之间存在重合部分。

【皮箱案】
　　甲误以为乙的皮箱中装着枪支,意图将其据为己有,便趁乙不注意时将皮箱取走,后打开皮箱才发现,里面并无枪支,只有 3 万元现金。

1.盗窃枪支罪(第 127 条第 1 款第 1 分句前段)(×)
(1)构成要件符合性

①客观构成要件(×)

由于甲所盗窃的并非枪支,所以其行为没有造成本罪所要求的法益侵害结果。

甲不成立盗窃枪支罪的既遂。

2. 盗窃枪支罪(未遂)(第127条第1款第1分句前段,第23条)(√)

……

3. 盗窃罪(第264条第1分句)(√)

(1)构成要件符合性

①客观构成要件(√)

甲取得了对乙3万元现金的占有。根据2013年4月2日最高人民法院、最高人民检察院《关于办理盗窃刑事案件适用法律若干问题的解释》第1条的规定,3万元现金已经达到数额较大的标准。故甲的行为已满足盗窃罪的客观构成要件。

②主观构成要件(√)

甲虽然误认为自己所盗窃的是枪支,但是枪支毕竟也属于数额较大的他人财物,所以甲在"盗窃的是他人数额较大的财物"这一点上并无错误认识,具备盗窃罪的故意。

……

甲的行为成立盗窃罪。

第二种情形:错误所跨越的不同构成要件之间不存在重合部分。

【石像案】

甲意图杀害乙,误将一尊古代石像认作乙并开枪射击,导致省级文物保护单位的文物毁损。

1. 故意杀人罪(第232条)(×)

……

2. 故意杀人罪(未遂)(第232条,第23条)(√)

……

3. 故意损毁文物罪(第 324 条第 1 款)(×)
(1)构成要件符合性
①客观构成要件(√)
……
②主观构成要件(×)

甲误将石像认作乙,始终没有认识到他所瞄准射击的对象是文物,而且"文物"和"人"并不存在重合之处,所以甲缺乏本罪的故意。

甲不成立故意损毁文物罪。
4. 过失损毁文物罪(第 324 条第 3 款)(√)
……
5. 犯罪竞合的处理
甲的一个行为同时成立故意杀人罪(未遂)和过失毁损文物罪,择一重罪最终应以故意杀人罪(未遂)处断。

(3)容许性构成要件错误

所谓容许性构成要件错误,是指行为人误以为正当化事由的要件已经具备,在自以为实施的是正当行为的情况下对他人法益造成了损害,例如假想防卫、假想避险。关于容许性构成要件错误的分析,包括以下两个步骤:

①需要确认是否存在容许性构成要件错误。在容许性构成要件错误中,行为人对于某种事由能否以及能够在多大范围内产生正当化的效果这一点认识无误,他只是在具体案件中对现实情况是否符合某一正当化事由的要件发生了错误认识。所以,在鉴别某种错误是否属于容许性构成要件错误时,我们就需要借助假定性的思维,即假定行为人所想象的情形是真的,其行为能否得到正当化?① 如果发现在此假设的情况下,行为人的行为完全满足某一正当化事由的成立要件,那就可以认定存在容许性构成要件错误;反之,如果发现即便在此假定的情形之下,行为人的行为也仍然无法得到正当化,那就说明行为人对于合法与违法的界限本身就存在误解,他所出现的并非容许性构成要件错误,而可能是

---

① Vgl. Kaspar, Strafrecht AT, 2015, Rn. 652; Kindhäuser/Schumann/Lubig, Klausurtraining Strafrecht, 3. Aufl., 2016, S. 218; Wessels/Beulke/Satzger, Strafrecht AT, 47. Aufl., 2017, Rn. 693.

违法性认识错误。

②在确定存在容许性构成要件错误的前提下,需要进一步分析该错误的法律后果。容许性构成要件错误的法律后果,与犯罪论体系的具体构造有着密切的关联。如果采取以消极构成要件要素理论为基础的两阶层犯罪论体系,那么由于正当化事由的成立要件本身就属于不法构成要件,所以对于正当化事由要件事实的认识错误,也就是对不法构成要件的认识错误,当然具有排除故意的效力。① 在现代三阶层犯罪论体系的框架下,容许性构成要件错误的处理是一个颇为棘手的问题:一方面,由于行为人是有意引起损害结果,所以在构成要件阶段,可以确定他对于损害结果是持故意态度;但另一方面,行为人自始至终都误以为自己是在实施正当行为,他并不具有犯罪故意所要求的法敌对意志,所以不宜以故意犯论处。如何在构成要件符合性判断已经确认行为人具有故意的情况下,又能够避免使行为人承担故意犯之责?对此,通行的限制责任说内部虽然意见并不统一,但总的努力方向是尽量使容许性构成要件错误能够获得类似于构成要件错误的效力,即排除故意。② 根据不同的学说,处理容许性构成要件错误的具体位置会有所差异。依据"狭义的限制责任说",可以对容许性构成要件错误类推适用构成要件错误的原理。所以,分析者在认定行为不成立正当化事由之后,应当继续在违法性阶层对容许性构成要件错误加以分析,并排除构成要件故意。③ 如果赞成"法律效果的限制责任说"(也被称为"法律效果转用的责任说"),那就需要一方面肯定构成要件故意,另一方面否定责任故意。④ 于是,在认定行为不成立正当化事由之后,应当在责任阶层中否定故意犯的成立。以下,通过一个例子来展示一下两种学说对于分析思路的影响:

---

① 参见张明楷:《刑法学》(第六版),法律出版社 2021 年版,第 164 页。
② 参见陈家林:《外国刑法通论》,中国人民公安大学出版社 2009 年版,第 307—309 页;张明楷:《外国刑法纲要》(第三版),法律出版社 2020 年版,第 199—200 页。Vgl. Paeffgen/Zabel, in: NK-StGB, 5. Aufl., 2017, Vorbem §§ 32ff Rn. 103ff.
③ Vgl. Kühl, Strafrecht AT, 8. Aufl., 2017, § 13 Rn. 73; Roxin/Greco, Strafrecht AT, 5. Aufl., 2020, § 14 Rn. 64ff.
④ Vgl. Wessels/Beulke/Satzger, Strafrecht AT, 47. Aufl., 2017, Rn. 708.

【伞尖案】

甲(女)夜间单独行走在一处人烟稀少的街巷,乙(男)一直尾随其后。甲心生恐惧,半小时后快步转弯试图避开乙,不料乙也急促地追上前去。甲以为乙对自己欲行不轨,便拿起随身携带的雨伞,用伞尖猛地捅向乙的腹部致其重伤,甲趁乙倒地之时逃离。事后查明,乙刚到此地出差,因找不到旅店所以一直跟在甲的身后,他疾步上前本来是为了问路。

如果采用**狭义的限制责任说**,则本案的分析思路如下①:

1.故意伤害罪(第234条)(×)
(1)构成要件符合性(√)
……
(2)违法性(√)
▲ 正当防卫(第20条)(×)
①防卫前提(×)

由于乙当时无意对甲实施任何侵害,所以并不存在"正在进行的不法侵害"。

甲的行为不成立正当防卫,同时也不存在其他违法阻却事由,故具有违法性。

②防卫意思

第一,行为人是否出现了容许性构成要件错误?

首先,在甲当时看来,乙长时间尾随自己,并且在自己要避开时又急速追赶,乙是打算对自己实施抢劫、猥亵、强奸等不法侵害;但实际上,乙只是因为人生地不熟而想向甲求助,所以并不存在任何不法侵害。甲对于防卫前提,即是否存在"正在进行的不法侵害"这一点具有错误认识。

其次,假定甲所认识的情况与现实相符,那么:一则,乙追赶上前之时,甲的人身安全已经面临急迫的威胁,所以应当认定不法侵害已经开始;二则,甲对乙造成损害的行为属于对抗不法侵害的防卫行为;三则,

---

① 参见蔡圣伟:《刑法案例解析方法论》,元照出版有限公司2020年版,第276页。Vgl. Kindhäuser/Schumann/Lubig, Klausurtraining Strafrecht, 3. Aufl., 2016, S. 218ff.

> 根据《刑法》第20条第3款的规定,当公民面临抢劫、强奸等严重危及人身安全的暴力犯罪时,造成侵害人重伤、死亡的,不属于防卫过当。因此,按照甲对于事实的想象,她的行为是完全符合正当防卫成立要件的。
> 综上,甲主观上具有容许性构成要件错误。
> 第二,容许性构成要件错误的法律效果为何?
> ……(在对各种学说进行概述和评析之后)"狭义的限制责任说"较为合理。根据这一观点,既然甲存在容许性构成要件错误,那就应当类推适用构成要件错误的原理否定其具有本罪的故意。

甲不成立故意伤害罪。

2. 过失致人重伤罪(第 235 条)

……

如果采用**法律效果的限制责任说**,则本案的分析思路如下①:

1. 故意伤害罪(第 234 条)(×)

(1)构成要件符合性(√)

……

(2)违法性(√)

▲ 正当防卫(第 20 条)(×)

①防卫前提(×)

由于乙当时无意对甲实施任何侵害,所以并不存在"正在进行的不法侵害"。

甲的行为不成立正当防卫,同时也不存在其他违法阻却事由,故具有违法性。

(3)责任(×)

> ①行为人是否出现了容许性构成要件错误
> 首先,在甲当时看来,乙长时间尾随自己,并且在自己要避开时又急速追赶,乙是打算对自己实施抢劫、猥亵、强奸等不法侵害;但实际上,乙只是因为人生地不熟而想向甲求助,所以并不存在任何不法侵害。甲对于防卫前提,即是否存在"正在进行的不法侵害"这一点具有错误认识。

---

① Vgl. Beulke, Klausurenkurs im Strafrecht I, 7. Aufl., 2016, Rn. 254ff.

其次,假定甲所认识的情况与现实相符,那么,第一,乙追赶上前之时,甲的人身安全已经面临急迫的威胁,所以应当认定不法侵害已经开始。第二,甲对乙造成损害的行为属于对抗不法侵害的防卫行为。第三,根据《刑法》第 20 条第 3 款的规定,当公民面临抢劫、强奸等严重危及人身安全的暴力犯罪时,造成侵害人重伤、死亡的,不属于防卫过当。因此,按照甲对于事实的想象,她的行为是完全符合正当防卫成立要件的。

综上,甲主观上具有容许性构成要件错误。

②容许性构成要件错误能否排除责任

……(在对各种学说进行概述和评析之后)"法律效果的限制责任说"较为合理。根据这一观点,甲不具有故意伤害罪的责任故意。

甲不成立故意伤害罪。

2. 过失致人重伤罪(第 235 条)

……

2. 不排除故意的认识错误

在阶层式犯罪论体系的框架下,当今较为主流的学说主张是:故意的认识对象仅包括构成要件事实(至多可以扩张至正当化事由的前提事实),却并不包括行为的违法性;因此,违法性认识错误不具有排除故意成立的效力,它只可能影响责任的有无及大小。① 因此,只要行为人对构成要件事实认识无误,即可认定成立故意。在此前提之下,只要没有特殊的事实情节,原则上应当推定行为人具备违法性认识;如果有事实情节预示着行为人可能对违法性存在误解,那就应当顺次讨论以下两个问题:

①是否存在违法性认识错误? 违法性认识错误有不同的表现形式:一是直接的违法性认识错误,即行为人误以为自己的行为根本不为法律所禁止;二是间接的违法性认识错误,即行为人虽然知道其行为受到法

---

① 参见张明楷:《刑法学》(第六版),法律出版社 2021 年版,第 417—418 页;周光权:《刑法总论》(第四版),中国人民大学出版社 2021 年版,第 250—254 页。Vgl. Roxin/Greco, Strafrecht AT, Bd.I, 5. Aufl., 2020, § 21 Rn. 8ff; Kindhäuser/Hilgendorf, LPK-StGB, 8. Aufl., 2020, § 17 Rn. 1ff. 笔者对这一观点持批判态度,参见陈璇:《责任原则、预防政策与违法性认识》,载《清华法学》2018 年第 5 期。

律的禁止,但误以为在个案中存在正当化事由(容许规范),故而可以阻却违法。① 不论出现了以上哪种错误,都需要进入责任阶层,针对错误的避免可能性作进一步分析。

②违法性认识错误能否避免？如果违法性认识错误不可避免,则应该完全排除行为人的责任(责任阻却事由);如果违法性认识错误可以避免,则只能减轻行为人的责任(责任减轻事由)。

四、本书的目标、设计和使用指南

(一)目标:三项能力

大学的刑法案例分析课,应当以培养学生的三个方面的能力为目标,即周全考察、细密论辩和深入思考。

1. 周全考察:从案件事实中发现问题的能力。在司法实践中,无论是控辩双方展开有效攻防,还是法官公正断案,首要前提是能够准确、全面地发掘出案件中的疑点和难点。有鉴于此,本书中的所有案例都没有预设讨论的重点和主题,究竟涉及什么问题,到底包含了多少问题,需要分析者自己独立地采取"五步骤"的分析框架"地毯式"地去搜索和确定。分析者,尤其是初学者不能随意放过或者跳过任何一点,一旦在前进的过程中发现疑点,就必须停下来翻阅教科书、判例等文献。没有人生来就具备准确定位问题点的能力,只有在反复练习的过程中才能逐渐炼就准确洞悉案件一切问题的火眼金睛。②

2. 细密论辩:对争点展开说理、论证的能力。法学历来与神学、医学并称为人类最古老的学科,但它一开始就是一门追求实现明智和公正的技艺。更具体地说,法学是运用论题学思维和修辞学去说服他人的技艺。论题学思维的特点在于直面具体的问题,将所有可能的解决方案以及每一方案的论据都加以汇总、罗列,形成论题目录,并通过商谈、对话

---

① Vgl. Sternberg-Lieben/Schuster, in: Schönke/Schröder, StGB, 30. Aufl. 2019, § 17 Rn. 10; Roxin/Greco, Strafrecht AT, Bd. I, 5. Aufl., 2020, § 21 Rn. 21ff.

② 从本人的教学经验来看,在刚开始运用五步骤的分析方法进行练习时,多数同学只能找到案件中 50% 到 60% 的问题点,但随着练习次数的增加,问题点的发掘率也会显著提高。事实上,本书中的多数案例都曾多年作为课堂作业和讨论的材料,同一个案例经过与学生的研讨,几乎每年都能发现一些新的问题或者找到新的视角。

和论辩决定最终的结论。① 所以,一名合格的法律人应当具备说服的本领。案例分析的重点不在于最终得出了何种结论,而在于分析者展示的理由是否具有足够的信服力。因此,对于案件中的每一个疑点,都要求分析者必须对不同观点展开对话,充分调动法律规定、司法判例、体系的逻辑自洽、刑事政策的效果等多方面的论据展开立论和驳论,在此基础上确立自己的观点和解决方案。

3. 深入思考:从问题出发深入思考的科研能力。如果说前两项是本书旨在培养的核心能力,那么这一项则属于本书试图附带提升的能力。因为,部分本科生毕业之后可能有志于从事专门的学术科研活动。案例分析本质上是一种司法实务的技术,它本身并不产出新的知识和理论,故而不属于严格意义上的科学研究活动。但是,良好的案例分析能力却可以为学术研究奠定扎实的基础。具体来说:第一,使论证思维更加条理化、论证技巧更为娴熟。什么是好的学术论文,判定标准不一而足,但思路清晰、逻辑缜密、论证充分必定是其应有之义。本书所采用的"五步骤"案例分析模式的特点就在于:一方面层层推进式地分步解决问题,另一方面要求对疑难问题展开详细论证。经过这种严格的训练,分析者能够逐渐学会怎样以循序渐进的思路布局谋篇,怎样充分运用各种论证策略进行有效、严谨的说理,怎样详略得当地安排论述的内容、张弛有度地协调论证的节奏,而这些恰恰都是论文写作必不可少的技能。第二,使严格遵守学术规范和学术伦理及早地成为内化于心的习惯。学术规范和学术伦理的教育,不能等到毕业论文写作的时候才匆忙上马,而应当在大学基础课和训练课中就得以完成。案例分析,恰恰可以成为学术规范和学术伦理教育的重要抓手。因为每一次的案例分析都需要运用大量法律规范、司法解释、规范性文件、判例和理论文献,要求作者凡援引法条必精准到位,凡涉及观点必注明出处。经过多次训练,专业写作的各种规范和程式对于学生来说,就不再是陌生的异己之物,而是成为刻入其日常写作习惯的"肌肉记忆"。第三,积累问题的来源和素材。对于学术论文的写作来说,好的选题是成功的一半;在许多准备写作论文

---

① Vgl. Coing, Grundzüge der Rechtsphilosophie, 5. Aufl., 1993, S. 291; Puppe, Kleine Schule des juristischen Denkens, 3. Aufl., 2014, S. 272.

的同学看来,怎样才能找到一个大小适中、富有价值的选题,常常是一件令人头疼的事。实际上,至少就刑法教义学主题的论文而言,疑难案例往往是触发选题灵感的源泉。对于本书的案例,如果同学们不停留于分析本身,而是能够对其体现出的疑难问题进行深挖,那就不难从中找到适于论文写作的选题。本书之所以在部分案例分析的最后附有"难点拓展"的部分,一方面是为了方便同学们集中复习重要的知识点,另一方面也是为了引导学有余力而对刑法理论有兴趣的同学做进一步的探索性思考,为开展学术研究作准备。

(二)设计:四大板块

首先,对于刑法案例教学来说,案例素材至关重要。其大体上有两种类型:一是由教师编写的案例,其优长在于一方面能够使案例更具故事性和趣味性,另一方面能够根据教学的需要在案例中合理地排布知识点。二是实际案件[①],其好处在于能够更加原汁原味地反映司法实践中案件的真实状况。笔者试图兼采二者。一方面,本书所包含的8个案例[②]均以现实案件为"原型";另一方面,笔者根据研习和考查的需要进行了适度的改编和加工。案情的复杂程度总体上依次递增,以便学生阶梯式、循序渐进地进行练习。

其次,每个案例包含**"案情叙述""思路提要""具体分析"**和**"难点拓展"**四个板块。"思路提要"旨在对整个案例分析的脉络进行提纲挈领式地勾勒。"具体分析"是案例分析的正文,其中会穿插一些"画外音",对同学们分析时可能产生的疑问、容易出现的错漏、需要注意的事项进行说明或者提示。这些"画外音"的存在,其实也是教师与练习者的一种对话。"难点拓展/重点复习"包括两部分内容:一是列出案件中所涉及的知识点,二是对一些疑难争议问题进行了适度深化。如前所述,本书的一个特点是,每个案例不给定主题。这虽然有利于训练学生自主挖掘问题的能力,但也存在知识点分布较为凌乱的短处,不利于学生系统地进行全面复习。为了克服这一不足,笔者作了两方面的努力:

[①] 有的教师直接将判决书,甚至全套案卷材料拿来作为案例分析课的素材。

[②] 根据笔者的经验,以一学期17周共34学时的教学量来衡量,考虑到开篇入门导引、学生展示讨论以及最后期末考试所需要耗费的时间,一学期围绕7—8个案例展开研习是比较合适的。

其一,在"难点拓展/重点复习"部分将案例中所涉及的重要知识点整理出来,便于读者在每做完一个案例作业之后,能够集中复习和巩固相关的原理。其二,在本书末尾附上了知识点索引,这个索引将本书8个案例所涉及的重要知识点按照刑法教科书的体系进行了编排。读者借此可以快速找到书中对于某个具体知识点的论述。

(三)使用指南

1.建议读者在阅读"思路提要"和"具体分析"之前,务必独立地将案例完整分析一遍。不摔几跤学不会走路,不呛几口水学不会游泳。对于任何一门实践技术来说,抽象经验和方法的学习可以适当缩短,但永远不能代替亲身摸爬滚打的过程。只是把别人现成的分析拿来顺着读一遍,和自己抓耳挠腮、苦思冥想地做上一遍,这两种方式给研习者带来的收获是不可同日而语的。只有独自地经历了划分事实、搜索罪名、查找文献、解释论证的全过程,才能切身体会到案例分析可能遇到的种种困难,才能使自身学习中存在的各种问题全面地暴露出来。做完之后,再通过将自己的分析和参考分析进行对照,看看哪些罪名没有网罗齐全、哪些疑难和争议点有所遗漏、哪些分析和论证还不够到位、哪些知识和原理还只是一知半解。这样才能真正找到差距、清除误区,在一遍遍"做→对照→提高"的过程中有所长进。

2.建议读者完成案例分析后,应当借助"难点拓展/重点复习",找到作业中反映出来的知识盲区或者薄弱环节,及时通过查阅教科书进行查漏补缺、巩固提高。

3.初学者的进度不宜太快,最好能步步为营、稳扎稳打,做到每完成一个案例的研习,都能在分析技巧、写作能力以及知识掌握等方面上一个台阶。

五、结语

本章简要地叙述了刑法鉴定式案例分析方法的基本内容。不过,正所谓"纸上得来终觉浅,绝知此事要躬行",要真正熟练地掌握该分析方法,还有赖于大量的练习。接下来,同学们不妨运用本章所讲述的"五步骤"案例分析方法,先自行尝试对本章开头列出的"路见不平拔刀相助"一案展开分析。本案的参考分析,且待下回分解。

第二章 见义勇为案

案情叙述

某日 18 时许,丙驾驶摩托车载着乙经过某地,见一名过路妇女 X 佩戴着金项链。两人互相使了一个眼色,丙开着摩托车冲上前,乙趁 X 不备将其佩戴的金项链(价值 7000 元)夺走,然后逃窜。X 大声呼救,甲闻讯立即驾驶汽车追赶。两车的车速均超过了该路段允许的最高限速。追至一立交桥上时,桥上只有零星的车辆驶过。甲多次喝令乙、丙停车,但乙、丙非但不听,反而为了摆脱甲的追赶在立交桥上高速蛇形行驶。在此情况下,甲加速向前,与乙、丙的摩托车并行(两车相距约 75 厘米),试图将其逼停。相持约 20 秒后,摩托车失去平衡,先后与右侧立交桥护栏和甲的汽车发生碰撞,最后侧翻,导致乙跌落桥下死亡,丙摔落在桥面上造成左小腿骨折等多处损伤,后在治疗中小腿截肢,经法医鉴定为二级伤残。

思路提要

一、飞车夺金
乙和丙
1. 抢劫罪(第 263 条,第 26 条第 1、4 款)(×)
 (1)构成要件符合性(×)
 (2)结论
2. 抢夺罪(第 267 条第 1 款第 1 分句,第 26 条第 1、4 款)(√)

(1)构成要件符合性(√)
(2)违法性(√)
(3)责任(√)
(4)结论

二、驾车追赶
甲
1. 故意杀人罪(第 232 条)(针对乙)(×)

（1）构成要件符合性(√)

（2）违法性(×)

（3）结论

2.故意伤害罪(第234条)(针对乙)(×)

3.故意杀人罪(第232条,第23条)(针对丙)(×)

（1）构成要件符合性(√)

（2）违法性(×)

（3）结论

4.故意伤害罪(第234条)(针对丙)(×)

5.过失致人死亡罪(第233条)(针对乙)(×)

6.过失致人重伤罪(第235条)(针对丙)(×)

7.以危险方法危害公共安全罪(第115条第1款)(×)

8.交通肇事罪(第133条)(×)

9.危险驾驶罪(第133条之一)(×)

（1）构成要件符合性(×)

（2）结论

三、超速侧翻

丙

1.故意杀人罪(第232条)(×)

（1）构成要件符合性(×)

（2）结论

2.故意伤害罪(第234条)(×)

3.以危险方法危害公共安全罪(第115条第1款)(×)

4.交通肇事罪(第133条第1分句)(√)

（1）构成要件符合性(√)

（2）违法性(√)

（3）责任(√)

（4）结论

5.过失致人死亡罪(第233条)(√)

6.危险驾驶罪(第133条之一第1款第1项)(√)

7.竞合

四、全案分析结论

具体分析

关于事实单元划分的思考：首先，乙、丙驾驶摩托车夺走 X 的金项链，成立第一个事实单元；其次，甲为夺回金项链，驱车追赶，在此过程中导致乙、丙二人一死一重伤的严重后果，属于第二个单元；最后，丙在公路上高速行驶，引起了同乘者乙的死亡，可视为第三个单元。

一、飞车夺金

> 预判:乙和丙基于共同的犯意,一人负责高速驾驶摩托车,另一人负责夺走被害人的财物,两人有可能成立抢劫罪或者抢夺罪的共同正犯。由于二人的行为紧密相连,可能分别构成复合行为犯中的手段行为和目的行为,所以适宜将两者放在一起一并考察。

1.抢劫罪(第263条,第26条第1、4款)

(1)构成要件符合性

抢劫罪,是指以非法占有为目的,以暴力、胁迫或者其他方法取得公私财物的行为。乙和丙同乘一辆摩托车将路人的金项链夺走,该行为并不符合抢劫罪的客观构成要件。理由如下:

第一,从抢劫罪中暴力手段的内涵来看,抢劫罪的暴力手段,是指行为人对被害人不法行使有形力,足以压制其反抗的行为。这里的暴力,一是要求必须针对被害人实施,二是必须达到足以压制对方反抗的程度。① 但在本案中,驾驶摩托车高速从被害人身边经过、趁被害人不备迅速将其随身佩戴的金项链夺走,这种暴力手段的特点却在于:首先,作用的对象是财物,而非人身;其次,该手段并非旨在压制被害人的反抗,使之不敢反抗或者不能反抗,而是通过"高速行驶+迅速夺取"的方式使被害人在来不及反应和防备的情况下,在瞬间失去对金项链的占有。因此,乙、丙所使用的暴力手段并不符合抢劫罪的要求。

第二,从司法解释的规定来看,2013年11月11日最高人民法院、最高人民检察院发布的《关于办理抢夺刑事案件适用法律若干问题的解释》(以下简称《抢夺解释》)第6条规定,驾驶机动车、非机动车夺取他人财物,具有三种情形之一的,才以抢劫罪定罪处罚:

首先,本案中乙和丙的行为既不属于"夺取他人财物时因被害人不放手而强行夺取的",也不属于"驾驶车辆逼挤、撞击或者强行逼倒他人夺取财物的"。

其次,乙和丙的行为是否属于"明知会致人伤亡仍然强行夺取并放

---

① 参见陈兴良主编:《刑法各论精释》,人民法院出版社2015年版,第311、313页;张明楷:《刑法学》(第六版),法律出版社2021年版,第1269页。

任造成财物持有人轻伤以上后果"的情形呢？回答是否定的,理由有二：其一,根据日常的生活经验,骑着摩托车猛然拽取被害人身上佩戴的项链、耳环等首饰,一方面有可能使被害人在猝不及防、慌乱不已的情况下失去平衡跌倒致伤,另一方面也有可能使被夺的首饰在脱离人体的一瞬间划伤被害人的身体,所以似乎具有"造成财物持有人轻伤以上后果的"危险。但是,一则抢劫罪和抢夺罪的区别点并不在于暴力的严重程度,而在于暴力在取财过程中所发挥的作用。抢劫中的暴力旨在排除被害人的反抗,从而为后续顺利取财创造条件；抢夺中的暴力则是为了在被害人来不及防护的情况下迅速转移财物占有。① 所以,只要行为人所使用的暴力不是为了压制被害人的反抗,而是为了趁被害人不备取得财物的占有,那么即便暴力行为有可能导致被害人伤亡,也不能使其转变为抢劫罪的手段。二则以暴力的功能为标准区分抢劫罪和抢夺罪,并不会造成罪刑失衡的情况。因为当行为人使用对物暴力夺取财物,而暴力又具有致人伤亡的危险时,即便不认为行为人构成抢劫罪,也丝毫不会忽略对其"放任造成财物持有人轻伤以上后果"这一较重不法内容的评价。例如,行为人明知飞车夺取的行为可能导致被害人失足摔伤、被项链划伤脖颈或者被耳环撕裂耳郭,却仍然强行夺取,以致发生伤亡结果。对此,完全可以认为,行为人的一个行为同时构成抢夺罪和故意伤害罪,根据想象竞合犯的原理择一重罪处断。所以,对于《抢夺解释》中所说的"明知会致人伤亡仍然强行夺取并放任造成财物持有人轻伤以上后果的",仍应结合暴力压制反抗能力的标准,而不能单纯从放任伤亡结果这一点去加以理解。其二,即便认为只要行为人放任伤亡结果的发生,就足以将飞车夺取的行为认定为抢劫,但是通说认为《抢夺解释》所规定的这种情形,是以实际造成轻伤以上后果为前提的。② 本案中,乙、丙的夺取行为并未造成他人伤亡结果,故不符合《抢夺解释》第6条的规定。

(2)结论

乙和丙的行为不成立抢劫罪。

---

① 参见马克昌主编：《百罪通论(下卷)》,北京大学出版社2014年版,第824—825页。

② 参见陈兴良主编：《刑法各论精释》,人民法院出版社2015年版,第388页。

2. 抢夺罪（第 267 条第 1 款第 1 分句，第 26 条第 1、4 款）

乙和丙同乘一辆摩托车将路人的金项链夺走，可能成立抢夺罪的共同正犯。

(1) 构成要件符合性

① 结果要件

本罪的既遂，要求行为人取得了数额较大之财物的占有。首先，金项链原本由 X 佩戴于身上，处在她的占有之下，但是经过乙和丙的夺取行为后，金项链已经脱离了 X 的支配，转而落入了乙和丙的占有空间。其次，根据《抢夺解释》第 1 条的规定，价值 7000 元的金项链属于"数额较大"的财物。因此，抢夺罪既遂所要求的法益侵害结果已经出现。

② 共同正犯的归责要素

第一，乙和丙具有共同抢夺的行为意思。首先，对于驾驶摩托车夺金的行为会造成财物占有发生转移这一结果，乙和丙都有着明确的认识。其次，乙和丙都具有非法占有 X 金项链的目的。最后，乙和丙在相互使眼色的一瞬间，达成了共同抢夺 X 财物的默契与合意。根据二人心照不宣的分工，丙负责高速驾驶摩托车，乙则负责趁 X 不备将其金项链夺走。

第二，须确定乙和丙对于结果各自所作的贡献。乙亲手实施了夺取金项链的行为；丙驾驶摩托车从 X 身边疾驰而过，为乙能够在瞬间趁 X 不备夺取财物创造了不可或缺的条件。

第三，乙和丙所作的贡献均已满足共同正犯的要求。刑法学的通说认为，抢夺罪的实行行为是对财物使用强力进而夺取财物。[①] 乙的行为完整地实现了本罪的构成要件，无疑成立正犯。存在疑问的是：丙自始至终只是在驾驶摩托车，并没有直接实施夺取财物的行为，能否将其认定为共同正犯？没有直接实施构成要件行为的人能否成立共同正犯，对此学界有不同看法。

我国传统的刑法理论强调，共同正犯中的各参与人必须共同实行犯罪。该说主张：所谓"共同实行"固然有不同的表现形式，它既包括

---

① 参见高铭暄、马克昌主编：《刑法学》（第十版），北京大学出版社、高等教育出版社 2022 年版，第 512 页。

各参与人共同实施同一个符合犯罪客观要件的行为(如两人一起下毒将他人杀害),也包括各参与人实施同属于犯罪客观要件但不相同的行为(如两人共同抢劫,一人负责威胁被害人,另一人负责将财物抢走),还包括各参与人共同实施同一行为但分别针对不同对象的情况(如两人共同杀人,但分别负责杀害不同的人);但是,只要某一参与人未实施任何符合犯罪客观要件的行为,他就无法与其他参与者构成共同正犯。①

有学者持"重要作用说",主张共同正犯是指正犯之外的在共同犯罪中起重要作用的参与形态,共同正犯者未必实施了构成要件行为,但必须在共同犯罪中起到了重要作用。据此,共同正犯中共同实施行为的事实,是指分担了导致结果发生的重要行为,或曰行为人对构成要件行为的实现起到了重要或者主要作用,并不要求行为人分担构成要件的实行行为。②

笔者赞同"重要作用说"。因为共同正犯是一种扩张的正犯形态③,之所以认为共同正犯者对于犯罪事实也具有支配性,并不是因为行为人如单独正犯那样直接实现了构成要件,而是因为各参与人通过分工共同对犯罪的最终实现发挥了不可替代的作用。④ 因此,作为在结构上与直接正犯、间接正犯迥异的一种正犯形态,共同正犯的正犯性不宜套用单独正犯的标准,而应当从更为实质的角度去加以把握。在本案中,丙架车高速驶过被害人为乙实施对物暴力创造了必要前提,对于乙在瞬间夺走金项链来说是不可或缺的条件。因此,可以认为丙对于抢夺罪的实现发挥了重要的作用,足以成立共同正犯。根据"部分实行全部责任"的原理,乙抢夺既遂的结果也应当归责于丙。

(2)违法性

不存在违法阻却事由。

---

① 参见马克昌主编:《犯罪通论》(第三版),武汉大学出版社1999年版,第526页;高铭暄、马克昌主编:《刑法学》(第十版),北京大学出版社、高等教育出版社2022年版,第167页。
② 参见张明楷:《刑法学》(第六版),法律出版社2021年版,第533—534页。
③ 参见陈家林:《共同正犯研究》,武汉大学出版社2004年版,第60页。
④ Vgl. Roxin, Strafrecht AT, Bd. Ⅱ, 2003, § 25 Rn. 211; Heine/Weißer, in: Schönke/Schröder, StGB, 30. Aufl., 2019, § 25 Rn. 67.

(3) 有责性

不存在责任阻却事由。

(4) 结论

乙、丙成立抢夺罪的共同正犯，他们对于本罪的实现均发挥了重要的作用，故皆为主犯。

二、驾车追赶

> 预判：本事实单元涉及甲的刑事责任。甲在公路上高速驾车追赶导致乙丙一死一重伤，这一行为损害的法益主体有三方：乙、丙以及公路上不特定多数人的安全。运用"法益导向法"，根据不同的法益主体，分别搜索涉嫌的罪名：(1)针对乙，可以考虑的罪名包括故意杀人罪、故意伤害罪(致人死亡)、过失致人死亡罪；(2)针对丙，可以考虑的罪名包括故意杀人罪(未遂)、故意伤害罪、过失致人重伤罪；(3)针对公共安全，可以考虑的罪名包括以危险方法危害公共安全罪、交通肇事罪、危险驾驶罪。

1. 故意杀人罪(第232条)(针对乙)

(1) 构成要件符合性

①客观构成要件

乙死亡的结果已经出现。假如不是甲穷追不舍，乙就不会采取高速逃避的行为，也就不会发生翻车事故，故甲的追赶行为与乙的死亡结果之间具有条件因果关系。接下来需要进行结果归责的判断：

第一，甲驾驶汽车高速追赶他人，尤其是与对方平行行驶，采取了与摩托车仅保持75厘米这样近距离的方式试图逼停对方，这种方法很有可能使对方因忙于躲闪、精神紧张而出现失去平衡或者与其他车辆相撞的情况，故已经创造了较高的致死风险。甲的行为具有本罪的实行行为性。

第二，关于危险实现的判断，疑问之处在于：在甲的追赶行为和乙的死亡结果之间介入了被害人自己的行为，这是否影响结果归责的成立呢？有类似判例认为，行为人并未主动撞击摩托车，两名被害人为摆脱追赶而驾驶摩托车高速行驶，因车速过快与立交桥护栏及行为人的汽车相撞从而导致摩托车侧翻，这才是造成本案伤亡结果发生的直接原因，

而且该危险状态是两名被害人自我选择的结果,所以行为人的行为与结果之间并无因果关系。① 这一观点是不能成立的。理由如下:

首先,刑法上归责关系的成立,并不以行为是引起结果发生的直接原因为必要条件。例如,甲见乙正在追杀丙,于是便将唯一的通道大门紧锁,致使丙无法逃出而命丧刀下。在此,直接引起法益侵害结果的是正犯乙,但没有人否定甲的行为与丙的死亡结果之间存在因果关系,可以成立故意杀人罪的帮助犯(甚至是共同正犯)。

其次,本案不成立被害人自我答责。被害人行为能够阻断结果归责的,仅限于被害人自我答责的情况。所谓被害人自我答责,是指若被害人在对危险有正确认知的情况下,基于自愿使自己的法益陷入危险境地,则该危险所引起的结果应当由被害人自身而非行为人来承担。其成立要件主要有二:其一,被害人本人对于危险创设的事实产生了支配性的影响;其二,被害人对于危险具有足够的认知能力,在自由意志支配下进入危险状态。② 乙、丙通过高速行驶行为自行制造了可能引起侧翻事故的危险,所以他们对于危险创设的事实的确产生了支配性的影响。但是,乙、丙进入该危险状态并非基于自由意志。第一,当乙、丙在面对甲的追赶、逼迫、袭击的情况下实施带有危险的躲避行为时,该行为看似是乙、丙自我选择的结果,但实际上是为避免自身法益受损而不得已采取的措施。换言之,乙、丙是在缺乏足够选择空间的情况下被迫铤而走险,其意志自由存在瑕疵。第二,刑法理论普遍认为,在行为人基于抢劫、伤害等加害目的追赶被害人的场合,即使被害人是因自己进入危险地带(如跑进高速公路、跃入河中)而遭遇事故身亡,但只要这种逃避具有通常性,即行为人的行为导致被害人不得不或者几乎必然实施危险的逃避行为,那就不能以被害人自我答责为根据否定结果归责。③ 第三,可能有观点会认为,乙、丙毕竟实施抢夺行为在先,作为不法侵害者,他们本

---

① 参见周峰:《张德军故意伤害案——见义勇为引发他人伤亡的如何处理》,载中华人民共和国最高人民法院刑事审判第一、二、三、四、五庭主办:《刑事审判参考》(总第51集),法律出版社2006年版,第3页。

② Vgl. Puppe, in: NK-StGB, 5. Aufl., 2017, Vorbem §§ 13ff Rn. 185; Kindhäuser, Strafrecht AT, 8. Aufl., 2017, § 11 Rn. 24ff.

③ 参见黎宏:《刑法学总论》(第二版),法律出版社2016年版,第103页;张明楷:《刑法学》(第六版),法律出版社2021年版,第243页。

来就负有停车交还财物的义务,既然二人在能够履行该义务的情况下执意驾车逃窜,那就应当认为危险驾驶是其自由选择的结果。然而,这种说法只是说明,乙、丙在有义务不侵害他人法益的情况下,自行陷入可能遭遇其他公民反击的险境之中。但乙、丙违反义务的事实(即不法侵害行为),究竟在多大程度上会影响其值得保护性的程度,这是违法性而非构成要件符合性应当考虑的问题。所以,只要乙、丙是在被甲追逐的情况下被迫逃窜,不论该逃窜行为本身是否违反了某种义务,也不论甲的追逐行为是否成立某项权利,不宜在构成要件的客观归责层面中就把风险直接归入被害人自愿接受的范围。基于以上理由,不能认为死伤结果应当由乙和丙自我答责。

综上所述,甲不仅制造了导致乙死亡的风险,而且该风险已经在最终的死亡结果得到了实现。

②主观构成要件

本罪的成立要求行为人对死亡结果的发生具有故意。就本案而言,首先可以确定的是:一方面,作为一名具有驾驶经验的司机,甲对于近距离逼停的行为具有引起摩托车侧翻事故的危险必定已有所认知,故不属于疏忽大意的过失;另一方面,甲追击和逼停的目的仅在于夺回被抢的财物,并不希望乙死亡,故也不具有直接故意。于是,接下来需要考察的问题就在于:甲对于乙的死亡结果究竟是间接故意,还是过于自信的过失呢?

间接故意与过失的区分标准,取决于对间接故意本质的理解。对此,德国刑法理论素来有认识说和意志说两大阵营,其中认识说内部又包括可能性说、盖然性说、风险说、避免说等观点,意志说内部又有容任说、认真说等见解。① 我国《刑法》第14条第1款的规定比较明确地采取了容任说的立场。因此,要对间接故意和过失进行区分,需要结合认识因素和意志因素两个方面。首先,从认识因素上来看,间接故意的行为人对于行为引起结果的危险性具有明确、完整的认知,并不存在任何认识错误。然而,在过于自信的过失中,尽管行为人曾经一时"预见到"自己的行为具有引起结果的可能性,但是在实施行为的当时,因为高估

---

① Vgl. Baumann/Weber/Mitsch/Eisele, Strafrecht AT, 12. Aufl., 2016, § 11 Rn. 21ff; Kindhäuser/Hilgendorf, Lehr- und Praxiskommentar, 8. Aufl., 2020, § 15 Rn. 106ff.

了自身的能力、预防措施的效果或者被害人的自保条件,故相信结果不可能发生。归根结底,过于自信过失的行为人其实并没有认识到行为具有引起结果的现实可能,他对于行为的危险性产生了错误认识。其次,从意志因素上来看,既然间接故意的行为人"放任"危害结果的发生,那就意味着他对于结果实质上是持肯定态度的。但是,过于自信过失的行为人对于危害结果自始至终都持否定和排斥的态度,只是因为误信结果能够避免,所以才实施了危险行为。根据通说,虽然两者都表现为行为人在认识到结果发生可能性的情况下仍实施相关行为,但间接故意的行为人根本不考虑结果是否可以避免,而过于自信过失的行为人却考虑到了结果的避免可能性,并以一定的有利条件(如自身的能力、已采取必要的保护措施等)为依据相信结果不会发生。①

就本案来说,应当认为甲对于乙的死亡是持间接故意的态度。这由甲所选择的驾驶方式所决定,任何可能使其产生"轻信"心理的凭据都已不复存在。一般的超速行驶虽然也可能引起严重交通事故,但是在路面车辆稀少或者司机具备较高驾驶和应变能力的情况下,该行为引起事故的危险还停留在较为抽象和微弱的水平之上,这就使行为人具备了"轻信"的空间,即他可能凭借自身能力或者客观条件相信结果不会出现。但是,高速驾驶汽车追赶他人的摩托车并与其近距离平行行驶,这种异常的行驶方式极有可能会使对方驾驶者在精神高度紧张的状态下失去对车辆的控制,极大地增加了车辆之间发生摩擦和碰撞的可能。可见,甲所使用的特殊追赶方法,已经将引起死伤结果的危险性提升到了具体而急迫的程度。在此情况下,只要选择实施这一行为,就不可能存在大幅降低致死危险的条件;这也就意味着对于任何具有驾驶经验的人来说,都不存在相信结果还可以得到避免的余地。所以,应当认为,甲为了达到及时逼停乙、丙的目的,放任了其死伤结果的出现,故具备本罪的故意。

(2)违法性

乙、丙二人通过抢夺取得了对 X 财物的占有,而甲之所以采用危险

---

① 参见贾宇主编:《刑法学(上册·总论)》,高等教育出版社 2019 年版,第 179—180 页;高铭暄、马克昌主编:《刑法学》(第十版),北京大学出版社、高等教育出版社 2022 年版,第 111 页。

的驾驶方式,是为了即时夺回该财物。因此,该行为可能成立违法阻却事由。

▲ 正当防卫(第20条)

①防卫前提

正当防卫的前提是存在着某种"正在进行的不法侵害"。乙、丙先前针对X实施的抢夺行为已经构成犯罪,无疑是一种不法侵害。但是,根据上述分析,在甲驾车追赶之时,乙、丙已经实现了抢夺罪的既遂。在此情况下,还能否认为抢夺的不法侵害仍在进行之中?对此,刑法理论和实务界曾有不同的意见。

有学者认为,不法侵害的结束时间点应与犯罪的既遂时间点保持一致。① 在司法实践中,也有判例主张,一旦侵害人已经实现抢劫、抢夺等犯罪的既遂,只要他仅仅消极地逃离现场而没有再积极实施新的不法侵害,就应当认为防卫的时间条件已不再具备。此时,行为人可以根据《刑事诉讼法》第84条的规定实施扭送或者根据《民法典》第1177条的规定实施自助行为,但不能进行正当防卫。②

刑法学的通说则认为,不法侵害的结束时间不必与犯罪的既遂时间完全吻合,即便某一不法侵害从犯罪构成要件的角度来看已经实现了既遂,但只要当时行为人还能够即时挽回财产损失,就应当认为不法侵害尚未结束。③ 最高人民法院、最高人民检察院和公安部2020年8月28日发布的《关于依法适用正当防卫制度的指导意见》(以下简称《正当防卫指导意见》)第6条明确规定:"在财产犯罪中,不法侵害人虽已取得财物,但通过追赶、阻击等措施能够追回财物的,可以视为不法侵害仍在进行。"

笔者认为通说较为合理。刑法关于犯罪既遂与不法侵害正在进行

---

① 参见高格:《正当防卫与紧急避险》,福建人民出版社1985年版,第29页。
② 参见"张德军故意伤害案",载中华人民共和国最高人民法院刑事审判第一、二、三、四、五庭主办:《中国刑事审判指导案例》(第3卷),法律出版社2009年版,第344、346页;"黄中权故意伤害案",载陈兴良、张军、胡云腾主编:《人民法院刑事指导案例裁判要旨通纂(上卷)》(第二版),北京大学出版社2018年版,第701页。
③ 参见马克昌主编:《犯罪通论》(第三版),武汉大学出版社1999年版,第735页;陈兴良:《正当防卫论》(第三版),中国人民大学出版社2017年版,第102页;张明楷:《刑法学》(第六版),法律出版社2021年版,第264页。

的规定,两者的立法目的并不完全一致。前者是为了给法官提供一个用以确定故意犯罪严重程度的标尺,以便法官认定犯罪人的刑事责任;后者并非为了确定不法侵害人的法律责任,而是为了给一般公民有效行使防卫权划定一个合理的范围。所以,在认定不法侵害的结束时间点时,不仅要考虑法益侵害的状态,而且要考虑法益保护的即时性和有效性。即便财产犯罪已经既遂,但只要通过追赶能够即时追回财物,法律仍然应当为公民实施正当防卫留下空间,肯定不法侵害尚未结束。据此,尽管乙、丙的抢夺行为已经既遂,但既然被害人或第三人可以通过追赶即时夺回被抢的财物,那就应当认为不法侵害仍处于"正在进行"之中。

②防卫对象

正当防卫损害的对象只能是不法侵害人。在本案中,死亡者是抢夺行为人乙,符合正当防卫的对象条件。

③防卫限度

《刑法》第 20 条第 2 款关于防卫过当的规定中的"明显超过必要限度"和"造成重大损害"之间究竟是什么关系,对此学界有不同看法。"一体说"主张,防卫过当行为和其造成的重大损害是统一的,二者相辅相成、缺一不可。① "二分说"则认为:"明显超过必要限度"是行为过当,"造成重大损害"则是结果过当,二者是防卫过当的两个相互独立的要件;只有在认定行为过当的前提下,才有必要进一步认定结果是否过当,即便造成了重大损害结果,但只要行为没有明显超过必要限度,就不存在成立防卫过当的余地。② 《正当防卫指导意见》第 11 条也肯定了这一观点。③ 笔者认为,"二分说"值得赞同,因为它在思维逻辑上将行为过当作为认定防卫过当的先决条件,从而避免了仅以重大损害结果为依据认定防卫过当的倾向,有利于最大限度地克服司法实践中存在的"唯结果论"。

---

① 参见马克昌主编:《犯罪通论》(第三版),武汉大学出版社 1999 年版,第 754—755 页;张明楷:《刑法学》(第六版),法律出版社 2021 年版,第 276 页。

② 参见劳东燕:《防卫过当的认定与结果无价值论的不足》,载《中外法学》2015 年第 5 期;周光权:《正当防卫的司法异化与纠偏思路》,载《法学评论》2017 年第 5 期;陈璇:《正当防卫、维稳优先与结果导向:以"于欢故意伤害案"为契机展开的法理思考》,载《法律科学(西北政法大学学报)》2018 年第 3 期。

③ 参见指导意见起草小组:《〈关于依法适用正当防卫制度的指导意见〉的理解与适用》,载《人民司法》2020 年第 28 期,第 32 页。

根据"二分说",首先需要判断行为人所采取的防卫措施是否明显超过了必要限度。对于防卫限度的判断标准,我国刑法理论主要存在基本相适应说、必需说与折中说三种观点。① 基本相适应说认为,所谓必要限度是指防卫措施与不法侵害之间在强度和可能造成的损害方面处于基本相均衡的关系之中。必需说则主张,只要防卫行为是为制止不法侵害所必不可少的措施,即便它的强度和所造成的损害明显超过不法侵害,也应认为处于必要限度的范围之内。折中说(相当说)试图对以上两种学说加以综合,主张正当防卫原则上应以制止不法侵害所必需为标准,同时还要求防卫行为与不法侵害在手段、强度和后果等方面不存在过于悬殊的差异。折中说是我国刑法理论目前的通说②,也得到了《正当防卫指导意见》第 12 条的肯定。

原则上采取必需说的判断标准,仅仅在极端情形下例外适用基本相适应的思想,这是合适的。理由在于:第一,要求防卫手段必须与侵害手段基本相当,这违反了立法者设置正当防卫权的根本目的。正当防卫作为公民所享有的一项紧急自卫权,其价值在于能够即刻、有效地制止不法侵害。如果反击措施只是与侵害手段势均力敌,就不可能保证防卫的有效性;只有当防卫行为的强度明显高于不法侵害时,才能达到制服侵害人的效果。第二,从正当防卫的本质来看,关于正当防卫的正当化根据,刑法学界有不同的看法。多数学者持"法益保护+法秩序维护"的二元论,主张正当防卫不仅保护了具体法益,而且捍卫了国家法规范不受侵犯的效力,所以防卫人一方代表的利益原则上高于侵害人一方代表的利益。③ "侵害人值得保

---

① 相关的争论参见高铭暄主编:《刑法专论》(第二版),高等教育出版社 2006 年版,第 427 页。
② 参见高铭暄、马克昌主编:《刑法学》(第十版),北京大学出版社、高等教育出版社 2022 年版,第 132—133 页。
③ 参见马克昌主编:《犯罪通论》(第三版),武汉大学出版社 1999 年版,第 712 页;欧阳本祺:《正当防卫认定标准的困境与出路》,载《法商研究》2013 年第 5 期,第 124 页以下;劳东燕:《防卫过当的认定与结果无价值论的不足》,载《中外法学》2015 年第 5 期,第 1334—1339 页;苏惠渔主编:《刑法学》(第六版),中国政法大学出版社 2016 年版,第 105 页;周光权:《刑法总论》(第四版),中国人民大学出版社 2021 年版,第 201—202 页。Vgl. Jescheck/Weigend, Lehrbuch des Strafrechts AT, 5. Aufl., 1996, S. 337; Perron, in: Schönke/Schröder, StGB, 30. Aufl., 2019, § 32 Rn. 1a; Roxin/Greco, Strafrecht AT, Bd. Ⅰ, 5. Aufl., 2020, § 15 Rn. 1ff.

护性双重下降说"认为，正当防卫的合法性根据在于，一方面由于侵害人在本可避免的情况下自陷险境；另一方面由于侵害人违反了不得侵犯他人法益的义务，所以不法侵害人值得保护的程度出现了大幅度下降。①"优越利益保护说"提出，不法侵害者所要获得的利益是不正当的，而正当防卫所要保护的利益是正当的，故防卫人针对不法侵害者行使权利的行为，使其处于本质的优越地位，这就导致不法侵害者的利益被缩小评价。②"整体性二元论"主张，正当防卫的正当化依据在于对公民自由权利的保护，这就要求正当防卫一方面须以保护公民个人权益为目的，另一方面也必须确保旨在维护自由权利的法律制度和行为规范的有效性。③ 学界对于正当防卫的本质虽然众说纷纭，但在一点上是一致的，即基于"法无需向不法让步"的原理，正当防卫权应当具有强势和凌厉的特性，一方面，防卫人不负有退避的义务，另一方面，正当防卫不要求对保护的法益和损害的法益之间进行严格的比较和衡量。

　　根据必需说，防卫行为是否超过必要限度，关键是要看行为人所采取的防卫手段是否是当时条件下为及时、有效和安全地制止不法侵害，所必不可少的措施。在同样能够确保及时、有效和安全地制止不法侵害的前提下，防卫人应当选择给侵害人造成损害最小的那种防卫手段。④在本案中，乙、丙抢夺得手后驾驶摩托车飞速逃窜，并且在甲多次喝令后仍拒不停车，所以在当时情况下，只有驾车追赶并且近距离逼停，才能够尽快阻止乙、丙继续逃窜。假如放弃这种措施，那就只能选择持续在后追随。尽管这种方法能够大幅降低导致乙、丙死伤的风险，但与此同时，防卫行为的有效性也将大打折扣。因为，一方面，乙、丙在前而甲在后追赶，选择行进方向和道路的主动权始终掌握在前者手中，况且摩托车的灵活性高于汽车，长时间消极地在后追赶，只能增加侵害人成功逃离的

---

① 参见陈璇：《侵害人视角下的正当防卫论》，载《法学研究》2015年第5期，第125—127页。

② 参见张明楷：《正当防卫的原理及其运用——对二元论的批判性考察》，载《环球法律评论》2018年第2期，第71—76页。

③ 参见王钢：《正当防卫的正当化依据与防卫限度——兼论营救酷刑的合法性》，元照出版有限公司2019年版，第206页。

④ Vgl. Kühl, Strafrecht AT, 8. Aufl., 2017, § 7 Rn. 103; Kindhäuser, Strafrecht AT, 8. Aufl., 2017, § 16 Rn. 29.

概率;另一方面,即便乙、丙因油料耗尽或者路途受阻而最终逃无可逃,但甲要取回财物,依然需要下车与之进行争夺,这便大大提高了防卫人自身安全所面临的危险。既然选择危险性较低的防卫措施,是以不损害防卫行为的有效性为前提的,那就意味着法律不能要求甲在其所采取之防卫手段的基础上再降低反击的强度,该手段已经是当时条件下为有效制止不法侵害所必需的最低强度的措施。另外,甲所保护的并非价值极其低廉的财物,因此甲的防卫行为并未超过必要的限度。

④防卫意思

甲实施追击是为了即时夺回被乙、丙抢走的金项链,挽回 X 的财产损失,故具备防卫意思。

综上,甲导致乙死亡的行为成立正当防卫,不具有违法性。

> 此处,假如分析者对于正当防卫的成立条件持不同意见,就会形成不同的分析路径及结论。例如:
>
> 1. 在防卫前提的问题上,如果主张不法侵害随着抢夺罪的既遂已归于终结,那就不存在正当防卫成立的空间。但仍有两个正当化事由可供考虑:第一,根据《刑事诉讼法》第 84 条的规定,甲对于犯罪嫌疑人乙和丙拥有扭送的权利。第二,根据《民法典》第 1177 条的规定,甲可以通过对侵害人的人身施加强制等措施实行自助。所以,接下来还需要展开关于扭送权以及自助行为的检验。不过,无论是扭送权还是自助行为都无法使杀人行为合法化,所以检验的最终结论将是甲的杀人行为具备违法性。
>
> 2. 在防卫限度的问题上,如果支持基本相适应说,那就可能认定甲的行为超过了必要限度。这时,就需要根据《刑法》第 20 条第 2 款的规定,进一步确定甲是否因为防卫过当而需要承担刑事责任。

(3)结论

甲导致乙死亡的行为,不成立故意杀人罪。

2. 故意伤害罪(第 234 条)(针对乙)

本罪是指故意非法损害他人身体健康的行为。从客观上看,死亡结果中包含了身体伤害的结果,杀人行为也是身体伤害行为的一种特殊表现形式。从主观上看,当行为人对他人死亡的结果持间接故意,那么他对于导致被害人遭受轻伤以上的伤害结果也必然抱有故意。因此,既然前面已经确定甲导致乙死亡的行为符合故意杀人罪的构成要件,那么该行为也必然符合本罪的构成要件。前述分析已经认定,甲故意杀人的行为因成立正当防卫而不具有违法性。正当防卫既然能够使甲故意杀害乙的事实得以合法化,那么其正当化的效果自然也可以覆盖甲故意伤害乙的事实。所以,甲故意伤害的行为同样不具备违法性。综上,甲导致乙死亡的行为不成立故意伤害罪。

3. 故意杀人罪(第232条,第23条)(针对丙)

甲高速驾驶近距离逼停的行为引起丙驾驶的摩托车侧翻,但丙未死亡,故该行为存在成立故意杀人罪未遂的可能。

(1)构成要件符合性

①主观构成要件

丙和乙同乘一辆摩托车,前述分析已经表明,甲对二人可能死亡持放任态度。在此,需要讨论的问题是:间接故意行为是否存在成立犯罪未遂的空间?

我国传统刑法理论对此持否定态度。理由在于:犯罪的各种停止形态,均以行为人存在着实施和完成特定犯罪的意志与追求心理为前提。然而,当行为人所放任的危害结果并未现实发生时,这种结局本来就是为放任心理所包含的。因此,对于放任心理来说,根本不存在对完成特定犯罪的追求,既然无论结果是否发生都不违背行为人的意志,所以也就谈不上犯罪的实现或既遂与否。[1] 最高人民法院发布的参考性案例"曹成金故意杀人案"的裁判理由也采纳了这一观点。[2]

---

[1] 参见赵秉志:《犯罪未遂形态研究》,中国人民大学出版社2008年版,第214页;陈兴良:《规范刑法学》(第四版),中国人民大学出版社2017年版,第207页;贾宇主编:《刑法学(上册·总论)》,高等教育出版社2019年版,第210页;高铭暄、马克昌主编:《刑法学》(第十版),北京大学出版社、高等教育出版社2022年版,第143—144页。

[2] 参见王正山:《曹成金故意杀人案——间接故意犯罪是否存在未遂形态》,载最高人民法院刑事审判第一、二、三、四、五庭主办:《中国刑事审判指导案例(侵犯公民人身权利、民主权利罪)》,法律出版社2009年版,第53页。

部分学者则认为间接故意同样存在犯罪未遂。① 笔者赞同此观点。理由有三：第一，《刑法》第 14 条将直接故意和间接故意规定在同一条款中，表明二者在规范评价的层面上来看是完全相同的。将《刑法》第 14 条和第 15 条进行比较可以发现，无论是直接故意还是间接故意，其犯罪的成立都不要求实害结果的发生。因此，没有理由认为只有直接故意犯罪才存在犯罪停止形态。第二，《刑法》第 23 条针对犯罪未遂使用了"未得逞"一词。的确，从日常用语来看，"未得逞"指的是追求某一目标却未能如愿以偿的情况，似乎只有当行为人对危害结果持希望的态度时，才可能出现犯罪未遂。然而，在法律中，规范用语的含义并不完全等同于日常普通用语。普通用语的规范意义，除了应当以普通意义为依据之外，还需要根据刑法中犯罪类型的本质以及刑法规范的目的予以确定。② 既遂与未遂的区分标准并不在于行为人是否实现了其目的，而是在于行为是否实现了犯罪的全部构成要件，故不论行为人对犯罪结果的发生是持积极追求还是消极放任的态度，只要构成要件结果没有出现，就完全可以在规范上认定该行为"未得逞"。第三，在行为人对结果持间接故意而结果并未出现的场合，从客观上说，行为已经制造出了急迫的法益侵害危险；从主观上来说，行为人已经表现出了蔑视法规范的态度。所以，间接故意犯罪的未遂本身是值得处罚的。不可否认，在间接故意犯罪未遂的情况下，由于未发生结果，故有时难以认定行为人究竟是否对结果有放任的心理；但这属于诉讼程序中的证据认定问题，不能成为主张间接故意无法成立未遂犯的理由。综上，间接故意和直接故意犯罪一样，均存在成立犯罪未遂的空间。

②客观构成要件

首先，甲高速驾车追赶的行为对丙产生了致死的急迫危险，可以认定其已经着手实行杀人行为。其次，丙的死亡结果之所以没有出现，完

---

① 参见黎宏：《刑法学总论》（第二版），法律出版社 2016 年版，第 224 页；张明楷：《刑法学》（第六版），法律出版社 2021 年版，第 428—429 页。Vgl. Roxin, Strafrecht AT, Bd. II, 2003, § 29 Rn. 71ff; Baumann/Weber/Mitsch/Eisele, Strafrecht AT, 12. Aufl., 2016, § 22 Rn. 33.

② 参见张明楷：《刑法分则的解释原理》（第二版），中国人民大学出版社 2011 年版，第 811 页。

全是因为偶然的因素,而非甲自动中止所致。

因此,甲的行为符合故意杀人罪未遂的构成要件。

(2)违法性

既然前述分析已经确定,甲致使乙死亡的行为成立正当防卫,那么他导致同乘者丙重伤的行为自然也成立正当防卫,不具有违法性。

(3)结论

甲导致丙重伤的行为不成立故意杀人罪。

4. 故意伤害罪(第234条)(针对丙)

丙的伤势被鉴定为二级伤残,属于重伤结果。根据前述分析,从客观上来看,甲驾车追逼的行为包含了致丙死亡的现实危险,这必然包含了致丙重伤的危险,而且该危险合乎规律地实现为了重伤结果。从主观上来看,甲对导致丙死亡的放任心态必然也包含了导致其重伤的间接故意。因此,甲的行为符合故意伤害罪(致人重伤)的构成要件。但该行为因成立正当防卫而不具有违法性,故甲导致丙重伤的行为不成立故意伤害罪。

5. 过失致人死亡罪(第233条)(针对乙)

当行为人放任某种结果发生时,他就不可能轻信该结果能够得以避免。即便如一些学者所主张的那样将故意和过失理解为位阶关系,也只是说明在案件事实表明行为人至少具有过失,但又不能证明其具有故意时,可以以过失犯论处。然而,这绝不意味着故意概念中包含了过失要素,故意和过失在概念上始终是相互排斥的。[①] 所以,在确认行为人具有间接故意的情况下,只能排除过失的成立。既然前面的分析已经表明,甲对于乙的死亡是持间接故意的态度,那就说明甲对于同一结果不可能成立过失,其行为自然也就不可能再成立过失致人死亡罪。

6. 过失致人重伤罪(第235条)(针对丙)

与上述关于过失致人死亡罪的分析同理,甲导致丙重伤的行为也不可能成立过失致人重伤罪。

7. 以危险方法危害公共安全罪(第115条第1款)

甲驾驶机动车在公共道路上超速行进,该行为已经涉及不特定多数

[①] 参见张明楷:《刑法学》(第六版),法律出版社2021年版,第367页。Vgl. Roxin/Greco, Strafrecht AT, Bd. Ⅰ, 5. Aufl., 2020, § 24 Rn. 79.

人的生命、财产和健康,可能构成以危险方法危害公共安全罪。

(1) 构成要件符合性

① 客观构成要件

参照 2008 年 6 月 25 日最高人民检察院、公安部《关于公安机关管辖的刑事案件立案追诉标准的规定(一)》第 1 条的规定,本案导致 1 人死亡已经满足《刑法》第 115 条第 1 款的结果要件。而且如前所述,死伤结果客观上可归责于甲的追逐行为。

通说认为,对本罪罪状中的"其他方法",应当采取限制解释的态度。根据同类解释的方法,要求行为人所使用的必须是与放火、决水、爆炸等相当的方法。① 即只要行为一经实施,就会迅速给不特定多数人的安全造成侵害,无法有效控制损害对象的数量,而且行为终了之后结果的范围还会不受控制地持续扩大。本案案发时,公路上只有零星的车辆在通行,由此决定,即便发生碰撞事故,其波及的范围也十分有限,故甲高速驾驶机动车的行为不会对公共安全造成能够与放火、决水、爆炸等方法相提并论的危险。

(2) 结论

甲的行为不成立以危险方法危害公共安全罪。

8. 交通肇事罪(第 133 条)

交通肇事罪属于过失犯罪,与上述关于过失致人死亡罪的分析同理,甲导致死伤事故的行为也不可能成立交通肇事罪。

9. 危险驾驶罪(第 133 条之一)

(1) 构成要件符合性

① 客观构成要件

首先,甲驾驶汽车在公共道路上以乙、丙作为目标高速追赶,属于"在道路上驾驶机动车……追逐竞驶"。

其次,需要讨论的是,甲的行为是否满足"情节恶劣"要求?学界通

---

① 参见王作富主编:《刑法分则实务研究》(第五版),中国方正出版社 2013 年版,第 64 页以下;马克昌主编:《百罪通论(上卷)》,北京大学出版社 2014 年版,第 51 页;张明楷:《刑法学》(第六版),法律出版社 2021 年版,第 891 页。

常认为,情节是否恶劣主要取决于竞驶行为的危险程度。① 根据最高人民法院 2014 年 12 月 18 日发布的第 32 号指导案例"张某某、金某危险驾驶案"(以下简称"最高人民法院指导案例 32 号")的裁判要点,综合考虑超过限速、闯红灯、强行超车、抗拒交通执法等严重违反《道路交通安全法》的行为,如果发现其行为足以威胁他人生命、财产安全的,即可认定"情节恶劣"。本案中,甲不是单纯地超速驾驶,他在追上摩托车后还对乙、丙实施了近距离逼停的行为,如前所述,这一行为已经制造出了引起对方车辆发生侧翻或者碰撞的较高危险,可以认定为足以威胁他人的生命安全。

②主观构成要件

首先,追逐竞驶型危险驾驶罪的罪过形式是故意。② 本罪故意的成立,要求行为人认识到自己追逐竞驶的行为对道路交通安全造成了抽象危险。本案中,甲明知自己驾车近距离追逼的行为具有引起对方车辆发生碰撞、侧翻的较高危险,却仍然实施该行为,具备本罪的故意。

其次,最高人民法院指导案例 32 号的裁判要点对"追逐竞驶"的主观动机提出了要求,认为机动车驾驶人员应当出于竞技、追求刺激、斗气或者其他动机。在刑法解释上,动机的可谴责性完全可以被列为"情节恶劣"的一个考量因素。本案中,甲并非基于以上可谴责的动机,而是出于见义勇为的目的,即为了取回被抢夺的他人财物。故参照指导案例的精神,不应当认定甲的行为构成追逐竞驶型的危险驾驶罪。

(2)结论

甲的行为不成立危险驾驶罪。

> 提示:这里我们也可以采取另一种观点,即追逐竞驶型的危险驾驶罪并不要求行为人主观上必须出于竞技、追求刺激、斗气等不良动机。这样一来,就应当肯定甲的行为符合危险驾驶罪的构成要

---

① 参见高铭暄、马克昌主编:《刑法学》(第十版),北京大学出版社、高等教育出版社 2022 年版,第 361 页;张明楷:《刑法学》(第六版),法律出版社 2021 年版,第 930 页。

② 参见马克昌主编:《百罪通论(上卷)》,北京大学出版社 2014 年版,第 136—137 页;高铭暄、马克昌主编:《刑法学》(第十版),北京大学出版社、高等教育出版社 2022 年版,第 361 页;张明楷:《刑法学》(第六版),法律出版社 2021 年版,第 931 页;周光权:《刑法各论》(第四版),中国人民大学出版社 2021 年版,第 223 页。

件。接下来,需要在违法性阶层考察其行为是否成立某种正当化事由。具体分析如下:

(2)违法性

▲ 正当防卫(第20条)

防卫的行为对象必须是不法侵害人。但是,甲危险驾驶行为所侵害的却是公共道路交通的安全,即除了乙和丙之外还涉及第三人的利益,故并不符合正当防卫的对象条件,需要转入对攻击性紧急避险的判断。

▲ 紧急避险(第21条)

①避险前提

紧急避险的成立,以存在正在发生的危险为前提。在本案中,由于X的金项链处在乙和丙的占有之下,其财产法益所面临的侵害危险尚未结束,故符合避险前提要件。

②避险行为

首先,攻击性紧急避险的行为对象是无辜第三人的合法权益。甲的危险驾驶行为对公共道路上其他人的安全造成了危险,符合避险对象的要求。

其次,避险行为必须是在不得已的情况下为之。不法侵害人驾驶摩托车逃窜,在多次喝令后仍不停车交还财物。在此情况下,甲欲及时挽回财产损失,就只有采取可能危及道路交通安全的高速驾车行为进行追击和逼停,故符合不得已的条件。

最后,避险行为必须是为了保护较大的法益而损害了较小的法益。从抽象的价值来看,公共安全自然高于单纯的财产法益。但是,刑法理论认为,在进行紧急避险中的利益衡量时,不仅要比较相冲突之法益的抽象价值,更要考虑法益可能遭受之侵害的严重程度以及法益所面临之危险的急迫性、法益得到挽救的可能性等因素。① 在司法实践中,已经有判例承认,为保护合法权益危险驾驶的行为能够成立紧急避险,在此需要对被避免之危险与避险行为对

---

① Vgl. Neumann, in: NK-StGB, 5. Aufl., 2017, § 34 Rn. 80f.

法益造成之危险这两者的程度进行比较。在该案中,行为人为了将突患重病的妻子及时送往医院而醉酒驾驶,妻子生命所面临的危险无疑是现实、急迫的。但是,就公共安全来说,一方面,醉酒驾驶的道路为农村道路,而非高速公路、城市快速道路或城市闹市区路段,且行驶距离仅为 2—3 公里;另一方面,醉酒驾驶的时间为深夜 11 时许,路上基本没有车辆行人,并非交通高峰期。由于公共安全所面临的危险仅是抽象、潜在的,故仍然可以认为行为人的避险行为保护了较大的利益。① 当然,该案例和本案的区别在于:该案中行为人保护的是生命法益,而本案中甲保护的只是纯粹的财产法益。那么,危险程度上的区别是否足以弥补财产法益和公共安全法益在抽象价值上的差距呢? 第一,从国家保护两种法益所设置的法定刑来看,危险驾驶罪的法定刑是拘役,并处罚金;抢夺数额较大财物构成犯罪的,法定刑为 3 年以下有期徒刑、拘役或者管制,并处或者单处罚金。抢夺罪的法定刑高于危险驾驶罪。第二,在本案中,由于事发的路面上只有零星的车辆通过,故超速行驶毕竟只对公共道路交通安全造成了抽象的危险;相比而言,财产法益面临的却是迫在眉睫的现实威胁,若当时不及时追赶歹徒,则被害人取回数额较大之财物的可能性就会大大降低。从国外刑法实践来看,为防止财产遭受迫在眉睫的损害,容许采取对公共健康具有抽象危险的行为。② 综上所述,可以认为甲所保护的法益大于他所牺牲的法益。

③避险意图

甲之所以在道路上高速追逐他人,是为了消除他人财物面临的侵害危险,故具备避险意图。

甲的行为成立紧急避险,不具有违法性。

(3)结论

甲不成立危险驾驶罪。

---

① 参见韩锋、王星光、杨柳:《为送亲属就医醉驾构成紧急避险》,载《人民司法·案例》2020 年第 23 期,第 26、38 页。

② Vgl. KG NZV 1993, 362; Rengier, Strafrecht AT, 8. Aufl., 2016, § 16 Rn. 30ff; Kühl, Strafrecht AT, 8. Aufl., 2017, § 8 Rn. 116.

三、超速侧翻

> 预判：本事实单元涉及丙的刑事责任。丙在公路上高速驾驶摩托车，也是引起同乘者乙死亡的原因之一。这一行为损害的法益主体有两方：乙以及公路上不特定多数人的安全。针对乙，可以考虑的罪名包括故意杀人罪、故意伤害罪（致人死亡）、过失致人死亡罪；针对公共安全，可以考虑的罪名包括以危险方法危害公共安全罪、交通肇事罪、危险驾驶罪。

1. 故意杀人罪（第232条）

丙

（1）构成要件符合性

①客观构成要件

首先，本案出现了乙死亡的结果，假如没有丙的驾驶行为，该结果就不可能出现，故行为与结果之间具备条件关系。

其次，丙在被另一汽车追赶的情况下持续在公路上超速蛇形行驶，这种驾驶方式不仅在形式上违反了《道路交通安全法》第42条的规定，而且在实质上具有诱发交通事故、导致同乘者死亡的较大盖然性。故可以认定丙创造了法所不容许的风险。

最后，丙所创造的风险与甲的逼停行为相结合，最终在侧翻事故中得到了实现。具体来说：第一，假如丙不采取超速蛇形行驶的行为，其摩托车将即刻被甲别停，也就不会发生侧翻事故，故注意义务具有结果的避免可能性。第二，《道路交通安全法》第42条之所以禁止超过限速标志标明的最高时速，一方面固然是为了保护道路上的其他交通参与者，另一方面也是为了保护机动车驾驶者之同乘人员的安全，故防止乙的人身安全受损属于该注意义务的保护目的。第三，被害人乙是在认识到丙超速驾驶摩托车具有危险的情况下自愿乘坐摩托车的，那么能否根据被害人自我答责的原理否定结果归责呢？被害人自我答责的成立，是否要求被害人必须对危险具有现实支配力，对此学界有不同看法。有的观点主张，不论是被害人自行创设危险（被害人支配型的自陷风险）还是第三人在被害人同意的情况下对其实施危险行为（行为人支配型的自陷风险），都可以成立被害人自我答责。即只要被害人认识到他人的行为具有给自己法益造成损害的危险,却要求、允许或者接受他人实施该危险行为,则由此产生的损害结果,应由被害人承担责任,可直接排除构成要件符合性。① 但多数学者认为:只有当被害人本人对危险的事实流程具有现实支配时,才能肯定被害人自我答责;若危险行为的操控者是行为人而非被害人,那么由危险引起的损害仍然只能归责于行为人。② 笔者对多数学者的看法持赞同意见。因为只有当危险行为处在被害人自己的支配之下时,才能保证危险创设的每个环节都准确无误地体现着被害人本人的意志,也唯有如此才能最终要求被害人而非第三人为损害结果负全责。然而,在被害人同意他人实施危险行为的情形中,虽然被害人自愿陷入险境当中,但危险行为的发展方向和进程毕竟掌控在行为人而非被害人的手中,被害人无论是继续冒险还是抽身而出的意志,都只有借助他人之手才能得到实现。故行为人支配型的自陷风险对于被害人意志的体现,明显不如被害人支配型的自陷风险充分和完整。基于这种考虑,一旦行为人支配了被害人自陷风险的全过程,则仍应将被害人遭受的损害归责于行为人。关于支配的具体判断,通说借用了共犯与正犯的界分标准:只有当被害人对危险进程发挥的作用力达到了与单独正犯或者共同正犯相当的水平时,才能认为结果应由其本人负担;反之,若被害人对危险进程所施加的影响仅与教唆犯或者帮助犯相当,则不能成立被害人自我答责。③ 本案中,驾驶摩托车的是丙;被害人乙只是单纯的搭乘者,他对于以多快的速度驾驶、朝什么方向行驶等事实缺乏现实操控力,故无法对危险驾驶行为形成支配。因此,不能以被害人自我答责为由否定结果归责。

---

① 参见冯军:《刑法中的自我答责》,载《中国法学》2006 年第 3 期,第 102 页。Vgl. Roxin/Greco, Strafrecht AT, Bd. Ⅰ, 5. Aufl., 2020, § 11 Rn. 123.

② 参见车浩:《过失犯中的被害人同意与被害人自陷风险》,载《政治与法律》2014 年第 5 期,第 32 页;黎宏:《刑法学总论》(第二版),法律出版社 2016 年版,第 159 页;张明楷:《刑法学》(第六版),法律出版社 2021 年版,第 305—306 页。Vgl. Kühl, Strafrecht AT, 8. Aufl., 2017, § 4 Rn. 89; Kindhäuser, Strafrecht AT, 8. Aufl., 2017, § 11 Rn. 25; Sternberg-Lieben, in: Schönke/Schröder, StGB, 30. Aufl., 2019, Vorbem § § 32 ff Rn. 107.

③ Vgl. BGHSt 53, 55 (60); Wessels/Beulke/Satzger, Strafrecht AT, 47. Aufl., 2017, Rn. 708.

> 提示:虽然在第一单元中,我们曾经否定过被害人(乙、丙)自我答责,但该结论不能直接搬用到此处。第一单元讨论被害人自我答责,是要解决结果能否归属于"加害者"甲的问题。由于乙、丙是为了逃避甲的追赶才不得已陷入高速驾驶带来的事故风险中,所以不能因为被害人选择陷入了该风险就阻断结果和甲追赶行为之间的归责关联。然而,此处讨论被害人自我答责,则是要解决结果能否归属于"救助者"丙的问题,这时事故风险是"援救"措施所包含的代价。故为了尽快摆脱追赶,乙完全可能对该措施所带有的危险表示同意。因此,在满足被害人支配要件的情况下,就有可能以被害人自我答责为由认定结果不可归责于丙。

②主观构成要件

丙对于乙的死亡是出于过失而非故意。首先,当行为人明知危险而从事某项活动时,一旦引起事故则首先遭受生命、健康等重大法益损害的将是行为人本人,那么基本上可以认定行为人对事故的发生持过于自信的过失心态。① 本案中,丙虽然预见到危险驾驶的方式可能会给乙的生命、健康造成威胁,但由于他本人和乙同乘一辆摩托车,二人的安全是紧密捆绑在一起的,一旦发生翻车事故,受到伤害首当其冲的必定是丙自己,所以他对事故的发生不可能抱有肯定、放任的态度,而只能持排斥、否定的态度。其次,从丙采取高速蛇形行驶的方式来看,他对于自己的驾驶能力过于自信,同时低估了甲追回财物的决心,属于过于自信的过失。

(2)结论

丙的行为不成立故意杀人罪。

2. 故意伤害罪(第234条)

虽然致人死亡的危险中必然包含了伤害的危险,但是既然前一罪名的分析已经表明丙对于整个侧翻事故的态度是过失而非故意,那他也不可能具有造成丙重伤的故意。因此,丙的行为不成立故意伤害罪。

3. 以危险方法危害公共安全罪(第115条第1款)

前面关于第二单元的分析已经表明,由案发时道路的状况所决定,

---

① Vgl. Roxin/Greco, Strafrecht AT, Bd. Ⅰ, 5. Aufl., 2020, § 12 Rn. 23.

高速驾驶机动车的行为无法对公共安全造成能够与放火、决水、爆炸等方法相提并论的危险。故丙的行为不成立以危险方法危害公共安全罪。

4. 交通肇事罪(第133条第1分句)

丙驾驶摩托车在公路上超速行驶,导致乘车者乙死亡,有可能成立交通肇事罪。

(1)构成要件符合性

①结果

本罪的成立要求现实发生重大事故。根据2000年11月21日施行的最高人民法院《关于审理交通肇事刑事案件具体应用法律若干问题的解释》第2条的规定,本案出现的一人死亡的后果已经符合本罪的结果要件。

②条件关系

如果丙不在公路上驾驶摩托车就不会发生侧翻事故,故结果与丙的行为之间具有事实上的因果关系。

③客观注意义务违反性

丙超过限速驾驶摩托车,这违反了《道路交通安全法》第42条的规定,而且一般理性人都能够预见到,超速蛇形行驶行为本身就包含着可能因车辆失控而侧翻的危险。故丙的行为违反了客观注意义务。

④结果的可归责性

前面关于故意杀人罪客观构成要件的分析已经表明,丙所创造的法所不容许的风险已经在死亡结果中实现。虽然根据前述分析,乙自愿乘坐摩托车的事实不足以成立被害人自我答责,但该行为能否因为被害人对风险的同意而得以合法化,则还有待违法性阶段针对被害人承诺作进一步分析。

(2)违法性

▲ 被害人承诺

乙在对高速驾驶摩托车所包含的危险具有认知的情况下,仍然自愿乘坐丙驾驶的摩托车逃窜,同意丙对自己实施危险行为。被害人单纯对危险行为表示同意的,能否成立被害人承诺?对此,学界有不同看法。有的学者认为,当被害人仅对危险行为表示同意时,其意愿并没有达到容许结果发生的程度,不如说是反对结果发生,故不属于被害人承诺。① 有的学者则认为,被害人承诺的原理同样可以适用于被害人仅对危险行为表示了同意的情形。② 笔者认为,后一种观点更为可取。对于过失行为来说,一旦行为无价值被否定,那么即便该行为产生了重大损害结果,该结果也不能成为结果无价值的成立根据。所以,在被害人对危险行为本身表示同意的情况下,只要该同意有效,过失行为的行为无价值即归于取消,于是,该行为所引起的损害结果也就不再具有刑法上的意义。③ 因此,乙对丙危险驾驶的行为表示同意,存在成立被害人承诺的可能。

①承诺者对遭受损害的法益享有处分权限

被害人承诺成立的前提要件,是存在可由被害人自主处分的法益,即只有当被害人承诺所涉及的法益是他有处分权限的法益时,该承诺方为有效。

交通事故的危险涉及被害人的生命。刑法学界公认,生命不能成为被害人承诺的对象。④ 那么,当行为人过失制造的致死危险最终实现为死亡结果时,是否存在成立被害人承诺的可能？对此学界有不同看法。一种观点持否定态度,认为只要某一行为对生命造成了具体的危险,不论是出于故意还是出于过失,都不存在适用被害人承诺的可能。⑤ 另一种观点则持肯定态度,即认为"生命不能成为承诺之对象"的原则并不适用于行为人支配型的自陷风险。理由是:《德国刑法典》第216条(受嘱托杀人罪)为被害人承诺所设置的限制,仅适用于故意杀人的情形,但行为人支配型的自陷风险所涉及的却是过失致人死亡的情形,故被害人对致死风险的同意不受该条的制约。⑥ 前一种观点值得赞同。因为:第

---

① 参见〔日〕曾根威彦:《刑法学基础》,黎宏译,法律出版社2005年版,第65页。Vgl. Puppe, Strafrecht AT, Bd. I, 2002, § 6 Rn. 4; Sternberg-Lieben, in: Schönke/Schröder, StGB, 30. Aufl., 2019, Vorbem § § 32 ff Rn. 34.

② 参见黎宏:《刑法学总论》(第二版),法律出版社2016年版,第159页。Vgl. Frister, Strafrecht AT, 8. Aufl., 2018, 15/15; Lackner/Kühl, StGB, 29. Aufl., 2018, § 228 Rn. 2a.

③ Vgl. Rönnau, in: LK-StGB, 12. Aufl., 2006, Vorbem § § 32 ff Rn. 165; Kaspar, Strafrecht AT, 2015, Rn. 373.

④ 参见王作富主编:《刑法分则实务研究》(第五版),中国方正出版社2013年版,第732页。

⑤ Vgl. Jäger, Examens-Repetitorium Strafrecht AT, 7. Aufl., 2015, Rn. 145b.

⑥ Vgl. Kühl, Strafrecht AT, 8. Aufl., 2017, § 17 Rn. 87; Kindhäuser, Strafrecht AT, 8. Aufl., 2017, § 12 Rn. 71.

一,尽管从个案来看,故意杀人行为给生命造成的威胁比过失行为大,但是在过失行为的情况下,正是因为被害人容易轻信不会出现死亡结果,所以一些不重要的短期利益也会促使被害人甘冒生命危险。这样一来,得同意之过失行为给生命带来的威胁,反而比得同意之故意杀人行为更为经常和频繁。① 所以,从全面保障生命法益的角度出发,即便对于过失致人死亡罪来说,仍然应当认为被害人对致死危险的承诺是无效的。第二,我国《刑法》并无类似于《德国刑法典》第 216 条的规定,所以认为"生命不能成为承诺之对象"的原则仅适用于故意犯的观点,缺乏立法依据。从当前理论界的现状来看,多数意见倾向于认为当行为人过失致人死亡时,即便被害人对致死风险表示了同意,也不妨碍过失罪的成立。② 第三,交通肇事罪所保护的法益不是单纯的个人生命、健康或者财产,而是公共安全。公共法益不能成为被害人承诺的对象。综上,本案不成立被害人承诺。

> 如果分析者在"生命不能成为承诺之对象"原则的适用范围问题上采取了后一种观点,那么这里也可以采取另一条分析思路:
> 刑法是否基于家长主义对公民的自我决定权加以限制,不仅取决于受损之法益的重要性,还取决于行为人对法益造成损害的行为方式。在故意杀人的场合,行为人主观上对死亡结果持肯定甚至积极追求的态度,客观上具有引起死亡结果的急迫危险性。一旦行为人实施了故意杀人行为,死亡结果的现实发生就近在咫尺,挽回局面的余地十分有限。如果对得到被害人同意的杀人行为一律合法化,那么杀人行为必将在社会上泛滥,也容易形成轻视生命的不良社会风气。所以,法律有必要对被害人的自我决定权加以限制,否定得同意之杀人行为的合法性。然而,过失行为并非以剥夺他人生命为目标,它给生命造成的危险明显低于故意杀人行为。即便行为人实施了过失行为,在很多情况下也存在防护和排险的可能。所以,

---

① Vgl. Dölling, Fahrlässige Tötung bei Selbstgefährdung des Opfers, GA 1984, S. 88, 90.
② 参见黎宏:《刑法学总论》(第二版),法律出版社 2016 年版,第 160 页;张明楷:《刑法学》(第六版),法律出版社 2021 年版,第 305—306 页。

当被害人自愿接受可能致死的过失行为时,法律没有必要限制被害人的自我决定权。

不过,虽然可以肯定承诺者具有处分权限,但接下来还需要探讨一个问题:被害人是否真的对危险表示了同意?被害人承诺的成立,是以被害人对行为的危险性具有全面、准确的认知为前提的。本案中,乙虽然抽象地认识到超速行驶可能影响行车安全,但他之所以最终愿意同乘摩托车,就是因为低估了超速驾驶引起侧翻事故的可能性,轻信丙的驾驶能力足以保证行车安全。假如乙认识到在对方平行追逼的情况下丙其实无法控制摩托车的平衡,他是不会愿意同行的。由此可见,被害人对于案件中引起损害结果发生的具体危险实际上缺乏正确的认知。故不能认定成立被害人承诺。

▲ 紧急避险(第 21 条)

甲试图夺回财物的行为给乙、丙造成了危险,那么丙为了避免这一危险而实施的危险驾驶行为虽然有损公共安全,但能否成立攻击性紧急避险呢?首先,从紧急避险的保护对象来说,紧急避险保护的对象必须是法秩序予以承认和保护的法益。① 丙采取危险驾驶是为了保护他和乙共同占有的金项链不被甲夺回,但金项链本身就是乙、丙通过抢夺非法取得的财物。的确,理论和实务上都承认,即便对财物的某种占有状态是非法的,但只要该占有未经法定程序不得随意改变,则其仍然受到刑法的保护,故赃物也可以成为财产犯罪的对象。但这里存在一个限定,即非法占有状态值得保护的只能对抗第三人,却不能对抗权利人恢复权利的行为,即相对于权利人恢复权利的行为来说,对财物的非法占有不属于财产罪的保护法益。② 本案中,甲虽然并非本权人,但他是代表所有权人 X 夺回被抢的金项链,所以对于甲所实施的这种恢复权利的行为来说,乙、丙对于金项链的非法占有状态并不属于得到刑法保护的法益。其次,从不得已要件来说,既然乙、丙对于金项链的占有是非法的,那就意味着二人本来在法律上就负有交还财物的义务,而只要交还

---

① Vgl. Perron, in: Schönke/Schröder, StGB, 30. Aufl., 2019, § 34 Rn. 9.
② 参见黎宏:《刑法学各论》(第二版),法律出版社 2016 年版,第 287 页;张明楷:《刑法学》(第六版),法律出版社 2021 年版,第 1227 页。

财物,他们所面临的危险自然就会即刻消失。可见,丙当时完全可以采取其他方式有效地避免危险,超速驾车逃离并非不得已的选择。

综上,丙的行为不成立紧急避险,具有违法性。

(3)责任

首先,丙作为一名有驾驶经验的理性人,能够预见到超速蛇形行驶的行为会引起事故导致同乘者死亡,所以他违反了主观注意义务。

其次,不存在责任阻却事由。

(4)结论

丙成立交通肇事罪。

5.过失致人死亡罪(第233条)

关于前一罪名的分析表明,丙过失地引起了乙死亡的结果,故其行为成立过失致人死亡罪。

6.危险驾驶罪(第133条之一第1款第1项)

结合第二单元关于危险驾驶罪的分析来看,丙和甲一样都实施了驾驶机动车在道路上追逐竞驶的行为。除了客观的危险程度之外,动机是否值得谴责也属于认定情节是否恶劣的因素之一。甲之所以竞驶是为了夺回被抢财物,这一见义勇为的动机值得法律肯定,故其行为不满足"情节恶劣"的要件;然而,丙是在抢夺得手后为了维持财物的非法占有状态而追逐竞驶,其动机就具有了可谴责性,可以认定其追逐竞驶的行为已达到情节恶劣的程度,符合危险驾驶罪的构成要件。同时,结合本单元关于交通肇事罪的分析可知,这种危害公共安全的行为不成立紧急避险等违法阻却事由,也不具有责任阻却事由。因此,丙的行为成立危险驾驶罪。

7.竞合

(1)丙的一行为同时符合交通肇事罪和过失致人死亡罪的犯罪构成。这种情况应当按照法条竞合还是想象竞合来处理,学界存在不同看法。法条竞合说认为,两罪是法条竞合关系,其中交通肇事罪是特别法,过失致人死亡罪是普通法。① 想象竞合说则认为,交通肇事罪作为一种

---

① 参见陈兴良:《规范刑法学》(上册),中国人民大学出版社2017年版,第282—283页;周光权:《刑法总论》,中国人民大学出版社2021年版,第405页。

危害公共安全的犯罪，其保护法益不同于过失致人死亡罪的保护法益，故应当认为二者属于想象竞合。① 按照前一观点，对丙应当论以交通肇事罪；但按照后一观点，在导致一人死亡且不存在其他特殊情节的情况下，交通肇事罪的法定刑是 3 年以下有期徒刑，而过失致人死亡罪的法定刑则是 3 年以上 7 年以下有期徒刑，两相比较过失致人死亡罪为重罪，故对丙应当论以过失致人死亡罪。可见，具体学说的选择将会影响本案的实际处理结论。法条竞合说更值得赞同。理由在于：第一，法条竞合和想象竞合的区分标准在于，行为一旦触犯一个法条便必然触犯另一法条时，属于前者；行为触犯一个法条并不必然触犯另一法条，而完全是特殊的案件事实才使行为符合了另一法条规定的构成要件时，属于后者。② 虽然交通肇事罪的构成要件本身包含了过失致人死亡以外的其他情形（如过失致人重伤、过失导致巨额财产损失），但是对于交通肇事致死的案件来说，行为一旦符合了交通肇事罪就必然同时符合过失致人死亡罪，而这正是由于前者的构成要件内在地包含了后者所致，故符合法条竞合的特点。第二，《刑法》第 233 条在规定了过失致人死亡罪之后又明确规定："本法另有规定的，依照规定。"这就说明，在交通运输领域过失致人死亡的情况下，立法者主张应当适用《刑法》第 133 条的规定。因此，对于本案，应当根据"特别法优于普通法"的原则，排除过失致人死亡罪法条的适用，对丙仅以交通肇事罪论处即可。

（2）根据《刑法》第 133 条之一第 3 款的规定，丙的一行为同时符合危险驾驶罪和交通肇事罪的犯罪构成，应以其中处罚较重的犯罪，即交通肇事罪论处。

四、全案分析结论

1. 甲无罪。

2. 乙成立抢夺罪（主犯）。根据《刑事诉讼法》第 16 条第 5 项的规定，由于乙已经死亡，故不再追究刑事责任。

3. 对丙应当以抢夺罪（主犯）和交通肇事罪论处，数罪并罚。

---

① 参见张明楷：《刑法学》（第六版），法律出版社 2021 年版，第 1114 页。
② 参见张明楷：《刑法分则的解释原理》（第二版），中国人民大学出版社 2011 年版，第 687 页。Vgl. Roxin, Strafrecht AT, Bd. Ⅱ, 2003, § 33 Rn. 170ff.

难点拓展

一、需要结合本案例复习的基础知识点

1. 抢劫罪与抢夺罪的区别;
2. 间接故意与过于自信之过失的界分;
3. 被害人自我答责的成立条件;
4. 正当防卫的成立条件;
5. 间接故意犯罪是否存在未遂;
6. 危险驾驶罪的认定;
7. 紧急避险的成立条件。

二、本章的拓展主题：防卫限度的判断准则

(一)防卫限度判断的基本框架

1. 层次划分

(1)违法的过当与可罚的过当

综合我国法律的规定来看,"防卫过当"并不是一个专属于刑法领域的概念,它具有以下双重意义：

首先,法律性质意义上的防卫过当,旨在从整体法秩序的视角出发解决防卫行为的法律定性问题。防卫行为是否超出了合法的限度,这仅仅取决于防卫权行使行为自身,而与行为是否导致了实际损害结果的发生无关。防卫行为只要超过了必要限度,就属于全体法秩序意义上的违法举动。既然正当防卫是一项权利,那么一旦其行使行为逾越了该权利应有的边界,无论其违反的程度有多高,也无论它是否引起了损害结果,都必然遭到法秩序的反对和禁止。在这一点上,各个部门法的判断不应有任何分歧。

其次,法律责任意义上的防卫过当,旨在从部门法的视角出发解决防卫过当的具体法律责任问题。在确定防卫手段超出合法边界、属于违法行为的前提下,需要进一步考虑的问题是：对于防卫过当是否应当追究法律责任、应当追究何种法律责任？这时,不同的部门法就会基于各自的目的理性以及政策考量给出不同的回答。具体来说：

①从民法的立场出发，由于侵权责任法的首要目的在于对损失进行填补①，所以只有当防卫过当行为现实地造成了不必要的损害时，行为人才需要为此承担侵权损害赔偿责任。这一点已经为《民法典》第181条第2款所肯定。

②从刑法的视角来看，刑法旨在通过刑罚制裁手段维护行为规范的效力，从而防止未来再发生严重的法益侵害事件。我国现行《刑法》为可罚的防卫过当设置了"超严格的入罪标准"。这体现为：首先，程度要件的升级。1997年修改后的《刑法》第20条第2款大幅提升了可罚之防卫过当的成立要求，即超过必要限度必须达到"明显"的程度，造成的损害也必须达到"重大"的水平。其次，结果要件不可或缺。根据《刑法》的规定，在过当行为未现实造成损害结果的情况下，无论过当的严重程度多高，都不存在成立犯罪的余地。

(2) 行为的过当与结果的过当

按照《刑法》第20条第2款的规定，"正当防卫明显超过必要限度造成重大损害"的，属于防卫过当。如何理解"明显超过必要限度"与"造成重大损害"，即所谓"行为过当"与"结果过当"之间的关系？对这个问题的回答，将直接决定防卫限度的判断思维。笔者认为，"明显超过必要限度"与"造成重大损害"是防卫限度中相互独立的两个判断阶层；其中，关于"行为过当"的认定是判断"结果过当"的前提和基础。只有在思维上将"明显超过必要限度"和"造成重大损害"视为防卫过当的两个阶层，赋予行为过当以独立于和优先于结果过当的地位，才能依次从行为和结果这两个角度出发，对防卫过当的成立形成有效的双(阶)层检验"关卡"。最高人民法院、最高人民检察院、公安部2020年8月28日发布的《关于依法适用正当防卫制度的指导意见》，也基本采取了行为过当与结果过当相分离的判断思维。其第11条规定："认定防卫过当应当同时具备'明显超过必要限度'和'造成重大损害'两个条件，缺一不可。"第13条又规定："防卫行为虽然明显超过必要限度但没有造成重大

---

① 参见王利明：《我国侵权责任法的体系构建——以救济法为中心的思考》，载《中国法学》2008年第4期，第4—5页。

损害的,不应认定为防卫过当。"指导意见起草小组所撰写的《〈关于依法适用正当防卫制度的指导意见〉的理解与适用》更是明确指出:"比较而言,将'明显超过必要限度'和'造成重大损害'作为两个要件把握更为妥当,更符合为正当防卫适当'松绑'的立法精神。"①这就意味着,即便没有造成重大损害,也不妨碍认定防卫行为明显超过了必要限度,"造成重大损害"并不是"明显超过必要限度"的组成要素。

防卫过当的层次划分可以图示如下:

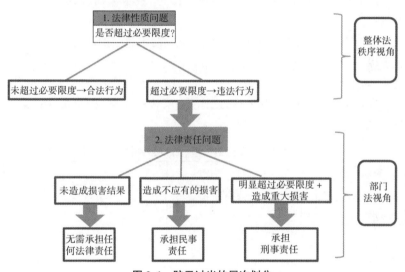

图 2.1　防卫过当的层次划分

2. 情形分类

结合《刑法》第 20 条第 2 款的规定,关于防卫限度的判断大致可能存在以下四种情形:

(1)防卫手段未明显超过必要限度,亦未造成重大损害的,自然不成立防卫过当。

(2)防卫手段未明显超过必要限度,但造成重大损害的,不成立防

---

① 参见指导意见起草小组(姜启波、周加海、喻海松、耿磊、郝方昉、李振华、李静):《〈关于依法适用正当防卫制度的指导意见〉的理解与适用(附〈指导意见〉与典型案例)》,载《人民司法》2020 年第 28 期,第 32 页。

卫过当。

（3）防卫手段明显超过必要限度，但未造成重大损害的，不成立防卫过当。本来，从理论上说，既然防卫的必要性是针对行为方式而非结果来说的，那么只要防卫手段逾越了必要的限度，该行为就失去了获得正当化的可能；即便没有造成实害结果，在行为人故意导致防卫超过限度的情况下，也应以未遂论处。但是，由于《刑法》第20条第2款已将实际发生重大损害列为可罚之防卫过当的必备要件，故未遂的防卫过当依然无罪。

（4）防卫手段明显超过必要限度，并且造成重大损害的，成立防卫过当。

综上，重大损害结果并不具有独自证立防卫过当的能力。只有在满足以下两个条件的情况下，重大损害才能成为认定防卫过当的依据：其一，防卫行为符合犯罪构成要件；其二，防卫手段已显著超过了必要限度。现将上文所述的行为导向的双(阶)层检验机制，以及可能得出的分析结论总结列表如下：

表2.1　防卫过当的双(阶)层检验机制

判断内容	情形	1	2	3	4
阶层1:构成要件判断	防卫行为是否属于构成要件行为	×	√	√	√
阶层2:正当防卫判断	防卫行为是否明显超过必要限度		×	√	√
	防卫行为是否造成重大损害			×	√
最终结论	是否成立可罚的防卫过当	×	×	×	√

（二）为夺回财物追击致侵害人死伤的案件

在司法实践中，时常发生公民在遭遇抢劫、抢夺或者盗窃后即时追击侵害者并在此过程中导致侵害人重伤或者死亡的案件。我国法院对这类案件的处理并不统一。除了本章所分析的案例之外，较为典型的案件还包括：

【季洪峰致盖景龙重伤案】

2012年1月9日晚8时50分左右，盖景龙伙同程某某驾驶一辆黑色桑塔纳轿车来到季洪峰位于利津县盐窝镇商业街开设的网吧门口盗窃摩托车。二人在盗窃过程中被季洪峰发现，便上前予以制止，二人手持木棍对季洪峰进行暴力恐吓。在季洪峰到网吧喊人帮忙的过程中，盖景龙骑上抢劫的摩托车在前、程某某驾驶黑色桑塔纳轿车在后向利津县城方向逃窜。在看到二人抢劫摩托车逃跑后，季洪峰与摩托车的车主尚某某分别驾驶比亚迪轿车和面包车在后面追赶。在追逐过程中，程某某为抗拒追捕保护其和盖景龙逃跑，在高速行驶状态下左右晃动不断变换位置以阻挡季洪峰和尚某某的车辆，而季洪峰和尚某某也采取紧逼的措施想逼停盖景龙和程某某驾驶的车辆，当车辆行驶至利津县盐窝镇鲍王庄路口时，尚某某驾驶的面包车与程某某驾驶的桑塔纳轿车平行行驶，季洪峰驾驶的车辆跟在两辆车的后面。三人车辆车速均在120公里/小时以上，尚某某驾驶的面包车在公路中心线附近，程某某驾驶的桑塔纳轿车在中心线右外侧，两车在相互逼靠的过程中发生碰撞，由于该次碰撞，前面两车速度骤然下降，致使跟在后面的季洪峰刹车不及，紧急向右打方向，恰巧与驾驶摩托车正在逃窜的盖景龙相撞，致使其受重伤。一审和二审法院均根据《刑法》第20条第3款和《民法通则》第128条的规定，认定季洪峰撞伤盖景龙的行为属于正当防卫，并未超过必要限度，季洪峰不承担民事责任。①

【贠某故意伤害案】

2005年7月18日，被告人贠某的母亲郭某某戴着金项链骑摩托车上街时，被齐某某和高某某盯上。两人驾驶摩托车尾随郭某某到一医院附近时，趁其不备，将其脖子上的金项链扯断抢走。贠某恰好开车路过此地，见状加大油门追赶齐、高二人。赶上摩托车后，为防止两人逃跑，贠某猛打方向盘，将摩托车撞翻，导致齐某某当场死亡，高某某受轻伤。法院认定贠某防卫过当，构成故意伤害罪，但免予刑事处罚。②

---

① 参见山东省东营市中级人民法院民事判决书，(2014)东民一终字第24号。
② 参见胡爱精:《驾车撞死抢夺者该否定罪》，载《检察日报》2006年5月22日，第1版。

【龙某某正当防卫案】

莫宗壮、庞成贵与庞成添合谋实施抢劫。三人于2008年7月14日凌晨4时到龙某某(女)位于佛山市顺德区伦教街道一处住宅的车库附近,莫宗壮驾驶摩托车在附近接应,庞成贵和庞成添则戴上白色手套,各持一个铁制钻头守候在龙某某住宅车库两旁。5时15分许,庞成贵和庞成添见龙某某驾驶小汽车从车库出来。庞成添走到汽车驾驶座旁、庞成贵走到汽车副驾驶座旁,分别用铁制钻头敲打龙某某汽车两边的玻璃。将汽车玻璃敲碎后,庞成添用手拉扯住龙某某的头发,庞成贵则抢走龙某某放在副驾驶座的一个装有现金80360元以及若干收款单据等物的手袋。得手后,莫宗壮开动摩托车搭载庞成贵和庞成添逃跑。龙某某见状驾驶汽车追赶,当追至小区二期北面的绿化带时,龙某某驾驶汽车将摩托车连同车上的三人撞倒。莫宗壮、庞成贵被撞倒后爬起逃跑,庞成添当场死亡。法院认定龙某某的行为成立正当防卫。①

【王利致唐建生伤害案】

2009年10月18日13时许,原告唐建生与唐道贵协商共同抢夺他人财物,并作出具体分工:由唐建生负责寻找抢夺目标直接实施抢夺,唐道贵负责驾驶摩托车接应逃离作案现场。当日17时许,唐建生、唐道贵来到重庆市高新区枫林秀水重客隆超市附近,见被告王利从该超市购物出来,进入停靠在路边的奔驰轿车内放置东西准备启动离去,唐建生趁王利不备,拉开该轿车副驾驶座位车门,抢走放在副驾驶座位上的黑色手提包一个,随即乘坐唐道贵驾驶的豪江牌HJ150型摩托车往相反方向逃离现场。王利见状当即驾车调头追赶,在重庆市高新区劲力五星城附近将摩托车撞翻,追回了被抢的手提包,并当即报警。随后,公安人员赶赴现场,将唐建生、唐道贵捉获。经清点,被抢夺的手提包内放有人民币84749元、港币9550元。法

---

① 参见陈笑尘、卢放兴:《女车主撞死劫匪之后——对佛山中院表态"正当防卫"的法律解读》,载《中国审判》2009年第5期,第46页。

院认定王利的行为成立正当防卫,其不承担民事责任。①

1. 两个前提条件的厘清

对于这类案件,首先需要明确两点:

第一,就针对财产法益的不法侵害来说,侵害的结束时点与相应犯罪的既遂时点无须保持一致。即便侵害已经既遂,只要公民还能通过追赶、堵截、控制侵害人当即夺回被盗被抢的财物,就应当认为不法侵害尚未结束。② 这是由犯罪既未遂和正当防卫这两种制度的不同立法目的所决定的。具体来说:《刑法》第 23 条之所以对既遂和未遂进行严格的区分,是为了能够在司法实践中准确地认定犯罪行为的法益侵害程度,从而为正确量刑奠定基础。然而,《刑法》第 20 条第 1 款对不法侵害之存在时间的规定,其目的仅仅在于将公民的合法防卫行为限定在可以即时挽回损失、保全法益的范围之内,而不是为了精确地认定犯罪人刑事责任的大小,所以正当防卫中不法侵害的结束没有理由非要与犯罪的既遂保持一致。当抢劫、抢夺或者盗窃的行为人已经取得财物但还没有逃脱被害人和周围群众的追踪时,即时挽回财产损失的时机尚未丧失,权利侵害状态还可以马上被终结。在这种情况下,我们就不能机械地套用犯罪既遂的理论,简单地断定不法侵害已经结束。我国审判实践中存在的将财产犯罪的既遂时间等同于侵害结束时间的做法③,不当地挤压了正当防卫的成立范围。

---

① 参见重庆市沙坪坝区人民法院民事判决书,(2011)沙法民初字第 02402 号。
② 这一观点已经成为理论界和实务界普遍接受的主流意见。[参见刘家琛主编:《新刑法条文释义》(上),人民法院出版社 2001 年版,第 88 页;高铭暄主编:《刑法专论》(第二版),高等教育出版社 2006 年版,第 422 页;陈兴良:《正当防卫论》(第三版),中国人民大学出版社 2017 年版,第 102—103 页;张明楷:《刑法学》(第六版),法律出版社 2021 年版,第 264 页]
③ 例如,"黄中权故意伤害案"的主审法院认为:"本案姜某与同伙实施抢劫后逃离现场,针对黄中权的不法侵害行为已经结束。"[参见陈兴良、张军、胡云腾主编:《人民法院刑事指导案例裁判要旨通纂(上卷)》(第二版),北京大学出版社 2018 年版,第 701 页]又如,"温演森等故意伤害、盗窃案"的二审裁定书指出:"……在本案当中,被害人张某在实施盗窃他人手机的行为之后就已逃走,被盗财物已完全脱离失主的控制,盗窃行为完全终了,温演森……随后的追击行为并不是针对正在发生的盗窃行为,亦不符合正当防卫的时间性条件。"[广东省惠州市中级人民法院刑事裁定书,(2015)惠中法刑一终字第 151 号]

第二,防卫是否过当,与侵害人先前实施的是抢劫罪还是单纯财产罪没有必然联系。首先,即便侵害人先前实施的是抢劫罪,也绝不必然意味着防卫人可以行使特殊防卫权。在为夺回财物而追击侵害人并致其死伤的案件中,"龙某某正当防卫案"是我国法院少有的明确肯定行为成立正当防卫的判例。主审法官认定龙某某的行为属于正当防卫的理由在于:既然在龙某某驱车撞向摩托车时抢劫行为仍在进行之中,而按照《刑法》第 20 条第 3 款的规定,公民针对抢劫罪可以行使特殊防卫权,那么该撞击行为就可以成立正当防卫。① 然而,这种看法对《刑法》第 20 条第 3 款作了过于形式化的理解。事实上,并非只要不法侵害符合该款所列罪名,就一律允许行为人行使特殊防卫权,该款的适用还受"严重危及人身安全的暴力犯罪"这一实质条件的制约。换言之,对于特殊防卫权前提条件的认定,"应当以暴力犯罪来严格界定与限制刑法所列举的行凶、杀人、抢劫、强奸、绑架等犯罪。"②因此,尽管不法侵害人实施了抢劫罪,而且在防卫人即时追赶的情况下,可以认定抢劫的侵害行为仍在进行;但只要侵害者在此过程中仅仅是消极地逃避,而没有重新针对他人人身使用暴力,那么在防卫行为实施当时就并不存在"严重危及人身安全的暴力犯罪"③。故不能直接援用《刑法》第 20 条第 3 款关于特殊防卫权的规定,而仍然需要对防卫限度进行具体判断。其次,如前所述,《刑法》第 20 条第 3 款是注意规定而非法律拟制,不能认为只要侵害不属于严重危及人身安全的暴力犯罪,就一概不允许防卫行为致侵害人死伤;所以,纵然侵害人先前实施的是单纯财产罪,但只要追击行为符合防卫的"有效性、安全性和最低性"要求,也完全可能不成立防卫过当。

值得注意的是,在"季洪峰致盖景龙重伤案"中,主审法院依据《刑

---

① 参见陈笑尘、卢放兴:《女车主撞死劫匪之后——对佛山中院表态"正当防卫"的法律解读》,载《中国审判》2009 年第 5 期,第 47 页。
② 陈兴良:《刑法适用总论(上卷)》(第三版),中国人民大学出版社 2017 年版,第 339 页。持相同看法的有王政勋:《正当行为论》,法律出版社 2000 年版,第 206 页;高铭暄主编:《刑法专论》(第二版),高等教育出版社 2006 年版,第 439—440 页;周光权:《刑法各论》(第四版),中国人民大学出版社 2021 年版,第 221 页。
③ 参见张理恒:《驾车追赶抢劫者致死系防卫过当》,载《检察日报》2013 年 2 月 27 日,第 3 版。

法》第20条第3款认定季洪峰的行为成立正当防卫。不过,其理由并不在于盖景龙和程某某先前实施的是(转化型)抢劫罪,而是在于侵害人在逃窜过程中又使用了新的暴力,即程某某为了保护自己和盖景龙能顺利逃脱,驾驶车辆在时速超过120公里/小时的情况下,采用左右晃动等逼靠措施,给追赶二人的季洪峰和尚某某造成了重大人身安全隐患。①笔者认为,该论断还有进一步讨论的余地。《刑法》第20条第3款所谓"严重危及人身安全的暴力犯罪",并非指所有可能对他人人身安全构成威胁的行为,而只能是对他人生命、健康等人身法益造成直接性、攻击性侵害的暴力行为。本案中,侵害者程某某和盖景龙在前,防卫人尚某某和季洪峰在后,故尽管程、盖二人高速左右晃动的行为会对尚、季的安全行驶带来一定的影响,但毕竟不会立即给防卫人的人身安全带来直接的侵害,其攻击性和危险性毕竟与调转车头朝防卫人撞击或者从车窗朝防卫人开枪射击、投掷锐器等行为不可同日而语。因此,笔者认为,对于本案似乎不宜直接援用特殊防卫权,而应当根据防卫限度的一般判断原理进行具体分析。

2. 防卫限度判断的展开

当不法侵害人在取得财物后驾车逃离时,普通公民要想自行夺回财物,可设想的方案大致有:其一,一直紧跟其后,直到侵害人驾驶的车辆燃油耗尽、无力再逃;其二,采取近距离威吓的方式使侵害人产生心理压力,迫使其停车;其三,撞击对方驾驶的车辆,使其丧失行进能力。第一种选择固然能大大降低侵害人伤亡的可能,但随之而来的却是防卫效果的骤然减弱和防卫人所遇危险的大幅增高。首先,选择行进方向与路线的主动权本就掌握在侵害人手上,故长时间地消极追赶,只会更有利于侵害人伺机逃离。其次,持续高速地在道路上行进,也会明显增加防卫人遭遇意外的风险。最后,即使在长时间追逐后真能使侵害人陷入走投无路的境地,防卫人也很可能需要与侵害人搏斗之后才能抢回财物,这样一来防卫的成功率和安全性就毫无保障。可见,正是侵害人采取的这种逃避方式,使防卫人可选择的有效且安全的防卫途径极其有限;故当防卫人被迫采用了较为猛烈的手段时,其中包含的风险就应由侵害人自

---

① 参见山东省东营市中级人民法院民事判决书,(2014)东民一终字第24号。

行"买单"。因此,像本章案例中的行为人甲那样选择第二种方案,即驾车与对方平行行驶,就属于为达到防卫效果的必要之举。另外,在高速追赶的同时另行实施逼停或其他威吓行为,对于一名普通驾驶者的技术和心理素质来说毕竟是一个不小的挑战,防卫人在实施该行为时也仍须面临相当的风险。在此情况下,应当允许行为人选择更为有效和对自身更为安全的第三种方案,即直接撞击侵害人的车辆。故"负某故意伤害案"中,被告人的行为并未超出必要限度,不属于防卫过当。

值得注意的是,目前已有个别判例在此类案件中基本贯彻了"行为优位"的防卫限度判断方法。例如,对于"王利致唐建生伤害案",法院在论证被告开车撞击抢夺者所驾驶之摩托车的行为成立正当防卫时,提出:"被告的防卫行为虽导致原告受伤,但被告作为个人,在面对两个犯罪行为人时,不采取这一方式不足以抵抗现实的侵害,因此,被告的行为并未超过必要的限度,满足正当防卫的限度条件。"[1]主审法院对于本案的评析意见则说得更为透彻:"从防卫的强度来看,针对原告的抢夺行为,如果被告不对原告实施伤害并使得原告暂时丧失攻击能力,根本不可能挽回损失。也就是说,不如此就不足以制止不法侵害。从防卫的手段来看,根据当时情势及双方的力量对比,抢夺人骑乘摩托车逃逸,被告除驾车追击外,已没有更好的选择。同时,被告作为一名手无寸铁的女子,面对两名壮年男子,如果不以车辆作为防卫工具——驾车追击,并无其他有效防卫方式。"[2]很明显,法院对于防卫限度的判断已经舍弃了法益均衡性的考量,将考察焦点真正放在了以确保防卫"及时、有效和安全"为前提的防卫行为必要性之上。

---

[1] 重庆市沙坪坝区人民法院民事判决书,(2011)沙法民初字第 02402 号。
[2] 邬砚:《唐建生诉王利侵犯人身权纠纷案——正当防卫时间与限度的民事判断》,载《人民司法·案例》2012 年第 14 期,第 32 页。

第三章 聚苯乙烯案

案情叙述

A 镇居民甲(13 周岁)、乙(15 周岁)、丙(20 周岁)发现经常有货运列车停靠本镇火车站。于是,三人携带打火机、编织袋等作案工具,打算在本镇火车站停靠的货物列车上,采取用明火烧货物外包装袋的方法取走铁路运输物资。他们行至某次货物列车时,发现有可取的物品,货物包装袋未标明是何种物品,从以往的观察来看,车上货物基本上都是日用的杂货。丙负责在车厢旁望风,甲、乙钻入其中一棚车的车底,点燃了货物外包装袋。由于该棚车装载的是可发性聚苯乙烯,遇火迅速燃烧并向车外蔓延。甲见状叫了一声"不好,快跑!",三人立即逃离现场,致使火势进一步扩大,造成该车装载的聚苯乙烯被烧损 133 袋,烧损货物价值 26600 元;棚车烧损面积达 53 平方米,占车厢内部总面积的 30.88%,构成大破;相邻的另一棚车烧损面积达 33.6 平方米;火车站 2 根 25 米钢轨报废,报废材料价值 8750 元。[①]

思路提要

一、点火取货	第 26 条第 1、4 款)(×)
(一)甲、乙	(1)构成要件符合性(×)
1. 放火罪(第 115 条第 1 款,	(2)结论

---

① 改编自"叶朝红等放火案",载最高人民法院刑事审判第一、二、三、四、五庭主办:《中国刑事审判指导案例(危害国家安全罪·危害公共安全罪·侵犯财产罪·危害国防利益罪)》,法律出版社 2009 年版,第 37 页。

2. 放火罪(第 114 条,第 26
条第 1、4 款)(×)
(1)构成要件符合性(×)
(2)结论
3. 破坏交通工具罪(第 119
条第 1 款,第 26 条第 1、4 款)(×)
(1)构成要件符合性(×)
(2)结论
4. 破坏交通工具罪(第 116
条,第 26 条第 1、4 款)(×)
(1)构成要件符合性(×)
(2)结论
5. 破坏交通设施罪(第 117
条,第 26 条第 1、4 款)(×)
(1)构成要件符合性(×)
(2)结论
6. 失火罪(第 115 条第 2 款)
(×)
7. 盗窃罪(第 264 条,第 26
条第 1、4 款,第 23 条)(×)
(1)构成要件符合性(√)
(2)违法性(√)
(3)责任(×)
(4)结论
8. 故意毁坏财物罪(第 275
条,第 26 条第 1、4 款)(×)
(1)构成要件符合性(×)
(2)结论
(二)丙
1. 盗窃罪(第 264 条,第 26
条第 1、4 款,第 23 条)(共同正
犯)(×)
(1)构成要件符合性(×)
(2)结论
2. 盗窃罪(第 264 条,第 23
条)(间接正犯)(×)
(1)构成要件符合性(×)
(2)结论
3. 盗窃罪(第 264 条第 1 分
句,第 27 条,第 23 条)(帮助犯)
(√)
(1)构成要件符合性(√)
(2)违法性(√)
(3)责任(√)
(4)结论
4. 组织未成年人进行违反治
安管理活动罪(第 262 条之二)
(×)
(1)构成要件符合性(×)
(2)结论

二、起火逃窜
(一)甲、乙
1. 放火罪(第 114 条,第 26
条第 1、4 款)
(1)构成要件符合性(√)
(2)违法性(√)
(3)责任
甲(×),乙(√)
(4)结论
2. 破坏交通工具罪(第 116
条及第 119 条第 1 款,第 26 条第

1、4款)(×)
　　3.破坏交通设施罪(第117条,第26条第1、4款)(×)
　　4.故意毁坏财物罪(第275条,第26条第1、4款)(×)
　　(1)构成要件符合性(×)
　　(2)结论
　　5.故意毁坏财物罪(第275条,第26条第1、4款,第23条)(×)
　　(1)构成要件符合性(×)

(2)结论
6.结论
(二)丙
放火罪(第114条,第26条第1、4款)(共同正犯)(√)
(1)构成要件符合性(√)
(2)违法性(√)
(3)责任(√)
(4)结论

三、全案分析结论

具体分析

　　关于事实单元划分的思考:不少同学在对这个案例划分事实单元时,会忽视三个行为人在火燃起后逃跑这一事实的刑法意义,将之理解为单纯犯罪后逃窜的举动。可是,在刑法总论课堂上,我们学习过不真正不作为犯的原理,先行行为属于引起保证人义务的一个来源。因此,尽管犯罪后纯粹逃窜的行为原则上并不具有可罚性,可是一旦前一犯罪行为对法益造成的危险还在发展过程中、有可能造成更大的损害,那么刑法就有理由禁止其逃离现场,要求他积极采取措施阻遏危险升高、蔓延的趋势;如果行为人在能够履行该义务的情况下不履行义务,就可能成立不真正不作为犯。这提示我们,对于行为人逃离现场的情节不可轻易放过,当它与先行行为等保证人义务来源相联系时,就存在专门予以考察的必要。有鉴于此,在本案中,有必要将起火后逃窜的事实作为一个独立的单元列出。

一、点火取货

　　预判:1.甲、乙、丙三人可能构成共同犯罪。甲、乙实施的行为基本相同,而且无论是从取财行为还是从引起火灾的行为来看,两

> 人都是最直接的实施者,为"疑似正犯者";而丙只是在一旁望风,为"疑似共犯者"。所以应当先从甲、乙开始检验,然后再考虑丙。
> 2. 根据"法益导向法",根据不同的法益主体,分别搜索涉嫌的罪名:(1)针对公共安全,可以考虑的罪名包括放火罪、失火罪、破坏交通工具罪、破坏交通设施罪;(2)针对他人财产,可以考虑的罪名包括盗窃罪、故意毁坏财物罪。

(一)甲、乙

1. 放火罪(第 115 条第 1 款,第 26 条第 1、4 款)

(1)构成要件符合性

《刑法》第 115 条第 1 款规定的放火罪,要求致人重伤、死亡或者使公私财产遭受重大损失。本案没有出现 1 人以上死亡、3 人以上重伤的结果;并且,最终给公共财产或者他人财产造成的直接经济损失也不足 50 万元,不符合 2008 年 6 月 25 日最高人民检察院、公安部《关于公安机关管辖的刑事案件立案追诉标准的规定(一)》(以下简称《立案追诉标准(一)》)第 1 条的规定。因此,不符合本条款所要求的结果要件。

(2)结论

甲、乙不成立《刑法》第 115 条第 1 款规定的放火罪。

2. 放火罪(第 114 条,第 26 条第 1、4 款)

(1)构成要件符合性

①具体的危险状态

刑法理论通说认为,《刑法》第 114 条所规定的放火罪是具体危险犯。有的学者认为,出现具体的危险状态时即构成本罪的既遂。[1] 有的学者则认为,产生具体危险只是具体危险犯成立的条件,只有在此之外还发生了构成要件的逻辑结果时,才能认定具体危险犯的既遂。[2] 但不论如何,目前刑法学界较为一致的观点都主张,关于放火罪的既遂标准

---

[1] 参见高巍:《论危险犯的未遂》,载《法学评论》2010 年第 1 期,第 118—119 页;黎宏:《刑法学总论》(第二版),法律出版社 2016 年版,第 234—235 页;陈兴良:《规范刑法学》(第四版),中国人民大学出版社 2017 年版,第 207 页;高铭暄、马克昌主编:《刑法学》(第十版),北京大学出版社、高等教育出版社 2022 年版,第 147 页。

[2] 参见张明楷:《刑法学》(第六版),法律出版社 2021 年版,第 447 页。

应当采取独立燃烧说,即当放火行为导致对象物在离开媒介物的情况下已经独立燃烧时,可以认定放火罪既遂。① 本案中,甲、乙点燃可发性聚苯乙烯这一易燃物品,由此引发的火灾已经造成了公共财物和他人财物的实际损失,这早已超越了独立燃烧的程度,故本罪既遂的要件已得到满足。

②共同正犯的归责要素

甲、乙是否具有共同放火的意思?本罪要求行为人具有引起火灾和危害公共安全的故意。但在本案中,甲、乙对于火灾的发生缺乏故意。理由有二:第一,从认识因素来看,犯罪故意的成立要求行为人对于引起结果发生的危险具有正确的认知。尽管甲、乙为了窃取车站物资,的确是有意点燃外包装袋,但他们事先完全不知道袋中装的是高危易燃物品,由这一认识错误所决定,二人并没有认识到自己的行为会引起火灾。第二,从意志因素来看,犯罪故意的成立要求行为人对于结果持肯定态度。② 对于间接故意来说,若行为人为了追求某一目标而放任危害结果发生,那么该目标必须能够与危害结果相兼容;反之,如果行为人所期望的目标与危害结果势同水火,即一旦放任危害结果的发生,就必然导致自身追求的目标化为泡影,那么他在追求该目标的同时就不可能对危害结果持肯定态度。本案中,甲、乙的意图是取得对列车所载货物的占有,可是一旦瞬间发生大面积火灾,则其取财的目的就不可能达到。换言之,货物被点燃与行为人所追求的目的是不相兼容的。故可以认定,甲、乙对于火灾的发生是持反对态度的。

(2)结论

甲、乙不成立放火罪。

3. 破坏交通工具罪(第 119 条第 1 款,第 26 条第 1、4 款)

(1)构成要件符合性

①结果

对于本罪来说,《刑法》第 119 条第 1 款中的"严重后果"是指造成

---

① 参见高铭暄、马克昌主编:《刑法学》(第十版),北京大学出版社、高等教育出版社 2022 年版,第 336 页。Vgl. Kindhäuser, Strafrecht BT 1, 8. Aufl., 2017, § 64 Rn. 9.

② Vgl. Kindhäuser/Hilgendorf, Lehr- und Praxiskommentar, 8. Aufl., 2020, § 15 Rn. 26; Roxin/Greco, Strafrecht AT, Bd. Ⅰ, 5. Aufl., 2020, § 12 Rn. 21ff.

了交通工具倾覆、毁坏的结果。需要探讨的问题是,本案行为人导致列车的两节车厢严重毁损,是否属于本罪所要求的实害结果?顺次分析如下:

首先,行为人所毁损的列车属于正在使用中的交通工具。因为,本罪构成要件保护的法益是交通运输的安全,而只有对正在使用中的交通工具加以破坏才可能威胁到该法益。按照刑法理论通说,正在使用的交通工具既包括正在行驶中的交通工具,也包括虽然暂时停机但已经交付使用、随时能够开动执行运输任务的交通工具。[1] 本案中,货运列车只是暂时停靠在某火车站,但是在完成货物装卸后可以随时按需要发动行驶,故属于正在使用中的交通工具。

其次,尽管行为人对列车造成了毁损结果,但该结果已经脱离了交通运输安全的范围。如果行为人对正在行驶中的交通工具造成了烧毁、炸毁等结果,那么该损害无疑涉及了公共交通领域中不特定多数人的安全。但是,如果行为人是对暂时停靠的交通工具造成了毁损结果,则需要区分不同的情况来处理:第一,若行为人对交通工具上影响安全行驶性能的部位进行破坏,导致交通工具在行驶过程中发生毁坏,则属于本罪的"严重后果"。第二,若行为人针对待用交通工具实施的毁坏行为直接使其彻底丧失了开动、行驶的可能,例如将客车轮胎全部卸除、将汽车方向盘取走等,那么由于交通工具已根本无法投入使用,所以也就脱离了交通运输安全的领域,不可能再危及本罪保护的法益。[2] 本案中,货运列车属于暂时停靠的交通工具,而行为人引起的火灾直接导致两节车厢严重烧损,使其在修复之前失去了继续投入使用的可能。由于该结果已经不具有危害交通运输安全的属性,故并不属于本罪的"严重后果"。

(2)结论

甲、乙的行为不成立《刑法》第 119 条第 1 款规定的破坏交通工

---

[1] 参见马克昌主编:《百罪通论(上卷)》,北京大学出版社 2014 年版,第 55 页;高铭暄、马克昌主编:《刑法学》(第十版),北京大学出版社、高等教育出版社 2022 年版,第 341 页。

[2] 参见叶高峰主编:《危害公共安全罪的定罪与量刑》,人民法院出版社 2000 年版,第 160 页;马克昌主编:《百罪通论(上卷)》,北京大学出版社 2014 年版,第 57 页。

具罪。

4. 破坏交通工具罪(第116条,第26条第1、4款)

前述针对《刑法》第119条第1款的分析表明,点燃列车车厢的行为将停靠的列车在修复前失去了继续行驶的可能。由此决定,该行为不可能产生使列车在行驶过程中发生倾覆、毁坏的危险。因此,甲、乙的行为不成立破坏交通工具罪。

5. 破坏交通设施罪(第117条,第26条第1、4款)

本案中,甲、乙的行为导致两根钢轨报废,而该铁轨属于正在使用中的交通设施。但是,由于本罪保护的法益是交通运输安全,所以要求破坏轨道的行为必须具有导致火车在运行过程中发生倾覆、毁坏的危险。然而,一旦钢轨因火灾而发生毁损,相关的路段就会立即被铁路管理部门封锁禁行,所以也就不存在继续使用、进而危及铁路运输安全的可能。所以,甲、乙的行为不成立破坏交通设施罪。

6. 失火罪(第115条第2款)

失火罪以造成他人重伤、死亡或者使公私财产遭受重大损失为要件。正如前面关于《刑法》第115条第1款之放火罪的分析所示,本案没有出现《立案追诉标准(一)》第1条所规定的实害结果,故甲、乙的行为不成立失火罪。

7. 盗窃罪(第264条,第26条第1、4款,第23条)

甲、乙意图取得列车上的货物,但最终未取得对任何财物的占有,故可以考虑成立盗窃罪共同正犯的未遂。

(1)构成要件符合性

①共同盗窃的意思

首先,甲、乙明知自己的窃取行为会导致列车运营者丧失对财物的占有,并追求这种结果的发生,故具备本罪的故意。其次,二人具有将列车货物作为自己的财物进行支配,并遵从财物的用途进行利用、处分的意思,故具有非法占有的目的。最后,甲、乙事先基于商议,达成了一同针对列车货物实施盗窃的合意,故具备了共同盗窃的意思。

②共同正犯的着手

提示:不少同学在分析盗窃罪未遂犯时,仅仅根据行为人已经开始实施具有取得他人财物之危险的行为,就得出结论认为盗窃罪

> 未遂犯的"着手"要件已经得到了满足。这种做法忽视了我国盗窃罪立法和司法实践所具有的两个重要特点:
>
> 第一,在我国《刑法》中,除多次盗窃、入户盗窃、携带凶器盗窃和扒窃等特殊类型盗窃之外,普通盗窃罪的既遂以行为人取得"数额较大"的财物为前提。目前,刑法学界多数学者都认为,着手的成立以行为具有迫切的法益侵害危险为标志。同时,这里的危险并非泛指一切危险,而是特指引起既遂结果的急迫危险。① 既然盗窃罪的既遂标准不是简单地取得对他人财物的占有,而是取得对他人数额较大之财物的占有;那么盗窃罪的着手标志,也不是简单的行为具有取得他人财物的急迫危险,而应当是行为具有取得他人数额较大之财物的急迫危险。因此,在判断行为是否着手实行盗窃罪时,除了要考察行为是否具备取得财物的危险之外,还要考察行为是否具备取得数额较大财物的危险。
>
> 第二,以上结论是从未遂犯的一般基本原理推导出来的,但现行司法解释对此还有特别的规定。2013年4月2日最高人民法院、最高人民检察院《关于办理盗窃刑事案件适用法律若干问题的解释》(以下简称《盗窃解释》)第12条规定:盗窃未遂,除以珍贵文物为盗窃目标或者有其他情节严重的情形之外,需要满足"以数额巨大的财物为盗窃目标的"这一要件才追究刑事责任。
>
> 由这两点所决定,在我国《刑法》的语境下,盗窃罪着手的判断内容必然是较为复杂的。

甲、乙当时已经接触到了货物的包装袋,一旦破坏了包装袋,行为人即可不受阻碍地顺利取得对货物的占有,这就说明被害人丧失财产占有的急迫危险已经现实产生。但是,盗窃罪属于数额犯,故能否认定行为人开始着手实行盗窃,不仅取决于该行为是否具有引起财产占有转移的现实危险,还取决于财产的数额。

根据《刑法》第264条的规定,普通盗窃所针对的财物必须达到"数额较大",而就多次盗窃、入户盗窃、携带凶器盗窃和扒窃等特殊类型盗

---

① 参见赵秉志:《犯罪未遂形态研究》(第二版),中国人民大学出版社2008年版,第85—86页;张明楷:《刑法学》(第六版),法律出版社2021年版,第441页。

窃来说,则不存在数额方面的特别要求。有学者认为,特殊类型盗窃所针对的对象只要求是值得刑法保护的财物即可。① 因此,需要首先判断甲、乙的行为是否属于特殊类型盗窃,在不属于特殊类型盗窃的情况下,再进一步分析其行为是否满足了普通盗窃的着手标准。

首先,可以确定的是,甲、乙并不属于多次盗窃、入户盗窃。按照《盗窃解释》第3条第4款的规定,"扒窃"有两个要件:其一,必须在公共场所或者公共交通工具上实施;其二,所盗窃的必须是他人随身携带的财物。甲、乙作案的地点是火车站,火车站是不特定人可以进出、停留的地方,故属于公共场所。但是,由于货运列车上的货物并不属于个人随身携带的财物,故甲、乙的行为不属于扒窃。现在需要讨论的问题是,甲、乙在盗窃过程中携带了打火机,这是否属于"携带凶器盗窃"呢?回答是否定的。理由在于:第一,按照《盗窃解释》第3条第3款的规定,枪支、爆炸物、管制刀具等国家禁止个人携带的器械,或者为了实施违法犯罪携带的其他足以危害他人人身安全的器械,属于凶器。可是,一方面,普通打火机并非国家禁止携带的物品;另一方面,单个的打火机在没有辅以汽油等引燃媒介的情况下,其自身产生的较为微弱的火焰致人重伤、死亡的危险性极低,故无法归入其中。第二,刑法理论认为,凶器分为性质上的凶器和用法上的凶器两类。前者是指生产出来本来就是为了杀伤他人的物品如枪支、炸药、管制刀具等;后者是指本身不是专门为了杀伤他人,但具有被用于杀伤他人之可能性的物品。在判断某一物品是否属于用法上的凶器时,需要考虑如下因素:②其一,杀伤他人的危险性高低;其二,是否属于违法犯罪人为杀伤他人通常会使用的工具;其三,是否会使人产生强烈的危险感;其四,行为人携带该物品是否具有合理性。本案中,虽然打火机的确具有致人死伤的可能,但是:一则如前所述,在缺少易燃物品的情况下,仅凭一个普通打火机致人重伤、死亡的危险性极低;二则正是由于打火机杀伤危险性十分有限,所以犯罪分子要想杀伤他人,一般不会仅仅携带单个的打火机;三则作为一种广泛被用于取火、点烟的日常物品,打火机被某人携带在身这一事实并不会使社会公众产生明显的不安感,故将其

---

① 参见张明楷:《刑法学》(第六版),法律出版社2021年版,第1258页。
② 参见张明楷:《刑法学》(第六版),法律出版社2021年版,第1245页;周光权:《刑法各论》(第四版),中国人民大学出版社2021年版,第136页。

带在身边也具有合理性。因此,不能将打火机认定为凶器,甲、乙携带打火机盗窃的行为不属于"携带凶器盗窃"。

其次,既然甲、乙所实施的只是普通盗窃,那么根据《盗窃解释》第1和12条的规定,盗窃未遂,但以3万元以上(即数额巨大)的财物为盗窃目标、以珍贵文物为盗窃目标或者其他情节严重的,应当追究刑事责任。这里需要讨论的问题是:本案不涉及"以珍贵文物为盗窃目标"的情况,但是否属于"以数额巨大的财物为盗窃目标"呢?回答是否定的。第一,甲、乙、丙三人事先并未对盗窃的数额加以限制,属于"能偷多少算多少"的情况,所以从行为人主观的角度来看,似乎存在取得数额巨大财物的可能。但是,近年来,我国主流刑法理论认为,未遂犯的处罚根据不仅在于行为人主观上的犯罪决意,更在于行为客观上具有现实的法益侵害危险。① 因此,《盗窃解释》中所规定的"以数额巨大的财物为盗窃目标",不仅指行为人的盗窃故意能够包括数额巨大的财物,而且指行为客观上具有取得数额巨大之财物的危险性。② 第二,从转移数额巨大之聚苯乙烯的现实可能性来看,被烧损的133袋聚苯乙烯总共价值26600元,可见每袋平均价值200元。要达到3万元这一数额巨大的标准,就意味着行为人必须客观上具有取得150袋以上聚苯乙烯占有的可能性。就市场售卖的通常情况而言,聚苯乙烯每袋大约在25千克左右。然而,由于火车站是一个人员流动的公共场所,能够供甲、乙两人窃取财物的时间是比较短暂的,况且甲、乙均为不满16周岁的未成年人,所以他们在没有车辆等运输工具辅助的情况下,基本不存在迅速转移150袋以上货物的可能性。但是,取走5袋以上(即数额较大)的货物,则完全具有可行性。可见,在当时的客观条件下,甲、乙所实施的窃取行为不具有取得数额巨大财物的危险性,而只有取得数额较大财物的危险性。

最后,既然甲、乙不属于"以数额巨大的财物为盗窃目标",那是否还有成立盗窃罪未遂犯的可能?对此,理论和实务上存在不同的观点。

---

① 参见赵秉志:《犯罪未遂形态研究》(第二版),中国人民大学出版社2008年版,第193页;陈兴良:《教义刑法学》(第三版),中国人民大学出版社2017年版,第621页;贾宇主编:《刑法学(上册·总论)》,高等教育出版社2019年版,第221页。

② 参见黎宏:《论盗窃罪数额犯的未遂》,载《环球法律评论》2018年第1期,第74—75页;王华伟:《数额犯未遂问题研究———从最高人民法院第62号指导性案例切入》,载《法律科学》2019年第5期,第120页。

一种观点认为,盗窃未遂的,只有当行为人预期盗窃"数额巨大"的财物时才应当追究刑事责任。① 另一种观点则主张,即便是盗窃数额较大财物而未遂的,只要不属于情节显著轻微,就可以按照未遂犯论处。② 笔者持后一种观点。理由在于:第一,既然盗窃罪以取得数额较大的财物作为既遂结果,那么按照《刑法》第23条的规定以及未遂犯的基本原理,当行为具有了取得数额较大财物的急迫危险时,就具备了未遂犯的实质可罚性。第二,《盗窃解释》第12条的规定属于注意规定而非法律拟制,它只是规定了追究盗窃罪数额犯的未遂犯的上限,但并未对其下限作出限制,即虽然上述解释明文表示,对"以数额巨大的财物为盗窃目标的"未遂犯"应当依法追究刑事责任",但并没有说对以数额较大的财物为盗窃目标的未遂犯就不得追究刑事责任。③ 第三,《盗窃解释》第12条所规定的可罚的盗窃未遂,除了包括以数额巨大的财物或者珍贵文物为盗窃目标的情形外,还包括"其他情节严重的情形"。该解释对于盗窃目标财物的列举,归根结底是为了说明盗窃未遂而"情节严重"的情形。④ 所以,即便是仅具有取得数额较大财物之危险的盗窃未遂,只要综合犯罪性质、情节足以成立犯罪的,也可以追究刑事责任。《盗窃解释》起草者对本解释制定背景和意图的说明也肯定了这一点。该说明指出:"起草过程中,曾有意见提出,根据刑法规定,对于盗窃未遂的,依法都应追究刑事责任,只是可以从轻、减轻处罚,仅规定对3种情形的盗窃

---

① 参见郭文利、沈金汝:《盗窃未遂如何定罪处罚》,载《人民法院报》2008年11月19日,第006版;马克昌主编:《百罪通论(下卷)》,北京大学出版社2014年版,第752、768页。

② 参见黎宏:《论盗窃罪数额犯的未遂》,载《环球法律评论》2018年第1期,第76、79—80页。

③ 有关诈骗罪的司法解释也有类似的规定。最高人民法院、最高人民检察院2011年3月1日《关于办理诈骗刑事案件具体应用法律若干问题的解释》第5条第1款规定,"诈骗未遂,以数额巨大的财物为诈骗目标的,或者具有其他严重情节的,应当定罪处罚"。对此,司法实践中一种颇有代表性的观点就指出:"从该条的字面意思来看,其仅涉及诈骗罪加重犯的未遂问题。这主要是因为,相对于基本犯的未遂形态而言,诈骗罪加重犯的未遂形态具有更大的社会危害性,因此,该司法解释将诈骗罪加重犯的未遂形态单独列出,从而起到提示司法机关注意的作用。但该司法解释并未否定诈骗罪基本犯的未遂形态具有刑事可罚性,不能仅仅由于该司法解释中未规定诈骗罪基本犯的未遂就反推出该条司法解释不承认诈骗罪存在基本犯的未遂形态,并进而否定诈骗罪基本犯未遂形态的可罚性。"参见林辛建:《诈骗犯罪基本犯未遂形态的可罚性》,载《人民司法·案例》2014年第24期,第23页。

④ 参见郭翀:《盗窃数额较大但行为未遂是否应当追刑责》,载《法制生活报》2014年8月13日,第003版。

未遂应当追究刑事责任没有法律依据。经研究认为,《解释》第 12 条第 1 款的规定并无不妥:如行为人仅以数额较大的财物为盗窃目标,最终未能得逞,通常可以认为其行为属于刑法第十三条后半段规定的'情节显著轻微危害不大',依法不应作为犯罪处理,可由有关部门给予行政处罚,一律追究刑事责任不符合宽严相济刑事政策;如综合全案,认为情节严重的,例如盗窃数额已接近数额巨大,且行为人在两年前又曾因盗窃受过行政处罚的,完全可以根据《解释》第 12 条第 1 款第(3)项的规定追究刑事责任。"[①]第四,在司法实践中,也存在不少对意图盗窃数额较大的财物而未遂的行为加以处罚的判例。[②] 本案中,甲、乙、丙三人从一开始就具有取得数额较大财物的意图,甲、乙的行为不仅已经发展到直接接触财物,而且已经进入破坏外包装的阶段,距离取得财物占有已经近在咫尺,故可以认为属于情节严重的情形。

总而言之,甲、乙共同实施的是普通类型的盗窃,针对数额较大之财物的盗窃未遂具有可罚性,由于甲、乙的行为具有使他人丧失对数额较大之财物的占有的急迫危险,属于盗窃未遂而情节严重的情况,故可以认定他们已经着手实行盗窃罪。

③意志以外的原因

甲、乙之所以未取得对财物的占有,是因为出现了行为人事先完全未能预料的阻碍性因素,即包装袋中装着可发性的聚苯乙烯,其被点燃后已无法为人所控制和支配。故可以认定盗窃是因为犯罪分子意志以外的原因而未能得逞。

综上,甲、乙的行为符合盗窃罪(未遂)之共同正犯的构成要件。

(2)违法性

不存在违法阻却事由。

(3)责任

甲、乙分别只有 13 周岁和 15 周岁,根据《刑法》第 17 条第 1、2 款的

---

① 胡云腾、周加海、周海洋:《〈关于办理盗窃刑事案件适用法律若干问题的解释〉的理解与适用》,载《人民司法》2014 年第 15 期,第 23 页。
② 例如:刘兴余盗窃案,云南省昆明市官渡区人民法院刑事判决书,(2017)云 0111 刑初 821 号;刘清雄盗窃案,广东省汕头市潮阳区人民法院刑事判决书,(2017)粤 0513 刑初 853 号;鲍某庆、王某强盗窃案,云南省麻栗坡县人民法院刑事判决书,(2019)云 2624 刑初 146 号。

规定,均无法为盗窃罪承担刑事责任。

(4)结论

甲、乙的行为不成立盗窃罪。

8. 故意毁坏财物罪(第275条,第26条第1、4款)

(1)构成要件符合性

①结果要件

根据《立案追诉标准(一)》第33条,在缺少其他严重情节的情况下,故意毁坏财物罪的既遂要求造成公私财物损失5000元以上。本案中,甲、乙实际造成的财产损失已经超过这一数额。

②共同正犯的归责要素

尽管二人是有意烧坏货物的外包装袋,但是由于包装袋本身的价值极低、并非值得刑法保护的财物,故行为人在本事实单元是否具有毁坏财物的故意,取决于他们点火之际对于最终火灾造成的财产损失持何种态度。正如前面关于放火罪的分析所示,一方面,甲、乙事先对于包装袋内装有高度易燃物品一无所知;另一方面,甲、乙的目标是取得对列车上货物的占有。可是一旦货物彻底被烧毁,则其取财的目的势必落空,故他们在实施盗窃之时对于货物毁损的结果不可能持肯定的态度。因此,甲、乙并不具有毁坏数额较大财物的故意。

(2)结论

甲、乙的行为不成立故意毁坏财物罪。

(二)丙

> 预判:对于单个行为人刑事责任的判断,也应当遵循"先正犯、后共犯"的思考顺序。尽管丙的望风行为并不直接符合盗窃罪的构成要件,但这只是说明该行为无法成立直接正犯,是否成立共同正犯和间接正犯还有待检验。在确定他不成立任何形式的正犯之后,再考察其是否成立帮助犯。

对甲、乙刑事责任的分析表明,其行为根本不符合放火罪、破坏交通工具罪、破坏交通设施罪、故意毁坏财物罪的构成要件。因此,一方面,丙不可能与之成立这些犯罪的共同正犯或者间接正犯;另一方面,根据共犯的限制从属性原理,丙也无法成立相关犯罪的帮助犯。有鉴于此,这里只针对盗窃罪展开分析。

1. 盗窃罪(第 264 条,第 26 条第 1、4 款,第 23 条)(共同正犯)

(1)构成要件符合性

前述关于甲、乙刑事责任的分析表明,甲和乙在不法构成要件层面上成立盗窃罪(未遂)的共同正犯。那么,为甲、乙望风的丙,能否成为盗窃罪的共同正犯呢?关于望风者究竟属于共同正犯还是帮助犯,刑法理论上有不同看法。共同正犯说认为,正是望风者的存在才使其他参与人能够安心地完成犯罪,故他对于犯罪的实行发挥了不可或缺的功能,原则上可以成立共同正犯。① 共谋共同正犯说主张,望风者虽然没有实施构成要件行为,但由于与正犯共谋,故属于共谋共同正犯。② 帮助犯说则认为,望风行为本身并不符合犯罪的构成要件,而且它仅仅为犯罪起到了单纯支持性的作用,故只能作为帮助犯来看待。③ 区别说认为,应当结合犯罪计划,具体判断望风行为是否对于犯罪的完成作出了重要贡献。④

笔者赞同区别说的观点。共同正犯本来就是一种扩张的正犯类型,其成立并不要求每一参与人都直接实施构成要件,只要参与人对于犯罪的完成起到了重要的作用,就可能成立共同正犯。如果其他正犯者离开了行为人的望风,就无法顺利地实施构成要件行为,则可以认为望风对于犯罪起到了支配性的作用。例如,对于进入银行实施抢劫的犯罪来说,把守门口以确保能迅速逃脱,这是抢劫成功所必不可少的条件,故可以认为望风者同样属于共同正犯。但是,本案中,丙只是单纯地为甲、乙盗窃行为提供警戒,而且自始至终并未出现有人逼近等可能干扰盗窃实施的

---

① Vgl. Roxin in: LK-StGB, 11. Aufl., 1992, § 25 Rn. 154, 191; Hoyer, in: SK-StGB, 7. Aufl., 2000, § 25 Rn. 109.

② 在日本的判例中,存在着将望风行为广泛认定为共谋共同正犯的倾向。参见〔日〕高桥则夫:《刑法总论》,李世阳译,中国政法大学出版社 2020 年版,第 407—408 页。我国司法实践中也有持类似观点的判例,如缪冬来等强奸案,安徽省芜湖市中级人民法院刑事裁定书,(2020)皖 02 刑终 275 号。

③ Vgl. Jakobs, Strafrecht AT, 2. Aufl., 1991, 21/54. 我国司法实践中有不少判例将望风者认定为从犯,如参见李峰、李海艳盗窃案,辽宁省辽阳市太子河区人民法院刑事判决书,(2021)辽 1011 刑初 82 号;罗建安、董超等开设赌场案,湖南省湘潭市岳塘区人民法院刑事判决书,(2021)湘 0304 刑初 190 号。

④ 参见张明楷:《刑法学》(第六版),法律出版社 2021 年版,第 571 页。Vgl. Stratenwerth/Kuhlen, Strafrecht AT, 6. Aufl., 2011, § 12 Rn. 94; Kühl, Strafrecht AT, 8. Aufl., 2017, § 20 Rn. 116.

情况。这时的望风对于取得他人财物的占有并未产生必不可少的支配性影响,而只发挥了较为边缘性的辅助作用,故不属于共同正犯行为。

(2)结论

丙的行为不成立盗窃罪的共同正犯。

2. 盗窃罪(第 264 条、第 23 条)(间接正犯)

(1)构成要件符合性

根据前述分析,甲、乙的行为符合盗窃罪(未遂)的不法构成要件,但二人均未达到须为该罪承担刑事责任的年龄,那么丙与甲、乙共同实施盗窃,能否成立以无责任能力者为工具的间接正犯?有责任能力者指使无责任能力者实施犯罪的是否必然成立间接正犯,刑法学界对此有不同意见。一种观点认为,只要是怂恿、指使无责任能力人实施犯罪的,应当一律成立间接正犯。① 另一种观点则主张,在直接实施者未达到刑事责任年龄的情形下,应当根据其实际的辨认控制能力进行区别处理。② 笔者赞同后一种观点。首先,一旦承认共犯的限制从属性,则意味着只要正犯行为具备构成要件符合性和违法性,即可能成立狭义共犯。于是,唆使无责任能力者犯罪的情形,本来就存在两种可能:一方面,若幕后者对无责任能力者产生了实际支配,则可能成立间接正犯;另一方面,唆使或者协助无责任能力者犯罪的情形,也可能成立教唆犯或者帮助犯。其次,刑法之所以规定未达到刑事责任年龄者无法为其实施的不法行为负责,一方面固然考虑到该人群的辨认和控制能力大多较弱,另一方面也是基于国家针对少年儿童的特殊刑事政策。③ 如果未达到刑事责任年龄的人实际上已经具备了必要的辨认和控制能力,他本人就有充足的能力支配犯罪事实,于是幕后唆使者对于犯罪事实就不可能再产生出优势性的意志支配。

---

① 参见马克昌主编:《犯罪通论》(第三版),武汉大学出版社 1999 年版,第 546—547 页;贾宇主编:《刑法学(上册·总论)》,高等教育出版社 2019 年版,第 251 页。Vgl. Roxin, Strafrecht AT, Bd. Ⅱ, 2003, § 25 Rn. 140.

② 参见黎宏:《刑法学各论》(第二版),法律出版社 2016 年版,第 270 页;陈兴良:《教义刑法学》(第三版),中国人民大学出版社 2017 年版,第 217 页;张明楷:《刑法学》(第六版),法律出版社 2021 年版,第 531 页;周光权:《刑法各论》(第四版),中国人民大学出版社 2021 年版,第 344 页。Vgl. Welzel, Das Deutsche Strafrecht, 11. Aufl., 1969, S. 103.

③ Vgl. Roxin, Strafrecht AT, Bd. Ⅱ, 2003, § 25 Rn. 142.

但不论上述哪一种观点都一致认为,行为人要对未达刑事责任年龄之人的行为产生支配,基本的前提是他必须实施了将对方作为工具加以利用的行为。① 可是在本案中,丙自始至终都没有对甲和乙的行为加以利用。首先,在共谋阶段,丙只是单纯地与甲、乙一起合议产生犯意,而不存在前者引起后二者犯意的唆使之举。其次,在实行阶段,丙也只是按照计划纯粹负责望风,未对甲和乙的盗窃行为发挥任何指导作用,故无论从认识能力还是从控制能力上看,他对于犯罪事实并不具有相对于甲和乙的优势性支配。

(2)结论

丙的行为不成立盗窃罪的间接正犯。

3. 盗窃罪(第 264 条第 1 分句,第 27 条,第 23 条)(帮助犯)

(1)构成要件符合性

①前提要件

根据前述分析,甲、乙的行为符合盗窃罪(未遂)的构成要件,且具有违法性,故帮助犯赖以成立的正犯行为已经存在。

②客观要件

丙的望风行为为甲、乙实施盗窃提供了警戒,有助于正犯者顺利完成犯罪。

③主观要件

首先,丙明知自己的行为会对甲、乙的盗窃提供帮助,也明知后两者的行为会导致列车运营者丧失对货物的占有,并且追求这种结果发生,故具备本罪的故意。其次,丙也具有将货物作为自己的财物加以利用的意思,故具备非法占有的目的。

(2)违法性

不存在违法阻却事由。

(3)责任

不存在责任阻却事由。

(4)结论

丙的行为成立盗窃罪的帮助犯,系从犯。由于正犯止于未遂,故对从犯

---

① Vgl. Wessels/Beulke/Satzger, Strafrecht AT, 47. Aufl., 2017, Rn. 776.

也应适用《刑法》第23条第2款的规定,对其"可以从轻或者减轻处罚"。

4. 组织未成年人进行违反治安管理活动罪(第262条之二)

(1)构成要件符合性

甲、乙均为未成年人,其所实施的盗窃行为因欠缺责任而不成立犯罪,但属于违反治安管理的活动。但是,本罪的成立要求行为人必须实施了"组织"行为。本案中,在谋议以及实行的整个过程中,丙始终都是单纯的参与者,其地位与甲、乙完全平等,不但没有对盗窃活动起到指挥、领导作用,反而只扮演了较为边缘的角色。所以,无法认定丙对甲、乙的盗窃活动实施了组织行为。

(2)结论

丙的行为不成立组织未成年人进行违反治安管理活动罪。

二、起火逃窜

> 预判:甲、乙、丙三人在货物被点燃之后逃窜,导致火势蔓延,故有可能成立放火罪不真正不作为犯的共同犯罪。其中,甲、乙共同实施了点火行为,可以放在一起分析;丙只是参与谋议并从旁望风,并未直接点燃包装袋,故需要单独考察。

(一)甲、乙

1. 放火罪(第114条,第26条第1、4款)

甲、乙在盗窃过程中非故意地引起了火灾,却没有采取措施扑灭大火,可能构成不作为形式的放火罪。

(1)构成要件符合性

①具体危险状态

放火罪是具体危险犯。根据独立燃烧说,当放火行为点燃目的物,使之即便脱离引燃媒介也能够独立燃烧时,即可认定本罪既遂。① 本案中,火灾虽然未造成《立案追诉标准(一)》第1条所规定的后果,但已经给公共财物和他人财物造成了价值超过3.5万元的现实损失,早已超越

---

① 参见王作富主编:《刑法分则实务研究》(第五版),中国方正出版社2013年版,第39—40页。

了独立燃烧的程度,故本罪既遂的要件已得到满足。

②行为人未实施其能够实施、且足以防止结果发生的行为

第一,有效防止结果发生的措施是什么?本案中,在聚苯乙烯已被点燃的情况下,尚存在制止火势进一步蔓延、尽量降低损失的可能。首先,可以考虑要求行为人自行实施灭火。其次,也可以考虑要求行为人马上报告车站管理人员,以便后者及时采取救火措施。

第二,行为人是否有能力实施这些措施?在火势迅速蔓延的情况下,一方面用简单的扑灭、踩灭的方法已无法遏制火势,另一方面甲、乙是未经消防训练的一般人,而且没有证据表明他们对车站的消防设施有清楚的认知,他们难以在事发现场即刻找到用以灭火的水源或者救火装置。所以,对于自行救火的措施来说,二人缺乏作为的能力。但是,第一时间向列车或者车站管理人员呼叫、求助于有救火能力的他人,则是甲、乙完全可以做到的。

③结果与不作为之间具有因果关系

要将法益侵害的结果归责于不作为,必须确定,如果行为人履行了救助义务,则结果将得到避免。本案中,假设甲、乙在点燃聚苯乙烯后,能够及时通报列车或者车站的管理人员,那么由于后者一般具有应急的知识和技能,也知道如何使用车站内的消防设施,故具有遏制火势进一步蔓延、降低烧损财物之范围和价值的高度可能性。因此,在火已燃起并迅速蔓延的情况下,虽然第三人的扑救措施已无法完全避免损害结果,但可以尽快结束具体危险状态、降低实际损害的程度。所以,具体危险状态持续存在的结果,可以归责于甲、乙不履行作为义务的行为。

④保证人地位

不真正不作为犯的成立,要求行为人具有保证人的地位。无论形式的作为义务来源说还是实质的作为义务来源都认为,先行行为是保证人地位的根据之一①,即如果行为人先前实施的某一行为导致他人的法益陷入危险境地之中,那么他负有采取积极措施排除该危险的义务。关于先行行为的范围,刑法理论上素有争议:一种观点认为,只要先前行为客

---

① 参见高铭暄主编:《刑法专论》(第二版),高等教育出版社 2006 年版,第 172 页;张明楷:《刑法学》(第六版),法律出版社 2021 年版,第 199 页。

观上制造了法益侵害的危险,不论该行为是否违法,均可成为作为义务的来源(以下简称"客观危险说")①;另一种观点则主张,先行行为必须违反法律义务,从而创造了法所不容许的风险(以下简称"义务违反说")。② 前一单元的分析表明,甲、乙在点火烧货物外包装袋之时对于火灾的发生并无故意,但由于客观造成的损害结果未符合失火罪的入罪标准,故尚未进一步分析甲、乙对火灾的发生是否成立过失。甲、乙对于火灾的出现既有可能是出于过失,也有可能是基于意外事件。若根据客观危险说的观点,先行行为并不以行为人主观上具有故意或者过失为前提,则无论甲、乙引起火灾的行为是出于过失还是基于意外事件,都一律可以成为先行行为;反之,如果按照义务违反说的观点,先行行为的成立要求行为人至少具有过失,那就意味着当甲、乙引起火灾的行为属于意外事件时,他们不可能负有保证人义务。有鉴于此,应当首先确定甲、乙对于火灾的发生是否具有过失,如果回答是肯定的,那么不论根据上述哪一看法,都可以认定先行行为的成立;如果回答是否定的(即引起火灾的行为属于意外事件),才有必要在两种观点之间进行抉择。

首先,甲、乙对于火灾的引起缺乏预见可能性。其一,不能因为甲、乙实施了盗窃这一违法行为,就认为其必然具有过失。因为,盗窃行为针对的是财物占有转移的结果,但这里所说的过失针对的是火灾事故。既然财物占有的转移和火灾的发生是两个相互独立的结果,那么完全可能出现盗窃行为人对于火灾的发生欠缺预见可能性的情形。其二,通常来说,易燃易爆物品的包装袋上都印有较为醒目的警示标志,但在本案中,装有可发性聚苯乙烯的包装袋上却没有任何标志以区别于一般货物。所以,从货物包装袋的外表观之,一般人都会误以为这是一般物品。其三,打火机所产生的火苗较小,只要不是触及易燃易爆品,对于一般物品来说,即便接触到火苗也不会顷刻间产生独立燃烧的现象,更不会产生难以控制的火灾。故一般而言,拿打火机的火苗去触碰普通物品的行

---

① 参见张明楷:《刑法学》(第六版),法律出版社 2021 年版,第 200 页。Vgl. Maurach/Gössel/Zipf, Strafrecht AT, Teilbd. 2, 8. Aufl., 2014, § 46 Rn. 98ff.

② Vgl. Roxin, Strafrecht AT, Bd. Ⅱ, 2003, § 32 Rn. 156ff; Baumann/Weber/Mitsch/Eisele, Strafrecht AT, 12. Aufl., 2016, § 21 Rn. 73ff; Bosch, in: Schönke/Schröder, StGB, 30. Aufl., 2019, § 13 Rn. 35.

为是日常得到容许的危险。综上,尽管抽象来说,一般人都知道使用打火机烧损某物有可能引起火灾事故,但是犯罪过失中的预见可能性是针对构成要件结果的具体预见可能性,无论从点火工具(打火机)还是从对象物的外观来看,甲和乙都无法预见到自己的行为会招致严重火灾的发生。

其次,意外事件能够成为先行行为。客观危险说认为正当防卫也能够成为先行行为,故防卫人对不法侵害人负有保证人义务,这种看法过度扩张了先行行为的范围。但该说主张的意外事件(被容许的风险)能够引起保证人义务的观点,却是值得赞同的。因为,无论是在过失还是在意外事件中,行为人在实施损害行为之时都缺少避免结果发生的能力。二者的唯一区别在于,在过失的情形下,由于行为人违反了注意义务,所以他对于能力缺失状态的产生负有过错;在意外事件的情形下,能力缺失状态的出现对于行为人来说无可避免。可见,意外事件的成立只是表明行为人的能力缺失状态不可谴责,故在该状态下引起的法益损害结果无法归责于他,但并不意味着造成损害结果是行为人拥有的一项正当权利。因此,法律必须尽可能地阻止该结果的现实发生。一旦行为人恢复了避免能力,法律就有理由要求他及时采取措施防止损害结果出现或者扩大。① 本案中,尽管甲、乙对于聚苯乙烯被点燃这一点缺乏预见可能性,但是当火势蔓延开来之后,他们就能够正确地认识到被点燃的是一种易燃物品,既然行为人之前的能力缺失状态已经消失,那么法律就应当对其课以积极作为、遏制火势蔓延的义务。

综上,甲、乙负有采取措施消除火灾的保证人义务。

> 提示:此处还有其他可供考虑的分析方案:
> 1. 假如分析者认定甲、乙对于引起火灾具有过失,那么根据案例分析中"结论一致则不问理由"的原则,无须在客观危险说和义务违反说之间作出选择,可以直接认定甲、乙负有保证人义务。
> 2. 假如分析者认定甲、乙引起火灾的行为是意外事件,但同时采用义务违反说,那么在此就应当得出行为人不负有保证人义务的结论,进而认定甲、乙不构成放火罪的不作为犯。

---

① 参见陈璇:《注意义务的规范本质与判断标准》,载《法学研究》2019年第1期,第153页。

这里还有一个问题需要讨论:基于先前的失火行为而负有灭火义务的保证人,其不作为是否符合本条所规定的"放火"这一构成要件要素?有的学者持肯定态度,认为行为人先是过失引起火灾,后来能够扑灭而故意不扑灭,任其燃烧的,只要客观上具备避免火灾的条件,就可以认定失火行为已转化为放火行为。① 有的学者则持否定立场,主张所谓"放火"必须是行为人创设了一个新的火源的行为,可以表现为不作为的形式,但仅限于这种情形即,保证人未采取预防措施,导致某个新的火源得以产生。一旦火源已经出现,那么保证人单纯不予扑灭的不作为就不属于"放火"行为,由此导致的危险状态和损害结果只能在失火罪构成要件的范围内加以评价,而不能转化为放火罪。② 笔者赞同持肯定立场的观点。理由在于:第一,和作为相比,不作为的一个特点就在于,行为人并非积极地设定某个足以引起结果发生的条件,而是对先已出现的某个因果流程不加干预。认为只有使火源从无到有地产生才算是"放火"的观点,实际上是将作为的原理生搬硬套到不作为之上。既然当被害人已经遭遇生命危险之际,保证人对该危险放任不管的不作为符合"杀人"的构成要件要素,那么,在火势已经燃起之时,保证人不予扑灭的不作为也应当符合"放火"的构成要件要素。第二,否定说的一个论据在于,如果认为失火可以转化为不作为的放火,那么不作为犯罪的范围将大为扩张。例如,行为人过失致他人重伤后不予救治,当被害人不治身亡时,也可以认定过失致人死亡罪已转化为故意杀人罪。在这种情况下,对于过失犯罪不仅要认定其本身的构成要件,而且还要考察是否具有履行由该过失行为所生之作为义务的可能性,以便排除不作为犯罪,这并不合乎罪刑法定原则。因此,只要某一结果被包含在过失犯罪的构成要件之内,则该过失犯罪不能转化为同一行为的故意犯罪。③ 可是,一则一旦

---

① 参见王作富:《中国刑法研究》,中国人民大学出版社1988年版,第419页;林亚刚:《危害公共安全罪新论》,武汉大学出版社2001年版,第79页;王作富主编:《刑法分则实务研究》(第五版),中国方正出版社2013年版,第41页;黎宏:《刑法学各论》(第二版),法律出版社2016年版,第19页;周光权:《刑法各论》(第四版),中国人民大学出版社2021年版,第181页。

② 参见陈兴良:《教义刑法学》(第三版),中国人民大学出版社2017年版,第269页。Vgl. Geppert, Die schwere Brandstiftung (§ 306 StGB), Jura 1989, S. 423; Kindhäuser, Strafrecht BT 1, 8. Aufl., 2017, § 64 Rn. 11.

③ 参见陈兴良:《教义刑法学》(第三版),中国人民大学出版社2017年版,第269—270页。

认定行为人先前是过失地引起了法益侵害危险,那就说明他创设了法所不容许的风险。既然法律本来就禁止行为人创设该风险,那么在他已经制造出了该风险的情况下,法律当然有理由要求其担负起立即消除该风险的义务。于是,当行为人故意拒不履行这一义务时,他就在过失之外另行建立了一个新的不法和责任,这已超出了过失犯罪的覆盖范围。二则既然如前所述,意外事件尚且能够成为引起保证人义务的先行行为,从而存在成立故意不作为犯的可能,那就没有理由认为,在先行行为是过失的情况下行为人的刑事责任反而只能限定在过失犯的范围之内,而无法成立故意不作为犯。

⑤共同正犯的归责要件

首先,甲、乙在目睹货物被点燃后,知道自己如果不及时施救将会导致火势持续蔓延、危及公共安全,却置其于不顾,放任该结果的发生,故具备本罪的故意。同时,在甲喊出"不好,快跑"之后,二人一同逃跑,这就说明他们已经形成了共同不作为的合意。因此,甲、乙具有共同实施不作为放火的意思。

其次,甲、乙均违反了自身负有的保证人义务,共同实施了不作为放火的实行行为。

综上,甲、乙在构成要件符合性层面成立(不作为)放火罪的共同正犯。由于二者的不作为对于具体危险状态的持续以及财产损失的生成发挥了同等重要的作用,故均为主犯。

(2)违法性

▲ **紧急避险**(第21条)

紧急避险的成立,以存在正在发生的危险为前提。但如果按照法律,行为人本来就有义务自行忍受某一危险,那就不允许他通过避险行为将该危险转嫁给第三人。① 如前所述,法律要求甲、乙履行的作为义务是,在火势刚开始蔓延之时,立即向列车或者车站管理人员求救,而不是自行救火。所以,假如他们履行了这一作为义务,并不会遭受生命、健康安全方面的危险,但是可能导致自己被管理人员即刻控制并扭送司法

---

① Vgl. Maurach/Zipf, Strafrecht AT, Teilbd. 1, 8. Aufl., 1992, § 27 Rn. 39; Kindhäuser, Strafrecht AT, 8. Aufl., 2017, § 17 Rn. 39; Frister, Strafrecht AT, 8. Aufl., 2018, 17/3.

机关,进而被追究法律责任。不过,根据《刑事诉讼法》第 84 条的规定,任何公民对于在犯罪后即时被发觉的人都可以立即扭送司法机关处理。尽管如第一单元的分析所示,甲、乙并不成立盗窃罪,但这并不影响第三人对其享有扭送权。因为:扭送权是一种对国家刑事强制措施起辅助作用的公民紧急权,既然刑事强制措施不要求被强制者只能是最终被判有罪之人,那么扭送权的成立也不要求扭送对象必须是事后被确认构成犯罪之人,只要行为当时能够合理地怀疑其可能构成犯罪,公民即可对其行使扭送权。① 甲、乙二人一方面毕竟实施了盗窃(未遂)的不法构成要件行为,只是由于未达到刑事责任年龄才不构成犯罪,另一方面也引起了火灾。所以一般人在当时有足够的理由怀疑其可能成立犯罪。扭送权的存在说明,被其他公民暂时控制并被追究法律责任的风险,是甲、乙必须自行承担和忍受的风险,他们无权将之转嫁给第三人。所以其拒不履行保证人义务的不作为也就不能成立紧急避险,也不存在其他违法阻却事由,故具有违法性。

(3)责任

根据《刑法》第 17 条第 2 款的规定,由于甲为未满 14 周岁的未成年人,故不能对放火罪承担刑事责任;而乙则属于已满 14 周岁未满 16 周岁,故可以对放火罪承担刑事责任。

(4)结论

乙的不作为成立放火罪,为主犯;甲无罪。

2. 破坏交通工具罪(第 116 条及第 119 条第 1 款,第 26 条第 1、4 款)

如第一单元关于破坏交通工具罪的分析所示,《刑法》第 116 条中所规定的"毁坏危险",应限于交通工具在行驶过程中发生毁坏的危险;《刑法》第 119 条中所规定的"严重后果",也应限于交通工具在行驶过程中发生毁坏的情况。但在本案中,因不作为而导致大火蔓延至列车车厢,这将停靠的列车在修复前失去了继续行驶的可能。由此决定,该不作为不可能产生使列车在后续行驶过程中发生毁坏的危险,对列车实际造成的损害也不具有危害交通运输安全的属性,故并不属于本罪的"严

---

① 参见陈璇:《公民扭送权:本质探寻与规范续造》,载《法学评论》2019 年第 3 期,第 180 页。

重后果"。因此,甲、乙的不作为不成立破坏交通工具罪。

3. 破坏交通设施罪(第117条,第26条第1、4款)

如第一单元关于破坏交通设施罪的分析所示,只有当破坏轨道的行为具有导致火车在运行中发生倾覆、毁坏危险时,才能成立本罪。然而,一旦因为不作为导致钢轨被大火烧损,则相关的路段就会立即被铁路管理部门封锁禁行,也就不存在继续使用、进而危及铁路运输安全的可能。因此,甲、乙的不作为不成立破坏交通设施罪。

4. 故意毁坏财物罪(第275条,第26条第1、4款)

(1)构成要件符合性

如本单元关于放火罪的分析所示,甲、乙不履行及时向列车或者车站管理人员报告的义务,该不作为与损害的扩大具有因果关系。只有作为义务能够避免的结果,才能归责于不作为。但是,在甲、乙逃离现场时大火已经燃起,而且点燃的对象是可发性聚苯乙烯,其燃烧速度极快,即便甲、乙以最快速度向列车后者车站管理人员报告,距离相关人员实施有效扑救还有一定的时间差。所以,作为义务不可能完全避免本案出现的全部财产损失,其中必定有一部分损失因为不能通过作为得以避免,故与甲、乙的不作为之间缺乏因果关系。只有确定履行义务的行为能够避免的财产损失达到了《立案追诉标准(一)》第33条所规定的数额(5000元)时,才能认定本罪的既遂。对于这一点,现有案情材料缺乏相关的证据,基于"存疑有利于被告"的原则,只能推定可归责于不作为的损害损失未达到立案追诉的标准。

(2)结论

甲、乙的不作为不成立故意毁坏财物罪的既遂。

5. 故意毁坏财物罪(第275条,第26条第1、4款,第23条)

(1)构成要件符合性

既然如前所述,现有证据无法证明履行作为义务的行为具有避免5000元以上财产损失的现实可能性,那就只能推定不作为不具有既遂的可能性,故不成立故意毁坏财物罪的未遂犯。

(2)结论

甲、乙的不作为不成立故意毁坏财物罪。

6. 结论

在本事实单元中,乙成立放火罪,系主犯;甲无罪。

(二) 丙

在本事实单元,丙的逃离行为与甲、乙完全一样。既然根据以上分析,甲、乙的不作为仅符合放火罪的构成要件,那么关于丙的分析只需论及放火罪,而不必再对破坏交通工具罪、破坏交通设施罪、故意毁坏财物罪展开论述。

放火罪(第 114 条,第 26 条第 1、4 款)(共同正犯)
(1)构成要件符合性
①不作为及因果关系
丙和甲、乙一样,在大火烧起之后逃离现场。结合本单元针对甲、乙的分析可知,丙有能力实施却并没有实施及时向列车或者车站管理人员报告的行为,且该具体危险状态可归责于其不作为。
②保证人地位
尽管与甲、乙不同,丙并没有直接实施点火行为,但他一方面参与了盗窃计划的谋议,另一方面也为甲、乙以明火烧包装袋的方式窃取财物提供了帮助。既然丙所实施的盗窃帮助行为对于火灾的引发发挥了推动作用,那么第一单元关于先行行为引起作为义务的论述,也同样适用于丙。① 可以认为丙和甲、乙一样负有保证人义务。
③共同正犯的归责要素
首先,共同实行的意思。丙在目睹货物被点燃后,知道自己如果不及时施救将会导致火势持续蔓延、危及公共安全,却置其于不顾,放任该结果的发生,故具备本罪的故意。同时,在甲喊出"不好,快跑"之后,丙和甲、乙一同逃跑,说明他们已经形成了共同不作为的合意。因此,丙与甲、乙具有共同实施不作为放火的意思联络。
其次,共同实行的行为。丙和甲、乙均违反了自身负有的保证人义务,共同实施了不作为放火的实行行为。
综上,在构成要件符合性层面上,丙与甲、乙成立放火罪的共同正犯;就不作为来说,他与甲、乙的作用相当,故亦为主犯。
(2)违法性
结合本单元针对甲、乙的分析可知,丙为避免被扭送并被追究法律

---

① Vgl. Bosch, in: Schönke/Schröder, StGB, 30. Aufl., 2019, § 13 Rn. 39.

责任而拒不履行作为义务,这不能以紧急避险为名得以正当化,故其不作为具有违法性。

(3)责任

根据《刑法》第 17 条第 1 款的规定,丙为完全刑事责任能力人,且不存在其他责任阻却事由。

(4)结论

丙的不作为成立放火罪的共同正犯,为主犯。

三、全案分析结论

1. 甲无罪;
2. 对乙应当以放火罪(主犯)论处;
3. 对丙应当以盗窃罪(从犯,未遂)、放火罪(主犯)论处。

难点拓展

一、需要结合本案例复习的基础知识点

1. 盗窃罪的实行行为;
2. 间接正犯与教唆犯的界分;
3. 共同正犯与帮助犯的界分(望风行为的定性);
4. 不真正不作为犯的成立条件;
5. 先行行为引起的保证人义务。

二、本章的拓展主题之一:如何判断是否属于"以数额巨大的财物为盗窃目标"?

《盗窃解释》第 12 条规定的"以数额巨大的财物为盗窃目标",从文义上来看似乎是以行为人主观意图盗窃的财物数额来决定盗窃未遂的可罚性。但是,一方面,未遂犯的处罚根据不完全在于行为人的犯罪意图,更是在于行为的客观法益侵害危险;另一方面,在许多案件中,根本无法查明行为人主观上究竟是以多大数额的财物为盗窃目标。所以,需要结合目标财物的实际价值、搬运的难易程度、行为人的人数、盗窃所使

用的工具等客观因素，着重考察行为人当时是否具有取得数额巨大财物的现实可能性。下面结合以下两个案例予以分析。

【合金案】

2011年1月9日零时许，被告人蒲某等四人携带撬棍、改锥等作案工具，驾驶汽车来到大同西供电段湖东供电车间房子村供电工区库房后墙外，用撬棍和改锥将库房后墙凿洞，盗窃中铁五局电务公司京秦指挥部存放于库房内的镁铜合金95毫米承力索818.65米、铜银合金120毫米承力索458米，共计价值92310.2元。后蒲某等人将盗得的承力索以60800元的价格销赃。蒲某分得赃款4700元。2011年2月2日2时许，被告人蒲某等四人再次携带撬棍、改锥等作案工具，驾驶汽车来到大同西供电段湖东供电车间房子村供电工区库房后墙外，用撬棍和改锥将库房后墙凿洞，钻洞入内盗窃库房内存放的承力索，在将一盘铜银合金120毫米承力索线段拽出洞外四五米时，被值班人员发现，四人随即逃离现场。后查实，该线盘上剩余承力索线102米，价值8500元。

本案中，首先，被告人蒲某等人是第二次来到相同地点着手实施盗窃，他们对被盗库房周围的环境及库房内具体存放的物品必然非常了解。其次，被告人在第一次盗窃承力索得手后，将被盗物品以60800元的价格销赃，所以他们非常清楚地知道其所盗承力索的价值是"巨大"的甚至是"特别巨大"的。在短短的不到一个月的时间内，被告人蒲某等人故地重返、故技重施，以相同的作案人数，携带相同的作案工具，驾驶相同的用以运输赃物的面包车，以相同的作案手段再次实施盗窃，足见被告人主观上具有非常明确的盗窃目标，客观上具备占有数额巨大之财物的能力。这就说明被告人的行为具有取得数额巨大之财物的现实危险性，故应当认定其成立可罚的盗窃未遂。

【金链案】

2016年7月初，被告人何某因缺钱准备实施盗窃，其多次进入一家金店踩点，后又与曹某合谋计划实施盗窃，并称看中一条重约 100 克的金链子,商议窃得金器后到上海销赃。被告人何某准备撬棒、大力钳、单肩包等作案工具,并安排曹某届时为其望风、抬门等,告知曹某其进入店内盗窃约需要十分钟的时间,并许诺事后分给曹某 10000 元。7 月中旬的一天晚上,二人来到金店,被告人何某和曹某用大力钳剪断店门两侧挂锁,准备进入店内盗窃时,被巡逻民警发现,二人闻声迅速逃离现场。公安机关清点发现,该金店内有价值数百万元的金银首饰。次日,被告人何某被抓获归案,其辩称此次盗窃仅仅想偷取价值几千元的首饰,且最终其并未实际窃得任何财物。①

本案中,被告人何某的盗窃未遂达到了需要追究刑事责任的程度。这可以从以下两个方面来加以论证:

首先,从主观预谋上看,一方面,被告人何某在与曹某合谋过程中,其告知曹某看中了金店内一条重约 100 克的金链子,并且许诺事后分给曹某 10000 元,可见被告人何某欲盗窃的财物价值至少在三四万元以上;另一方面,被告人何某告知曹某其大约需要 10 分钟时间,作为盗窃对象的首饰轻便易拿,从何某安排盗窃所需的时间来看,绝不仅仅是简单窃取一两件首饰。因此,即便被告人何某辩称其盗窃目标不过是价值数千元的财物,该辩解也不能成立。

其次,从客观行为上看,被告人多次进入金店踩点,盗窃当天又准备了一只单肩包,如果其仅仅想盗窃一、两件首饰,不需要如此缜密的安排,可以撬开店门后任意抓一把金器在手中或是放在衣裤口袋内。被告人何某多次踩点、锁定主要盗窃目标、使用单肩包放置首饰,可见其安排的这次盗窃是以一定价值的财物为目标的,而非漫无目的、随意的见财起意,具体到价值的大小应该远远超出 2000 元的数额较大的标准,完全可达到 50000 元的数额巨大的标准。

---

① 参见邰瑢:《如何认定盗窃未遂中被告人主观目标的价值大小》,载《江苏法制报》2017 年 8 月 1 日,第 00C 版。

三、本章的拓展主题之二:合法行为能否成为保证人义务的来源

"合法行为"是一个较为笼统的概念,它实际上包含两种类型:一是正当化事由,二是未违反任何注意义务的行为。

(一)正当化事由能否成立先行行为?

1. 正当防卫

【石块案】

Y欲乘一妇女不备抢夺其手上的皮包,当他从右后侧飞奔至妇女身旁时,X发现并冲上前将Y推倒在地;Y跌倒后头部触碰到地上的石块,顿时血流不止;X未予施救,扬长而去,Y终因流血过多死亡。对于本案,能否以X通过正当防卫这一先行行为给Y的生命造成了现实危险为由,认为他具有保证人的地位呢?

有学者对此持肯定态度,其理由在于:"如果正当防卫造成了伤害(该伤害本身不过当),具有死亡的紧迫危险,发生死亡结果就会过当,那么,应当肯定正当防卫人具有救助义务。司法实践所面临的问题是,就正当防卫而言,在防卫人造成不法侵害人重伤,不法侵害已经停止,而防卫人却既不报警也不将不法侵害人送往医院抢救,导致流血过多死亡时,是否成立防卫过当?如果不认为防卫过当,明显不合适;如果认为防卫过当,则意味着承认行为人对不法侵害人具有抢救义务(对死亡结果具有防止义务)。"① 这一观点还值得进一步研究。

首先,在判断防卫限度时,关键是要立于行为当时考察防卫的方式本身是否符合必要性的要求。一旦确定防卫的手段适当,则不论结果如何严重,均属于被容许的风险,不成立防卫过当。以"石块案"为例,既然能够认定X的推撞行为是当时为防止抢夺得逞的必要之举,故该防卫行为造成Y跌倒并不过当,那么防卫行为的正当性就已经终局性地得到了确定,无论事后是否出现死亡结果,该判断结论都不可能被改写。

其次,所谓"如果不认定为防卫过当,明显不合适""如果认定为防卫过当,则意味着承认行为人对不法侵害人具有抢救义务"的说法,明显

---

① 张明楷:《不作为犯中的先前行为》,载《法学研究》2011年第6期,第147页。

体现出一种结论先定式的论证思维。这种论证要能够成立,前提是其预设的结论属于没有任何争议的不刊之论。根据张明楷教授在其教科书中所作的说明,他之所以坚信该结论的正确性,是因为"如果不认定为防卫过当,就有可能导致防卫行为几乎不存在过当的可能"。① 但问题在于即便根据本文所提倡的行为优先的防卫限度判断方法,也只有在防卫手段符合必要性的情况下才排除了成立防卫过当的可能;一旦防卫手段并非为制止侵害所不可或缺并由此造成了重伤死亡结果(例如,在"石块案"中,X 直接举枪朝 Y 的头部近距离连开数枪将其击毙),该方法也将毫不含糊地得出防卫过当的结论。因此,纵然不根据事后发生的死亡结果认定防卫过当,也根本不会导致防卫过当失去其存在的空间。

再次,对正当防卫人课以救助义务的做法,有违规范与政策的目的理性。罗克辛(Roxin)曾试图运用被害人自我答责的原理来论证防卫人对不法侵害人不负有救助义务。他指出:"在先行行为是正当防卫的场合,由此产生的危险完全处在不法侵害者的答责领域之内,故它不可归责于防卫行为人。"②德国联邦最高法院于 1970 年 7 月 29 日所作的一份判决亦认为:"若某人通过实施不法侵害自设危险(Selbstgefährdung),那他就不得要求受到侵害的人作为保证人对自己施加保护。"③笔者并不赞同这一论证理由。因为:一方面,如果说遭受对方防卫行为杀伤的危险原本就应由侵害人自我答责的话,那就意味着正当防卫的成立具有直接否定防卫人客观归责,从而阻却防卫行为之构成要件符合性的功能。这将从根本上颠覆正当防卫的体系地位。可是,在正当防卫属于违法阻却事由而非构成要件排除事由这一学界共识尚未受到动摇的情况下,该结论恐怕还难以为人们所接受。另一方面,根据被害人自设危险的原理,唯有当危险的产生处在被害人的现实控制和支配之下时,我们才能把该危险所生的损害结果归入被害人自我负责的范围。④ 尽管正当防卫是不法侵

---

① 张明楷:《刑法学》(第六版),法律出版社 2021 年版,第 201 页。
② Roxin, Strafrecht AT, Bd. II, 2003, § 32 Rn. 182.
③ BGHSt 23, 328.
④ 参见黎宏:《刑法总论问题思考》,中国人民大学出版社 2007 年版,第 289 页;张明楷:《刑法学中危险接受的法理》,载《法学研究》2012 年第 5 期,第 177 页。Vgl. Kindhäuser, Strafrecht AT, 8. Aufl., 2017, § 11 Rn. 25; Sternberg-Lieben, in: Schönke/ Schröder, StGB, 30. Aufl., 2019, vor § 32 Rn. 52a.

害人有意识招致的，但防卫行为是否会发生、将以何种形式发生，却终究取决于受侵害者或者其他公民的自我决定，它并不处在侵害人的掌控之下。不过，尽管无法认定侵害人应对防卫行为自我答责，但他毕竟是防卫情境的始作俑者，这一点必然会使其法益在冲突中的值得保护性受到减损。因此，法律没有理由给予不法侵害人以优于一般守法公民的保护待遇。从我国法律来看，当某人纯粹因为意外而遭遇伤病时，周围的路人对他并无法律上的救助义务。在这种情况下，如果认为防卫人对侵害人具有保证人地位，则意味着实施了不法举动者的法益反而能够获得比意外遇险者更为有力和周到的法律保障；与此相应，制止了不法行为的公民反而需要承担比一般陌路之人更重的法律义务。① 无论是从善恶有报的朴素正义情感还是从惩恶扬善的刑事政策目标出发，这种结论都是难以被接受的。

最后，我国《刑法》缺少对见危不救罪的规定，这并不是将保证人地位强加于防卫人的理由。按照张明楷教授的看法，由于《德国刑法典》第 323c 条规定了见危不救罪，故即便不认为正当防卫能够产生作为义务，也可根据该条款对未予施救的防卫人追究刑事责任。但我国《刑法》中并无此罪，故有必要承认防卫人对侵害人的保证人地位。这样一来，既可以满足处罚的需要，对防卫人以故意杀人、过失致人死亡等犯罪论处；又可以根据《刑法》关于防卫过当应予减免处罚的规定，避免对防卫人责罚过苛。看来，在论者那里，不真正不作为犯的成立在此起到了填补漏洞的功效。在刑法对同一种行为既规定了重罪又规定了轻罪类型的情况下，轻罪固然可以成为行为不成立重罪时的替补。可是，重罪类型却不能反过来被用于堵截因刑法未规定轻罪类型而出现的处罚空隙。因为重罪相较于轻罪而言必有足以使行为的不法或者责任明显升高的特殊要素，由罪刑均衡原则所决定，该要素的内涵和外延是相对确定的，并不会因为刑法存在处罚上的漏洞而有所改变。例如，以危险方法危害公共安全罪中的"其他方法"，只能是与放火、决水、爆炸、投放危险物质的危险性相当的手段。在《刑法修正案（八）》增设危险驾驶罪之前，我们不能因为从刑事政策上来说醉酒驾驶的行为具有处罚的必要，

---

① Vgl. Schünemann, Grund und Grenzen der unechten Unterlassungsdelikte, 1971, S. 314; Spendel, in: LK-StGB, 11. Aufl., 1992, § 32 Rn. 332; Wohlers/Gaede, in: NK-StGB, 5. Aufl., 2017, § 13 Rn. 45.

就在解释上扩张"其他方法"的涵盖范围,从而把单纯酒驾的行为也纳入以危险方法危害公共安全罪之中。同理,不作为形式的故意杀人罪或者过失致人死亡罪与见危不救罪两相比较,无疑前者是重罪,后者是轻罪。不真正不作为犯中的保证人地位有其特定的要件和边界,解释者不能因为刑法未规定见危不救罪而随意降低或者歪曲保证人的认定标准,以图将单纯见危不救的行为也包摄于不作为的故意杀人罪或者过失致人死亡罪之中。因此,对于正当防卫人不予施救导致不法侵害人死亡的案件,既然难以证明防卫人具有保证人地位,同时刑法对于作为不真正不作为犯之"减轻形式"(minus)①的见危不救罪也并未作出规定,那就只能得出防卫人无罪的结论。

2. 紧急避险

尽管紧急避险与正当防卫同属违法阻却事由,而且同样也是一种以受损方承担忍受义务为特征的赋权事由,但是刑法理论界却较为一致地认为:合法的紧急避险行为,可以成为引起保证人义务的先行行为。②这是因为在紧急避险的情形中,受损人原本并非险情以及利益冲突的制造者,仅仅因为社会团结原则,才不得已需要对他人转嫁危险的行为加以忍受;正是由于受损人是无辜第三者,所以其忍受义务仅限于为避免危险所必要的范围之内③,一旦避险的必要性归于消失,法律就有理由期待行为人立即采取措施尽可能地防止无辜第三人的损失进一步扩大,我国最高人民法院发布的参考性案例也认可了这一点。

【王仁兴破坏交通设施案】

"红花碛2号"航标船位于某市江北区五宝镇段长江红花碛水域,系国家交通部门为保障过往船只的航行安全而设置的交通设施,该航标船标出了该处的水下深度和暗碛的概貌及船只航行的侧面界限。2003年7月28日16时许,王仁兴与其妻胡

---

① Vgl. Freund, in: MK-StGB, 4. Aufl., 2022, § 323c Rn. 8.
② 参见张明楷:《刑法学》(第六版),法律出版社2021年版,第200页;周光权:《刑法总论》(第四版),中国人民大学出版社2021年版,第115—117页。Vgl. Kühl, Strafrecht AT, 8. Aufl., 2017, § 18 Rn. 96; Roxin, Strafrecht AT, Bd.Ⅱ, 2003, § 32 Rn. 186ff.
③ Vgl. Rudolphi/Stein, in: SK-StGB, 119. Lfg. 2009, § 13 Rn. 40a; Gaede, in: NK-StGB, 5. Aufl. 2017, § 13 Rn.

美、王仁书驾驶机动渔船行至该航标船附近时,见本村渔民王云及其妻田厚芳等人下网捕鱼的"网爬子"(浮标)挂住了固定该航标船的钢缆绳,即主动驾船帮助。当王仁兴驾驶的渔船靠近航标船时其渔船的螺旋桨亦被该航标船的钢缆绳缠住。在渔船存在翻沉的危险情况下,王仁兴持砍刀砍钢缆绳未果,又登上该航标船将钢缆绳解开后驾船驶离现场,致使脱离钢缆绳的"红花碛2号"航标船顺江漂流至下游2公里的锦滩回水沱。17时许,重庆航道局木洞航标站接到群众报案后,巡查到漂流的航标船,并于当日18时许将航标船复位,造成直接经济损失1555.50元。

法院最终以破坏交通设施罪判处王仁兴有期徒刑3年、缓刑3年。法院在分析本案时,将被告人的行为分成了前后两个阶段:其一,王仁兴在其渔船存在翻沉的现实危险下,不得已采取解开"红花碛2号"航标船钢缆绳,来保护其与他人人身及渔船财产的行为系紧急避险。其二,王在其危险解除后,明知航标船流失会造成船舶在通过该航标船流域时发生危险,其应负有立即向航道管理部门报告以防止危害的义务,王未履行该义务,其不作为的行为构成了破坏交通设施罪,应负刑事责任。①

(二)被容许的风险能否成立先行行为

【公路意外案】

甲驾驶着汽车在公路上行驶,没有违反任何交通运输管理法规。路人乙未注意有车辆驶来而横穿马路,甲看到乙时紧急刹车,但仍将乙撞成重伤。甲停车看了一下,驾车疾驰而去,乙因未得到及时救助而流血过多死亡。

甲先前撞倒乙的行为因为缺乏过失,故成立《刑法》第16条规定的意外事件,属于被容许的风险。那么,甲是否因此而对乙负有保护保证人的义务呢?对此,多数学者主张,引起保证人义务的先行行为必须具

---

① 参见重庆市第一中级人民法院刑事判决书,(2004)渝一中刑终字第183号。亦见中华人民共和国最高人民法院刑事审判第一庭、第二庭编:《刑事审判参考》(总第38集),法律出版社2004年版,第82—87页。

有义务违反性,故案例中的甲对于乙不负有保证人义务。① 德国联邦最高法院的判例明确指出:"只要汽车司机的驾驶行为在各方面都完全符合义务要求和交通规则,被害人对事故的发生负完全责任,那么司机对于被害人就不具有保证人的地位。"② 该说的理由主要在于:第一,先行行为之所以能够产生保证人义务,根据在于既然法秩序禁止行为人给他人法益制造不被容许的侵害危险,那么在行为人已经通过先前行为制造出这一危险的情况下,法律当然有理由要求他及时消除该危险。③ 于是,一旦先前行为所创设的是一种被容许的风险,既然法律对该风险本身并不加以禁止,那它也就没有理由再对行为人课以排除危险的义务。第二,在先前行为完全合乎法秩序要求的情况下,如果认为该行为会产生作为义务,那就意味着公民即便在法律容许的范围内正常活动时,也可能因为纯粹偶发事件而随时承担着构成不作为犯罪的风险,这会对公民的行动自由造成过度的限制。

不过,如果从规范论的角度出发对这种被容许的风险加以剖析,可能会得出相反的意见:在被容许的风险所涉及的情形中,行为人所造成的结果自始至终都是一个受到法律消极评价的法益侵害结果。例如,即便汽车司机是在合规行驶的过程中,由于完全不可预见的原因导致路人死亡,也不能说该死亡结果是正当的。因为交通法规允许司机以一定的速度行车,这绝不等于法律授予了他以该车速实施杀人或者伤害的权利。所以,司机的行为之所以不成立不法,并不是因为该法益侵害风险和结果本身获得了容许,而是因为该风险和结果虽为法所反对,却无法归责于行为人。所以,被容许风险的成立取消了行为人能力缺失状态的可谴责性,它本质上是一个专属于过失犯的归责排除事由。由此可以推导出以下两点:

一方面,在被容许的风险中,损害结果并未获得正当化。正当防卫

---

① 参见王莹:《先行行为作为义务之理论系谱归整及其界定》,载《中外法学》2013年第2期,第337页;周光权:《刑法总论》(第四版),中国人民大学出版社2021年版,第114页;高铭暄、马克昌主编:《刑法学》(第十版),北京大学出版社、高等教育出版社2022年版,第65页。Vgl. Jescheck/Weigend, Lehrbuch des Strafrechts AT, 5. Aufl., 1996, S. 625; Bosch, in: Schönke/Schröder, StGB, 30. Aufl., 2019, § 13 Rn. 35.

② BGHSt 25, 218.

③ Vgl. Roxin, Strafrecht AT, Bd. II, 2003, § 32 Rn. 150.

人之所以在实施了符合防卫限度的反击行为后,对不法侵害人并不负有防止其重伤或者死亡的作为义务,是因为只要防卫手段本身合法,那么由其带来的风险和结果均为防卫权所覆盖,可以一体地享受正当化的效果。① 可是,被容许风险的成立只是表明,行为人的能力缺失状态不可谴责,故在该状态下引起的法益损害结果无法归责于他,但并不意味着造成损害结果是行为人拥有的一项正当权利。因此,法律必须尽可能地阻止该结果的现实发生。一旦行为人恢复了避免能力,法律就有理由要求他及时采取措施防止损害结果出现或者扩大。

另一方面,给他人造成被容许的风险与单纯发现他人遇险,这两种情形的法律意义不可同日而语。有学者提出,既然合法驾车的司机对于事故的发生毫无责任,那么路人的死伤于他而言就完全是一种偶然的不幸事件;针对该意外事件中的受害人,司机至多只能承担与《德国刑法典》第 323c 条见危不救罪相对应的责任,却不负有与故意杀人罪和故意伤害罪相对应的保证人义务。② 笔者对此观点持有异议。在单纯见危不救的场合,行为人是完全置身于危险状态之外的第三者,他未对被害人的法益造成任何侵犯;但在被容许风险的场合,行为人毕竟以自己的行为侵入到了他人的权利空间之中。由这一区别所决定,两种情形下行为人与被害人之间的法律关系必然存在差异。最能反映这一点的莫过于法律对于两类紧急避险权的划分:公民为摆脱自身面临的险境,在不得已的情况下既可以将危险转嫁于第三人,也有权直接针对(未实施不法侵害的)危险制造者进行反击。前者是攻击性紧急避险,后者为防御性紧急避险。法律为二者设定的限度条件存在重大区别:攻击性紧急避险的成立要求受保护的利益必须明显高于受损害者;但对于防御性紧急避险来说,只要损益之间不存在过分的悬殊,避险行为即可得以正当化。由此可见,危险制造者需要承担的忍让义务,明显重于与危险无关的第三人,这就意味着遇险者有权从危险制造者那里获得的救助,也远比能从无关第三人那里获取的要多。所以,要求被容许风险的制造者承担比偶然发现他人遇险之人更重的作为义务,这是由二者在法律地位上的差异所推导出的必然结论。

---

① Vgl. Kindhäuser, Erlaubtes Risiko und Sorgfaltswidrigkeit, GA 1994, S. 216f.
② Vgl. Roxin, Strafrecht AT, Bd. II, 2003, § 32 Rn. 167.

第四章　稻香楼宾馆案

案情叙述

陈某见熟人赵某(一家私营印刷公司董事长)做生意赚了不少钱便产生歹意,勾结高某,谎称赵某欠自己20万元贷款未还,请高某协助索要,并承诺要回款项后给高某2万元作为酬谢;高某同意。某日,陈某和高某以谈生意为名把赵某诱骗到稻香楼宾馆某房间,共同将赵某扣押,并由高某对赵某进行看管。次日,陈某和高某在宾馆房间内对赵某拳打脚踢,强迫赵某拿钱。赵某迫于无奈给其公司出纳李某打电话,以谈成一笔生意急需20万元现金为由,让李某将现金送到宾馆附近一公园交给陈某。陈某指派高某到公园取钱。李某来到约定地点,见来人不认识,便不肯把钱交给高某。高某威胁李某说:"赵某已被我们扣押,不把钱给我,我们就把赵某给杀了。"李某不得已将20万元现金交给高某。高某回到宾馆房间,发现陈某不在,赵某倒在窗前已经断气。见此情形,高某到公安机关投案,并协助司法机关将陈某抓获归案。事后查明,赵某因爬窗逃跑被陈某用木棍猛击头部,致其身亡。

思路提要

一、诱骗扣押

陈某和高某

1. 绑架罪(第239条,第26条第1、4款)(×)

(1)构成要件符合性(×)

(2)结论

2. 非法拘禁罪(第238条第1款,第26条第1、4款)(√)

(1)构成要件符合性(√)

(2)违法性(√)

(3)责任(√)

(4)结论

二、索要巨款

(一)陈某和高某

1. 故意伤害罪(第234条,第26条第1、4款,第23条)(×)

(1)构成要件符合性(×)

(2)结论

2. 抢劫罪(第263条、第26条第1、4款)(×)

(1)构成要件符合性(×)

(2)结论

3. 抢劫罪(第263条,第23条)(陈某,直接正犯)(√)

(1)构成要件符合性(√)

(2)违法性(√)

(3)责任(√)

(4)结论

4. 抢劫罪(第263条)(陈某,间接正犯)(√)

(1)构成要件符合性(√)

(2)违法性(√)

(3)责任(√)

(4)结论

5. 抢劫罪(第263条第2分句第4项)(陈某,情节加重犯)(√)

(二)高某

敲诈勒索罪(第274条)(×)

(1)构成要件符合性(×)

(2)结论

(三)竞合

三、公款私用

(一)李某

1. 职务侵占罪(第271条第1款)(×)

(1)构成要件符合性(√)

(2)违法性(×)

(3)结论

2. 挪用资金罪(第272条第1款)(×)

(二)赵某

1. 职务侵占罪(第271条第1款)(间接正犯)(×)

(1)构成要件符合性(×)

(2)结论

2. 职务侵占罪(第271条第1款,第23条)(间接正犯)(×)

(1)构成要件符合性(√)

(2)违法性(×)

(3)结论

3. 挪用资金罪(第272条第1款)(×)

四、棒击致死

(一)陈某

1. 故意杀人罪(第232条)(√)

(1)构成要件符合性(√)

(2)违法性(√)

(3)责任(√)

(4)结论

2.故意伤害罪(第234条第2款第1句第2分句)(√)

3.抢劫罪(第263条第2分句第5项)(结果加重犯)(×)

(1)构成要件符合性(×)

(2)结论

4.非法拘禁罪(第238条第2款第1句第2分句)(结果加重犯)(×)

(1)构成要件符合性(×)

(2)结论

(二)高某

1.故意杀人罪(第232条)

(×)

(1)构成要件符合性(×)

(2)结论

2.非法拘禁罪(第238条第2款第1句第2分句)(结果加重犯)(×)

(1)构成要件符合性(×)

(2)结论

(三)竞合

五、犯罪竞合的处理

六、全案分析结论

具体分析

关于事实单元划分的思考：大体没有疑问的是赵某将公司的20万元财产用作赎金的行为，以及陈某用木棍猛击赵某头部致其死亡的行为，都应当作为独立的事实单元。但陈某和高某共同向赵某索财的事实，是应当整体作为一个事实单元来看，还是需要进一步划分，分析者可以作不同的选择。

1.一体处理，不作划分。理由在于：第一，无论是对赵某扣押、施暴的行为，还是对李某恐吓的行为，都旨在取得对20万元现金的占有。第二，扣押行为虽然单独来看似乎成立非法拘禁罪，但它只是为后续逼迫赵某给钱创造有利条件，宜将其与后来的施暴行为联系起来考察。第三，高某的确单独针对李某实施了恐吓并迫使其交出现金的行为，但高某自始至终误以为自己参与的是索债行为，所以他可能只是陈某利用的工具。在疑似间接正犯的情形中，利用者和被利用者的行为应当放在一个单元中来加以分析。

2.将扣押和索财区分开来。因为：第一，扣押行为本身已经造成了人身自由被剥夺的结果，根据"一行为引起一结果即可列为一个单元"的原则,它应当与索财事实相分离。第二,陈某伙同高某扣押赵某的行为可能构成绑架罪,而绑架罪以实力控制被害人为既遂,故应当将扣押事实列为一个单元。

本书采取第二种做法。于是,全案应当划分为四个事实单元:(1)扣押被害人至宾馆;(2)逼迫被害人交出财物;(3)挪用公司财产作赎金;(4)棒击被害人致其死亡。

一、诱骗扣押

预判:在本单元中,陈某和高某以索取财物为目的一起将赵某诱骗到宾馆房间予以扣押,可能成立绑架罪和非法拘禁罪的共同正犯。由于二人的客观行为相同,故可以放在一起来分析。

陈某和高某

1. 绑架罪(第 239 条,第 26 条第 1、4 款)

陈某和高某为了索取 20 万元现金,一起将赵某诱骗至稻香楼宾馆某房间予以控制,可能成立绑架罪的共同正犯。

(1)构成要件符合性

①结果

关于本罪既遂的标准,刑法理论上存在争议。单一行为说认为,绑架罪的客观构成要件行为仅指对被害人进行实力支配的行为,所以本罪既遂与否,应以行为是否已经将被害人置于自己或者第三人实力支配之下为标准。[①] 复合行为说则主张,绑架罪的客观构成要件除了包括实力控制被害人的行为之外,还要求行为人实施了向第三人勒索财物或者提出其他不法要求的行为,故只有当行为人实力控制了被害人,同时已经向第三人提出不法要求时,才能认定本罪既遂。[②] 笔者赞同单一行为说。因为,根据《刑法》第 239 条第 1 款只是将勒索财物规定为本罪的目的,而并没有要求行为人必须实施勒索财物的行为。据此,由于陈某和

[①] 参见王作富主编:《刑法分则实务研究》(第五版),中国方正出版社 2013 年版,第 785 页;张明楷:《刑法学》(第六版),法律出版社 2021 年版,第 1161 页;高铭暄、马克昌主编:《刑法学》(第十版),北京大学出版社、高等教育出版社 2022 年版,第 476—477 页。

[②] 参见黎宏:《刑法学各论》(第二版),法律出版社 2016 年版,第 244 页。

高某已经通过将赵某扣押于宾馆房间之中,从而实现了对赵某人身的实力支配,故绑架罪既遂所要求的结果已经出现。

②共同正犯的归责要素

本案中,需要考察陈某和高某是否具有共同绑架的意思。两名行为人明知自己所实施的扣押行为会发生剥夺赵某人身自由的结果,并追求这一结果的发生,故具备绑架罪的故意。除了故意之外,本罪还要求行为人主观上具有勒索财物或者实现其他不法要求的目的。这里需要讨论的问题是:虽然两名行为人具有勒索财物的目的,但他们并非想要向第三人,而是意图直接向被劫持者赵某本人索取财物。这种情况是否符合本罪"以勒索财物为目的"的构成要件呢?回答是否定的。理由如下:

第一,单纯从条文的语义来看,《刑法》第239条第1款"以勒索财物为目的"的规定并未对勒索的对象作出限定,故被劫持人本人似乎也可以被包含其中。但这种解释将导致抢劫罪与绑架罪无法区分开来。因为抢劫罪也可以表现为先控制他人人身,然后再使用暴力、胁迫等其他手段逼迫其交出财物的情形。所以,从协调解释的立场出发,应当认为,绑架罪中的"勒索财物"仅限于利用第三人对被绑架人人身安全的担忧,进而向该第三人勒索财物的情形。①

第二,2005年6月8日最高人民法院《关于审理抢劫、抢夺刑事案件适用法律若干问题的意见》(以下简称《两抢意见》)第九部分第3点也肯定了这一点,"绑架罪表现为行为人以杀害、伤害等方式向被绑架人的亲属或其他人或单位发出威胁,索取赎金或提出其他非法要求"。典型案例"陈桂清抢劫案"的裁判要旨也指出,行为人虽然挟持了被害人,但并未通过第三人对被挟持者安危的忧虑而索财财物的,不构成绑架罪。②

在本案中,由于陈某和高某意图将赵某劫持后直接向他本人索要财物,并没有利用第三人对赵某安危的担忧向其索财,故不符合绑架罪的

---

① 参见黎宏:《刑法学各论》(第二版),法律出版社2016年版,第245页;张明楷:《刑法学》(第六版),法律出版社2021年版,第1161—1162页。

② 参见陈兴良、张军、胡云腾主编:《人民法院刑事指导案例裁判要旨通纂(下卷)》(第二版),北京大学出版社2018年版,第925—926页。这一主张在司法实务界已被广泛接受,参见徐建东:《直接向被绑架人勒索财物应定抢劫罪》,载《人民法院报》2006年2月22日,第B04版;朱锡平:《直接向被绑架者本人勒索财物构成抢劫罪》,载《法制日报》2006年4月20日,第010版。

这一主观超过要素。

(2)结论

陈某和高某的行为不成立绑架罪。

2. 非法拘禁罪(第 238 条第 1 款,第 26 条第 1、4 款)

(1)构成要件符合性

①结果

本罪的既遂以被害人的人身活动自由遭到剥夺为标准。尽管《刑法》对本罪的成立未设立情节上的限制,但刑法理论通说认为,如果非法拘禁他人情节显著轻微的,不宜认定为犯罪。① 根据 2006 年 7 月 26 日最高人民检察院《关于渎职侵权犯罪案件立案标准的规定》,"非法剥夺他人人身自由 24 小时以上的",或者"非法剥夺他人人身自由,并使用械具或者捆绑等恶劣手段,或者实施殴打、侮辱、虐待行为的",应予立案。另外,根据 2018 年 1 月 16 日最高人民法院、最高人民检察院、公安部、司法部《关于办理黑恶势力犯罪案件若干问题的指导意见》,黑恶势力非法拘禁他人累计时间在 12 小时以上的,应以非法拘禁罪定罪处罚。本案中,陈某和高某将赵某诱骗扣押在宾馆房间内,持续时间跨越了 2 日,其间对其实施了拳打脚踢的行为,参考以上司法解释和规范性文件的规定,不能认为二人剥夺赵某人身自由的行为属于情节显著轻微的情况。故本罪既遂的结果已经出现。

②共同正犯的归责要素

首先,二人具有共同非法拘禁的意思。一方面,陈某和高某明知自己的扣押行为会发生剥夺赵某人身自由的后果,出于索取财物的目的追求这种结果发生,故具有本罪的故意。另一方面,陈某和高某事先经过商议,形成了拘禁赵某的合意。

其次,本罪的构成要件行为表现为,非法拘禁他人或者以其他方法非法剥夺他人人身自由。陈某和高某均直接实施了使用强力将被害人扣押、使其丧失活动自由的行为,故可以认定二人都实施了本罪的实行行为,赵某人身自由被剥夺的结果可以同时归责于二人。

---

① 参见张明楷:《刑法学》(第六版),法律出版社 2021 年版,第 1155 页;高铭暄、马克昌主编:《刑法学》(第十版),北京大学出版社、高等教育出版社 2022 年版,第 474 页。

综上,在构成要件符合性层面,陈某和高某的行为成立非法拘禁罪的共同正犯。由于二人对于非法拘禁罪的实现发挥了同等重要的作用,故均为主犯。

(2)违法性

不存在违法阻却事由。

(3)责任

不存在责任阻却事由。

(4)结论

陈某和高某成立非法拘禁罪的共同正犯,皆为主犯。

二、索要巨款

> 预判:根据不同的法益主体,分别搜索涉嫌的罪名:(1)就赵某遭受的侵害来说,陈某和高某涉嫌构成的罪名包括故意伤害罪、抢劫罪。由于陈某向高某隐瞒了非法占有的目的,所以就抢劫罪而言,陈某既可能是直接正犯,也可能是间接正犯。(2)就李某遭受的侵害来说,高某的行为可能构成敲诈勒索罪。

(一)陈某和高某

1. 故意伤害罪(第 234 条,第 26 条第 1、4 款,第 23 条)

陈某、高某二人对赵某拳打脚踢,但没有证据显示已经造成了轻伤以上的伤害结果,可能成立故意伤害罪(未遂)的共同正犯。

(1)构成要件符合性

陈某对赵某实施了拳打脚踢的殴打行为,该行为是否具有造成对方轻伤以上伤害结果的可能,从案情介绍来看还无法确定,故只能推定未产生本罪实行行为所要求的法益侵害危险。

(2)结论

陈某和高某不成立故意伤害罪。

2. 抢劫罪(第 263 条,第 26 条第 1、4 款)

(1)构成要件符合性

①共同抢劫的意思

陈某明知自己实施的是暴力劫取财物的行为,并且希望由此非法获得他人20万元现金,故具备本罪的故意和非法占有的目的。但是,由于陈某编造了事实,导致高某误以为陈某对赵某享有20万元的债权,故虽然高某对于暴力劫取他人财物的事实有认识,但他并不具有非法占有的目的,故不可能成立本罪的正犯。

(2)结论

高某无法成立本罪,陈某、高某二人不成立抢劫罪的共同正犯。

3. 抢劫罪(第263条、第23条)(陈某,直接正犯)

在高某不成立抢劫罪的情况下,需要考察陈某以取财为目的亲手实施暴力的行为是否成立抢劫罪的单独直接正犯。根据《两抢意见》第10条的规定,具备劫取财物或者造成他人轻伤以上后果两者之一的,均构成抢劫既遂;既未劫取财物,又未造成他人人身伤害后果的,属于抢劫未遂。在本单元中,陈某的抢劫行为既未直接取得对20万元现金的占有,又没有造成赵某人身伤害的结果,故只能考虑其是否成立抢劫罪的未遂。

(1)构成要件符合性

①主观构成要件

前述分析表明,陈某具有抢劫的故意和非法占有的目的。

②客观构成要件

首先,陈某已经通过拳打脚踢对赵某实施了有形暴力,由于该暴力足以压制被害人的反抗,故属于抢劫罪的着手实行。

其次,本案中,陈某之所以无法当即取得对20万元现金的占有,是因为赵某并未随身携带如此巨额的现金。因此,在本单元中,陈某未能实现抢劫既遂,是因为意志以外的原因。

(2)违法性

不存在违法阻却事由。

(3)责任

不存在责任阻却事由。

(4)结论

陈某成立抢劫罪(未遂)。

4. 抢劫罪(第263条)(陈某,间接正犯)

陈某利用高某对取财非法性的认识错误,使其在欠缺非法占有目的的情况下对赵某实施暴力,可能构成抢劫罪的间接正犯。同时,如果认定陈某成立抢劫罪的间接正犯,那么由于被利用者高某已经取得了对20万元现金的占有,故可能成立本罪的既遂。

(1)构成要件符合性

①客观构成要件

首先,尽管陈某在本案中始终未现实地握有20万元现金,但高某受陈某之托到指定的地点从李某处取得了20万元现金。故抢劫罪既遂所要求的财物占有转移的结果已经现实发生。

其次,间接正犯的成立,通常以直接实行者的行为不满足或者不完全满足犯罪成立要件为前提。如前所述,尽管高某直接取得了对20万元现金的占有,但他因为欠缺非法占有的目的而不构成抢劫罪,故间接正犯的这一前提条件已获满足。

再次,间接正犯的成立,要求幕后者对直接实行者进行了操控和支配。本案中,陈某欺骗高某,使其误以为自己是与陈某共同索要合法债务,而不是非法占有他人的财物。利用有故意无目的者实施目的犯的情况能否成立间接正犯,学界对此有不同看法。通说持肯定态度,主张由于目的犯正犯的成立以行为人具有特定的目的为必要,故当有目的者指使缺乏该目的之人去实施犯罪时,就能够对后者产生"规范性的行为支配"。① 部分学者则持否定态度,认为虽然直接实行者缺乏目的,但由于其具有完全的自由意志,幕后者不可能对其行为加以操控,所以幕后者对于直接实行者的影响力并未超出教唆犯的程度。② 笔者赞同通说的观点。因为:第一,如果直接实行者虽然缺乏为自己非法占有财物的目的,但知道幕后者具有非法占有的目的,仍然按照其指令实施取财行为,那么由于刑法上"非法占有的目的"不仅包括为自己也包括为第三人非

---

① 参见马克昌主编:《犯罪通论》(第三版),武汉大学出版社1999年版,第547页;黎宏:《刑法学总论》(第二版),法律出版社2016年版,第271页;张明楷:《刑法学》(第六版),法律出版社2021年版,第531页;周光权:《刑法总论》(第四版),中国人民大学出版社2021年版,第345页。Vgl. Baumann/Weber/Mitsch/Eisele, Strafrecht AT, 12. Aufl., 2016, § 25 Rn. 124; Wessels/Beulke/Satzger, Strafrecht AT, 47. Aufl., 2017, Rn. 775; Heine/Weißer, in: Schönke/Schröder, StGB, 30. Aufl., 2019, § 25 Rn. 19.

② Vgl. Jakobs, Strafrecht AT, 2. Aufl., 1991, 21/104; Schünemann, in: LK-StGB, 12. Aufl., 2007, § 25 Rn. 138.

法占有财物的目的,故直接实行者依然成立目的犯的正犯,幕后者则成立该罪的共同正犯或者教唆犯。① 然而,当幕后者通过隐瞒事实导致直接实行者不仅缺乏非法占有的目的,而且对幕后者的非法占有目的也一无所知时,仍然可以认为幕后者通过欺骗产生了相对于直接实行者的优越性认知,故可以认定他对目的犯的犯罪事实实现了支配。第二,在直接实行者的行为因缺乏目的而不符合本罪构成要件的情况下,假如认为有目的者不能成立间接正犯,那么根据共犯从属性原理,教唆犯的成立以正犯具备构成要件符合性为前提,故幕后者也无法成立教唆犯。② 这样一来就出现了处罚上的漏洞。根据通说,可以认为陈某通过欺骗对高某产生了支配性的影响,利用有故意无目的的工具实现了抢劫罪的构成要件。因此,陈某实施了抢劫罪间接正犯的实行行为。

另外,虽然陈某与高某当场对赵某实施了暴力、胁迫行为,但高某却是随后在另外的地点(某公园内)取得了 20 万元,即目的行为并不具有当场性,这是否妨碍抢劫罪的成立?通说认为,抢劫罪的成立必须具有"两个当场性":其一,必须是当场使用暴力或者以当场实施暴力相威胁,或者当场使用其他人身强制方法;其二,必须是当场占有财物。这两点缺一则不能构成抢劫罪。③ 有的学者则认为,只要压制被害人反抗的强制手段与夺取财产之间具有因果关系即可成立抢劫罪既遂,并不要求行为人必须"当场"取得财物。④ 笔者赞同后一种观点。第一,通说之所以主张"两个当场性",其实质根据在于,只有具备"两个当场性"才能认为被害人处在人身权利与财产法益难以两全的极度紧迫的危险之中,只能在要么交出财物、保全人身安全,要么不交财物而立即遭受被伤害甚至被杀害这两者之间作出选择。正是"两个当场性"给被害人造成的这种严重危险,使抢劫罪的罪质明显高于敲诈勒索罪,它才能说明抢劫罪

---

① Vgl. Kindhäuser, Strafrecht AT, 8. Aufl., 2017, § 39 Rn. 23.
② Vgl. Kühl, Strafrecht AT, 8. Aufl., 2017, § 20 Rn. 56.
③ 参见王作富主编:《刑法分则实务研究》(第五版),中国方正出版社 2013 年版,第 913 页;高铭暄、马克昌主编:《刑法学》(第十版),北京大学出版社、高等教育出版社 2022 年版,第 523—524 页。
④ 参见张明楷:《刑法学》(第六版),法律出版社 2021 年版,第 1271 页。

法定刑远高于敲诈勒索罪的原因。① 由此可见,抢劫罪与敲诈勒索罪的本质区别,在于前者已经将被害人的选择自由压缩到了最低的程度,从而排除了其通过反抗、周旋以寻求人身和财产法益两全的空间。不可否认,从司法实践的经验来看,当暴力胁迫和取财双双具有"当场性"时,基本上意味着被害人已经被逼入此种绝境。但是,该标准毕竟是基于对有限事实的归纳。不能由此断言,一旦手段行为和取财行为不具有"两个当场性",就绝不可能出现被害人的意志自由被彻底压制的情况。② 例如,行为人已经通过严重暴力完全控制了被害人,使他失去了任何反抗和周旋的余地,那么即便被害人因为身上无钱而需要到有一定距离的其他地方借钱或者取款,也仍然可以认为行为具备了抢劫罪的本质特征。第二,一些赞同取财行为应当具有"当场性"的学者也认为对"当场"的理解不能过于狭隘。纵使手段行为与取财行为之间间隔一段时间、亦不在同一场所,但只要取财行为仍然是在手段行为的支配或者影响之下实施的,仍应认定为"当场"取财。③ 有判例也肯定了这一点。④ 可是,对"当场"作这种扩大的理解,其实与最终放弃"两个当场性"标准并无二致。第三,"两个当场性"标准产生于以现金支付为主流支付方式的社会。然而,随着现代社会电子支付技术的迅猛发展,人们随身携带的现金越来越少,犯罪人"当场"取得大额现金的可能性也在不断下降。在此情况下,如果仍然固守"两个当场性",那么许多严重的抢劫行为就只能被认定为敲诈勒索罪,这并不符合罪刑均衡的原则。综上,应当放弃"两个当场性"的形式化公式,直接求诸行为人的强制手段是否已经排除被害人选择空间这一实质性的标准。据此,本案中,陈某利用高某将赵某扣押于宾馆房间,这意味着行为人已经将被害人完全控制在了一个与外界隔绝的封闭空间之内,使其失去了有效反抗的可能。所以,取财行为的时空间隔并不影响抢劫罪的成立。

---

① 参见王作富、刘树德:《刑法分则专题研究》,中国人民大学出版社2013年版,第139—140页。

② 参见陈兴良:《敲诈勒索罪与抢劫罪之界分——兼对"两个当场"观点的质疑》,载《法学》2011年第2期,第134页。

③ 参见黎宏:《刑法学各论》(第二版),法律出版社2016年版,第296页。

④ 参见"何木生抢劫案",载陈兴良、张军、胡云腾主编:《人民法院刑事指导案例裁判要旨通纂(下卷)》(第二版),北京大学出版社2018年版,第969页。

最后，在陈某操控高某取财的过程中，出现了因果流程的偏离。即，原来预想的情况是李某按照赵某的嘱咐将 20 万元现金交给高某，但实际情况是李某临时发现可疑后拒绝交款，高某另行采取胁迫手段后才取得对 20 万元的占有。因果流程的偏离在多大程度上影响结果的客观归责？对此，刑法理论通说认为，行为创设危险和实现危险的过程从客观的一般理性人看来必须具有预见可能性，一旦现实发生的因果流程逾越了一般人的预见可能性，则应当否定结果的客观归责。① 本案中，从日常生活经验来看，即便已经得到上级的指令，但是当标的物涉及巨额现金时，交款的一方仍然会较为谨慎，一时犹豫或者反复核查对方的身份乃是常见的情况。所以，抢劫罪的被利用者在受托取款的过程中遇到一定阻力，随机应变采取欺骗手段打消李某的疑虑，或者使用胁迫的方式敦促李某交款，这虽然偏离了原先预设的流程，但一方面，暴力压制赵某反抗所产生的侵犯财产法益的危险仍然持续发挥着作用，另一方面，这一偏离并没有对抢劫行为与取得占有之间的因果联系造成突破一般人可预见范围的重大改变。

综上，高某取得 20 万元现金的结果，客观上可归责于陈某的利用行为。

②主观构成要件

首先，陈某明知自己通过欺骗行为对高某产生了支配性的影响，并且希望以自己的利用行为取得 20 万元现金，同时也具有非法占有的目的。

其次，因果流程的偏离在多大程度上会影响故意犯主观构成要件的成立？对此刑法学界存在不同看法。一种观点主张，因果流程是故意的认识内容，在客观归责的判断已肯定因果流程的偏离具有一般的预见可能性之后，接下来要看行为人本人能否预见到该偏离；若能，则应认定该偏离不属于排除故意的成立。故意的成立并不要求行为人对因果流程

---

① Vgl. RG 70, 257; BGHSt 7, 392; BGHSt 23, 135; Jescheck/Weigend, Lehrbuch des Strafrechts AT, 5. Aufl., 1996, S. 312ff; Roxin/Greco, Strafrecht AT, Bd. Ⅰ, 5. Aufl., 2020, § 12 Rn. 152.

的所有细节都有所认识,只要求他认识到因果流程的重要部分即可。①另一种观点则认为,因果关系并非故意的认识对象,主观归责是独立于故意论的另一个判断阶层,它涉及的是已经成立的故意与最终出现的结果之间是否存在必要关联,即能否将结果归责于故意的问题。其中,计划实现说认为,关键要看因果流程的偏离是否会导致行为人的行为计划归于失败;规范基础说提出,即便行为人丝毫没有预见到实际发生的因果流程,但只要他所预想的与现实发生的在规范基础上是一致的,就不妨碍主观归责的成立;故意危险说主张,即使行为人所预想的和实际的因果流程不一致,但只要现实的因果流程已经包含了所有为故意危险的成立所必要的事实因素,即客观事实与主观想象达到重合的那部分危险因素已足以构成故意危险,即可肯定主观归责。② 就本案来说,不论采取哪种观点,都应认为因果流程偏离不影响主观构成要件的成立。因为:第一,陈某要求高某按约定的时间和地点去取款,此后因果流程的重要部分仅仅是高某取得 20 万元现金的占有,所以陈某只需要认识到这一点即可成立本罪故意,而无须对高某究竟是采取恐吓、诱骗还是别的方式取得财物等细枝末节的事实有所知悉。第二,高某取款时遭遇对方质疑,这并不足以导致犯罪计划归于失败,因为他只需略加恐吓、劝说即可取得款项。第三,抢劫故意的规范基础或者特有的危险性表现为,行为人认识到暴力等行为与劫财之间存在手段和目的的关联性。如前所述,本案虽然发生了具体流程的偏离,但暴力压制赵某反抗所产生的侵犯财产法益的危险却持续发挥着作用,这就使该偏离既不会动摇抢劫故意的规范基础,也不妨碍抢劫故意之危险的现实化。综上,即便陈某对高某的胁迫行为欠缺认识,也不影响其抢劫罪故意的成立。

(2)违法性

不存在违法阻却事由。

(3)责任

不存在责任阻却事由。

---

① Vgl. Wessels/Beulke/Satzger, Strafrecht AT, 47. Aufl., 2017, Rn. 374; Sternberg-Lieben/Schuster, in: Schönke/Schröder, StGB, 30. Aufl., 2019, § 15 Rn. 55.

② 相关学说详见陈璇:《论主客观归责间的界限与因果流程的偏离》,载《法学家》2014 年第 6 期,第 102 页。

(4)结论

陈某的行为成立抢劫罪。

5. 抢劫罪(第263条第2分句第4项)(陈某,情节加重犯)

根据《刑法》第263条第4项的规定,"抢劫数额巨大的"处10年以上有期徒刑、无期徒刑或者死刑。按照2016年1月6日最高人民法院《关于审理抢劫刑事案件适用法律若干问题的指导意见》第2条第3款的规定,"抢劫数额巨大"参照各地认定盗窃罪数额巨大的标准执行。根据2013年4月2日最高人民法院、最高人民检察院《关于办理盗窃刑事案件适用法律若干问题的解释》第1条的规定,"抢劫数额巨大"的标准为3万元至10万元以上。本案中,陈某劫取他人现金20万元,已经达到了该标准,故成立本罪的抢劫加重犯,对陈某应处10年以上有期徒刑、无期徒刑或者死刑。

(二)高某

敲诈勒索罪(第274条)

(1)构成要件符合性

①客观构成要件

首先,本罪的既遂要求行为人取得他人数额较大的财物。根据2013年4月23日最高人民法院、最高人民检察院《关于办理敲诈勒索刑事案件适用法律若干问题的解释》第1条的规定,数额较大的标准为2000元至5000元以上。高某取得了对20万元现金的占有,其取得的财物已经达到数额巨大的要求,故本罪既遂的结果已经出现。

其次,敲诈勒索罪的行为表现为,对他人实施威胁导致对方产生恐惧心理,使其基于恐惧处分数额较大的财物。高某以杀害赵某相威胁,令李某对赵某的人身安全产生了担忧,在恐惧心理支配下被迫将20万元交给高某,符合本罪的行为构成。

②主观构成要件

本罪要求行为人主观上具备非法占有的目的。但由于高某误以为自己是在向赵某索要合法债务,故他并不具有该目的。

(2)结论

高某不成立敲诈勒索罪。

(三)竞合

本单元中,高某无罪。陈某分别以两个行为实施了抢劫罪的直接正犯和间接正犯。但由于他始终只是基于一个抢劫的故意针对一个对象实施抢劫,这两种正犯行为都是为实现一个抢劫罪既遂所必不可少的组成部分,故应当将其视为一个整体,对其仅以一个抢劫罪(情节加重犯)论处即可。

三、公款私用

> 预判:赵某在胁迫之下,要求公司出纳李某将公司财物交给第三人,二人涉嫌构成职务侵占罪或者挪用资金罪。由于直接将20万元现金取出并交给第三人的是李某,所以应当首先从她开始检验。

(一)李某

1. 职务侵占罪(第271条第1款)

(1)构成要件符合性

①客观构成要件

首先,本罪的既遂要求行为人取得本单位数额较大的财物。根据2016年4月18日最高人民法院、最高人民检察院《关于办理贪污贿赂刑事案件适用法律若干问题的解释》第1条第1款和第11条第1款的规定,数额较大的标准是6万元。本案中,李某取得了公司的20万元现金,已经达到数额较大的标准,故本罪既遂所要求的结果已经出现。

其次,本罪为身份犯,要求行为人是公司、企业或者其他单位的工作人员。李某为公司出纳,符合主体身份的要求。

最后,本罪的实行行为表现为,行为人利用职务上的便利将本单位财物占为己有。对于本罪行为方式的范围,学界有不同看法。通说认为,职务侵占罪中的"侵占"一词与《刑法》第270条侵占罪中的"侵占"一词不尽相同,《刑法》第271条所规定的实际上是公司、企业、单位人员的贪污行为,故职务侵占罪就是指利用职务上的便利窃取、骗取、侵占本单位财物的行为。① 有的学者则主张,只有狭义的侵占行为,即只有将自身基于职务所占有的本单位财物据为己有的行为才成立职务侵占罪,利用职务便利实施的盗窃、诈骗行为则应当被排除在本罪之外,直接以盗窃罪、诈骗罪论处。② 但不论哪一种观点都承认,狭义上的侵占行为可以成为本罪的构成要件行为。本案中,李某是公司的出纳,具有对本单位货币资金进行收付、保管的权限,她将自己基于职务占有的公司20万元现金处分给高某,属于侵占本单位财物的行为。

②主观构成要件

李某从接到赵某电话到遇见高某为止,一直误以为支取20万元是用于公司业务,她没有认识到自己实施的是将公司财物处分给第三人的行为,所以不具有本罪的故意以及非法占有的目的。但是,当高某告知李某这20万元是用于赎赵某之命时,李某就已经认识到将这笔现金交给高某,将会导致单位财物被他人永久占有。同时,由于"非法占有的目的"既包括为自己不法所有的目的,也包括为第三人不法所有的目的,③所以在李某向高某处分20万元之时,她具备本罪的主观构成要件。

(2)违法性

李某是为了防止赵某被杀害,才被迫将20万元现金交给高某,即以损害公司的财产法益为代价保全赵某的生命,可能成立紧急避险。

▲ 紧急避险(第21条)

①避险前提

紧急避险的成立要求存在正在发生的危险。当时,赵某被高某等控制,人身自由处在持续被侵害的状态之中,而且生命、健康也面临遭受损害的风险。

②避险对象

攻击性紧急避险的损害对象是无辜第三人的利益。本案中,李某损害的是印刷公司的财产,公司是危险来源以外的第三人,故符合避险对

---

① 参见王作富主编:《刑法分则实务研究》(第五版),中国方正出版社2013年版,第1002页;高铭暄、马克昌主编:《刑法学》(第十版),北京大学出版社、高等教育出版社2022年版,第517页。

② 参见张明楷:《刑法学》(第六版),法律出版社2021年版,第1337页。

③ Vgl. Wessels/Hillenkamp, Strafrecht BT 2, 40. Aufl., 2017, Rn. 163.

象的要求。

③避险限制

紧急避险只能在"不得已"的情况下才能实施。在李某已经携带20万元到达现场并且高某发出了现实威胁的情况下,如果不将现金交给高某,赵某就很可能被高某等杀害,这一危险无法通过求情、周旋和报警等其他途径得以有效避免。所以,应当认为在当时条件下,李某除了损害公司财产法益之外别无其他消除危险的方法。

④避险限度

合法的避险行为应当满足适当性、必要性和利益优越性三个要件:

首先,紧急避险要求行为人采取的手段必须具有避免危险、保护法益的能力。关于避险行为适当性的判断,学界主流观点主张应当采取事前标准,即只要从一个理性第三人的立场出发,站在行为当时来进行考察,可以认定某一避险措施具有保护法益免遭损害的现实可能性,即便事后证明该措施无效,也不影响该措施的适当性。[1] 本案中,虽然李某交出20万元现金的行为并未成功地实现营救赵某的目的,赵某最终还是被杀害,但由于站在行为当时一般人的角度来看,在来不及马上求助公安机关的情况下,先行答应劫持者的诉求是避免被害人被杀的唯一途径,至少能够提高被害人获救的概率。故可以认定,李某的行为具有适当性。

其次,如果存在多个同样有效避免危险的避险措施,那么避险人应当选择其中给法益造成的损失最低的措施;假如只有一种措施能够有效避免危险,除此之外别无选择,那么该措施自然具备必要性。[2] 本案中,由高某坚决的态度所决定,对于赎金的数额不存在讨价还价的可能,所以如数交出20万元现金是当时条件下营救赵某唯一有效的避险措施,由此给公司造成财产损失也是必不可少的,满足必要性要件。

最后,行为人保护的利益必须高于其损害的利益。李某意图保护的法益是赵某的生命,损害的是公司的财产,生命法益高于财产法益。故

---

[1] Vgl. Kühl, Strafrecht AT, 8. Aufl., 2017, § 8 Rn. 79; Kindhäuser, Strafrecht AT, 8. Aufl., 2017, § 17 Rn. 23.

[2] Vgl. Perron, in: Schönke/Schröder, StGB, 30. Aufl., 2019, § 34 Rn. 19; Erb, in: MK-StGB, 4. Aufl., 2020, § 34 Rn. 116.

可以认定该行为符合避险限度的要求。

⑤避险意思

李某之所以将公司的 20 万元现金交给高某,是为了保全赵某的人身安全,故具有避险的意思。

李某的行为成立紧急避险,不具有违法性。

(3)结论

李某的行为不成立职务侵占罪。

2. 挪用资金罪(第 272 条第 1 款)

本罪与职务侵占罪的关键区别点在于,本罪的行为人只具有暂时占有、使用单位资金的意图,而不具有不法占有单位资金的目的。① 既然前述关于职务侵占罪的分析表明,李某具有(为第三人)非法占有本单位 20 万元资金的目的,那么她就不可能符合本罪的主观要件。因此,李某的行为不成立挪用资金罪。

(二)赵某

1. 职务侵占罪(第 271 条第 1 款)(间接正犯)

赵某并未亲自实施将本单位财物据为己有的行为,但他编造理由导致出纳李某在不知情的情况下将公司的 20 万元资金送至指定的地点,可能构成职务侵占罪的间接正犯。

(1)构成要件符合性

①客观构成要件

首先,前面关于李某职务侵占罪刑事责任的分析表明,本罪要求的既遂结果已经出现。另外,赵某是印刷公司的董事长,符合本罪主体身份的要求。

其次,前面关于李某职务侵占罪刑事责任的分析表明,"台前者"李某的行为因为欠缺违法性而不成立本罪。但是,间接正犯既遂的成立,要求"幕后者"必须对台前者的罪责缺失状态进行了支配,从而导致"台前者"在罪责缺失状态下引起的法益侵害结果可以归责于幕后者。② 本

---

① 参见马克昌主编:《百罪通论(下卷)》,北京大学出版社 2014 年版,第 868 页;张明楷:《刑法学》(第六版),法律出版社 2021 年版,第 1341 页。

② Vgl. Heine/Weißer, in: Schönke/Schröder, StGB, 30. Aufl., 2019, § 25 Rn. 8.

案中,赵某原本以欺骗的方式使李某误以为这20万元是用于公司正常的交易业务。假如李某未发现异常而将现金交给高某,那么李某因为缺乏非法占有的目的而不成立职务侵占罪;由于非法占有目的的缺失是赵某的欺骗行为所造成的,故可以认定赵某对李某的罪责缺失状态进行了利用。然而,当李某因感到事态异常而有所犹豫时,高某已经告知李某赵某被扣押的真相,在此情况下李某仍然将20万元交付给高某。这就说明,赵某先前通过欺骗对李某所施加的支配到此已经结束。尽管李某交款的行为因为成立紧急避险而最终归于无罪,但紧急避险是李某在对所有事实情况具有正确认知的情况下自行作出的选择,该行为已经脱离了赵某的操控。既然在李某交付财物之时已不再是赵某利用的工具,那么其处分20万元现金的行为就无法归责于赵某。

(2)结论

赵某的行为不成立职务侵占罪的既遂。

2. 职务侵占罪(第271条第1款,第23条)(间接正犯)

既然因为结果不可归责于赵某而无法认定其成立本罪的既遂,那么接下来需要考察其行为是否成立本罪间接正犯的未遂。

(1)构成要件符合性

①主观构成要件

赵某意图将公司的财产用作赎金处分给第三人,具备非法占有的目的,符合本罪的主观构成要件。

②客观构成要件

关于间接正犯着手的认定标准,学界有不同看法。被利用者说(整体化方案)主张,应当将利用者和被利用者作为一个统一的整体来看待,所以只有当被利用者开始着手实行时,才能认定间接正犯的着手。[①] 利用者说(个别化方案)则认为,既然被利用者只是利用者所操控的工具,那么间接正犯是否进入着手实行阶段,就应当取决于利用者本人的行为。其中,严格的个别化方案认为,只要利用者开始对被利用者施加影

[①] 参见黎宏:《刑法学各论》(第二版),法律出版社2016年版,第230页;张明楷:《刑法学》(第六版),法律出版社2021年版,第444页。Vgl. Maurach/Gössel/Zipf, Strafrecht AT, TeilBd. II, 8. Aufl., 2014, § 48 Rn. 131 ff; Kühl, Strafrecht AT, 8. Aufl., 2017, § 20 Rn. 91.

响,即可认定间接正犯的着手;①修正的个别化方案则认为,当利用者对被利用者施加影响的行为实施完毕、法益侵害的进程已经进入自行发展的阶段时,即可肯定间接正犯的着手。② 本案中,在李某尚属于赵某利用之工具(李某误以为20万元是用于公司正常业务)时,李某已经将20万元送至约定的地点,并与前来收款的高某相遇。此时,距离公司财物发生占有转移已近在咫尺,故可以认定李某的行为已经给公司财产法益造成了急迫的危险。既然本案中被利用者的行为已经进入着手,那么不论采取以上哪一种观点,都可以肯定赵某的间接正犯行为已经着手。

赵某利用李某侵占公司财物的行为之所以未能达至既遂,是因为李某警觉并且高某向其告知了实情,这对于赵某而言属于意志以外的原因。

(2)违法性

▲ 紧急避险(第21条)

结合前述关于李某职务侵占罪刑事责任的分析,可知紧急避险的前提要件和对象要件均已具备。但按照《刑法》第21条第1款的规定,紧急避险只能在"不得已"的情况下实施,即只有在没有其他合理的方法有效避免危险时,才允许行为人通过损害另一法益的方式保全自己或者他人的法益。③ 需要讨论的问题是:赵某动用公司资金去赎自己的性命,这是否属于"不得已"而为之? 如果赵某自己拥有足够的财产,那么他应当首先使用自己所有的现金去保全性命,只有当自己所有的现金数量不足以满足劫持者的要求时,其动用公司资金的行为才符合避险限制这一要件。但是,从现有的案件事实来看,无法确切地得知赵某本人的财产状况。根据"存疑有利于被告人"的原则,应当推定其个人所有的现金尚未达到20万元。故赵某的行为成立紧急避险。

(3)结论

赵某的行为不成立职务侵占罪。

---

① Vgl. Puppe, Urkundenechtheit bei Handeln unter fremden Namen und Betrug in mittelbarer Täterschaft, JuS 1989, S. 363 f.

② Vgl. Jescheck/Weigend, Lehrbuch des Strafrechts AT, 5. Aufl., 1996, S. 672 f; Kindhäuser, Strafrecht AT, 8. Aufl., 2017, § 39 Rn. 56; Wessels/Beulke/Satzger, Strafrecht AT, 47. Aufl., 2017, Rn. 872.

③ 参见刘明祥:《紧急避险研究》,中国政法大学出版社1998年版,第51页;陈兴良:《规范刑法学》(第四版),中国人民大学出版社2017年版,第152—153页。

3. 挪用资金罪(第272条第1款)(间接正犯)

与关于李某刑事责任的分析同理,既然前述关于职务侵占罪的分析表明赵某具有(为第三人)非法占有本单位20万元资金的目的,那么他就不可能符合本罪的主观构成要件。因此,赵某的行为不成立挪用资金罪。

四、棒击致死

(一)陈某

1. 故意杀人罪(第232条)

(1)构成要件符合性

①客观构成要件

首先,赵某死亡,本罪既遂所要求的危害结果已经出现。其次,陈某用木棒猛击赵某头部,这种采取严重暴力袭击被害人致命部位的行为创造了剥夺他人生命的紧迫危险,而且该危险合乎规律地导致赵某死亡结果的发生,故死亡结果可归责于陈某的杀人行为。

②主观构成要件

用木棒用力打击他人头部这一致命部位,具有致他人死亡的较高概率,陈某作为一名理性公民已经认识到了这一点。但是,他为了制止赵某逃跑却仍然选择实施该行为,由此可以认定陈某对于赵某的死亡结果持放任态度,具备杀人的故意。

(2)违法性

不存在违法阻却事由。

(3)责任

不存在责任阻却事由。

(4)结论

陈某的行为成立故意杀人罪。

2. 故意伤害罪(第234条)

故意伤害罪是指故意非法损害他人身体健康的行为。从客观上看,死亡结果中包含了身体伤害的结果,杀人行为也是身体伤害行为的一种特殊表现形式。从主观上看,当行为人对他人死亡的结果持间接故意,那么他对于导致被害人遭受轻伤以上的伤害结果也必然抱有故意。因此,既然前面已经确定陈某导致赵某死亡的行为符合故意杀人罪的构成要件,那么该行为也必然符合本罪的构成要件。同时,也不存在任何违法阻却或者责任阻却事由。综上,陈某的行为成立故意伤害罪。

3. 抢劫罪(第 263 条第 2 分句第 5 项)(结果加重犯)

(1)构成要件符合性

①前提要件

根据前述分析,陈某已构成抢劫罪的基本犯,故本罪结果加重犯赖以成立的前提条件已经具备。

②结果要件

被抢劫人赵某被杀身亡,故"抢劫致人死亡"的结果要件已经具备。

③手段与目的的关联性

刑法学通说认为,"抢劫致人死亡"是指,行为人为劫取公私财物故意或者过失造成被害人死亡的情况。① 根据 2001 年 5 月 23 日最高人民法院《关于抢劫过程中故意杀人案件如何定罪的批复》的规定,如果行为人为劫取财物而预谋故意杀人,或者在劫取财物过程中,为制服被害人反抗而故意杀人的,以抢劫罪定罪处罚;如果行为人实施抢劫后,为灭口而故意杀人的,以抢劫罪和故意杀人罪定罪,实行数罪并罚。可见,抢劫过程中故意杀人能否成立本罪的结果加重犯,取决于杀人行为能否包含评价在抢劫罪的构成要件之中,而这又取决于杀人行为与取得财物占有之间是否具有手段和目的的内在关联。无论是"为了劫取财物而预谋故意杀人",还是"在劫取财物过程中,为制服被害人反抗而故意杀人",之所以能够成立抢劫罪的结果加重犯,关键都在于此时杀人行为是排除被害人反抗、进而为取得财物服务的一种暴力手段。

于是,本案需要讨论的问题就是:陈某故意杀害赵某的行为,究竟能否被视为劫取财物的手段呢?答案是否定的。因为:一方面,在高某已经前往约定地点取款的情况下,赵某逃跑只是为了摆脱自己人身所面临的危险,与陈某和高某能否最终取得对 20 万元现金的占有之

---

① 参见陈兴良:《规范刑法学》(第四版),中国人民大学出版社 2017 年版,第 868 页;高铭暄、马克昌主编:《刑法学》(第十版),北京大学出版社、高等教育出版社 2022 年版,第 504 页。

间没有紧密的联系;另一方面,在赵某试图爬窗逃跑时,高某是否已在公园取得20万元并不确定,假如赵某成功逃脱,按常理他首先会向公安机关报案,求得公权力的保护,而不是直接到公园阻止高某取款。所以,赵某的逃脱行为给陈某带来的主要危险并不是可能导致取款失败,而是可能导致自己的罪行东窗事发并被追究法律责任。换言之,陈某之所以杀害赵某,是为了防止因被害人逃跑导致自己的罪行败露,而不是为了制止其反抗进而劫取财物。由于陈某杀死赵某的行为与劫财之间不存在手段和目的的关联性,故该事实无法被包含在抢劫罪的构成要件之中评价。

（2）结论

陈某的行为不成立抢劫罪中"抢劫致人死亡"的结果加重犯。

4.非法拘禁罪（第238条第2款第1句第2分句）（结果加重犯）

（1）构成要件符合性

①前提条件

《刑法》第238条第2款第1句所规定的"犯前款罪……致人死亡的",是非法拘禁罪的结果加重犯,其以本罪基本犯已经成立为前提要件。前述事实单元的分析表明,陈某将赵某扣押后即成立非法拘禁罪,非法拘禁的状态一直持续到本公款私用单元。根据继续犯"不法状态与犯罪行为同时继续"的原理①,非法拘禁罪的基本犯一直到赵某死亡之时为止都持续存在,故本罪结果加重犯成立的前提条件已经具备。

②结果条件

被拘禁人赵某已经死亡,故"致人死亡"的结果要件已经具备。

③因果关系

需要探讨的问题是:陈某杀害赵某的行为,是否属于"致人死亡"？首先,《刑法》第238条第2款第1句第2分句为非法拘禁"致人死亡"设置的法定刑仅为10年以上有期徒刑,这无法适当地评价故意杀害被拘禁人的情况。其次,根据《刑法》第238条第2款第2句的规定,当行为

---

① 参见高铭暄、马克昌主编:《刑法学》（第十版）,北京大学出版社、高等教育出版社2022年版,第184页。

人在非法拘禁之外另行使用暴力致人死亡时,应当以故意杀人罪论处,所以为了与这一规定相区分,应当对第 238 条第 2 款第 1 句第 2 分句中的"致人死亡"作出限制性解释,即将之理解为因拘禁行为本身而导致被害人死亡的情形①,例如,因绳索过紧致使被拘禁人窒息死亡,因捆绑时间过长导致被拘禁人血流不畅死亡,或者照料不周使被监禁人饿、热、冻、病致死。因此,凡是行为人使用超过拘禁行为所需范围的暴力导致被害人死亡的,均不属于此处的"致人死亡"。在本案中,陈某用木棒猛击被害人,这已经逾越了正常拘禁行为的范围,故不属于非法拘禁致人死亡。

(2)结论

陈某的行为不成立本罪的结果加重犯。

(二)高某

1.故意杀人罪(第 232 条)

(1)构成要件符合性

在陈某实施杀害行为之时,高某已外出取钱。首先,在此期间,他没有实施任何可能致人死亡的积极作为。其次,虽然高某先前与陈某合作对赵某实施了非法拘禁,这一先行行为使他对于被害人赵某的安全负有保证人的义务;但由于高某在当时远离案发现场,对于离去后的事态发展毫不知情,完全不具有制止陈某杀人行为的可能性,故也不可能成立不作为的杀人行为。

(2)结论

高某不成立故意杀人罪。

2.非法拘禁罪(第 238 条第 2 款第 1 句第 2 分句)(结果加重犯)

根据"诱骗扣押"单元的分析,高某成立非法拘禁罪并一直继续至本单元,在出现了被害人赵某死亡结果的情况下,需要考察高某是否成立《刑法》第 238 条第 2 款第 1 句第 2 分句规定的"致人死亡"这一结果加重犯。

---

① 参见聂昭伟:《非法拘禁过程中为报复暴力致人重伤的定性》,载《人民司法》2020 年第 20 期,第 28 页;张明楷:《刑法学》(第六版),法律出版社 2021 年版,第 1156 页;周光权:《刑法各论》(第四版),中国人民大学出版社 2021 年版,第 48 页。

(1) 构成要件符合性

①前提要件

根据诱骗扣押单元分析,高某已成立非法拘禁罪,故结果加重犯赖以成立的前提条件已经具备。

②客观要件

由于非法拘禁罪的结果加重犯一旦成立,将直接导致对犯罪人适用的法定刑从3年以下有期徒刑、拘役、管制或者剥夺政治权利,陡然上升到10年以上有期徒刑,故通说要求基本犯与加重结果之间应当具有直接因果关系。① 在本案中,虽然没有高某参与拘禁的行为,赵某就不会被杀害,但赵某死亡的结果毕竟是陈某的棒击行为直接引起,它与高某先前的非法拘禁行为之间并无紧密的联系,故应当认为高某的行为欠缺非法拘禁罪结果加重犯的客观要件。

(2) 结论

高某不成立非法拘禁罪的结果加重犯。

(三) 竞合

本单元中,高某除非法拘禁罪的继续犯之外,并不成立其他犯罪。陈某则成立故意杀人罪、故意伤害罪、非法拘禁罪(继续犯),故需要进行竞合的分析。

陈某在本单元同时成立故意杀人罪和故意伤害罪。在行为人的一个行为同时成立故意杀人罪既遂和故意伤害罪既遂的情况下,由于伤害罪的不法可以完全包含在杀人罪中评价,故两罪属于法条竞合关系。根据"特别法优于普通法"的原理,应当排除适用故意伤害罪的法条,仅以故意杀人罪论处即可。②

陈某在本单元同时成立非法拘禁罪和故意杀人罪,应当仅以故意杀人罪一罪论处,还是应当两罪并罚?根据《刑法》第238条第2款第2句的规定,若行为人在非法拘禁的过程中"使用暴力致人……死亡",依照第232条的规定定罪处罚。通说认为,这一句规定的是转化犯,即在此

---

① 参见张明楷:《刑法学》(第六版),法律出版社2021年版,第791页。
② 参见张明楷:《刑法学》(第六版),法律出版社2021年版,第1124页。Vgl. Neumann/Saliger, in: NK-StGB, 5. Aufl., 2017, § 212 Rn. 30; Eser/Sternberg-Lieben, in: Schönke/Schröder, StGB, 30. Aufl., 2019, § 212 Rn. 18.

情况下仅以故意杀人罪论处,而不再定非法拘禁罪。① 因此,需要探讨的问题是:行为人在非法拘禁过程中故意杀人的,是否属于此处的"使用暴力致人……死亡"？对此,学界有不同看法。通说对此持肯定态度,认为所谓"使用暴力致人……死亡"就是指行为人在非法拘禁的过程中故意导致被害人死亡的情况。② 部分学者则持否定态度,主张"使用暴力致人……死亡"是指,非法拘禁的行为人使用暴力过失致人死亡。③ 笔者赞同后一种观点的,理由如下：

第一,通说实际上把《刑法》第 238 条第 2 款第 2 句理解成了注意规定。④ 注意规定的设立,以司法者有可能在法律适用中出现错误,故需要加以提示为前提。可是,非法拘禁人故意将被害人杀死,这种行为明显成立故意杀人罪,法官对此不可能出现误判。故没有设立注意规定的必要。

第二,立法者之所以将非法拘禁中使用暴力致人死亡的情形依照故意杀人罪论处,无非是为了加重对非法拘禁行为的处罚力度。按照基本的刑法原理,若行为人在非法拘禁的过程中故意将被害人杀死,本来应该以非法拘禁罪和故意杀人罪并罚。可是,一旦对这种情形也适用《刑法》第 238 条第 2 款第 2 句的规定,就意味着对行为人不能进行数罪并罚而只能以故意杀人罪论处。这样一来,完全体现不出立法者从严惩处的意图,无法解释为什么对于本来应当数罪并罚的情形只作为一罪处理。有鉴于此,应当认为,《刑法》第 238 条第 2 款第 2 句中的"使用暴力致人……死亡"属于法律拟制,它仅指非法拘禁人虽然使用了超过拘禁行为本身的暴力,但对于死亡结果只具有过失的情况。据此,本案中,由于陈某是在非法拘禁的过程中故意杀害赵某,故不能适用《刑法》第 238 条第 2 款第 2 句的规定,应以非法拘禁罪和故意杀人罪并罚。

第三,这一观点也得到了司法实务界的支持。有法官指出:从《刑法》第 238 条第 2 款的规定来看,无论是非法拘禁致人重伤、死亡(结果

---

① 参见王作富主编:《刑法分则实务研究》(第五版),中国方正出版社 2013 年版,第 780 页。
② 参见黎宏:《刑法学各论》(第二版),法律出版社 2016 年版,第 241 页;高铭暄、马克昌主编:《刑法学》(第十版),北京大学出版社、高等教育出版社 2022 年版,第 475 页。
③ 参见张明楷:《刑法学》(第六版),法律出版社 2021 年版,第 1157 页。
④ 参见马克昌主编:《百罪通论(下卷)》,北京大学出版社 2014 年版,第 565 页。

加重犯),还是非法拘禁使用暴力致人伤残、死亡(转化犯),行为的目的均是"犯前款罪",即均是为了非法拘禁他人,二者的区别主要体现在是否使用暴力以及暴力行为的强度上;一旦行为人在非法拘禁过程中出于其他目的另起犯意实施暴力行为并致人重伤或死亡,那就突破了"犯前款罪"的范围,故应当分别认定为非法拘禁罪和故意伤害(杀人)罪,并予以并罚。①

综上所述,在本事实单元,陈某成立故意杀人罪以及非法拘禁罪。

五、犯罪竞合的处理

陈某在索要巨款单元中成立抢劫罪;同时,从诱骗抵押单元开始直至赵某死亡为止,其针对赵某实施的非法拘禁行为一直在继续。因此,需要讨论的问题是:他所犯的非法拘禁罪与抢劫罪,是否成立牵连犯?牵连犯,是指以实施某一犯罪为目的的,其方法行为或者结果行为又触犯其他罪名的犯罪形态。两个犯罪之间是否具有牵连关系,不但要求犯罪人主观上认为其所实施的一个行为是另一行为的手段或者结果,而且也要求这数罪之间必须存在通常的手段或者结果的关系。② 首先,从主观上看,行为人扣押赵某,是为了通过暴力、胁迫方式向其劫取财物,前者是为后者服务的手段。其次,从客观上看,司法实务中以拘禁方法实施抢劫的情形较为常见,最高人民法院发布的参考性案例"杨保营等抢劫、绑架案"的案情与本案相似,该案的裁判要旨明确肯定非法拘禁与抢劫之间存在牵连关系。③ 故可以认为,陈某的非法拘禁和抢劫行为成立牵连犯。就非法拘禁罪而言,陈某仅构成该罪的基本犯,其法定刑为3年以下有期徒刑、拘役、管制或者剥夺政治权利;就抢劫罪而言,陈某构成该罪的情节加重犯,其法定刑为10年以上有期徒刑、无期徒刑或者死刑。两相比较,后者为重罪,故择一重罪应以抢劫罪(情节加重犯)论处。

---

① 参见聂昭伟:《非法拘禁过程中为报复暴力致人重伤的定性》,载《人民司法·案例》2020年第20期,第28页。

② 参见〔日〕山口厚:《刑法总论(第三版)》,付立庆译,中国人民大学出版社2018年版,第406页。

③ 参见陈兴良、张军、胡云腾主编:《人民法院刑事指导案例裁判要旨通纂(下卷)》(第二版),北京大学出版社2018年版,第950页。

高某发现赵某死亡后,在被采取强制措施之前主动向公安机关投案,在协助司法机关抓获陈某的过程中如实供述了自己的罪行,故根据《刑法》第 67 条第 1 款的规定,应认定为自首,可以从轻或者减轻处罚。同时,高某协助司法机关将陈某抓获归案。根据《刑法》第 68 条以及 1998 年 4 月 17 日最高人民法院《关于处理自首和立功具体应用法律若干问题的解释》第 7 条的规定,协助司法机关抓捕其他重大犯罪嫌疑人(包括同案犯),应当认定为有重大立功表现。由于陈某涉嫌构成抢劫罪(情节加重犯)和故意杀人罪,可能判处无期徒刑以上刑罚,属于重大犯罪嫌疑人,故高某协助司法机关将其抓获的行为属于重大立功,可以减轻或者免除处罚。

六、全案分析结论

1. 对陈某应当以抢劫罪(情节加重犯)和故意杀人罪论处。
2. 对高某应当以非法拘禁罪(主犯)论处。

难点拓展

一、需要结合本案例复习的基础知识点

1. 抢劫罪与绑架罪的区分;
2. 间接正犯的类型之一:利用有故意无目的的工具;
3. 间接正犯的着手以及既遂标准;
4. 应当如何处理因果流程偏离的情形;
5. 职务侵占罪的构成要件行为;
6. 抢劫案件中出现故意杀人行为的,何时属于抢劫罪的结果加重犯,何时应以抢劫罪和故意杀人罪实行并罚;
7. 如何理解《刑法》第 238 条第 2 款的规定。

二、本章的拓展主题之一:关于绑架罪和抢劫罪的区分

之所以有必要对绑架罪和抢劫罪进行准确区分,是因为现行《刑法》对绑架罪的处罚力度明显高于抢劫罪。这主要体现在两个方面:第一,从法定刑上来看,按照1997年《刑法》的规定,虽然两罪的最高刑都是死刑,但绑架罪的最低刑高达10年有期徒刑,而抢劫罪的最低刑只有3年有期徒刑。即使经过《刑法修正案(七)》修正之后,绑架罪的最低法定刑依然高于抢劫罪,为5年有期徒刑。第二,从犯罪既遂的标准来看,按照通说的观点,对于绑架罪来说,只要被害人被实力控制,即可认定绑架既遂。但是,对于抢劫罪来说,按照《两抢意见》第10条的规定,在没有造成轻伤以上后果的情况下,只有当行为人取得对财物的占有时,才能认定抢劫既遂。

通说认为,索财型绑架罪和抢劫罪都可以表现为对被害人的人身进行实力控制,区分两者的关键在于索财的对象:在索财型绑架罪中,行为人是向被控制者以外的第三人发出索财要求;在抢劫罪中,行为人则是向被控制者本人发出索财要求。但在司法实践中,可能发生这样的情况:行为人在控制被害人之后,由于被害人并未随身携带较多的财物,故行为人要求被害人向亲属要钱。具体可以分为以下两种情况:

1. 可以确定的是,如果行为人要求被害人明确告知亲属自己已被劫持,钱不到账则自己将身首异处,那么行为人实际上是通过被害人向第三人发出了索财要求,可以认定其成立绑架罪。

2. 如果行为人勒令被害人不得向亲属透露自己被劫持的事实,要求其向亲属编造理由索要财物,但是亲属通过电话中被害人的声音、语调等蛛丝马迹察觉到有异常之处,猜测其可能已被劫持,随后出于恐惧心理交付财物,那应当如何处理呢?以下结合案例作出分析。

【家人感知案】

被告人张某、程某和万某经预谋,打电话约出被害人孔某,用租来的轿车将孔某挟持到一废弃厂房内,威胁孔某让其向家属借机索要现金4万元,孔某被迫以炒股为名向家人索要现金,家人询问孔某身在何处,张某悄声示意孔某回答在某县城。家人隐约感知孔某可能遭劫持,当日将1.4万元分两次汇到张某提供的银行账户上,张某确认钱到账后即将孔某放走。次日,三名被告人将该款取出。①

---

① 参见付鸣剑、牛克乾:《本案构成抢劫罪还是绑架罪》,载《人民法院报》2010年11月18日,第007版。

此案中，三被告人犯何种罪，理论界和实务界主要有以下两种看法：一种观点主张，对于行为人应以绑架罪论处。理由在于[①]：第一，勒索财物型绑架犯罪索要财物的对象是被绑架者之外的第三人，抢劫犯罪劫取财物的对象是被抢劫者本人，以财物的获取来源作为判断标准清晰明了，便于司法操作，没有必要再掺杂第三人一方主观上的认知情况。在上述案件中，既然行为人获得财物的来源是第三人，那就应当认定其构成绑架罪。第二，《刑法》第239条关于绑架罪的规定并未要求行为人必须向第三人明示被害人已被绑架，并以此为前提索要财物。只要行为人是以绑架行为为后盾索要财物，即可成立索财型绑架罪。如果在被害人家属感知被害人已被劫持的情况下以绑架罪论处，在被害人家属不知道被害人已被劫持的情况下又以抢劫罪论处，那就会导致绑架罪的成立与否取决于被害人家属的理解和判断能力，导致司法裁判流于随意。第三，过往司法实践中之所以将某些第三人不太清楚被害人是否被劫持的案件以抢劫罪论处，往往是出于量刑公正的考虑。在《刑法修正案（七）》实施前，绑架罪的起刑点是10年有期徒刑，而抢劫罪的起刑点是3年有期徒刑，绑架罪的刑罚明显重于抢劫罪。对某些犯罪情节较为特殊、犯罪分子具有轻缓情节的绑架犯罪，司法机关出于调节量刑的目的而认定为抢劫罪，在当时具有一定的现实合理性。但在《刑法修正案（七）》已经为绑架罪增设了"情节较轻的，处5年以上10年以下有期徒刑，并处罚金"这一规定的背景下，避免适用绑架罪、防止法定刑过高的需要已不复存在，对情节较轻的绑架行为完全可以在绑架罪法定刑的范围内实现罪刑均衡。

另一种观点认为，该行为应该构成抢劫罪。理由在于：绑架罪成立要求行为人在主观方面不仅具有剥夺被害人人身自由、侵犯被害人生命健康的故意，而且具有利用第三人对被绑架人安危的担忧向其勒索财物的目的。在相关案件中，尽管被害人家属感知被害人极有可能遭受劫持，并由此陷入两难抉择，但这并非由被告人行为直接导致，被告人并不

[①] 参见曹坚：《勒索财物型绑架罪不必明示绑架》，载《检察日报》2011年8月24日，第003版。

具有利用被害人家属对被害人安危的担忧向其索财的目的。①

3. 如果行为人笼统地要求被害人向其家属索要钱财,至于被害人以何种名义向其家属发出要求在所不问。这时,可以认为行为人对于是否引起第三人的担忧采取了放任的态度,也即无论是绑架罪还是抢劫罪都在其犯罪计划预想的范围之内。所以,可根据被害人与其家属具体的沟通情况来定性:如果被害人告知家属其因人身被控制而要钱,则行为人构成绑架罪;如果被害人并未告知家属其人身被控制,即使被害人家属有所预感,也应当以抢劫罪论处。

三、本章的拓展主题之二:抢劫与敲诈勒索相结合

行为人虽然实施了抢劫,但最终却是通过敲诈勒索的方法才取得财物的,应当如何认定行为的性质?我们可以把本案的事实稍作改动,加以分析。

【交通事故案】

A以非法占有为目的,将被害人B关押,并对其实施暴力逼迫其交出10万元,B受不了A的毒打,只得打电话给自己的亲属C,以发生交通事故需要赔偿对方损失为由让他立即携10万元到某地。A前往预定地点取钱,C发现情况异常而心生怀疑,不愿将钱交出。A告知C,B已被自己控制,并以杀害B相威胁迫使C向其交付了10万元现金。

这里涉及两个问题:

1. 行为人先是基于其他犯罪目的控制被害人,在控制的过程中产生了向被害人亲属索取财物的目的,能否成立绑架罪?

根据继续犯的基本原理,只要行为人非法控制了被害人的人身,那么一直到被害人恢复人身自由时为止,拘禁行为都持续存在。既然在此过程中行为人产生了利用被害人被扣押的状态向第三人索财的目的,那

---

① 参见付鸣剑、牛克乾:《本案构成抢劫罪还是绑架罪》,载《人民法院报》2010年11月18日,第007版;吴斌、张金玉:《劫持被害人向其家属骗取财物行为构成抢劫罪》,载《法制日报》2012年10月24日,第012版。

就可以认为他是以勒索财物为目的继续实施控制行为。因此,行为人后续的控制行为就具有了绑架的性质。

值得注意的是,《德国刑法》第 239a 条对这种犯罪类型作了独立规定。该条所规定的绑架罪,分为劫持型绑架罪(Entführungstatbestand)和利用型绑架罪(Ausnutzungstatbestand)两种。前者指的是,行为人从一开始就是以勒索财物为目的控制他人;后者指的是,行为人起先出于其他目的非法控制他人人身,随后才产生了勒索财物的目的,并基于该目的利用了被害人被控制的状态。① 劫持型绑架的既遂,只要求行为人以索财为目的实力控制了被害人即可。但是,对于利用型绑架来说,由于拘禁、扣押行为实施之时行为人缺乏向第三人索财的意图,所以学界一致认为,对被害人被扣押的状态加以利用的行为,是该种绑架罪实行行为的组成部分;若行为人只是产生了利用被害人被控制的状态索取钱财的主观目的,尚不足以成立利用型绑架的既遂,该类型绑架的既遂还要求其必须将利用的目的付诸实现。② 所以,利用行为,也就是索财行为的状态才是判断这种绑架行为既遂与否的标准。通说认为,只要行为人已经着手向第三人勒索财物,即可认定绑架既遂。③ 少数学者则主张,只有当行为人已经索取到财物时,才能认定绑架既遂。④

2. 在肯定行为人构成绑架罪的情况下,如何认定罪数?

按照时间顺序,A 依次实施了三个行为,分别构成以下犯罪:(1)抢劫罪。但由于 C 产生怀疑而并未按照 B 的指令当即转移现金的占有,A 只有另行采取其他方式(欺骗、胁迫甚至暴力压制等)才可能取得对 10 万元现金的占有。所以,只能认定抢劫罪停留在了未遂阶段。(2)绑架罪。在 A 对 B 的人身进行实力控制的过程中,A 发生了犯意转化,即从原先抢劫的故意(向 B 索要财物)转化为了绑架的故意(利用 C 对 B 人身安危的担忧向其索财)。于是,从这时开始,扣押行为的性质也发生了变化,从原先服务于劫财目的的暴力行为转变成为向第三人索财而扣押人质的行为。换

---

① Vgl. Kindhäuser/Hilgendorf, Lehr- und Praxiskommentar, 8. Aufl., 2020, § 239a Rn. 2.

② Vgl. Eisele, in: Schönke/Schröder, StGB, 30. Aufl., 2019, § 239a Rn. 23f.

③ Vgl. BGH 26, 310; NStZ 2007, 33; NStZ-RR 2012, 173; Kindhäuser, Strafrecht BT 1, 8. Aufl., 2017, § 16 Rn. 20; Sonnen, in: NK-StGB, 4. Aufl., 2017, § 239a Rn. 22.

④ Vgl. Renzikowski, in: MK-StGB, 4. Aufl., 2021, § 239a Rn. 63.

言之,以犯罪故意发生转变的时点为分界线,前一段的拘禁行为属于抢劫罪的暴力手段,后一段的拘禁行为则属于绑架罪的构成要件行为。(3)敲诈勒索罪。按照通说,绑架罪的构成要件行为只包含实力控制他人人身的举动。所以,后续索财的行为另行构成敲诈勒索罪。

可以确定的是,由于抢劫未遂之后的实力控制行为,只能被单独评价为绑架罪的实行行为,故抢劫罪(未遂)与绑架罪是数罪关系。至于绑架罪与敲诈勒索罪的关系,按照通说的观点,绑架后向第三人索财的行为虽然可以独立构成敲诈勒索罪,但应当被包含在绑架罪之中评价。相关的理由和争议,将在第五章中论及。

四、本章的拓展主题之三:《刑法》第 238 条第 2 款的解释

《刑法》第 238 条第 2 款第 1 句规定了致人重伤或者死亡的结果加重犯,后一句则规定了从非法拘禁罪向故意伤害罪或者故意杀人罪的转化犯。根据本章分析所采取的观点,对于行为人在非法拘禁过程中造成被害人死亡的案件,大体上可以分为以下三种类型:

1. 如果是拘禁行为本身过失导致被害人死亡,则应当根据《刑法》第 238 条第 2 款第 1 句的规定,以非法拘禁罪的结果加重犯论处。(结果加重犯)

2. 如果行为人在拘禁过程中,对被害人使用拘禁以外的暴力,并过失导致被害人死亡,则应当按照《刑法》第 238 条第 2 款第 2 句关于转化犯的规定,以故意杀人罪论处。(转化犯)

3. 如果行为人在拘禁过程中,故意杀害被害人,则应当以故意杀人罪和非法拘禁罪实行并罚。(两罪并罚)

对于结果加重犯的认定,学界基本不存在争议,但是,关于转化犯和两罪并罚这两种情形的界分,有司法实务人士提出了不同看法,下面结合案例予以分析。

【逼迫复婚案】

2016 年 6 月,被告人贾军的妻子林某与被害人汤某发生不正当男女关系,后贾军、林某于同年 9 月 1 日离婚。离婚次日 14 时 20 分许,贾军在林某务工的快餐店外蹲守,后一路跟随林某和汤某至双屿街道温化生活区中国建设银行附近时,上前用刀顶住汤某,并将其挟持至温州市鹿城区双屿街道温金路168号旁小巷内喜聚家快餐店门口。贾军持刀抵住汤某的胸部,要求林某和自己复婚。公安人员接警后赶到现场。当日17时35分许,公安人员在劝说贾军无效的情况下解救汤某,在解救过程中贾军持刀捅刺汤某腹部等处,致汤某受伤。经法医鉴定,被害人汤某的伤势程度为重伤二级。一审法院以绑架罪判处被告人无期徒刑;二审法院则判决被告人构成非法拘禁罪和故意伤害罪,两罪并罚,决定执行有期徒刑10年。①

法官在评论该案时提出:无论是转化犯还是两罪并罚,行为人对于重伤、死亡结果都应当持故意心态,关键区别在于行为人主观上的目的,转化犯中的伤害、杀害行为是出于控制被害人的目的,而两罪并罚中的伤害、杀害行为则是基于其他目的。具体来说,如果行为人在非法拘禁过程中,为了控制或者继续控制被害人,使用超出了非法拘禁他人所需要的高强度暴力手段,行为人明知该种暴力行为会导致被拘禁人伤残、死亡结果的发生而仍然实施,表明其主观上对他人死亡结果的发生至少持放任态度,此时无论是从主观故意还是客观行为强度来看,均超出了非法拘禁罪的构成要件范畴,应当按照《刑法》第234条、第232条的规定,转化认定为故意伤害罪或故意杀人罪;如果行为人在非法拘禁他人的故意之外,在拘禁过程中另起犯意,对被拘禁人实施了暴力伤害或杀害行为并致人伤残或死亡的,由于该暴力行为并非出于非法拘禁他人的目的,而是为了实现其他犯意,侵犯了被害人的另一法益,这种情形既不能认定为结果加重犯,也不属于转化犯,而应当认定为独立的新罪。据此,在本案中,被害人已经处于其控制之中,而且被害人并没有反抗,贾军持刀捅刺被害人并非为了控制或者继续控制被害人,而系出于报复目的另起犯意,该行为已经单独构成故意伤害罪,应将之与非法拘禁罪实行并罚。

---

① 参见聂昭伟:《非法拘禁过程中为报复暴力致人重伤的定性》,载《人民司法·案例》2020年第20期,第28页。

第五章 孩子与赎金案

案情叙述

甲承租一家大酒店，因经营管理不善而严重亏损，便想通过非法手段弄一笔钱。甲见本县一摄影个体户生意兴隆，又有一个儿子X(7周岁)，遂心生一计。在对X的活动规律跟踪了解之后，甲向在酒店里做服务工作的乙提出："有人欠咱们酒店50万元钱不还，我们一起把他儿子带来，逼他还债。"乙同意。某日上午10时许，甲骑摩托车载着乙到X就读的小学附近，由乙进入教室将X骗出。甲、乙将X带至自己经营的酒店内，用胶带将X反绑置于酒店贮藏室内关押。下午，甲告诉自己的外甥女丙(15周岁)，自己绑了一个小孩，要求丙帮助自己打电话给被害人的家属索取财物，并告知了被害人家的电话号码和索要50万元等条件。从16时许至17时许，丙按照甲的嘱托共3次打电话给被害人家，提出索要赎金的要求，被害人家属态度犹豫。第二天，甲再次要求丙继续向被害人家电话催要赎金，丙予以拒绝。甲先是将丙斥责了一番，然后要求丙帮忙给被关押的X送点水和食物，自己则回办公室处理其他事务。丙携带水和食物进入贮藏室后，X当即哭闹起来。丙挨训后本来就窝着一肚子气，见状勃然大怒，冲上前一边狠狠掐住X的脖子一边说："我让你哭！"掐了大约30秒后导致X当场昏迷。丙以为其已经死亡，遂匆忙逃离现场。甲返回贮藏室发现这一情况后，立即将X送往医院救治。经鉴定，X因咽喉部位受外力挤压导致环状软骨断裂、气管受损，为重伤二级。①

---

① 案情改编自"章浩等绑架案"，载最高人民法院刑事审判第一、二、三、四、五庭主办:《中国刑事审判指导案例(侵犯公民人身权利、民主权利罪)》，法律出版社2009年版，第456页。

本案的行为涉嫌的一个主要罪名是绑架罪。关于本罪构成要件行为的内容,刑法学界有不同看法。单一行为说认为,绑架罪的实行行为仅包括对被害人人身进行实力控制的行为;复合行为说则认为,绑架罪的实行行为包括两部分:一是实力控制的行为,二是提出非法要求的行为。采取不同的学说,会对事实单元的划分、涉嫌犯罪的分析路径等诸多方面产生影响。所以,本章将分别以这两个学说为基础,提供两份参考分析。

单一行为说的分析方案

思路提要

一、劫为人质
(一)乙
1. 绑架罪(第239条)(×)
(1)构成要件符合性(×)
(2)结论
2. 拐骗儿童罪(第262条)(√)
(1)构成要件符合性(√)
(2)违法性(√)
(3)责任(√)
(4)结论
3. 非法拘禁罪(第238条第1款)(√)
(1)构成要件符合性(√)
(2)违法性(√)
(3)责任(√)
(4)结论
(二)甲
1. 绑架罪(第239条第1款)(直接正犯)(√)

(1)构成要件符合性(√)
(2)违法性(√)
(3)责任(√)
(4)结论
2. 绑架罪(第239条第1款)(间接正犯)(√)
(1)构成要件符合性(√)
(2)违法性(√)
(3)责任(√)
(4)结论
3. 拐骗儿童罪(第262条,第26条第1、4款)(共同正犯)(√)
(1)构成要件符合性(√)
(2)违法性(√)
(3)责任(√)
(4)结论
4. 非法拘禁罪(第238条第1款,第26条第1、4款)(共同正犯)(√)

(1)构成要件符合性(√)
(2)违法性(√)
(3)责任(√)
(4)结论
(三)竞合

二、索取财物
(一)丙
1.绑架罪(第239条,第26条第1、4款)(共同正犯)(×)
(1)构成要件符合性(×)
(2)结论
2.绑架罪(第239条,第27条)(帮助犯)(×)
(1)构成要件符合性(×)
(2)结论
3.敲诈勒索罪(第274条,第24条)(×)
(1)构成要件符合性(√)
(2)违法性(√)
(3)责任(×)
(4)结论
(二)甲
1.敲诈勒索罪(第274条,第23条)(间接正犯)(×)
(1)构成要件符合性(×)
(2)结论
2.敲诈勒索罪(第274条第1分句,第29条,第23条)(教唆犯)(√)
(1)构成要件符合性(√)

(2)违法性(√)
(3)责任(√)
(4)处罚
(5)结论
3.传授犯罪方法罪(第295条)(×)
(1)构成要件符合性(×)
(2)结论
4.组织未成年人进行违反治安管理活动罪(第262条之二)(×)
(1)构成要件符合性(×)
(2)结论
(三)竞合

三、递送饮食
丙
绑架罪(第239条,第27条)(×)
(1)构成要件符合性(×)
(2)结论

四、怒下杀手
(一)丙
1.故意杀人罪(第232条,第23条)(√)
(1)构成要件符合性(√)
(2)违法性(√)
(3)责任(√)
2.故意伤害罪(第234条第2款第1句第1分句)(√)

3. 绑架罪(第 239 条第 2 款)
(结合犯)(×)
　　(1)构成要件符合性(×)
　　(2)结论
　(二)甲
　1. 绑架罪(第 239 条第 2 款)
(结合犯)(×)

2. 过失致人重伤罪(第 235 条)(×)
　　(1)构成要件符合性(×)
　　(2)结论
　(三)竞合

五、全案分析结论

具体分析

　　关于事实单元划分的思考:根据通行的"单一行为说",绑架罪的实行行为仅包括人身控制行为,而不包括索要赎金的行为。据此,甲、乙对 X 进行人身控制的行为,丙打电话索取财物的行为,无疑都应当分别划分为独立的事实单元。可能存在疑问或者被忽略的地方在于:

　　1. 诱骗的行为是否需要单列一个单元? 甲、乙是通过将 X 从小学骗出,才实现了对其人身的控制。有的同学考虑到了该诱骗行为可能成立拐骗儿童罪,故倾向于将其作为一个独立的单元。这就涉及一个问题:拐骗儿童罪是即成犯还是继续犯? 回答应当是后者。其一,本罪的构成要件行为表现为使儿童脱离家庭或者监护人,故其侵害的法益是儿童的人身自由和人身安全,这在本质上与非法拘禁罪以及绑架罪等典型的继续犯是一致的。其二,通说认为,拐骗儿童罪与绑架罪、拐卖儿童罪的区别点仅在于行为人主观上的目的,这就说明拐骗儿童罪在客观方面同样具有继续犯的特点,即行为与不法状态同时处于持续状态。这样一来,就不能认为拐骗儿童是独立于非法拘禁或者绑架之外的另一个行为,所以不宜将它单列一个事实单元。

　　2. 同学们很容易忽略掉丙受命给 X 递送饮食的行为。对于非法拘禁或者绑架罪来说,中途参与看管被害人、为被害人递送饮食的行为,对被害人人身受控状态的持续发挥了作用,所以可能成立相关犯罪的共犯。因此,有必要将其作为一个独立的单元来进行分析。

> 综上，本案可以划分为四个单元：劫为人质、索取财物、递送饮食以及怒下杀手。

一、劫为人质

> 关于参与人员考察顺序的预判：甲和乙孰先孰后？笔者倾向于采取"先乙后甲"的思路。理由有二：第一，根据第一章关于共同正犯分析模式的论述，当多个参与人的行为方式和实质贡献不存在差别时，可以一并对其进行检验。但是，本案中，甲、乙的行为存在一定的区别，乙负责进入学校将 X 骗出，尔后甲、乙一同将 X 反绑关押在酒店贮藏室内。所以，还是将二者分开考察为宜。第二，根据上一章分析得出的经验，如果共同参与人中有人因为对事实存在误认而缺乏特定的目的，那么其他参与人可能成立利用有故意无目的之工具的间接正犯。本案中，甲同样是以讨债为名邀请乙加入，所以甲有可能成立间接正犯。于是，应当从疑似被利用者，即乙开始分析。

（一）乙

1. 绑架罪（第 239 条）

（1）构成要件符合性

①客观构成要件

首先，绑架罪的既遂标准取决于本罪实行行为的具体内容。对此，刑法学界还存在争议。通说提倡单一行为说，认为绑架罪的实行行为仅指将被害人置于行为人控制之下，剥夺或者限制其人身自由的行为。[1] 有的学者则支持复合行为说，主张本罪的实行行为包括控制他人人身和向第三人提出不法要求这两个部分。[2] 笔者赞同通说观点，理由在于：

第一，从本罪的保护法益来看，假如绑架罪像抢劫罪或者敲诈勒索罪那样被规定在侵犯财产犯罪之中，那么勒索财物的行为对于本罪的法益就

---

[1] 参见张明楷：《刑法分则的解释原理》（第二版），中国人民大学出版社 2011 年版，第 516 页以下；高铭暄、马克昌主编：《刑法学》（第十版），北京大学出版社、高等教育出版社 2022 年版，第 476—477 页。

[2] 参见肖中华：《关于绑架罪的几点思考》，载《法学家》2000 年第 2 期，第 81—82 页；黎宏：《刑法学各论》（第二版），法律出版社 2016 年版，第 244 页。

会产生实际影响,它自当属于构成要件行为。① 然而,绑架罪规定在刑法分则第四章而非第五章当中,并且位于非法拘禁罪之后,这就说明本罪侵犯的并非财产法益,而是人身法益。

第二,从本罪的罪状规定来看,《刑法》第 239 条中"以勒索财物为目的"一词说明,勒索财物仅仅是主观超过要素的内容,并不要求行为人必须在客观上实施了索财或提出其他非法要求的行为。故只要行为人以勒索财物或实现其他不法要求为目的,实施了控制与支配他人人身的行为,就足以成立本罪的既遂。

第三,从现实的案件情况来看,有些行为人绑架他人后,只是对外宣称自己已劫持某人为人质,但并不主动提出非法要求,而是等待相关人员询问其要求。如果采取复合行为说,就会认为到相关人员询问并且行为人作出回应之前,绑架行为一直处在未遂的状态之中,这并不合适。②

第四,从本罪和非法拘禁罪的区别来看,学界对单一行为说提出的质疑是,如果说绑架罪和非法拘禁罪的构成要件行为都是控制他人人身的举动,那么在客观表现完全一致的情况下,为何两罪的法定刑存在如此巨大差距(同属情节一般的案件,绑架罪的法定刑为 10 年以上有期徒刑或者无期徒刑,而非法拘禁罪则仅为 3 年以下有期徒刑、拘役、管制或者剥夺政治权利)呢? 从单一行为说的立场出发,可以认为其原因就在于绑架罪的行为人除了侵犯他人人身自由的故意之外,还具有勒索财物或者满足其他非法要求的主观目的。③

第五,从激励犯罪人主动减少法益侵害的角度来看,按照单一行为说,既然控制他人人身是认定绑架罪既遂的标志,那么在控制他人之后提出勒索要求之前,行为人即便主动放弃勒索、释放人质,也无法构成本罪的中止。复合行为说认为,这种做法不利于鼓励犯罪人争取从宽处理。但是,一方面,虽然根据单一行为说,这种情况不能适用犯罪中止的规定,但仍然可以将其作为一种酌定量刑情节加以考虑;另

---

① 参见付立庆:《绑架罪既遂标准的重新论证——以刑法修正案(七)的相关修改为背景》,载《法学评论》2012 年第 1 期,第 150 页。
② 参见张明楷:《刑法学》(第六版),法律出版社 2021 年版,第 1160 页。
③ 参见王作富主编:《刑法分则实务研究》(第五版),中国方正出版社 2013 年版,第 785 页;陈兴良:《判例刑法学(上卷)》(第二版),中国人民大学出版社 2017 年版,第 401 页。

一方面,在《刑法修正案(七)》为绑架罪增加了减轻构成要件之后,对于绑架行为完成之后主动放弃勒索、释放人质的情形,完全可以以"情节较轻"的绑架罪论处,这同样能够发挥激励犯罪人减少法益侵害程度的功能。①

第六,从比较法的角度来看,《德国刑法典》第239a条规定了掳人勒赎罪,德国刑法学界一致认为,只要行为人已将被害人劫持或者控制,即便还没有着手勒索财物,也应当认定为本罪既遂。②

本案中,乙采取诱骗的手段将X关押到自己所经营之酒店的贮藏室内,剥夺了其行动自由,故可以认为其已经实现本罪的既遂。

其次,绑架行为是否必须具有强制性,刑法学界对此有不同看法。一种观点认为,绑架行为应当具有强制性,它仅限于使用暴力、胁迫或者麻醉方法控制他人;③另一种观点则主张,绑架行为的方式并不以强制手段为限,它既包括暴力劫持、暴力威胁,也包括欺骗、诱惑或者麻醉的方法。④ 笔者赞同后一种观点。理由在于:法定刑的高低,对于构成要件内容的解释发挥着制约作用,即法定刑越重,就越应该严格限制构成要件的范围;反之,则可以对构成要件采取较为宽松的解释态度。前一种观点之所以主张将绑架限制在强制行为之上,主要是考虑到,结合《刑法》第20条第3款、第50条第2款的规定来看,绑架罪是与故意杀人、强奸、抢劫罪相并列的一种严重犯罪,这就要求成立绑架罪的行为必须具有强制性。⑤ 但是,这种看法存在疑问:第一,即便是上述规定中与绑架罪相并列的那些犯罪,其行为也并非仅限于暴力、胁迫或者麻醉方法。例如,行为人采取隐瞒事实的方式,使妇女误以为其是自己的丈夫而与之发生性关系的,虽然并未采取强制行为,但学界没有争议地认为应当

---

① 参见陈兴良主编:《刑法各论精释》,人民法院出版社2015年版,第180页。

② Vgl. BGH StV 96, 578; Eisele, in: Schönke/Schröder, StGB, 30. Aufl., 2019, § 239a Rn. 17.

③ 参见张明楷:《刑法学》(第六版),法律出版社2021年版,第1159页。

④ 参见高铭暄、马克昌主编:《刑法学》(第十版),北京大学出版社、高等教育出版社2022年版,第475—476页;王爱立主编:《中华人民共和国刑法条文说明、立法理由及相关规定》,北京大学出版社2021年版,第898页。

⑤ 参见阮齐林:《绑架罪的法定刑对绑架罪认定的制约》,载《法学研究》2002年第2期,第35、40页;徐光华:《索债型非法拘禁罪扩张适用下对绑架罪的再认识》,载《中国法学》2021年第3期,第272页。

成立强奸罪。① 第二,我们可以结合个别条款的立法目的对其规定的犯罪情形进行限制解释,但不应当对这些犯罪的手段本身作过于严格的控制。例如,《刑法》第 20 条第 3 款关于特殊防卫权的规定虽然包含了强奸罪和抢劫罪,但是由于该款要求侵害必须"严重危及人身安全",所以如果强奸行为人采取的是麻醉、欺骗的方式,如果行为人抢劫得手后只是单纯逃跑,那就应当认为不符合特殊防卫权的前提要件。② 同理,即便认为绑架罪的行为方式本身并不限于强制手段,当绑架行为人采取的是非强制性手段时,也完全可以根据"严重危及人身安全"的规定对能够成立特殊防卫权的绑架行为加以限制。第三,在《刑法修正案(七)》出台之前,绑架罪的法定刑过重(最低法定刑是 10 年有期徒刑),从维持罪刑均衡的角度出发,或许有必要通过将本罪的行为方式限定在强制手段之上,从而限制本罪的成立范围。但是,《刑法修正案(七)》增加了"情节较轻的,处 5 年以上 10 年以下有期徒刑"的规定,使本罪的最低法定刑下降到了 5 年有期徒刑。这样一来,采取非强制性手段实施的绑架行为,就可以被列入"情节较轻"的绑架罪。③ 第四,尽管经过《刑法修正案(七)》修改后的绑架罪的法定最低刑仍然高于故意杀人罪,但这并不是因为绑架罪手段的极端性,而是因为绑架行为人具有将无辜第三人牵涉在内的意图,这导致绑架行为具有更重的可谴责性。④ 据此,本案中,乙采取欺骗的方式将 X 从学校带出予以控制,符合本罪的行为方式。

②主观构成要件

乙知道自己的行为会控制 X 的人身,并追求这一结果的出现,故具备本罪的故意。

按照《刑法》第 239 条第 1 款的规定,本罪的成立要求行为人具有向第三人勒索财物或者提出其他非法要求的目的。虽然乙控制 X 是为了利用 X 的家人对其人身安危的担忧索要财物,但由于甲隐瞒了事实真

---

① 参见王作富主编:《刑法分则实务研究》(第五版),中国方正出版社 2013 年版,第 755 页。
② 参见高铭暄主编:《刑法专论》(第二版),高等教育出版社 2006 年版,第 439—440 页;黎宏:《刑法学总论》(第二版),法律出版社 2016 年版,第 143 页。
③ 参见葛明、姚军、汤媛媛:《翁某等绑架案—情节较轻的绑架罪之司法认定》,载《人民司法·案例》2009 年第 14 期,第 60—62 页。
④ 参见马克昌主编:《百罪通论(上卷)》,北京大学出版社 2014 年版,第 573 页。

相,导致乙始终误以为自己是在与甲一同索要合法债务。根据《刑法》第 238 条第 3 款的规定,当行为人出于索取债务的目的非法扣押、拘禁他人时,不属于绑架罪中"以勒索财物为目的",只能成立非法拘禁罪。需要讨论的问题是:本条款中的"他人",究竟是仅指债务人本人,还是也包括债务人的亲属等第三人?一种观点对本款中的"他人"没有作出任何限定,据此,无论行为人扣押的是债务人本人还是第三人,都只能认定为非法拘禁罪(无限制说)。① 另一种观点主张,虽然为了索取债务,但将与债务人没有共同财产关系、扶养、抚养关系的第三者作为人质的,不能适用本款的规定,而应认定为绑架罪(限制说)。② 还有一种观点则认为,在索要债务的场合,拘禁、扣押的对象只能是债务人本人,否则就不能适用本款的规定,而应当以绑架罪论处(严格限制说)。③ 本案中,按照乙想象的情况,被拘禁的 X 是债务人的儿子,与债务人具有抚养关系,所以无论按照上述无限制说还是限制说,都会得出应当适用本款规定的结论,只有严格限制说会认为乙依然构成绑架罪。

严格限制说存在值得商榷之处。第一,《刑法》第 238 条第 3 款之所以规定为索债而拘禁他人的不成立绑架罪或者抢劫罪,就是因为考虑到在这种情形中,行为人提出的索财要求具有合法根据,故他不具有非法占有他人财物的目的。于是,只要行为人意图索要的是债务,那么不论行为人扣押的对象是债务人本人还是第三人,行为人欠缺非法占有他人财物的目的这一事实都不会受到影响。因此,不宜将本条款中的"他人"限定于债务人本人。第二,将《刑法》第 238 条第 3 款中的"他人"严格限定在债务人之上,一个可能的理由在于:既然债务人逾期不履行债务在先,那就说明他对于自身遭遇拘禁和扣押负有一定的过错,正是这一定程度上的被害人自我答责,才使拘禁行为的不法出现了明显减弱,故扣押、拘禁的被害人只能是债务者本人。但是,被害人自我答责并不是《刑法》第 238 条第 3 款的唯一立法依据。因为,实践中经常出现的情况是,债务人本人早已远走高飞、不知所终,导致债权人只能通过扣押其

---

① 参见高铭暄、马克昌主编:《刑法学》(第十版),北京大学出版社、高等教育出版社 2022 年版,第 475 页。
② 参见张明楷:《刑法学》(第六版),法律出版社 2021 年版,第 1163 页。
③ 参见黎宏:《刑法各论》(第二版),法律出版社 2016 年版,第 247 页。

近亲属的方式才可能讨回债款。一方面,债权人所采取的这种讨债方式虽然违法,但毕竟事出有因,存在值得谅解的理由。仅仅因为被拘禁者并非债务人本人就认定行为构成绑架罪,这对于行为人的处罚过于严苛。另一方面,在绑架的情形中,行为人扣押他人就是为了实现非法目的,所以为了湮灭犯罪踪迹、防止被人追捕,其杀害被拘禁人的危险性较大;但是,债权人扣押债务人近亲属的目的却仅在于要债,其灭口动机较弱,所以被拘禁人遭遇杀害的危险本来就相对较低。综上,即便在被拘禁人并非债务人本人的情况下,为《刑法》第238条第3款提供实质依据的不法和责任减弱事由也都是存在的,所以不应将本款中的"他人"限制在债务人之上。本案中,不论采取无限制说还是限制说,均可认定乙并不满足绑架罪的主观构成要件。

(2)结论

乙的行为不成立绑架罪。

2. 拐骗儿童罪(第262条)

(1)构成要件符合性

①客观构成要件

首先,不满14周岁的未成年人X已经脱离监护人,故本罪既遂所要求的结果已经出现。

其次,本罪的实行行为表现为,采用诱骗、强制或者其他方法,使不满14周岁的未成年人脱离家庭或者监护人。乙进入学校将X从教室骗出,随后又将其反绑关押在酒店贮藏室内,使其脱离了监护人,故符合本罪的行为要件。

②主观构成要件

首先,本罪故意的成立,要求行为人一方面认识到行为对象是不满14周岁的未成年人,另一方面认识到行为会导致儿童脱离家庭或者监护人。对这两个方面分别加以考察:第一,即便乙并不知晓X的确切年龄,但既然他知道X正在就读小学,而小学生通常都不满14周岁,那就可以认定乙明知行为对象为儿童。第二,尽管乙因误以为自己是在索取合法债务而不具有非法占有他人财物的目的,但他对于该诱骗、扣押的行为将导致X脱离家庭和监护人这一点有着明确无误的认知,而且为了实现讨债的目的而希望该结果发生,故乙具备本罪的故意。

其次，本罪的成立是否要求行为人具有主观上特定的目的，对此刑法学界有不同看法。有的学者认为，本罪的成立要求行为人只能具有收养、役使等目的，而不能具有出卖的目的。① 有的学者则主张，本罪不要求拐骗者主观上具有特定的目的。② 笔者赞同后一种观点。理由在于：第一，《刑法》第262条本身并没有对本罪行为人的目的作出任何限定。第二，前一种观点之所以要求拐骗者具有收养、役使的目的，主要是将本罪与拐卖儿童罪和绑架罪区分开来。但是，完全可以认为，拐骗儿童罪与拐卖儿童罪及绑架罪之间并非相互排斥，而是彼此存在重合。即，一切将儿童带离家庭或者监护人的行为，不论具体目的为何，至少都可以成立拐骗儿童罪；如果能够查明行为人具有出卖或者向第三人勒索财物的目的，则同时成立拐卖儿童罪或者绑架罪，最后按照竞合的原理确定应当适用的罪名。而且，这种理解更有利于避免出现处罚上的漏洞。例如，如果已经查明行为人具有拐骗儿童的行为，但无法查明其拐骗的目的究竟是收养、役使还是出卖、索财。如果认为拐骗儿童罪的成立要求行为人必须具备收养、役使的目的，则只能得出无罪的结论；反之，如果不对拐骗儿童罪的主观目的作出限定，则这种行为就可以成立拐骗儿童罪。

(2)违法性

不存在违法阻却事由。

(3)责任

不存在责任阻却事由。

(4)结论

乙成立拐骗儿童罪。

3.非法拘禁罪(第238条第1款)

(1)构成要件符合性

①客观构成要件

本罪的既遂，以被害人丧失人身自由为标志。首先，由于本罪侵害

---

① 参见王作富主编：《刑法分则实务研究》（第五版），中国方正出版社2013年版，第887页；周光权：《刑法各论》（第四版），中国人民大学出版社2021年版，第95页；王爱立主编：《中华人民共和国刑法条文说明、立法理由及相关规定》，北京大学出版社2021年版，第977页。

② 参见张明楷：《刑法学》（第六版），法律出版社2021年版，第1192页。

的法益是人的身体活动自由,故行为对象只能是具有身体活动自由的自然人,即要求行为人必须具备根据自身意愿改变身体所处位置的能力。① 已满 7 周岁的 X 虽然缺少刑事责任能力和民事行为能力,但具有根据意识从事身体活动的能力,故可以成为本罪的行为对象。其次,乙和甲将 X 反绑关押在酒店贮藏室内,使其丧失了活动的自由。尽管《刑法》对本罪的成立未设立情节上的限制,但刑法理论通说认为,如果非法拘禁他人情节显著轻微的,不宜认定为犯罪。② 根据 2006 年 7 月 26 日最高人民检察院《关于渎职侵权犯罪案件立案标准的规定》,"非法剥夺他人人身自由 24 小时以上",或者"非法剥夺他人人身自由,并使用械具或者捆绑等恶劣手段,或者实施殴打、侮辱、虐待行为",应予立案。另外,根据 2018 年 1 月 16 日最高人民法院、最高人民检察院、公安部、司法部《关于办理黑恶势力犯罪案件若干问题的指导意见》,黑恶势力非法拘禁他人累计时间在 12 小时以上的,应以非法拘禁罪定罪处罚。本案中,乙对 X 的扣押时间跨越了 2 日,其间对其采取了用胶带捆绑的行为,同时拘禁对象是年仅 7 岁的儿童,参考以上司法解释和规范性文件的规定,不能认为其剥夺 X 人身自由的行为属于情节显著轻微的情况。故本罪既遂所要求的结果已经出现。故本罪既遂所要求的结果已经出现。

本罪的实行行为表现为非法剥夺他人人身自由。乙将 X 反绑关押至酒店的贮藏室内,足以剥夺其身体的活动自由,故符合本罪的行为要件。

②主观构成要件

乙明知 X 是具有从事身体活动能力的人,也知道其关押行为将剥夺 X 的人身自由,却为了实现讨债的目的而希望这种结果发生,故具备本罪的故意。

(2)违法性

不存在违法阻却事由。

(3)责任

不存在责任阻却事由。

---

① 参见张明楷:《刑法学》(第六版),法律出版社 2021 年版,第 1153—1154 页。Vgl. Kindhäuser/Hilgendorf, Lehr- und Praxiskommentar, 8. Aufl., 2020, § 239 Rn. 4.

② 参见张明楷:《刑法学》(第六版),法律出版社 2021 年版,第 1155 页;高铭暄、马克昌主编:《刑法学》(第十版),北京大学出版社、高等教育出版社 2022 年版,第 474 页。

(4)结论

乙的行为成立非法拘禁罪。

(二)甲

1. 绑架罪(第 239 条第 1 款)(直接正犯)

(1)构成要件符合性

①客观构成要件

如前所述,绑架罪的客观构成要件是实力控制他人的行为。本案中,甲采取诱骗手段将 X 关押于酒店的贮藏室内,实现了对 X 的人身控制,已经满足了本罪的客观构成要件。

②主观构成要件

首先,甲知道自己的行为会剥夺 X 的人身自由,并追求这一结果的出现,故具备本罪的故意。其次,甲之所以控制 X,是为了利用 X 的家人对其人身安危的担忧索要财物,故具备向第三人勒索财物的目的。

(2)违法性

不存在违法阻却事由。

(3)责任

不存在责任阻却事由。

(4)结论

甲关押 X 的行为成立绑架罪。

2. 绑架罪(第 239 条第 1 款)(间接正犯)

(1)构成要件符合性

①结果要件

被害人 X 被关押在酒店贮藏室内,其人身已被控制。故本罪所要求的法益侵害结果已经出现。

②间接正犯的归责要素

前面关于乙刑事责任的分析表明,乙虽然参与实施了实力控制 X 的行为,但他因为缺乏非法占有的目的而无法成立本罪。就目的犯来说,利用有故意无目的的人实施犯罪能否成立间接正犯?对此,刑法学界有不同看法。肯定说认为,当有目的者诱使有故意无目的之人去实施目的犯时,有目的者成立间接正犯。① 否定说则认为,直接实行者除了缺少目的之外已经满足了为犯罪成立所需要的所有要件,所以单纯具有目的这一点并不足以使幕后者对直接实行者产生事实支配,幕后者对实行者的实际影响力与教唆犯无异。② 笔者赞同肯定说。理由在于:第一,犯罪事实支配除了事实性支配之外,还包括规范性支配。既然对于目的犯来说,是否具有目的对于犯罪的成立与否起着至关重要的作用,那就说明当直接实行者缺乏目的时,只有具有目的的幕后指使者才对该目的犯的构成要件事实享有完整的支配。③ 第二,当幕后者欺骗直接实行者,导致后者误以为其实施的行为并非追求特定目的时,就可以认为幕后指使者通过欺骗手段取得了相对于直接实行者的优势地位,从而获得了对犯罪事实的支配。④ 第三,如果认为利用有故意无目的之人实现犯罪的情况不成立间接正犯,那么对于幕后指使者就只能考虑以教唆犯论处。可是,教唆犯的成立以存在相应犯罪的正犯行为为前提,既然直接实行者因为缺少目的而无法成立目的犯,那么即便教唆者本人具有目的,也无法成立该目的犯的教唆犯。

本案中,甲使用虚构事实的方法使乙误以为其行为是为了索取合法债务,从而导致乙缺少绑架罪非法占有他人财物的目的。因此,可以认为甲通过欺骗对乙产生了支配性的影响,使其成为自己实现绑架罪构成要件的工具。所以,甲符合本罪间接正犯的行为要件。

③主观构成要件

首先,甲知道自己利用乙的行为会控制 X 的人身,并追求这一结果的出现,故具备本罪的故意。其次,前面关于绑架罪直接正犯的分析已经表明,甲具备向第三人勒索财物的目的。

---

① 参见马克昌主编:《犯罪通论》(第三版),武汉大学出版社 1999 年版,第 547 页;黎宏:《刑法学总论》(第二版),法律出版社 2016 年版,第 271 页;张明楷:《刑法学》(第六版),法律出版社 2021 年版,第 531 页;周光权:《刑法总论》(第四版),中国人民大学出版社 2021 年版,第 345 页。Vgl. Baumann/Weber/Mitsch/Eisele, Strafrecht AT, 12. Aufl., 2016, § 25 Rn. 124; Wessels/Beulke/Satzger, Strafrecht AT, 47. Aufl., 2017, Rn. 775; Heine/Weißer, in: Schönke/Schröder, StGB, 30. Aufl., 2019, § 25 Rn. 19.

② Vgl. Otto, Grundkurs Strafrecht, Allgemeine Strafrechtslehre, 7. Aufl., 2004, § 21 Rn. 97; Maurach/Gössel/Zipf, Strafrecht AT, Teilbd. Ⅱ, 8. Aufl., 2014, § 48 Rn. 28.

③ Vgl. Jescheck/Weigend, Lehrbuch des Strafrechts AT, 5. Aufl., 1996, S. 669f.

④ Vgl. Kühl, Strafrecht AT, 8. Aufl., 2017, § 20 Rn. 56a.

(2)违法性

不存在违法阻却事由。

(3)责任

不存在责任阻却事由。

(4)结论

甲指使乙参与控制 X 的行为成立绑架罪的间接正犯。

3. 拐骗儿童罪(第 262 条,第 26 条第 1、4 款)(共同正犯)

(1)构成要件符合性

①结果要件

如前所述,本罪既遂所要求的结果已经出现。

②共同实行的意思

首先,与前述关于乙拐骗儿童罪刑事责任的分析同理,甲一方面认识到行为对象是不满 14 周岁的未成年人,另一方面也认识到其行为会导致儿童脱离家庭或者监护人。故甲、乙二人具备本罪的故意。

其次,如前所述,本罪的成立并不要求行为人必须出于收养、役使等特定目的。

最后,甲和乙经过事先通谋形成了一同将 X 诱骗脱离家庭和监护人的意思,故具备共同拐骗儿童的意思联络。

③共同实行的行为

本案中,尽管甲和乙所实施的具体行为略有不同,乙单独实施了进入学校将 X 骗出的行为,甲和乙一同实施了将 X 带至酒店贮藏室加以关押的行为。但无论是诱骗还是关押,都属于使儿童脱离家庭和监护人的行为。故可以认定甲、乙均实施了本罪的实行行为,故二人成立本罪的共同正犯。二人对于本罪的完成都发挥了不可或缺的重要作用,皆为主犯。

(2)违法性

不存在违法阻却事由。

(3)责任

不存在责任阻却事由。

(4)结论

甲和乙成立拐骗儿童罪的共同正犯,皆为主犯。

4.非法拘禁罪(第238条第1款,第26条第1、4款)(共同正犯)
(1)构成要件符合性
①结果要件
如前所述,本罪既遂所要求的结果已经出现。
②共同实行的意思
首先,与前述关于乙拐骗儿童罪刑事责任的分析同理,甲明知X是具有从事身体活动能力的人,也知道其关押行为将剥夺X的人身自由。故甲、乙二人具备本罪的故意。
其次,甲和乙在共谋的基础上,产生了共同控制X、限制其人身自由的意图,故具有实行非法拘禁的意思联络。
③共同实行的行为
甲、乙一起将X反绑关押至酒店的贮藏室内,均实施了非法拘禁的实行行为,故二人成立本罪的共同正犯。由于两人对于X的人身自由遭受剥夺这一结果的出现发挥了同等重要的作用,故皆为主犯。
(2)违法性
不存在违法阻却事由。
(3)责任
不存在责任阻却事由。
(4)结论
甲和乙成立非法拘禁罪的共同正犯,皆为主犯。

(三)竞合

1.乙的一个行为同时成立拐骗儿童罪和非法拘禁罪,甲的一个行为同时成立绑架罪、拐骗儿童罪和非法拘禁罪。非法拘禁罪侵犯的是他人的人身自由;绑架罪(或者拐骗儿童罪)则既可能侵犯他人人身自由,也可能只侵犯他人人身安全而不侵犯他人人自由。例如,当被绑架或者被拐骗的是完全不能根据意识从事身体活动的婴儿时,该行为就只成立绑架罪和拐骗儿童罪,但不成立非法拘禁罪。同时,当绑架的对象是已满14周岁之人时,该行为仅成立绑架罪而不成立拐骗儿童罪;当拐骗儿童不是出于向第三人提出非法要求的目的时,该行为也仅成立拐骗儿童罪而不成立绑架罪。可见,非法拘禁罪、绑架罪和拐骗儿童罪各自都只有一部分内容与对方存在重合,所以它们并非相互包容的关系,而是相互

交叉的关系。关于交叉竞合,刑法理论界存在争议,结合本案来看,有两个问题需要讨论:

(1)法条竞合是否包含交叉关系?肯定说主张,当一行为同时触犯的数个法条之间存在重合或者交叉关系时,就成立法条竞合,故交叉竞合属于法条竞合的一种类型。① 否定说则认为,交叉关系不属于法条竞合,而属于想象竞合。② 笔者赞同肯定说。否定说之所以不承认交叉关系的法条竞合,理由是应当强调想象竞合的明示机能,即当法条之间存在交叉关系时,仅适用一个法条,要么不能全面保护法益,要么不能全面评价行为的不法内容,故不应当认定为法条竞合,而应认定为想象竞合。例如,在行为人冒充国家工作人员招摇撞骗并骗得财物的案件中,若认定为招摇撞骗罪,就没有评价行为侵害财产的内容;若认定为诈骗罪,则没有评价行为侵犯国家机关公共信用的内容。③ 法条竞合和想象竞合的区分标准是:若触犯一法条必然触犯另一法条,则属于法条竞合;若触犯一法条未必触犯另一法条,则属于想象竞合。当两个法条处于交叉关系时,在其重合的部分之内,也会发生触犯一法条必然触犯另一法条的情况。④ 例如,招摇撞骗罪和诈骗罪构成要件重合的部分,是冒充国家工作人员骗取他人数额较大的财物;在这部分之内,触犯诈骗罪的行为必然触犯招摇撞骗罪,反之亦然。所以,应当承认法条竞合包含交叉竞合的情况。据此,非法拘禁罪和绑架罪(或者拐骗儿童罪)能够形成法条竞合。

(2)交叉竞合的处理原则是什么?一种观点主张,交叉关系的法条竞合不应再适用特别法优于普通法的原则,而应该适用重法优于轻法的原则。⑤ 另一种观点主张,法条竞合只能够适用特别法优于普通法的原

---

① 参见中华人民共和国最高人民法院刑事审判第一庭、第二庭编:《刑事审判参考》(总第34集),法律出版社2004年版,第36—37页;高铭暄主编:《刑法专论》(第二版),高等教育出版社2006年版,第383页;周光权:《刑法总论》(第四版),中国人民大学出版社2021年版,第405页。
② 参见张明楷:《刑法学》(第六版),法律出版社2021年版,第646页。
③ 参见张明楷:《刑法学》(第六版),法律出版社2021年版,第646—647页。
④ 参见周光权:《刑法总论》(第四版),中国人民大学出版社2021年版,第405页。
⑤ 参见马克昌主编:《犯罪通论》(第三版),武汉大学出版社1999年版,第638页;陈兴良:《教义刑法学》(第三版),中国人民大学出版社2017年版,第733页;高铭暄、马克昌主编:《刑法学》(第十版),北京大学出版社、高等教育出版社2022年版,第187、533—534页。

则,交叉竞合的情况也不例外。① 笔者赞同后一种观点。因为:第一,立法者之所以在普通法之外另外设立特别法,其意图就在于从一类犯罪情形中将其具有特殊性的一部分抽取出来"特事特办"。所以,当一个行为同时触犯两个法条时,就说明在普通情形已具备的情况下,"特事"已经出现,故只有优先适用特别法才符合立法者的初衷。第二,尽管《刑法》第149条第2款规定了法条竞合时依重法处断的原则,但由于该款规定只能适用于分则第三章第一节,而无法推广适用于其他犯罪,②故对于生产、销售伪劣商品犯罪以外的其他犯罪,不存在适用重法优于轻法原则的余地。第三,不可否认,坚持法条竞合的所有情况都只能适用特别法优于普通法的原则,的确有可能导致适用特别法处罚力度反而较轻的情况。但是,一方面,不排除立法者有可能基于缩小打击面的考虑而有意弱化对特别情形的处罚;另一方面,若真的出现罪刑明显不均的情况,应当由立法来加以修改。

结合本案来看,可以得出以下结论:

第一,在侵犯他人人身自由的范围内,与非法拘禁罪相比,绑架罪(或者拐骗儿童罪)因为在主观目的(或者行为对象)上具有特殊性,故后者属于特别法,前者属于普通法。根据法条竞合"特别法优于普通法"的原则,在甲的行为同时成立这三个犯罪、乙的行为同时成立非法拘禁罪和拐骗儿童罪的情况下,应排除非法拘禁罪的适用。

第二,在侵犯儿童人身自由和安全的范围内,与拐骗儿童罪相比,绑架罪在主观目的上具有特殊性,即要求行为人具有勒索财物或满足其他非法要求的目的,属于特别法。根据"特别法优于普通法"的原则,在甲的行为同时成立两罪的情况下,应排除拐骗儿童罪的适用。

综上所述,对甲控制他人的行为应以绑架罪论处,对乙控制他人人身的行为应以拐骗儿童罪论处。

2. 甲分别以两个行为实施了绑架罪的直接正犯和间接正犯。但由于两者都是基于一个绑架的故意针对一个对象实施的,这两种正犯行为都是为实现一个绑架罪既遂所必不可少的组成部分,故应当将其视为一

---

① 参见周光权:《刑法总论》(第四版),中国人民大学出版社2021年版,第398—402页。

② 参见黎宏:《刑法学总论》(第二版),法律出版社2016年版,第317页。

个整体,对行为人仅以一个绑架罪论处即可。

3. 结论

在本事实单元中,对甲应以绑架罪,对乙应以拐骗儿童罪(主犯)论处。

二、索取财物

(一)丙

丙在甲的指使下,实施了向人质 X 的亲属打电话勒索财物的行为。首先,丙并没有独自完整地实现绑架罪的构成要件,故不成立本罪的直接正犯。其次,丙也没有利用他人为工具实现绑架罪的构成要件,所以也不成立本罪的间接正犯。就绑架罪而言,丙只可能成立共同正犯或者帮助犯。

1. 绑架罪(第 239 条,第 26 条第 1、4 款)(共同正犯)

(1)构成要件符合性

首先,绑架罪是继续犯。继续犯的本质特征在于,控制他人人身的行为与被绑架人人身自由受到剥夺的不法状态同时处于继续状态之中。即便在犯罪既遂之后,只要不法状态仍在持续,那么实行行为就没有终了,于是第三人中途参与的行为就可能成立承继的共同正犯。① 据此,在甲已经取得对 X 人身的控制之后,由于绑架行为并未随着犯罪既遂而告终了,所以尽管丙并未实施先前的诱骗和控制行为,但她中途参与的行为存在着成立承继共同正犯的空间。

其次,在前行为人已经实施了一部分正犯行为之后,后行为人要成立承继的共同正犯,就必须以共同实施的意思参与犯罪的实行行为,至少要对结果的发生实质上发挥了重要作用。② 有学者提出,只要中途参与勒索财物的行为人对先前的绑架行为是明知的,由于勒索财物不过是犯罪的延续行为,故中途参与者就属于承继的共犯,他对于先前的绑架

---

① Vgl. Kindhäuser, Strafrecht AT, 8. Aufl., 2017, § 40 Rn. 11.
② Vgl. Roxin, Strafrecht AT, Bd. II, 2003, § 25 Rn. 227.

行为当然需要承担刑事责任。① 有判例也持类似的看法,认为:"勒索型绑架罪是以勒索财物为目的,为实现犯罪目的,行为人的绑架行为从绑架实施终了到实现其勒索目的止,一直处于继续状态。在绑架行为持续过程中,任何事前无通谋的人明知绑架行为存在,仍加入帮助绑架行为人实施勒索行为的,构成绑架罪的共犯。"② 但是,这一观点存在疑问。因为,不能认为只要是在绑架罪继续的过程中,只要第三人对先前的绑架行为有所认知,那么他中途实施的任何参与行为都足以成立本罪的共同正犯。共同正犯的成立,要求参与者必须分担实行行为,至少应当对实行行为的完成发挥重要作用。当中途参与的第三人仅实施了勒赎行为,而未参与实力控制被绑架人人身时,其行为并不满足共同正犯的这一要件。③ 因为:第一,既然按照单一行为说的立场,勒索财物并非绑架罪实行行为的组成部分,那就无法认定行为人分担了本罪的构成要件行为。第二,本罪侵犯的法益是他人的人身自由和人身安全,单纯勒索财物的行为也没有对这一法益侵害状态的出现发挥重要的作用。在本事实单元中,本案中的丙只是负责打电话向被害人家属索财,却并未参与实施任何限制 X 人身自由的行为,故不能认定她共同实施了绑架罪。

(2)结论

丙的行为不成立绑架罪的共同正犯。

2. 绑架罪(第 239 条,第 27 条)(帮助犯)

(1)构成要件符合性

①前提要件

劫持人质单元关于甲刑事责任的分析表明,甲成立绑架罪。同时,根据继续犯的原理,只要 X 尚未恢复人身自由,绑架行为就依然处于持续状态之中,故本罪帮助犯赖以成立的正犯行为是具备的。

---

① 参见赵秉志、肖中华:《刑法适用疑难争议问题两人谈》,载姜伟主编:《刑事司法指南》2002 年第 2 辑,第 94 页。

② 宋川、洪冰:《章浩等绑架案——基于索债目的帮助他人实施绑架行为的应如何定罪》,载中华人民共和国最高人民法院刑事审判第一、二、三、四、五庭主办:《中国刑事审判指导案例》(第 3 卷),法律出版社 2009 年版,第 459 页。

③ 参见肖松平:《对绑架罪既遂通说理论观点的质疑》,载《法学杂志》2009 年第 10 期,第 46 页;陈兴良主编:《刑法各论精释》,人民法院出版社 2015 年版,第 182 页。Vgl. Renzikowski, in: MK-StGB, 4. Aufl., 2021, § 239a Rn. 81.

②客观要件

帮助犯的成立,要求行为人对他人的犯罪实行行为产生了有利和促进作用,既包括物理也包括心理的作用。有学者认为,即便行为人既未参与控制被害人的行为也未承担看管职责,而只是向第三人勒索财物或者提出其他非法要求,也构成绑架罪的帮助犯。[1] 这一观点值得商榷。结合本案来说,对于甲而言,丙打电话勒索财物的行为固然有助于实现其非法取得他人财物的目的,但丙能否成立绑架罪的帮助犯,关键还是要看其行为是否对绑架罪实行行为的持续产生了积极作用。[2] 一方面,从物理的角度来看,索财行为无助于人身控制状态的持续;另一方面,从心理的角度来看,假如能够认定,一旦离开了丙的索财,绑架行为纵然得逞也会完全失去实际意义,从而导致甲持续绑架行为的决心发生动摇,那就可以肯定索财对于绑架的继续起到了心理上的促进作用。但在本案中,即便丙不接受命令,也并不妨碍甲自行或者委托其他人实施索财,可见丙的行为没有对甲继续控制 X 的决意起到明显的强化作用。因此,不能认定丙实施了本罪的帮助行为。

(2)结论

丙的行为不成立绑架罪的帮助犯。

3. 敲诈勒索罪(第 274 条,第 24 条)

敲诈勒索罪的既遂要求行为人取得了财产。丙 3 次打电话向 X 的亲属索要赎金未果,但她随后拒绝了甲提出的继续催要赎金的要求,最终并未获得任何财物,故她可能成立敲诈勒索罪的中止。

(1)构成要件符合性

①主观构成要件

丙知道自己的勒索行为会使 X 的亲属基于恐惧心理被迫处分 50 万元,从而遭受财产损失,并追求这种结果发生;同时,她也具有非法占有他人数额特别巨大财物的目的。故本罪的主观构成要件已得到满足。

②着手实行

本罪的实行行为表现为,行为人使用胁迫方法索取数额较大的公私

---

[1] 参见马克昌主编:《百罪通论(上卷)》,北京大学出版社 2014 年版,第 583 页;郑泽善:《论承继共犯》,载《法治研究》2014 年第 5 期,第 15 页。

[2] 参见张明楷:《刑法学》(第六版),法律出版社 2021 年版,第 1162 页。

财物。首先,丙已经以恶害相通告向 X 的亲属发出了索取财物的要求。其次,丙索取的财物数额达 50 万元。根据 2013 年 4 月 23 日最高人民法院、最高人民检察院《关于办理敲诈勒索刑事案件适用法律若干问题的解释》(以下简称《敲诈勒索解释》)第 1 条的规定,行为人意图索要的财物已经达到"数额特别巨大"的标准。因此,可以认定丙已经着手实行本罪。

③自动放弃犯罪

犯罪中止的成立要求行为人必须是自动放弃犯罪。可以确定的是,丙是在本来可以继续催要赎金的情况下,基于自己的决定停止了勒索行为。但是,丙在拒绝甲的要求之前,已经 3 次致电对方但索要赎金未果,究竟属于被迫停止犯罪还是自动放弃犯罪?这涉及"自动放弃可能重复的侵害行为"的情形,即行为人实施了足以造成既遂结果的第一次侵害行为,由于其意志以外的原因而未发生既遂的结果,在当时有继续重复实施侵害行为的可能时,行为人自动放弃了重复实施侵害行为,从而避免了既遂结果的发生。有观点主张,放弃重复侵害行为的情形是实行终了的犯罪未遂。① 但目前的刑法理论通说认为,自动放弃继续侵害的情形应当属于犯罪中止,而非犯罪未遂。② 笔者赞同通说的观点。理由在于:两种观点争论的焦点在于,在行为人放弃侵害之前,犯罪行为是否已经实行终了。是否实行终了,不但要看行为人客观上是否实施了足以造成结果的犯罪行为,还要看犯罪人是否自认为完成犯罪所必要的行为是否都已实施完毕。③ 因此,只要是基于一个犯罪故意,而且为完成犯罪所必要,那么多个单独行为就不应被分割开来,而应当被视为一个实行行为的整体。既然在行为人放弃侵害之前,为完成犯罪所必要的举动尚

---

① 参见〔苏联〕孟沙金主编:《苏联刑法总论》,彭仲文译,大东书局 1950 年版,第 435 页;杨春洗主编:《刑法总论》,北京大学出版社 1981 年版,第 189 页。
② 参见陈兴良:《规范刑法学》(第四版),中国人民大学出版社 2017 年版,第 219 页;高铭暄、马克昌主编:《刑法学》(第十版),北京大学出版社、高等教育出版社 2022 年版,第 158—159 页。
③ 参见赵秉志:《犯罪未遂形态研究》(第二版),中国人民大学出版社 2008 年版,第 157 页。

未实施完毕,那就不能认定犯罪已经实行终了。①

对敲诈勒索犯罪而言,仅发出一次索财的要求往往还不能达到目的,行为人时常需要对被害人连续发出多次要求,不断增加被害人的心理压力,方能最终迫使其交出财物。由于行为人多次索财的举动都是针对同一被害人和同一对象的敲诈勒索犯罪的组成部分,故不应对每一单个的举动作孤立的评价,而应将之视为一个完整的实行行为。据此,尽管丙已经3次索要赎金,但由于她知道为迫使X家属就范所必需的催讨行为还没有实施完毕,故应当认为敲诈勒索的实行行为尚未终了。在此情况下,既然丙基于自愿拒绝了甲的要求、停止继续实施勒索,那就应当认定她是自动放弃犯罪,成立敲诈勒索罪的中止。

(2)违法性

不存在违法阻却事由。

(3)责任

丙在实施行为时年满15周岁。根据《刑法》第17条第2款的规定,已满14周岁不满16周岁的人不对敲诈勒索罪承担刑事责任。

(4)结论

丙的行为不成立敲诈勒索罪。

(二)甲

甲授意丙帮助自己打电话勒赎,由于上面的分析表明,丙因缺乏刑事责任能力而无法为敲诈勒索罪承担刑事责任,故甲可能构成敲诈勒索罪的间接正犯或者教唆犯。

1. 敲诈勒索罪(第274条第1分句,第23条)(间接正犯)

由于丙的勒索行为并未取得对任何财物的占有,故甲可能成立本罪间接正犯的未遂。

(1)构成要件符合性。

①主观构成要件

甲具有利用丙向X的亲属索取赎金的故意,并且具有非法占有他人50万元的目的。

---

① 参见马克昌主编:《犯罪通论》(第三版),武汉大学出版社1999年版,第479—481页;高铭暄主编:《刑法专论》(第二版),高等教育出版社2006年版,第320页。

②实行着手

在判断间接正犯是否着手之前,首先需要确定,丙能否成为甲利用的工具。丙行为时年满 15 周岁,为限制刑事责任年龄人,按照《刑法》第 17 条第 2 款的规定,她不能对绑架罪承担刑事责任。唆使欠缺责任能力者去实施犯罪,固然属于间接正犯的一种类型。但是,与不满 14 周岁的未成人不同,限制刑事责任年龄人的心智毕竟已经发育到了一定的水平,故不能一概地认定其属于他人犯罪的工具。① 只有当根据未成年人的实际智识水平、与唆使者之间的关系等因素,可以认定未成年人确已完全处于唆使者控制之下时,才能认为未成年人属于唆使者利用的工具。② 在本案中,尽管丙未达到为敲诈勒索罪承担刑事责任的年龄,但她一方面已年满 15 周岁,在受教育程度上来看大体处在初三到高一的水平,已经能够清楚地辨认出绑架、非法取财等行为的违法性,另一方面她在本案中主动拒绝了甲的指令,这些都说明丙对敲诈勒索罪已经具备了相当的辨认和控制能力,故不能认为她是在甲支配和控制下实现犯罪的工具。因此,甲的唆使行为不成立本罪的间接正犯。

(2)结论

甲的行为不成立敲诈勒索罪的间接正犯。

2. 敲诈勒索罪(第 274 条第 1 分句,第 29 条,第 23 条)(教唆犯)

(1)构成要件符合性

①前提要件

根据共犯的限制从属性原理,教唆犯的成立,以他人实施了符合相应犯罪构成要件且违法的行为为前提。前述关于丙敲诈勒索罪刑事责任的分析表明,丙的行为符合敲诈勒索罪(中止犯)的构成要件,且具有违法性。本罪教唆犯赖以成立的正犯行为已经存在。

②客观要件

教唆行为,是指引起他人实施符合犯罪构成要件且违法之行为的意思。甲通过指使,使本不具有犯意的丙产生了以敲诈勒索方法取得他人

---

① Vgl. Heine/Weißer, in: Schönke/Schröder, StGB, 30. Aufl., 2019, § 25 Rn. 45. 具体论证,参见第三章"聚苯乙烯"案第一单元"点火取货"中对丙之刑事责任的分析。

② 参见黎宏:《刑法学总论》(第二版),法律出版社 2016 年版,第 274 页;张明楷:《刑法学》(第六版),法律出版社 2021 年版,第 531 页。

数额较大财物的意思。故本罪教唆犯的客观要件已获满足。

③主观要件

教唆犯的成立要求行为人具有两方面的故意,即行为人既需要认识到自己的教唆行为会使他人产生犯意,也需要认识到被教唆者的行为会发生法益侵害结果。① 甲知道自己的唆使行为会引起丙产生本罪的故意,也知道丙打电话索财的行为可能取得数额较大的财物,并且希望这种结果发生,故具备本罪教唆犯的故意。

(2)违法性

不存在违法阻却事由。

(3)责任

不存在责任阻却事由。

(4)处罚

首先,根据《刑法》第 29 条第 1 款第 1 句的规定,对于教唆犯应当按照他在共同犯罪中所起的作用处罚。对于该规定的理解,刑法学界还存在不同意见。通说和审判实践均认为,教唆犯在共同犯罪中通常起着主要作用。② 少数学者则认为,单纯引起他人犯意的教唆者只能以从犯论处,故绝大多数教唆犯属于从犯。③ 笔者赞同通说的观点。因为:第一,教唆犯毕竟是犯意的发起者④,正是他使原本忠诚于法的公民产生了与规范相对抗的意思,没有其唆使行为就不可能产生后续的实行犯。因此,即便教唆者没有实施共谋等其他促进犯罪的行为,仅凭其引起犯意这一点,通常来说就足以认定他在共同犯罪中发挥的作用高于帮助犯,应以主犯视之。第二,从法制史和比较法的角度来看,鉴于教唆犯的特殊危害性,对教唆犯处以较重刑罚已形成通例。例如,《唐律》明确规定

---

① 参见周光权:《刑法总论》(第四版),中国人民大学出版社 2021 年版,第 364 页。Vgl. Kühl, Strafrecht AT, 8. Aufl., 2017, § 20 Rn. 195; Heine/Weißer, in: Schönke/Schröder, StGB, 30. Aufl., 2019, § 26 Rn. 17.

② 参见陈兴良:《共同犯罪论》(第三版),中国人民大学出版社 2017 年版,第 242 页;高铭暄、马克昌主编:《刑法学》(第十版),北京大学出版社、高等教育出版社 2022 年版,第 177 页。

③ 参见张明楷:《刑法学》(第六版),法律出版社 2021 年版,第 522 页;周光权:《刑法总论》(第四版),中国人民大学出版社 2021 年版,第 374—375 页。

④ Vgl. Jescheck/Weigend, Lehrbuch des Strafrechts AT, 5. Aufl., 1996, S. 691.

"诸共犯罪者,以造意为首"。我国台湾地区"刑法"第 29 条第 2 款、《德国刑法典》第 26 条和《日本刑法典》第 61 条第 1 款亦规定,对于教唆犯处以正犯之刑。本案中,一方面,甲的教唆行为使他人产生了犯意;另一方面,其教唆对象具有特殊性,丙是年仅 15 周岁的未成年人,较之成年人来说更易受人指使。综合这两点,可以认定甲在敲诈勒索的整个犯罪活动中起到了主要的作用,属于主犯。

其次,根据《刑法》第 29 条第 1 款第 2 句的规定,教唆不满 18 周岁的人犯罪的,应当从重处罚。本案中,甲教唆的对象丙年仅 15 周岁,为未成年人,故对甲应当从重处罚。

最后,被教唆者丙并未实现本罪的既遂,能否对甲适用《刑法》第 29 条第 2 款的规定?对于该款所规定的"被教唆的人没有犯被教唆的罪",刑法学界有不同的理解。通说认为,《刑法》第 29 条第 2 款所规定的教唆犯具有独立性,所以"被教唆的人没有犯被教唆的罪"是指以下情况:教唆者根本没有引起被教唆者的犯意,或者被教唆者产生犯意后又打消犯意、未进行任何犯罪活动,或者被教唆者所犯之罪不同于教唆之罪,或者被教唆者犯意的产生和教唆行为不存在因果关系。① 据此,一旦被教唆者已经实行被教唆之罪,就不存在适用本款规定的余地。有的学者从严格贯彻共犯从属性原理的立场出发,认为所谓"被教唆的人没有犯被教唆的罪"仅限于被教唆者已经着手实行被教唆之罪,但因意志以外的原因或者因自动中止而未达至既遂的情况。② 这样一来,对于已经实行被教唆之罪但未实现既遂的人,就可以根据本款的规定从轻或者减轻处罚。笔者赞同通说的观点。因为:第一,如果第 29 条第 2 款所指的是被教唆的人已经实施犯罪但未既遂的情况,那么立法者就没有理由采取"被教唆的人没有犯被教唆的罪"的表述,而完全可以将之表述为"被教唆的人犯罪未得逞"。第二,即便坚持共犯从属性原则,也完全可以将第 29 条第 2 款视为该原则的例外规定。例如,《德国刑法典》第 30 条第 1

---

① 参见马克昌主编:《犯罪通论》(第三版),武汉大学出版社 1999 年版,第 557、563—564 页;高铭暄、马克昌主编:《刑法学》(第十版),北京大学出版社、高等教育出版社 2022 年版,第 178 页。

② 参见张明楷:《论教唆犯的性质》,载陈兴良主编:《刑事法评论》(第 21 卷),北京大学出版社 2007 年版,第 88 页;黎宏:《刑法学总论》(第二版),法律出版社 2016 年版,第 299 页;周光权:《刑法总论》(第四版),中国人民大学出版社 2021 年版,第 367 页。

款规定:"命令或者教唆他人实施重罪而未遂的,依该重罪的未遂论处,并依第 49 条第 1 款减轻处罚。"德国学者普遍认为,该条所规定的其实并不是真正的共犯,因为共犯从属性要求共犯的成立必须以主行为存在为前提,但在该情形中恰恰缺少一个进入了实行阶段的主行为。既然该条将某些"犯罪参与的前置阶段"纳入可罚的范围,那就只能将它理解为共犯的例外规定。① 立法上设置这一例外规定的实质依据在于,一旦行为人实施了唆使行为,那么他无须再做其他任何事,就足以推动事态开始朝着犯罪既遂的方向发展。由此决定,对于各个犯罪构成要件所保护的法益来说,唆使行为就相当于一种具有抽象危险的行为。② 正是考虑到教唆犯具有特殊的危险性,所以立法者仅仅规定了教唆未遂可罚,但并没有为帮助未遂设置同样的条款。③ 我国《刑法》第 29 条第 2 款的内容与《德国刑法典》第 30 条第 1 款极为类似,所以完全可以作出相似的解释。

据此,由于丙已经实施了敲诈勒索罪的实行行为,不属于"被教唆的人没有犯被教唆的罪"的情形,故对甲不能适用《刑法》第 29 条第 2 款的规定。但是,由于正犯行为毕竟止于中止,而正犯中止对于甲而言又是意志以外的因素,故对甲应适用《刑法》第 23 条第 2 款的规定,可以从轻或者减轻处罚。

(5)结论

甲的行为成立敲诈勒索罪的教唆犯,为主犯。

3. 传授犯罪方法罪(第 295 条)

(1)构成要件符合性

①客观构成要件

本罪的实行行为表现为,使用语言、文字、动作、图像或者其他方式,将犯罪方法传授给他人的行为。犯罪方法是指实施犯罪的技术、步骤和经验,以及反侦查、逃避审判、销毁罪证等的办法。④ 本案中,甲将 X 家

---

① Vgl. Roxin, Strafrecht AT, Bd. Ⅱ, 2003, § 28 Rn. 5 ff; Kühl, Strafrecht AT, 8. Aufl., 2017, § 20 Rn. 243.

② Vgl. BGH 44, 99 (103); Kühl, Strafrecht AT, 8. Aufl., 2017, § 20 Rn. 244.

③ Vgl. Wessels/Beulke/Satzger, Strafrecht AT, 47. Aufl., 2017, Rn. 811.

④ 参见王作富主编:《刑法分则实务研究》(第五版),中国方正出版社 2013 年版,第 1151 页。

的电话号码告知丙,嘱咐其用打电话威胁的方式向对方索要50万元,表面上看似乎属于向其传授敲诈勒索罪的犯罪方法。但是,在教唆他人犯罪的情形下,教唆本身往往就带有对犯罪方法的提示。既然立法者在此之外独立地设置了传授犯罪方法罪,而且其基本法定刑并不低,为5年以下有期徒刑、拘役或者管制,那么罪状中所规定的"犯罪方法"就不应包括极为常规和普通的犯罪方法,而应当具有一定的技术性和复杂性,从而对犯罪成功的概率能够起到较为明显的提升作用。否则,若教唆者只是嘱咐、提醒实行犯使用极为普通的犯罪方法,则该行为的不法完全可以被包含评价在相应犯罪的教唆犯之中,无须另行评价为本罪。打电话发出威胁是敲诈勒索罪十分常见的一种实施途径,任何人并不需要经过专门的学习和训练就能操作。所以,甲仅仅向丙告知被害人的电话并嘱咐其打电话勒索,却没有向其传授威胁、谈判的技巧,这并不符合本罪的客观行为要件。

(2)结论

甲的行为不成立传授犯罪方法罪。

4. 组织未成年人进行违反治安管理活动罪(第262条之二)

(1)构成要件符合性

本罪实行行为表现为,组织未成年人进行盗窃、诈骗、抢夺、敲诈勒索等违反治安管理的活动。只有当对象为复数的人员时,才需要对其进行组织。就本罪而言,尽管被组织的未成年人不要求必须达到3人以上,但如果未成年人只有1人,那就不存在组织行为的空间。本案中,甲仅指令丙一位未成年人实施敲诈勒索,故不符合本罪的行为要件。

(2)结论

甲的行为不成立组织未成年人进行违反治安管理活动罪。

(三)竞合

本单元中,丙不成立任何犯罪,但甲同时成立绑架罪(继续犯)和敲诈勒索罪(主犯),故需要进行犯罪竞合的分析。

甲的两个行为分别成立绑架罪和敲诈勒索罪(主犯)。牵连犯,是指以实施某一犯罪为目的,其方法行为或者结果行为又触犯其他罪名的犯罪形态。两个犯罪之间是否具有牵连关系,不但要求犯罪人主观上认为其所实施的一个行为是另一行为的手段或者结果,而且也要求这数罪之间必须存在通常的手段或者结果的关系。① 由于在勒索财物目的的支配下,行为人实施了劫持行为之后,将合乎逻辑地实施向第三人索要赎金的行为,故两行为虽然各自独立成罪,但相互间具有原因行为和结果行为的紧密关联,故可以认为两罪成立牵连犯。② 绑架罪的基本法定刑为 10 年以上有期徒刑或者死刑;对于敲诈勒索罪而言,"数额特别巨大"是量刑规则,在实际未取得任何财物的情况下,只能适用基本法定刑,即 3 年以下有期徒刑、拘役或者管制。两相比较,前者为重罪,故择一重罪最终只按照绑架罪一罪论处。

三、递送饮食

丙

绑架罪(第 239 条,第 27 条)

(1)构成要件符合性

①前提要件

帮助犯的成立以相关犯罪的正犯行为已经存在为前提。根据前述分析,甲成立绑架罪,故本罪帮助犯赖以成立的正犯行为已经存在。

②客观要件

某种行为要成立帮助犯,就必须升高了他人实行行为的法益侵害危险。③ 有观点认为,在他人将被害人控制起来后,根据绑架者的安排,负责为被绑架者提供食品、代为照顾被害人的,可以构成绑架罪的帮助犯。④ 但这种见解存在疑问。因为,只要没有参与看押、监禁,行为人单纯为被害人提供食品、照顾的行为,就并没有升高绑架行为法益侵害的风险。本案中,丙按照甲的要求单纯给 X 递送水和食物,这不仅不会对 X 的人身自由或者安全产生不利的影响,反而有利于保全 X 的生命和健康。任何降低了风险即改善了被害法益之处境的行为,都不应被评价为帮助犯。另外,从目前的判例来看,若行为人在他人绑架得手后中途参与,那么只有当行为人在给被害人送饭之外,还实施了

---

① 参见〔日〕山口厚:《刑法总论(第三版)》,付立庆译,中国人民大学出版社 2018 年版,第 406 页。
② 参见张明楷:《刑法学》(第六版),法律出版社 2021 年版,第 1162、1164 页。
③ Vgl. Roxin, Strafrecht AT, Bd. Ⅱ, 2003, § 26 Rn. 210.
④ 参见马克昌主编:《百罪通论(上卷)》,北京大学出版社 2014 年版,第 583 页。

提供关押场所、协助转移人质、为绑架者送饭的行为时,才能认定其成立本罪的共犯。①

(2)结论

丙的行为不成立绑架罪的帮助犯。

四、怒下杀手

(一)丙

1.故意杀人罪(第232条,第23条)

本案中未出现死亡结果,故丙猛掐X脖子的行为只可能成立故意杀人罪的未完成形态,先考虑其是否构成未遂犯。

(1)构成要件符合性

①主观构成要件

丙并无杀人的预谋,所以要确定其是否具有杀人之故意,就只能结合她所实施的客观行为来加以判断。丙用力掐住7岁小孩X的脖子达30秒。丙作为已满15周岁、精神正常的人,已经具备基本的生理常识,知道咽喉是人体的要害部位,况且对方是年仅7岁的幼童,身体器官较成年人更易遭受致命性损伤。因此,丙明知自己持续掐小孩咽喉的行为具有引起其窒息身亡的高度危险性,却为了泄愤而仍然实施该行为,至少可以认定其放任了死亡结果的发生,具备本罪的故意。同时,未遂犯的成立并不以行为人持直接故意为必要,在间接故意的情形中同样也存在成立犯罪未遂的空间。②

②客观构成要件

首先,本罪着手的标志在于,行为人开始实施具有致死之急迫危险的行为。如前所述,丙用力掐住7岁小孩的脖子,该行为已经具备引起

---

① 参见高海明绑架、郭永杭非法拘禁案,浙江省绍兴市中级人民法院刑事裁定书,(2000)绍中刑终字第263号;赵勇绑架案,海南省海口市中级人民法院刑事裁定书,(2000)海中法刑终字第34号;董某等绑架案,广东省深圳市中级人民法院刑事附带民事判决书,(2003)深中法刑一初字第2号;赵永刚等绑架、窝藏案,河南省驻马店市中级人民法院刑事附带民事判决书,(2003)驻刑少初字第11号。

② 详细的论证,参见第二章"见义勇为"案第二事实单元"驾车追赶"中关于故意杀人罪(针对丙)的分析。

对方窒息身亡的现实危险,故可以认定其已经着手实施杀人。

其次,丙是在误以为 X 已经死亡的情况下逃离现场,这就说明死亡结果未发生是因为其意志以外的原因。

(2)违法性

不存在违法阻却事由。

(3)责任

根据《刑法》第 17 条第 2 款的规定,已满 14 周岁不满 16 周岁的人犯故意杀人罪的,应当承担刑事责任。丙已年满 15 周岁,又无其他责任阻却事由,故具备责任。

(4)结论

丙的行为成立故意杀人罪(未遂)。

2. 故意伤害罪(第 234 条第 2 款第 1 句第 1 分句)

(1)构成要件符合性

①客观构成要件

首先,本罪的既遂要求出现轻伤以上的伤害结果。本案中,被害人 X 颈部环状软骨断裂、气管受损,经鉴定为重伤。故本罪既遂所要求的结果已经出现。

其次,本罪的实行行为表现为非法损害他人的身体健康。由于咽喉是身体要害而且相对脆弱的部位,所以丙猛掐 X 咽喉的行为足以产生轻伤以上的伤害结果,应认定其实施了伤害行为。

最后,正是丙持续猛掐咽喉的行为使得 X 发生环状软骨断裂及气管受损,故重伤结果可归责于丙的伤害行为。

②主观构成要件

丙已具备基本的生理常识,知道其行为足以严重损害对方身体健康,故具备本罪的故意。

(2)违法性

不存在违法阻却事由。

(3)责任

根据《刑法》第 17 条第 2 款的规定,已满 14 周岁不满 16 周岁的人故意伤害致人重伤的,应当承担刑事责任。丙已年满 15 周岁,又无其他责任阻却事由,故具备责任。

(4)结论

丙的行为成立故意伤害罪,由于致人重伤,故根据《刑法》第 234 条第 2 款第 1 句第 1 分句的规定,应处 3 年以上 10 以下有期徒刑。

3. 绑架罪(第 239 条第 2 款)(结合犯)

根据《刑法》第 239 条第 2 款的规定,犯绑架罪"杀害被绑架人的",处无期徒刑或者死刑,并处没收财产。丙杀害被绑架人 X,存在适用该款规定的可能。

(1)构成要件符合性

对于《刑法》第 239 条第 2 款的性质,刑法学界存在不同看法:一种观点认为,本款规定的是绑架罪的结果加重犯。① 另一种观点则认为,本款规定的是绑架罪和故意杀人罪的结合犯。② 笔者赞同后一种观点。理由在于:结果加重犯的特征在于加重结果必须是由基本犯的行为所引起的。例如,在抢劫罪中,故意杀死被害人的行为之所以能够成立结果加重犯,是因为杀死被害人本身就可以成为抢劫罪暴力手段行为的一种表现形式,故死亡结果依然是由基本行为(暴力手段行为)所引起。然而,绑架行为以实力控制他人的人身为内容,杀人行为无论如何都不可能成为绑架的组成部分,所以也就不可能将死亡看成是绑架行为引起的结果。可见,《刑法》第 239 条第 2 款是将原本应当实行并罚的绑架罪和故意杀人罪结合成了绑架罪一罪,其成立以行为人犯有绑架罪为前提。前述递送饮食单元的分析表明,丙既未实施绑架罪的实行行为,也未实施绑架罪的帮助行为,故不符合本款中"犯前款罪"的前提要件。

(2)结论

不能根据《刑法》第 239 条第 2 款的规定认定丙成立绑架罪。

> 提示:如果在第二单元的分析中认定丙的勒索行为符合绑架罪(帮助犯)的构成要件,或者在第三单元的分析中认定丙递送饮食的行为符合绑架罪(共同正犯或者帮助犯)的构成要件,那就符合了

---

① 参见吴振兴:《罪数形态论》(第二版),中国检察出版社 2006 年版,第 109—110 页;王作富主编:《刑法分则实务研究》(第五版),中国方正出版社 2013 年版,第 788 页。

② 参见马克昌主编:《百罪通论(上卷)》,北京大学出版社 2014 年版,第 587 页;张明楷:《刑法学》(第六版),法律出版社 2021 年版,第 1164 页。

《刑法》第239条第2款"犯前款罪"的前提。于是,此处关于绑架罪的分析会有所不同:

3. 绑架罪(第239条第2款)(结合犯)

(1)构成要件符合性

①前提要件

本罪结合犯的成立,以行为人犯绑架罪为前提。前述递送饮食单元的分析表明,丙向被害人X递送饮食的行为符合绑架罪帮助犯的构成要件,故符合前提要件。

②行为要件

本罪结合犯的成立,要求行为人实施了杀害被绑架人或者故意伤害被绑架人致人重伤、死亡的行为。

本单元前面的分析表明,丙猛掐X致其死亡的行为成立故意杀人罪(未遂)。需要讨论的问题是:对被绑架人实施杀害行为但未遂的,是否满足"杀害被绑架人"的行为要件呢?对此,学界有不同看法:第一种观点认为,杀人未遂的情况同样属于"杀害被绑架人",应当根据《刑法》第239条第2款的规定仅以绑架罪论处,而且不适用《刑法》第23条第2款关于未遂犯从宽处罚的规定。① 第二种观点主张,杀人未遂的情况同样属于"杀害被绑架人",应当根据《刑法》第239条第2款的规定仅以绑架罪论处,同时适用《刑法》第23条第2款关于未遂犯从宽处罚的规定。② 第三种观点认为,"杀害被绑架人"仅指杀人既遂的情况,绑架后杀害被绑架人未遂的,应当分别认定为普通绑架罪与故意杀人罪(未遂),实行并罚。③

---

① 参见曾亚杰:《如何理解"杀害被绑架人"》,载《人民法院报》2004年9月20日,第3版;武文和:《王建平绑架案——杀害被绑架人未遂的,是否属于刑法第二百三十九条第一款规定的"杀害被绑架人的"情形》,载中华人民共和国最高人民法院刑事审判第一、二、三、四、五庭主办:《中国刑事审判指导案例》(第3卷),法律出版社2009年版,第479页。

② 参见马克昌主编:《百罪通论(上卷)》,北京大学出版社2014年版,第591页。

③ 参见王作富主编:《刑法分则实务研究》(第五版),中国方正出版社2013年版,第789页;张明楷:《刑法学》(第六版),法律出版社2021年版,第1164—1165页。

> 第四种观点主张,"杀害被绑架人"仅指杀人既遂的情况,绑架后杀害被绑架人未遂的,应当直接在绑架罪的基本法定刑幅度之内量定刑罚。① 笔者赞同第三种观点。理由在于:……
> （后续的论证详见本案的第二套分析）

（二）甲

1. 绑架罪（第 239 条第 2 款）（结合犯）

如前所述,《刑法》第 239 条第 2 款规定的"杀害被绑架人"以被绑架人死亡为要件,但本案中未出现死亡结果,只出现了被绑架人重伤的结果,故只能考虑甲是否构成"故意伤害被绑架人,致人重伤"。可是,甲本人并未对 X 实施故意伤害行为,也没有指使或者放任丙实施故意伤害行为,故不满足该款的规定,不能以绑架罪结合犯论处。

2. 过失致人重伤罪（第 235 条）

（1）构成要件符合性

①结果

X 颈部环状软骨断裂、气管受损,经鉴定为重伤。故本罪成立所要求的结果已经出现。

②行为与结果之间的条件关系

假如甲不控制 X 的人身或者不嘱咐丙给 X 送饮食,就不会出现被害人重伤的结果。故甲的行为与 X 的重伤之间存在条件关系。

③注意义务违反性

所谓违反注意义务,是指行为人本来应当以足够谨慎的态度认识到自己的某一行为具有产生法益损害结果的危险,进而采取防范措施避免该结果发生,却因为疏于注意而降低了自身正确认识危险事实的能力。② 某一行为发出的危险信号越强烈,法律要求行为人给予的谨慎注意程度就越高;反之,当某一行为发出的危险信号较为微弱,其预示的危险没有超出社会正常风险的程度时,法律要求行为人投放的关注力也将

---

① 参见付立庆:《论绑架罪的修正构成的解释与适用》,载《法学家》2009 年第 3 期,第 74—76 页;陈兴良主编:《刑法各论精释》,人民法院出版社 2015 年版,第 195 页。

② 参见陈璇:《注意义务的规范本质与判断标准》,载《法学研究》2019 年第 1 期,第 138 页。

处在较低的水平。本案中,X 处在甲的独占支配控制之下,况且 X 是年仅 7 岁的儿童,故甲对于 X 的人身安全负有谨慎保护的义务。但是,丙在此之前并未显现出实施严重暴力的征兆和倾向,虽然丙被甲训斥之后多少会有不满情绪,但从一般的生活经验来看,这不足以导致其向无辜第三人痛下杀手。正是由于在甲委托丙去为 X 递送饮食时,并不存在预示着 X 将遭遇丙严重暴力袭击的明显信号,故甲没有义务预见到丙竟然会为了泄愤而实施杀人行为。根据《刑法》第 16 条的规定,丙所实施的杀人行为以及 X 所遭受的重伤结果,对于甲来说属于意外事件,故甲对于 X 的重伤结果没有过失。

(2)结论

甲不成立过失致人重伤罪。

(三)竞合

丙的一个行为同时成立故意杀人罪(未遂)和故意伤害罪。两罪之间究竟是法条竞合还是想象竞合关系,需要区别不同情况来加以认定。首先,当行为人的一个行为既成立故意杀人罪既遂又成立故意伤害罪既遂时,应当认定二者存在法条竞合关系。① 其次,如果行为人的一个行为同时成立故意杀人罪未遂和故意伤害罪既遂,则需要进一步区分两种情况:其一,若故意杀人罪的未遂犯足以完整评价故意伤害罪既遂的全部不法,则仍可以按法条竞合处理;其二,若故意杀人罪的未遂犯无法完整地包含故意伤害罪既遂的不法,则只能按想象竞合处理。② 这主要是指故意伤害具有严重情节的情况。例如,行为人以特别残忍的手段实施杀人,虽然未遂但造成了重伤结果。对于这种情况,如果仅以故意杀人罪的未遂犯处罚,就难以对以特别残忍手段致人重伤这一情节作出完整评价,所以需要根据想象竞合择一重罪处断。

本案中,丙的行为构成故意伤害致人重伤。这里并不存在使用了特别残忍手段的情节,单纯的重伤结果则可以为杀人未遂所涵盖。可见,

---

① 参见第四章"稻香楼宾馆"案第四个事实单元"棒击致死"中关于竞合的分析。
② 参见张明楷:《刑法学》(第六版),法律出版社 2021 年版,第 648、1124 页。Vgl. Roxin, Strafrecht AT, Bd. Ⅱ, 2003, § 33 Rn. 205; Neumann/Saliger, in: NK-StGB, 5. Aufl., 2017, § 212 Rn. 37; Eser/Sternberg-Lieben, in: Schönke/Schröder, StGB, 30. Aufl., 2019, § 212 Rn. 23.

丙所犯故意伤害罪的不法可以被完整地包含在故意杀人罪的未遂犯之中。两者的法定刑也可以佐证这一点：故意伤害单纯致人重伤的，法定刑仅为3年以上10年以下有期徒刑；故意杀人罪的法定刑则为死刑、无期徒刑或者10年以上有期徒刑，尽管成立未遂，但根据《刑法》第23条第2款的规定也只是"可以从轻或者减轻处罚"，其所受刑罚不可能低于前者。在此情况下，应当根据法条竞合"特别法优于普通法"的原理，对丙仅以故意杀人罪（未遂）论处。

综上，在本事实单元，丙成立故意杀人罪（未遂）。

五、全案分析结论

1. 对甲应以绑架罪论处。

2. 对乙应以拐骗儿童罪（主犯）论处。

3. 对丙应以故意杀人罪（未遂）论处。

复合行为说的分析方案

思路提要

一、劫持勒赎

（一）甲、乙、丙

1. 绑架罪（第239条第1款，第26条第1、4款）

（1）构成要件符合性

甲（√），乙（×），丙（√）

（2）违法性

甲（√），丙（√）

（3）责任

甲（√），丙（×）

（4）结论

2. 拐骗儿童罪（第262条，第26条第1、4款）

（1）构成要件符合性（√）

甲（√），乙（√），丙（×）

（2）违法性

甲（√），乙（√）

（3）责任

甲（√），乙（√）

（4）结论

3. 非法拘禁罪（第238条第1款，第26条第1、4款）

（1）构成要件符合性

甲（√），乙（√），丙（×）

（2）违法性

甲（√），乙（√）

(3)责任
甲(√),乙(√)
(4)结论
(二)丙
敲诈勒索罪(第274条,第24条)(×)
(1)构成要件符合性(√)
(2)违法性(√)
(3)责任(×)
(4)结论
(三)甲
1.绑架罪(第239条第1款)(以乙为工具的间接正犯)(√)
(1)构成要件符合性(√)
(2)违法性(√)
(3)责任(√)
(4)结论
2.绑架罪(第239条第1款)(以丙为工具的间接正犯)(×)
(1)构成要件符合性(×)
(2)结论
3.绑架罪(第239条第1款,第29条)(以丙为对象的教唆犯)(√)
(1)构成要件符合性(√)
(2)违法性(√)
(3)责任(√)
(4)处罚
(5)结论
4.敲诈勒索罪(第274条)(以丙为工具的间接正犯)(×)

5.敲诈勒索罪(第274条第1分句,第29条,第23条)(以丙为对象的教唆犯)(√)
(1)构成要件符合性(√)
(2)违法性(√)
(3)责任(√)
(4)处罚
(5)结论
6.传授犯罪方法罪(第295条)(×)
(1)构成要件符合性(×)
(2)结论
7.组织未成年人进行违反治安管理活动罪(第262条之二)(×)
(1)构成要件符合性(×)
(2)结论
(四)竞合

二、递送饮食
丙
绑架罪(第239条第1款,第27条)(×)
(1)构成要件符合性(×)
(2)结论

三、怒下杀手
(一)丙
1.故意杀人罪(第232条,第23条)(√)
(1)构成要件符合性(√)

(2)违法性(√)
(3)责任(√)
(4)结论

2. 故意伤害罪(第 234 条第 2 款第 1 句第 1 分句)(√)
(1)构成要件符合性(√)
(2)违法性(√)
(3)责任(√)
(4)结论

3. 绑架罪(第 239 条第 2 款)(结合犯)(×)
(1)构成要件符合性(√)
(2)违法性(√)

(3)责任(×)
(4)结论

(二)甲

1. 绑架罪(第 239 条第 2 款)(结合犯)(×)

2. 过失致人重伤罪(第 235 条)(×)
(1)构成要件符合性(×)
(2)结论

(三)竞合

四、全案分析结论

具体分析

> 关于事实单元划分的思考:根据复合行为说,绑架罪的实行行为由控制行为和勒赎行为两部分组成。本案中,控制行为是由甲、乙完成的,而勒赎的行为则由丙来负责实施,所以劫持勒赎单元就应当划到丙实施打电话催讨赎金未果之时,该单元包含了甲、乙、丙三人。递送饮食单元和怒下杀手单元同单一行为说的分析方案一致。

一、劫持勒赎

> 预判:本单元待检的行为人有甲、乙、丙三人。按照复合行为说,绑架罪的实行行为由控制人身和勒索赎金两部分组成。关于三人的检验顺序,可以作这样的考虑:
>
> 1. 根据第一章关于共同正犯分析模式的论述,如果多人分担实现复合行为犯的构成要件,那么原则上应当将各参与人作为一个整体来进行检验。本案中,控制人身的行为由甲、乙实施,勒赎行为则由丙实施,两者结合在一起才可能形成完整的绑架罪,故三人可能成立绑

> 架罪的共同正犯,该事实还可能涉及拐骗儿童罪、非法拘禁罪的共同正犯。有鉴于此,笔者倾向于首先将甲、乙、丙放在一起进行检验。
>
> 2. 丙勒赎的行为可能另外构成敲诈勒索罪,故需要对其单独考察。
>
> 3. 在甲、乙之间,乙可能因为欠缺非法占有他人财物的目的而成为甲实施绑架的工具;在甲、丙之间,由于丙是相对刑事责任能力人,故甲指使其勒赎的行为可能成立间接正犯或者教唆犯,所以在检验了甲、乙、丙是否构成共同正犯,以及丙是否构成敲诈勒索罪之后,还需要再对甲的行为单独进行检验。
>
> 综上,本单元三人的检验顺序应当是:甲、乙、丙→丙→甲。

(一)甲、乙、丙

1. 绑架罪(第 239 条第 1 款、第 26 条第 1、4 款)

(1)构成要件符合性

①结果要件

绑架罪的既遂标准取决于本罪实行行为的具体内容。对此,刑法学界还存在争议。通说提倡单一行为说,认为绑架罪的实行行为仅指将被害人置于行为人控制之下,剥夺或者限制其人身自由的行为。① 有的学者则支持复合行为说,主张本罪的实行行为包括控制他人人身和向第三人提出不法要求这两个部分。② 笔者赞同复合行为说。理由在于:第一,从本罪和非法拘禁罪的区别来看,如果说绑架罪和非法拘禁罪的构成要件行为都是控制他人人身的举动,那么在客观表现完全一致的情况下,为何两罪的法定刑存在如此巨大差距(同属情节一般的案件,绑架罪的法定刑为 10 年以上有期徒刑或者无期徒刑,而非法拘禁罪则仅为 3 年以下有期徒刑、拘役、管制或者剥夺政治权利)呢? 单一行为说给出的解释是绑架罪的法定刑之所以远高于非法拘禁罪,是因为绑架罪的行为

---

① 参见张明楷:《刑法分则的解释原理》(第二版),中国人民大学出版社 2011 年版,第 516 页以下;高铭暄、马克昌主编:《刑法学》(第十版),北京大学出版社、高等教育出版社 2022 年版,第 476—477 页。

② 参见黎宏:《刑法学各论》(第二版),法律出版社 2016 年版,第 244 页。

人除了侵犯他人人身自由的故意之外,还具有勒索财物或者满足其他非法要求的主观目的。① 然而,如果说两罪法定刑的巨大悬殊仅仅是由行为人主观上的某种目的所决定,而在客观法益侵害以及客观构成要件上毫无反映,那就明显存在主观主义之嫌。② 可见,要合理说明绑架罪和非法拘禁罪在法定刑上的差距,就必须认为绑架罪侵害的是双重法益,即立法者之所以为绑架罪设置了远高于非法拘禁罪的重刑,是因为该行为不仅侵犯了被绑架者的人身自由和人身安全,也侵犯了与之有密切关系的第三人的自我决定权。③ 这样一来,对第三人自决权的侵害,就需要反映在绑架罪的客观构成要件之上,故绑架罪的实行行为也就必然包含了勒赎或者提出其他非法要求的行为。第二,立法者将绑架罪规定在刑法分则第四章当中,这并不能说明本罪侵犯的只能是单一的人身法益。例如,抢劫罪位于《刑法》分则第五章中,但学界没有争议地认为它不仅侵害财产法益,而且侵害人身法益。第三,单一行为说无法合理地解决绑架罪中止的问题。因为,按照该说,一旦行为人实现了对被害人的实力控制,即使自动放弃实施勒索财物或者提出其他非法要求的行为,也只能认定绑架既遂,而无法认定犯罪中止。这不利于鼓励犯罪人自动放弃本可继续实施的犯罪。

根据复合行为说,绑架罪的实行行为除了使用暴力、胁迫等方法控制他人人身的行为之外,还包括向第三人勒索财物或提出其他非法要求的行为。不过,本罪的既遂要求后一行为达到何种程度?对此,复合行为说内部存在不同看法。一种观点认为,只要行为人在控制了他人人身之后,又向第三人发出了非法要求,即可认定本罪的既遂。④ 另一种观点则认为,只有当行为人控制了他人的人身,并且通过勒索从第三人处

---

① 参见王作富主编:《刑法分则实务研究》(第五版),中国方正出版社2013年版,第785页;陈兴良:《判例刑法学(上卷)》(第二版),中国人民大学出版社2017年版,第401页。
② 参见黎宏:《刑法学各论》(第二版),法律出版社2016年版,第244页。
③ 参见肖松平:《对绑架罪既遂通说理论观点的质疑》,载《法学杂志》2009年第10期,第45页。
④ 参见肖中华:《侵犯公民人身权利罪》,中国人民公安大学出版社2003年版,第272—273页;黎宏:《刑法学各论》(第二版),法律出版社2016年版,第244页。

取得了财物或者其他的非法要求获得满足时,才能认定本罪的既遂。①本案中,由于甲、乙、丙并未取得赎金,所以采取不同观点将对绑架是否既遂的认定会产生实质性影响。笔者认为前一观点更为可取。如前所述,本罪侵害的法益是被害人的人身自由、人身安全以及第三人的自我决定权。因此,只要行为人以胁迫方式向第三人发出了非法要求,就已经对其自决权造成了现实的侵害。

本案中,甲和乙将 X 诱骗并关押在酒店储藏室,实施了控制他人人身的行为;尔后,丙又对 X 的家属发出了勒索 50 万元的要求,既然在 X 的家属接到这一要求之时,其自我决定权已经遭受侵害,那么尽管最终没有取得任何财物,也应当认定本罪既遂所要求的结果已经出现。

②共同实行的意思

首先,甲、乙、丙均知道其行为一方面会剥夺 X 的人身自由;另一方面会从 X 的家属处取得财物,并追求这一结果的出现。故具备本罪的故意。

其次,勒赎型绑架罪的成立,要求行为人必须具有非法占有他人财物的目的。甲、丙二人无疑具有该目的。

对于乙来说,虽然他控制 X 是为了利用 X 的家人对其人身安危的担忧索要财物,但由于甲隐瞒了事实真相,导致乙始终误以为自己是在与甲一同索要合法债务。根据《刑法》第 238 条第 3 款的规定,当行为人出于索取债务的目的非法扣押、拘禁他人时,不属于绑架罪中"以勒索财物为目的",只能成立非法拘禁罪。需要讨论的问题是:本条款中的"他人",究竟是仅指债务人本人,还是也包括债务人的亲属等第三人?一种观点对本款中的"他人"没有作出任何限定,据此,无论行为人扣押的是债务人本人还是第三人,都只能认定为非法拘禁罪(无限制说)。② 另一种观点主张,虽然为了索取债务,但将与债务人没有共同财产关系、扶养、抚养关系的第三者作为人质的,不能适用本款的规定,而应认定为绑架罪(限制说)。③ 还有一种观点则认为,在索要债务的场合,拘禁、扣押

---

① 参见赵秉志主编:《刑法学各论研究综述(1978—2008)》,北京师范大学出版社 2009 年版,第 316 页。

② 参见高铭暄、马克昌主编:《刑法学》(第十版),北京大学出版社、高等教育出版社 2022 年版,第 475 页。

③ 参见张明楷:《刑法学》(第六版),法律出版社 2021 年版,第 1163 页。

的对象只能是债务人本人,否则就不能适用本款的规定,而应当以绑架罪论处(严格限制说)。① 本案中,按照乙想象的情况,被拘禁的 X 是债务人的儿子,与债务人具有抚养关系,所以无论按照上述无限制说还是限制说,都会得出应当适用本款规定的结论,只有严格限制说会认为乙依然构成绑架罪。

严格限制说存在值得商榷之处。第一,《刑法》第 238 条第 3 款之所以规定为索债而拘禁他人的不成立绑架罪或者抢劫罪,就是因为考虑到在这种情形中,行为人提出的索财要求具有合法根据,故他不具有非法占有他人财物的目的。于是,只要行为人意图索要的是债务,那么不论行为人扣押的对象是债务人本人还是第三人,行为人欠缺非法占有他人财物的目的这一事实都不会受到影响。因此,不宜将本条款中的"他人"限定于债务人本人。第二,将《刑法》第 238 条第 3 款中的"他人"严格限定在债务人之上,一个可能的理由在于:既然债务人预期不履行债务在先,那就说明他对于自身遭遇拘禁和扣押负有一定的过错,正是这一定程度上的被害人自我答责,才使拘禁行为的不法出现了明显减弱,故扣押、拘禁的被害人只能是债务者本人。但是,被害人自我答责并不是《刑法》第 238 条第 3 款的唯一立法依据。实践中经常出现的情况是,债务人本人早已不知所终,导致债权人只能通过扣押其近亲属的方式才可能讨回债款。一方面,债权人所采取的这种讨债方式虽然违法,但毕竟事出有因,存在值得谅解的理由。仅仅因为被拘禁者并非债务人本人就认定行为构成绑架罪,这对于行为人的处罚过于严苛。另一方面,在绑架的情形中,行为人扣押他人就是为了实现非法目的,所以为了湮灭犯罪踪迹、防止被人追捕,其杀害被拘禁人的危险性较大;但是,债权人扣押债务人近亲属的目的却仅在于要债,其灭口动机较弱,所以被拘禁人遭遇杀害的危险本来就相对较低。

综上,即便在被拘禁人并非债务人本人的情况下,为《刑法》第 238 条第 3 款提供实质依据的不法和责任减弱事由也都是存在的,所以不应将本款中的"他人"限制在债务人之上。本案中,不论采取无限制说还是限制说,均可认定乙不具备绑架罪所要求的非法占有的目的,无法与

---

① 参见黎宏:《刑法学各论》(第二版),法律出版社 2016 年版,第 247 页。

甲、丙成立共同正犯。

最后,甲和丙在共同谋议的基础上对绑架罪的实行行为作了分担,由甲继续控制 X,由丙负责向 X 的亲属勒索财物,故可以认定二人对于本罪的实行具有意思联络。

③共同实行的行为

首先,甲实施了实力控制 X 人身的行为。绑架行为是否必须具有强制性,刑法学界对此有不同看法。一种观点认为,绑架行为应当具有强制性,它仅限于使用暴力、胁迫或者麻醉方法控制他人。① 另一种观点则主张,绑架行为的方式并不以强制手段为限,它既包括暴力劫持、暴力威胁,也包括欺骗、诱惑或者麻醉的方法。② 笔者赞同后一种观点。理由在于:法定刑的高低,对于构成要件内容的解释发挥着制约作用,即法定刑越重,就越应该严格限制构成要件的范围;反之,则可以对构成要件采取较为宽松的解释态度。前一种观点之所以主张将绑架限制在强制行为之上,主要是考虑到,结合《刑法》第 20 条第 3 款、第 50 条第 2 款的规定来看,绑架罪是与故意杀人、强奸、抢劫罪相并列的一种严重犯罪,这就要求成立绑架罪的行为必须具有强制性。③ 但是,这种看法存在疑问:第一,即便是上述规定中与绑架罪相并列的那些犯罪,其行为也并非仅限于暴力、胁迫或者麻醉方法。例如,行为人采取隐瞒事实的方式,使妇女误以为其是自己的丈夫而与之发生性关系的,虽然并未采取强制行为,但学界没有争议地认为应当成立强奸罪。④ 第二,我们可以结合个别条款的立法目的对其规定的犯罪情形进行限制解释,但不应当对这些犯罪的手段本身作过于严格的控制。例如,《刑法》第 20 条第 3 款关于特殊防卫权的规定虽然包含了强奸罪和抢劫罪,但是由于该款要求侵害

---

① 参见张明楷:《刑法学》(第六版),法律出版社 2021 年版,第 1159 页。
② 参见高铭暄、马克昌主编:《刑法学》(第十版),北京大学出版社、高等教育出版社 2022 年版,第 475—476 页;王爱立主编:《中华人民共和国刑法条文说明、立法理由及相关规定》,北京大学出版社 2021 年版,第 898 页。
③ 参见阮齐林:《绑架罪的法定刑对绑架罪认定的制约》,载《法学研究》2002 年第 2 期,第 35、40 页;徐光华:《索债型非法拘禁罪扩张适用下对绑架罪的再认识》,载《中国法学》2021 年第 3 期,第 272 页。
④ 参见王作富主编:《刑法分则实务研究》(第五版),中国方正出版社 2013 年版,第 755 页。

必须"严重危及人身安全",所以如果强奸行为人采取的是麻醉、欺骗的方式,如果行为人抢劫得手后只是单纯逃跑,那就应当认为不符合特殊防卫权的前提要件。① 同理,即便认为绑架罪的行为方式本身并不限于强制手段,当绑架行为人采取的是非强制性手段时,也完全可以根据"严重危及人身安全"的规定对能够成立特殊防卫权的绑架行为加以限制。第三,在《刑法修正案(七)》出台之前,绑架罪的法定刑过重(最低法定刑是10年有期徒刑),从维持罪刑均衡的角度出发,或许有必要通过将本罪的行为方式限定在强制手段之上,从而限制本罪的成立范围。但是,《刑法修正案(七)》增加了"情节较轻的,处5年以上10年以下有期徒刑"的规定,使本罪的最低法定刑下降到了5年有期徒刑。这样一来,采取非强制性手段实施的绑架行为,就可以被列入"情节较轻"的绑架罪。据此,本案中,甲采取欺骗的方式将X从学校带出予以控制,符合本罪的行为方式。

其次,丙事前与甲并无通谋,也没有参与实施控制人质的行为,只是在甲实现了对X人身的控制之后,才中途参与分担勒索赎金的行为。丙的这种行为是否满足绑架罪共同正犯的行为要件?这涉及承继共同正犯的问题。就复合行为犯而言,前行为人实施了一部分实行行为,后行为人在和前行为人取得意思联络的情况下分担另一部分的实行行为,后者能否构成复合行为犯的共同正犯?对此,理论上有不同看法。全面肯定说认为,当前行为人实施了某一犯罪的部分实行行为之后,故意参与该犯罪的后行为者与前行为者成立共同正犯,后行为者需要为前行为及其造成的结果承担刑事责任。全面否定说认为,只要前行为人已经完成了复合行为犯的部分构成要件行为(如抢劫中的暴力行为),那么后行为人和前行为人就不可能再对该部分的构成要件形成共同实行的意思和共同实行的事实,所以二人无法成立复合行为犯的共同正犯,但不排除后行为者成立该罪的帮助犯。② 中间说则主张,通常情况下,后行为

---

① 参见高铭暄主编:《刑法专论》(第二版),高等教育出版社2006年版,第439—440页;黎宏:《刑法学总论》(第二版),法律出版社2016年版,第143页。
② 参见任海涛:《承继共犯研究》,法律出版社2010年版,第84页以下。Vgl. Roxin, Strafrecht AT, Bd. II, 2003, § 25 Rn. 227; Kindhäuser/Hilgendorf, Lehr- und Praxiskommentar, 8. Aufl., 2020, § 249 Rn. 29; Sander, in: MK-StGB, 4. Aufl., 2021, § 249 Rn. 39.

者对与自己的行为没有因果关系的前行为人的行为不承担责任;但是就复合行为犯而言,尽管在后行为人参与之前,复合行为犯中的一部分行为已经实施完毕,但如果该先行行为的效果仍在持续,后行为人利用这种状态实施了另一部分的构成要件行为,那么二人就可能成立复合行为犯的共同正犯。① 就本案所涉及的绑架罪来说,全面肯定说和中间说都会得出肯定丙成立绑架罪共同正犯的结论,只有全面否定说对此持反对态度。全面否定说值得商榷,理由在于:

第一,复合行为犯属于独立的犯罪类型②,故不能将前后两个行为割裂开来加以评价。例如,对于抢劫罪来说,后行为人所实施的不是单纯的盗窃行为,而是抢劫这一犯罪类型中的内在组成部分,即强取财物的构成要件行为;又如,对于绑架罪而言,后行为人所实施的也不是单纯的敲诈勒索行为,而是绑架这一犯罪类型不可或缺的组成部分,即勒赎的构成要件行为。前行为人的行为和结果(如暴力致人重伤、死亡)一旦发生,就成为一种既成的事实状态,既不能往后延续也不能被后来人继承;但是,先行行为所引起的状态(如被害人不能反抗),却能够被他人所继承。③ 因此,当后行为人基于意思联络对前行为所形成的状态加以利用时,后行为就与前行为产生了复合行为犯所要求的因果关联性。

第二,全面否定说认为,后行为人只能为他实际实施的那部分行为承担刑事责任。例如,在前行为人实施暴力压制被害人反抗之后,后行为人取得财物的行为只能评价为盗窃罪。但是,我国《刑法》中盗窃罪的成立有数额上的要求,当后行为人取得的财物未达数额较大的标准,又不存在多次盗窃、入户盗窃、携带凶器盗窃、扒窃等情节时,就难以追究其刑事责任。然而,后行为人毕竟是在与前行为人发生意思联络的情况下,利用前行为的状态取得了财物,其不法和责任明显重于单纯的盗

---

① 参见陈家林:《共同正犯研究》,武汉大学出版社 2004 年版,第 242—243 页;郑泽善:《论承继共犯》,载《法治研究》2014 年第 5 期,第 15 页;黎宏:《刑法学总论》(第二版),法律出版社 2016 年版,第 278 页;张明楷:《刑法学》(第六版),法律出版社 2021 年版,第 587 页;周光权:《刑法总论》(第四版),中国人民大学出版社 2021 年版,第 350 页。Vgl. BGH, MDR/D 1969, S. 533; BGH, JZ 1981, S. 596.

② 参见张明楷:《刑法学》(第六版),法律出版社 2021 年版,第 587 页;周光权:《刑法总论》(第四版),中国人民大学出版社 2021 年版,第 351 页。

③ 参见黎宏:《刑法学总论》(第二版),法律出版社 2016 年版,第 278 页。

窃,故全面否定说将不当地缩小了处罚的范围。

第三,当后行为人中途与前行为人产生共谋,并利用前行为人所引起的某种状态(如反抗被压制、出现恐惧心理、陷入认识错误等)分担部分实行行为时,后行为人和前行为人均负有消除这一状态的保证人义务。既然后行为人违反了该作为义务,就可以认定他以不作为的方式实施了胁迫、恐吓或者欺骗行为,从而与前行为人构成抢劫罪、敲诈勒索罪或者诈骗罪的共同正犯。①

既然全面否定说不可取,那么无论是采取全面肯定说还是采取中间说,均应得出以下结论:在构成要件层面上,甲和丙成立绑架罪的共同正犯。根据"部分实行全部责任"的原理,甲所实施的劫持行为可归责于丙,而丙打电话索要财物的行为也同样可以归责于甲。由于二人对于绑架罪的完成都作出了不可或缺的重要贡献,故均应评价为主犯。

(2)违法性

不存在违法阻却事由。

(3)责任

甲并不存在责任阻却事由。丙年满15周岁,根据《刑法》第17条第2款的规定,已满14周岁未满16周岁之人不对绑架罪承担刑事责任。

(4)结论

甲的行为成立绑架罪(主犯);丙的行为在构成要件层面成立绑架罪(主犯),但因欠缺责任要件而最终不成立该罪;乙的行为不成立绑架罪。

2. 拐骗儿童罪(第262条,第26条第1、4款)

本罪的实行行为仅表现为使不满14周岁的未成年人脱离家庭或者监护人。本单元中,丙始终未参与实施诱拐、控制 X 的行为,也没有通过制定犯罪计划等方式对本罪的实现发挥重要作用,不可能构成本罪的共同正犯。所以,只需要检验甲、乙二人是否成立本罪的共同正犯。

(1)构成要件符合性

①结果要件

不满14周岁的未成年人 X 已经脱离监护人,故本罪既遂要求的结

---

① 参见〔日〕山口厚:《刑法总论(第三版)》,付立庆译,中国人民大学出版社2018年版,第371—372页。

果已经出现。

②共同实行的意思

首先,本罪故意的成立,要求行为人一方面认识到行为对象是不满14周岁的未成年人;另一方面认识到行为会导致儿童脱离家庭或者监护人。对这两个方面分别加以考察:第一,即便甲、乙并不知晓 X 的确切年龄,但既然他们知道 X 正在就读小学,而小学生通常都不满14周岁,那就可以认定甲、乙明知行为对象为儿童。第二,甲无疑知道其诱骗、强制将使 X 脱离监护人。乙事先与甲进行了通谋,尽管乙误以为自己是在索取合法债务而不具有非法占有他人财物的目的,但他对于该诱骗、扣押的行为将导致 X 脱离家庭和监护人这一点有着明确无误的认知。综上,可以认定甲、乙均具备本罪的故意。

其次,本罪的成立是否要求行为人具有主观上特定的目的,对此刑法学界有不同看法。有的学者认为,本罪的成立要求行为人只能具有收养、役使等目的,而不能具有出卖的目的。① 有的学者则主张,本罪不要求拐骗者主观上具有特定的目的。② 笔者赞同后一种观点。理由在于:第一,《刑法》第 262 条本身并没有对本罪行为人的目的作出任何限定。第二,前一种观点之所以要求拐骗者具有收养、役使的目的,主要是将本罪与拐卖儿童罪和绑架罪区分开来。但是,完全可以认为,拐骗儿童罪与拐卖儿童罪及绑架罪之间并非相互排斥,而是彼此存在重合,即一切将儿童带离家庭或者监护人的行为,不论具体目的为何,都至少可以成立拐骗儿童罪;如果能够查明行为人具有出卖或者向第三人勒索财物的目的,则同时成立拐卖儿童罪或者绑架罪,最后按照竞合的原理确定应当适用的罪名。这种理解更有利于避免出现处罚上的漏洞。例如,如果已经查明行为人具有拐骗儿童的行为,但无法查明其拐骗的目的究竟是收养、役使还是出卖、索财。如果认为拐骗儿童罪的成立要求行为人必须具备收养、役使的目的,则只能得出无罪的结论;反之,如果不对拐骗

---

① 参见王作富主编:《刑法分则实务研究》(第五版),中国方正出版社 2013 年版,第 887 页;周光权:《刑法各论》(第四版),中国人民大学出版社 2021 年版,第 95 页;王爱立主编:《中华人民共和国刑法条文说明、立法理由及相关规定》,北京大学出版社 2021 年版,第 977 页。

② 参见张明楷:《刑法学》(第六版),法律出版社 2021 年版,第 1192 页。

儿童罪的主观目的作出限定,则这种行为就可以成立拐骗儿童罪。

最后,甲和乙事先形成了一同将 X 诱骗脱离家庭和监护人的意思,故具备共同拐骗儿童的意思联络。

③共同的行为

本罪的实行行为表现为,采用诱骗、强制或者其他方法,使不满 14 周岁的未成年人脱离家庭或者监护人。甲和乙一起将 X 从学校骗出,并将其关押在酒店,由此脱离了监护人,均实施了本罪的实行行为,故二人成立本罪的共同正犯。他们对于本罪的实现发挥了同等重要的作用,皆为主犯。

（2）违法性

不存在违法阻却事由。

（3）责任

不存在责任阻却事由。

（4）结论

甲和乙成立拐骗儿童罪的共同正犯,均系主犯。

3. 非法拘禁罪（第 238 条第 1 款,第 26 条第 1、4 款）

与上述关于拐骗儿童罪的分析同理,此处仅需要分析甲、乙二人是否成立本罪的共同正犯。

（1）构成要件符合性

①结果要件

本罪的既遂,以被害人丧失人身自由为标志。首先,由于本罪侵害的法益是人的身体活动自由,故行为对象只能是具有身体活动自由的自然人,即要求行为人必须具备根据自身意愿改变身体所处位置的能力。[①] 已满 7 周岁的 X 虽然缺少刑事责任能力和民事行为能力,但具有根据意识从事身体活动的能力,故可以成为本罪的行为对象。其次,甲和乙将 X 反绑关押在酒店贮藏室内,使其丧失了活动的自由。尽管《刑法》对本罪的成立未设立情节上的限制,但刑法理论通说认为,如果非法

[①] 参见张明楷:《刑法学》(第六版),法律出版社 2021 年版,第 1153—1154 页。Vgl. Kindhäuser/Hilgendorf, Lehr- und Praxiskommentar, 8. Aufl., 2020, § 239 Rn. 4.

拘禁他人情节显著轻微的,不宜认定为犯罪。① 根据2006年7月26日最高人民检察院《关于渎职侵权犯罪案件立案标准的规定》,"非法剥夺他人人身自由24小时以上",或者"非法剥夺他人人身自由,并使用械具或者捆绑等恶劣手段,或者实施殴打、侮辱、虐待行为",应予立案。另外,根据2018年1月16日最高人民法院、最高人民检察院、公安部、司法部《关于办理黑恶势力犯罪案件若干问题的指导意见》,黑恶势力非法拘禁他人累计时间在12小时以上的,应以非法拘禁罪定罪处罚。本案中,甲、乙对X的扣押时间跨越了2日,其间对其采取了用胶带捆绑的行为,同时拘禁对象是年仅7岁的儿童,参考以上司法解释和规范性文件的规定,不能认为二人剥夺X人身自由的行为属于情节显著轻微的情况。故本罪既遂所要求的结果已经出现。故本罪既遂所需的结果已经出现。

②共同实行的意思

首先,甲、乙明知X是具有从事身体活动能力的人,也知道其关押行为将剥夺X的人身自由,故具备本罪的故意。其次,甲和乙在共谋的基础上,产生了共同控制X、限制其人身自由的意图,故具有实行非法拘禁的意思联络。

③共同实行的行为

甲、乙一起将X反绑关押至酒店的贮藏室内,均实施了非法拘禁的行为,故二人成立本罪的共同正犯。由于两人对于X人身自由遭受剥夺这一结果的出现发挥了同等重要的作用,故皆为主犯。

(2)违法性

不存在违法阻却事由。

(3)责任

不存在责任阻却事由。

(4)结论

甲、乙的行为成立非法拘禁罪,均系主犯。

(二)丙

敲诈勒索罪(第274条第1分句,第24条)

敲诈勒索罪的既遂要求行为人取得了财产。丙3次打电话向X的

---

① 参见张明楷:《刑法学》(第六版),法律出版社2021年版,第1155页;高铭暄、马克昌主编:《刑法学》(第十版),北京大学出版社、高等教育出版社2022年版,第474页。

亲属索要赎金未果,但她随后拒绝了甲提出的继续催要赎金的要求,最终并未获得任何财物,故她可能成立敲诈勒索罪的中止。

(1) 构成要件符合性

① 主观构成要件

丙知道自己的勒索行为会使 X 的亲属基于恐惧心理被迫处分 50 万元,从而遭受财产损失,并追求这种结果发生;同时,她也具有非法占有他人数额特别巨大财物的目的。故本罪的主观构成要件已得到满足。

② 着手实行

本罪的实行行为表现为,行为人使用胁迫方法索取数额较大的公私财物。首先,丙已经以恶害相通告向 X 的亲属发出了索取财物的要求。其次,丙索取的财物数额达到 50 万元。根据《敲诈勒索解释》第 1 条的规定,行为人意图索要的财物已经达到"数额特别巨大"的标准。因此,可以认定丙已经着手实行本罪。

③ 自动放弃犯罪

犯罪中止的成立要求行为人必须是自动放弃犯罪。可以确定的是,丙是在本来可以继续催要赎金的情况下,基于自己的决定停止了勒索行为。但是,丙在拒绝甲的要求之前,已经 3 次致电对方但索要赎金未果,究竟属于被迫停止犯罪还是自动放弃犯罪?这涉及"自动放弃可能重复的侵害行为"的情形,即行为人实施了足以造成既遂结果的第一次侵害行为,由于其意志以外的原因而未发生既遂的结果,在当时有继续重复实施侵害行为的可能时,行为人自动放弃了重复实施侵害行为,从而避免了既遂结果的发生。有观点主张,放弃重复侵害行为的情形是实行终了的犯罪未遂。[1] 但刑法理论通说认为,自动放弃继续侵害的情形应当属于犯罪中止,而非犯罪未遂。[2] 笔者赞同通说的观点。理由在于:两种观点争论的焦点在于,在行为人放弃侵害之前,犯罪行为是否已经实行终了。是否实行终了,不但要看行为人客观上是否实施了足以造成结

---

[1] 参见〔苏联〕孟沙金主编:《苏联刑法总论》,彭仲文译,大东书局 1950 年版,第 435 页;杨春洗主编:《刑法总论》,北京大学出版社 1981 年版,第 189 页。

[2] 参见陈兴良:《规范刑法学》(第四版),中国人民大学出版社 2017 年版,第 219 页;高铭暄、马克昌主编:《刑法学》(第十版),北京大学出版社、高等教育出版社 2022 年版,第 158—159 页。

果的犯罪行为,还要看犯罪人是否自认为完成犯罪所必要的行为是否都已实施完毕。① 因此,只要是基于一个犯罪故意,而且为完成犯罪所必要,那么多个单独行为就不应被分割开来,而应当被视为一个实行行为的整体。既然在行为人放弃侵害之前,为完成犯罪所必要的举动尚未实施完毕,那就不能认定犯罪已经实行终了。②

对敲诈勒索犯罪而言,仅发出一次索财的要求往往还不能达到目的,行为人时常需要对被害人连续发出多次要求,不断增加被害人的心理压力,方能最终迫使其交出财物。由于行为人多次索财的举动都是针对同一被害人和同一对象的敲诈勒索犯罪的组成部分,故不应对每一单个的举动作孤立的评价,而应将之视为一个完整的实行行为。据此,尽管丙已经3次索要赎金,但由于她知道为迫使X家属就范所必需的催讨行为还没有实施完毕,故应当认为敲诈勒索的实行行为尚未终了。在此情况下,既然丙基于自愿拒绝了甲的要求、停止继续实施勒索,那就应当认定她是自动放弃犯罪,成立敲诈勒索罪的中止。

(2)违法性

不存在违法阻却事由。

(3)责任

丙在实施行为时年满15周岁。根据《刑法》第17条第2款的规定,已满14周岁不满16周岁的人不对敲诈勒索罪承担刑事责任。

(4)结论

丙的行为不成立敲诈勒索罪。

(三)甲

以上分析表明,乙因为缺少非法占有的目的而不成立绑架罪,丙则因为缺少刑事责任能力而既不能成立绑架罪也不能成立敲诈勒索罪。由于这两人都是在甲的怂恿下参与犯罪活动的,故需要考虑甲是否构成相关犯罪的间接正犯、教唆犯或者其他独立的犯罪。

1.绑架罪(第239条第1款)(以乙为工具的间接正犯)

---

① 参见赵秉志:《犯罪未遂形态研究》(第二版),中国人民大学出版社2008年版,第157页。

② 参见马克昌主编:《犯罪通论》(第三版),武汉大学出版社1999年版,第479—481页;高铭暄主编:《刑法专论》(第二版),高等教育出版社2006年版,第320页。

（1）构成要件符合性

①结果要件

被害人 X 被关押在酒店贮藏室内，其人身已被控制。故本罪所要求的法益侵害结果已经出现。

②间接正犯的归责要素

前面关于绑架罪共同正犯的分析表明，乙虽然参与实施了实力控制 X 的行为，但他因为缺乏非法占有的目的而无法成立本罪。就目的犯来说，利用有故意无目的的人实施犯罪能否成立间接正犯？对此，刑法学界有不同看法。肯定说认为，当有目的者诱使有故意无目的之人去实施目的犯时，有目的者成立间接正犯。① 否定说则认为，直接实行者除了缺少目的之外已经满足了为犯罪成立所需要的所有要件，所以单纯具有目的这一点并不足以使幕后者对直接实行者产生事实支配，幕后者对实行者的实际影响力与教唆犯无异。② 笔者认为，肯定说更为可取。理由在于：第一，犯罪事实支配除了事实性支配之外，还包括规范性支配。既然对于目的犯来说，是否具有目的对于犯罪的成立与否起着至关重要的作用，那就说明当直接实行者缺乏目的时，只有具有目的的幕后指使者才对该目的犯的构成要件事实享有完整的支配。③ 第二，当幕后者欺骗直接实行者，导致后者误以为其实施的行为并非追求特定目的时，就可以认为幕后指使者通过欺骗手段取得了相对于直接实行者的优势地位，从而获得了对犯罪事实的支配。④ 第三，如果认为利用有故意无目的之人实现犯罪的情况不成立间接正犯，那么对于幕后指使者就只能考虑以教唆犯论处。可是，教唆犯的成立以存在相应犯罪的正犯行为为前提，既然直接实行者因为缺少目的而无法成立目的犯，那么即便教唆者本人

---

① 参见马克昌主编：《犯罪通论》（第三版），武汉大学出版社1999年版，第547页；黎宏：《刑法学总论》（第二版），法律出版社2016年版，第271页；张明楷：《刑法学》（第六版），法律出版社2021年版，第531页；周光权：《刑法总论》（第四版），中国人民大学出版社2021年版，第345页。Vgl. Baumann/Weber/Mitsch/Eisele, Strafrecht AT, 12. Aufl., 2016, § 25 Rn. 124; Wessels/Beulke/Satzger, Strafrecht AT, 47. Aufl., 2017, Rn. 775; Heine/Weißer, in: Schönke/Schröder, StGB, 30. Aufl., 2019, § 25 Rn. 19.

② Vgl. Otto, Grundkurs Strafrecht, Allgemeine Strafrechtslehre, 7. Aufl., 2004, § 21 Rn. 97; Maurach/Gössel/Zipf, Strafrecht AT, Teilbd. 2, 8. Aufl., 2014, § 48 Rn. 28.

③ Vgl. Jescheck/Weigend, Lehrbuch des Strafrechts AT, 5. Aufl., 1996, S. 669f.

④ Vgl. Kühl, Strafrecht AT, 8. Aufl., 2017, § 20 Rn. 56a.

具有目的,也无法成立该目的犯的教唆犯。

本案中,甲使用虚构事实的方法使乙误以为其行为是为了索取合法债务,从而导致乙缺少绑架罪非法占有他人财物的目的。因此,可以认为甲通过欺骗对乙产生了支配性的影响,使其成为自己实现绑架罪构成要件的工具。所以,甲符合本罪间接正犯的行为要件。

③主观构成要件

首先,甲知道自己利用乙的行为会控制 X 的人身,并追求这一结果的出现,故具备本罪的故意。其次,前面关于绑架罪直接正犯的分析已经表明,甲具备向第三人勒索财物的目的。

(2)违法性

不存在违法阻却事由。

(3)责任

不存在责任阻却事由。

(4)结论

甲指使乙的行为成立绑架罪的间接正犯。

2. 绑架罪(第 239 条第 1 款)(以丙为工具的间接正犯)

(1)构成要件符合性

①结果要件

如前关于绑架罪共同正犯的分析所述,根据复合行为说,若行为人在控制了他人人身之后,又实施了向第三人发出勒赎要求的行为,即可认定本罪的既遂。由于丙已实施了向 X 的亲属勒索赎金的行为,故本罪既遂所要求的结果要件已经具备。

②间接正犯的归责要素

唆使欠缺责任能力者去实施犯罪,固然属于间接正犯的一种类型。但是,与不满 14 周岁的儿童不同,限制刑事责任年龄人的心智毕竟已经发育到了一定的水平,故不能一概地认定其属于他人犯罪的工具。[①] 只有当根据未成年人的实际智识水平、与唆使者之间的关系等因素,可以认定未成年人确已完全处于唆使者控制之下时,才能认为未成年人属于

[①] Vgl. Heine/Weißer, in: Schönke/Schröder, StGB, 30. Aufl., 2019, § 25 Rn. 45. 具体论证,参见第三章"聚苯乙烯"案第一单元"点火取货"中对丙之刑事责任的分析。

唆使者利用的工具。① 在本案中,尽管丙未达到为绑架罪承担刑事责任的年龄,但她一方面已年满15周岁,在受教育程度上来看大体处在初三到高一的水平,已经能够清楚地辨认出绑架、非法取财等行为的违法性,另一方面她在本案中主动拒绝了甲的指令,这些都说明丙对绑架罪已经具备了相当的辨认和控制能力,故不能认为她是在甲支配和控制下实现犯罪的工具。

(2)结论

甲指使丙的行为不成立绑架罪的间接正犯。

3. 绑架罪(第239条第1款,第29条)(以丙为对象的教唆犯)

(1)构成要件符合性

①前提要件

根据共犯的限制从属性原理,教唆犯的成立,以他人实施了符合相应犯罪构成要件且违法的行为为前提。前述关于绑架罪共同正犯的分析表明,丙的行为符合绑架罪的构成要件,且具有违法性,故本罪教唆犯赖以成立的正犯行为已经存在。

②客观要件

教唆行为是指,引起他人实施符合犯罪构成要件且违法之行为的意思。甲通过指使,使本不具有犯意的丙产生了分担绑架罪中勒索赎金行为的意思。故本罪教唆犯的客观要件已获满足。

③主观要件

教唆犯的成立要求行为人具有两方面的故意。即,行为人既需要认识到自己的教唆行为会使他人产生犯意,也需要认识到被教唆者的行为会发生法益侵害结果。② 甲知道自己的唆使行为会导致丙产生参与实施绑架行为的意思,也知道丙打电话索财的行为会侵犯X家属的自我决定权,并希望这种结果发生,故具备本罪教唆犯的故意。

---

① 参见黎宏:《刑法学总论》(第二版),法律出版社2016年版,第274页;张明楷:《刑法学》(第六版),法律出版社2021年版,第531页。

② 参见周光权:《刑法总论》(第四版),中国人民大学出版社2021年版,第364页。Vgl. Kühl, Strafrecht AT, 8. Aufl., 2017, § 20 Rn. 195; Heine/Weißer, in: Schönke/Schröder, StGB, 30. Aufl., 2019, § 26 Rn. 17.

(2)违法性

不存在违法阻却事由。

(3)责任

不存在责任阻却事由。

(4)处罚

首先,根据《刑法》第 29 条第 1 款第 1 句的规定,对于教唆犯应当按照他在共同犯罪中所起的作用处罚。对于该规定的理解,刑法学界还存在不同意见。通说和审判实践均认为,教唆犯在共同犯罪中通常起着主要作用。① 少数学者则认为,单纯引起他人犯意的教唆者只能以从犯论处,故绝大多数教唆犯属于从犯。② 笔者赞同通说的观点。因为:第一,教唆犯毕竟是犯意的发起者③,正是他使原本忠诚于法的公民产生了与规范相对抗的意思,没有其唆使行为就不可能产生后续的实行犯。因此,即便教唆者没有实施共谋等其他促进犯罪的行为,仅凭其引起犯意这一点,通常来说就足以认定他在共同犯罪中发挥的作用高于帮助犯,应以主犯视之。第二,从法制史和比较法的角度来看,鉴于教唆犯的特殊危害性,对教唆犯处以较重刑罚已形成通例。例如,《唐律》明确规定"诸共犯罪者,以造意为首"。我国台湾地区"刑法"第 29 条第 2 款、《德国刑法典》第 26 条和《日本刑法典》第 61 条第 1 款亦规定,对于教唆犯处以正犯之刑。本案中,一方面,甲的教唆行为使他人产生了犯意;另一方面,其教唆对象具有特殊性,丙是年仅 15 周岁的未成年人,较之成年人来说更易受人指使。综合这两点,可以认定甲在敲诈勒索的整个犯罪活动中起到了主要的作用,属于主犯。

其次,根据《刑法》第 29 条第 1 款第 2 句的规定,教唆不满 18 周岁的人犯罪的,应当从重处罚。本案中,甲教唆的对象丙年仅 15 周岁,为未成年人,故对甲应当从重处罚。

最后,根据《刑法》第 29 条第 2 款的规定,教唆的人没有犯被教唆的

---

① 参见陈兴良:《共同犯罪论》(第三版),中国人民大学出版社 2017 年版,第 242 页;高铭暄、马克昌主编:《刑法学》(第十版),北京大学出版社、高等教育出版社 2022 年版,第 177 页。

② 参见张明楷:《刑法学》(第六版),法律出版社 2021 年版,第 522 页;周光权:《刑法总论》(第四版),中国人民大学出版社 2021 年版,第 374—375 页。

③ Vgl. Jescheck/Weigend, Lehrbuch des Strafrechts AT, 5. Aufl., 1996, S. 691.

罪的,可以从轻或者减轻处罚。尽管学界对该款的理解存在分歧,但人们一致认为,一旦被教唆之人实行被教唆之罪并既遂,即不存在适用本款规定的余地。正如前述关于绑架罪共同正犯的分析所述,绑架罪以第三人的自我决定权遭受侵害为既遂标志。本案中,在被教唆人丙接通X亲属的电话并向其告知勒赎的要求之时,绑架罪即告既遂,故不能适用本款之规定。

(5)结论

甲指使丙的行为成立绑架罪的教唆犯,为主犯。

4. 敲诈勒索罪(第274条第1分句)(以丙为工具的间接正犯)

结合上述关于绑架罪(以丙为工具的间接正犯)的分析,同理,由于丙对敲诈勒索罪已经具备了相当的辨认和控制能力,故不能认为她是在甲支配和控制下实现犯罪的工具。甲的行为不成立敲诈勒索罪的间接正犯。

5. 敲诈勒索罪(第274条第1分句,第29条)(以丙为对象的教唆犯)

(1)构成要件符合性

①前提要件

根据共犯的限制从属性原理,教唆犯的成立,以他人实施了符合相应犯罪构成要件且违法的行为为前提。前述关于丙敲诈勒索罪刑事责任的分析表明,丙的行为符合敲诈勒索罪(中止犯)的构成要件,且具有违法性。本罪教唆犯赖以成立的正犯行为已经存在。

②客观要件

教唆行为,是指引起他人实施符合犯罪构成要件且违法之行为的意思。甲通过指使本不具有犯意的丙产生了以敲诈勒索方法取得他人数额较大财物的意思。故本罪教唆犯的客观要件已获满足。

③主观要件

教唆犯的成立要求行为人具有两个方面的故意,即行为人既需要认识到自己的教唆行为会使他人产生犯意,也需要认识到被教唆者的行为会发生法益侵害结果。甲知道自己的唆使行为会引起丙产生本罪的犯意,也知道丙打电话索财的行为可能取得数额较大的财物,并且希望这种结果发生,故具备本罪教唆犯的故意。

(2)违法性

不存在违法阻却事由。

(3) 责任

不存在责任阻却事由。

(4) 处罚

首先,根据《刑法》第 29 条第 1 款的规定,对于教唆犯应当按照他在共同犯罪中所起的作用处罚。如前所述,根据通说,教唆犯在共同犯罪中通常起着主要作用。① 甲的教唆行为使未成年人产生了犯意,所以他在敲诈勒索的整个犯罪活动中起到了主要的作用,属于主犯。

其次,根据《刑法》第 29 条第 1 款第 2 句的规定,教唆不满 18 周岁的人犯罪的,应当从重处罚。本案中,甲教唆的对象丙年仅 15 周岁,为未成年人,故对甲应当从重处罚。

最后,被教唆者丙并未实现本罪的既遂,能否对甲适用《刑法》第 29 条第 2 款的规定?对于该款所规定的"被教唆的人没有犯被教唆的罪",刑法学界有不同的理解。通说认为,《刑法》第 29 条第 2 款所规定的教唆犯具有独立性,所以"被教唆的人没有犯被教唆的罪"是指以下情况:教唆者根本没有引起被教唆者的犯意,或者被教唆者产生犯意后又打消犯意、未进行任何犯罪活动,或者被教唆者所犯之罪不同于教唆之罪,或者被教唆者犯意的产生和教唆行为不存在因果关系。② 据此,一旦被教唆者已经实行被教唆之罪,就不存在适用本款规定的余地。有的学者从严格贯彻共犯从属性原理的立场出发,认为所谓"被教唆的人没有犯被教唆的罪"仅限于被教唆者已经着手实行被教唆之罪,但因意志以外的原因或者因自动中止而未达至既遂的情况。③ 这样一来,对于已经实行被教唆之罪但未实现既遂的人,就可以根据本款的规定从轻或者减轻处罚。笔者赞同通说的观点。因为:第一,如果第 29 条第 2 款所指的是被

---

① 参见陈兴良:《共同犯罪论》(第三版),中国人民大学出版社 2017 年版,第 242 页;高铭暄、马克昌主编:《刑法学》(第十版),北京大学出版社、高等教育出版社 2022 年版,第 177 页。

② 参见马克昌主编:《犯罪通论》(第三版),武汉大学出版社 1999 年版,第 557、563—564 页;高铭暄、马克昌主编:《刑法学》(第十版),北京大学出版社、高等教育出版社 2022 年版,第 178 页。

③ 参见张明楷:《论教唆犯的性质》,载陈兴良主编:《刑事法评论》(第 21 卷),北京大学出版社 2007 年版,第 88 页;黎宏:《刑法学总论》(第二版),法律出版社 2016 年版,第 299 页;周光权:《刑法总论》(第四版),中国人民大学出版社 2021 年版,第 367 页。

教唆的人已经实施犯罪但未既遂的情况,那么立法者就没有理由采取"被教唆的人没有犯被教唆的罪"的表述,而完全可以将之表述为"被教唆的人犯罪未得逞"。第二,即便坚持共犯从属性原则,也完全可以将第29条第2款视为该原则的例外规定。例如,《德国刑法典》第30条第1款规定:"命令或者教唆他人实施重罪而未遂的,依该重罪的未遂论处,并依第49条第1款减轻处罚。"德国学者普遍认为,该条所规定的其实并不是真正的共犯,因为共犯从属性要求共犯的成立必须以主行为存在为前提,但在该情形中恰恰缺少一个进入了实行阶段的主行为。既然该条将某些"犯罪参与的前置阶段"纳入可罚的范围,那就只能将它理解为共犯的例外规定。① 立法上设置这一例外规定的实质依据在于,一旦行为人实施了唆使行为,那么他无须再做其他任何事,就足以推动事态开始朝着犯罪既遂的方向发展。由此决定,对于各个犯罪构成要件所保护的法益来说,唆使行为就相当于一种具有抽象危险的行为。② 正是考虑到教唆犯具有特殊的危险性,所以立法者仅仅规定了教唆未遂可罚,但并没有为帮助未遂设置同样的条款。③ 我国《刑法》第29条第2款的内容与《德国刑法典》第30条第1款极为类似,所以完全可以作出相似的解释。

据此,由于丙已经实施了敲诈勒索罪的实行行为,不属于"被教唆的人没有犯被教唆的罪"的情形,故对甲不能适用《刑法》第29条第2款的规定。但是,由于正犯行为毕竟止于中止,而正犯中止对于甲而言又是意志以外的因素,故对甲应适用《刑法》第23条第2款的规定,可以从轻或者减轻处罚。

(5)结论

甲指使丙的行为成立敲诈勒索罪的教唆犯,为主犯。

---

① Vgl. Roxin, Strafrecht AT, Bd.Ⅱ, 2003, § 28 Rn. 5 ff; Kühl, Strafrecht AT, 8. Aufl., 2017, § 20 Rn. 243.
② Vgl. BGH 44, 99 (103); Kühl, Strafrecht AT, 8. Aufl., 2017, § 20 Rn. 244.
③ Vgl. Wessels/Beulke/Satzger, Strafrecht AT, 47. Aufl., 2017, Rn. 811.

6.传授犯罪方法罪(第 295 条)

(1)构成要件符合性

①客观构成要件

本罪的实行行为表现为,使用语言、文字、动作、图像或者其他方式,将犯罪方法传授给他人的行为。犯罪方法是指实施犯罪的技术、步骤和经验,以及反侦查、逃避审判、销毁罪证等的办法。① 本案中,甲将 X 家的电话号码告知丙,嘱咐其用打电话威胁的方式向对方索要 50 万元,表面上看似乎属于向其传授敲诈勒索罪的犯罪方法。但是,在教唆他人犯罪的情形下,教唆本身往往就带有对犯罪方法的提示。既然立法者在此之外独立地设置了传授犯罪方法罪,而且其基本法定刑并不低,为 5 年以下有期徒刑、拘役或者管制,那么罪状中所规定的"犯罪方法"就不应包括极为常规和普通的犯罪方法,而应当具有一定的技术性和复杂性,从而对犯罪成功的概率能够起到较为明显的提升作用。否则,若教唆者只是嘱咐、提醒实行犯使用极为普通的犯罪方法,则该行为的不法完全可以被包含评价在相应犯罪的教唆犯之中,无需另行评价为本罪。打电话发出威胁是敲诈勒索罪十分常见的一种实施途径,任何人并不需要经过专门的学习和训练就能操作。所以,甲仅仅向丙告知被害人的电话并嘱咐其打电话勒索,却没有向其传授威胁、谈判的技巧,这并不符合本罪的客观行为要件。

(2)结论

甲的行为不成立传授犯罪方法罪。

7.组织未成年人进行违反治安管理活动罪(第 262 条之二)

(1)构成要件符合性

本罪实行行为表现为,组织未成年人进行盗窃、诈骗、抢夺、敲诈勒索等违反治安管理的活动。只有当对象为复数的人员时,才需要对其进行组织;所以,就本罪而言,尽管被组织的未成年人不要求必须达到 3 人以上,但如果未成年人只有 1 人,那就不存在组织行为的空间。本案中,甲仅指令丙一位未成年人实施敲诈勒索,故不符合本罪的行为要件。

---

① 参见王作富主编:《刑法分则实务研究》(第五版),中国方正出版社 2013 年版,第 1151 页。

(2)结论

甲的行为不成立组织未成年人进行违反治安管理活动罪。

(四)竞合

本单元中,丙不成立任何犯罪。但甲和乙的行为均触犯了多个罪名,故需要分别进行竞合的处理。

> 提示:此处所涉及的行为和罪名较为繁多,在展开竞合分析前可以先画个草图略作整理,以保证思路清晰、要点齐备:
>
> 甲 ─ 控制X人身的行为 { 绑架罪(共同正犯) / 拐骗儿童罪(共同正犯) / 非法拘禁罪(共同正犯) }
> 　　 指使乙的行为——绑架罪(间接正犯)
> 　　 指使丙的行为 { 绑架罪(教唆犯) / 敲诈勒索罪(教唆犯) }
>
> 乙——控制X人身的行为 { 拐骗儿童罪(共同正犯) / 非法拘禁罪(共同正犯) }

1. 甲

(1)甲所实施的控制X人身的行为,同时成立绑架罪、拐骗儿童罪和非法拘禁罪。非法拘禁罪侵犯的是他人的人身自由;绑架罪(或者拐骗儿童罪)则既可能侵犯他人人身自由,也可能只侵犯他人人身安全而不侵犯他人人身自由。例如,当被绑架或者被拐骗的是完全不能根据意识从事身体活动的婴儿时,该行为就只成立绑架罪和拐骗儿童罪,但不成立非法拘禁罪。同时,当绑架的对象是已满14周岁之人时,该行为仅成立绑架罪而不成立拐骗儿童罪;当拐骗儿童不是出于向第三人提出非法要求的目的时,该行为也仅成立拐骗儿童罪而不成立绑架罪。可见,非法拘禁罪、绑架罪和拐骗儿童罪各自都只有一部分内容与对方存在重合,所以它们并非相互包容的关系,而是相互交叉的关系。关于交叉竞合,刑法理论界存在争议,结合本案来看,有两个问题需要讨论:

第一,法条竞合是否包含交叉关系?肯定说主张,当一行为同时触犯的数个法条之间存在重合或者交叉关系时,就成立法条竞合,故交叉竞合属于法条竞合的一种类型。① 否定说则认为，交叉关系不属于法条竞合，而属于想象竞合。② 肯定说是值得赞同的。否定说之所以不承认交叉关系的法条竞合，理由是应当强调想象竞合的明示机能。即，当法条之间存在交叉关系时，仅适用一个法条要么不能全面保护法益，要么不能全面评价行为的不法内容，故不应当认定为法条竞合，而应认定为想象竞合。例如，在行为人冒充国家工作人员招摇撞骗并骗得财物的案件中，若认定为招摇撞骗罪，就没有评价行为侵害财产的内容；若认定为诈骗罪，则没有评价行为侵犯国家机关公共信用的内容。③ 法条竞合和想象竞合的区分标准是：若触犯一法条必然触犯另一法条，则属于法条竞合；若触犯一法条未必触犯另一法条，则属于想象竞合。当两个法条处于交叉关系时，在其重合的部分之内，也会发生触犯一法条必然触犯另一法条的情况。④ 例如，招摇撞骗罪和诈骗罪构成要件重合的部分，是冒充国家工作人员骗取他人数额较大的财物；在这部分之内，触犯诈骗罪的行为必然触犯招摇撞骗罪，反之亦然。所以，应当承认法条竞合包含交叉竞合的情况。据此，非法拘禁罪和绑架罪（或者拐骗儿童罪）能够形成法条竞合。

第二，交叉竞合的处理原则是什么？一种观点主张，交叉关系的法条竞合不应再适用特别法优于普通法的原则，而应该适用重法优于轻法的原则。⑤ 另一种观点主张，法条竞合只能够适用特别法优于普通法的原则，交叉竞合的情况也不例外。⑥ 后一种观点值得赞同。理由如下：其一，立法者之所以在普通法之外另外设立特别法，其意图就在于从一

---

① 参见中华人民共和国最高人民法院刑事审判第一庭、第二庭编：《刑事审判参考》（总第 34 集），法律出版社 2004 年版，第 36—37 页；高铭暄主编：《刑法专论》（第二版），高等教育出版社 2006 年版，第 383 页；周光权：《刑法总论》（第四版），中国人民大学出版社 2021 年版，第 405 页。
② 参见张明楷：《刑法学》（第六版），法律出版社 2021 年版，第 646 页。
③ 同上注，第 646—647 页。
④ 参见周光权：《刑法总论》（第四版），中国人民大学出版社 2021 年版，第 405 页。
⑤ 参见马克昌主编：《犯罪通论》（第三版），武汉大学出版社 1999 年版，第 638 页；陈兴良：《教义刑法学》（第四版），中国人民大学出版社 2017 年版，第 733 页；高铭暄、马克昌主编：《刑法学》（第十版），北京大学出版社、高等教育出版社 2022 年版，第 187、533—534 页。
⑥ 参见周光权：《刑法总论》（第四版），中国人民大学出版社 2021 年版，第 398—402 页。

类犯罪情形中将其具有特殊性的一部分抽取出来"特事特办"。所以,当一个行为同时触犯两个法条时,就说明在普通情形已具备的情况下,"特事"已经出现,故只有优先适用特别法才符合立法者的初衷。其二,尽管《刑法》第 149 条第 2 款规定了法条竞合时依重法处断的原则,但由于该款规定只能适用于分则第三章第一节,而无法推广适用于其他犯罪,①故对于生产、销售伪劣商品犯罪以外的其他犯罪,不存在适用重法优于轻法原则的余地。其三,不可否认,坚持法条竞合的所有情况都只能适用特别法优于普通法的原则,的确有可能导致适用特别法处罚力度反而较轻的情况。但是,一方面,不排除立法者有可能基于缩小打击面的考虑而有意弱化对特别情形的处罚;另一方面,若真的出现罪刑明显不均的情况,应当由立法来加以修改。

结合本案来看,可以得出以下结论:

第一,在侵犯他人人身自由的范围内,与非法拘禁罪相比,绑架罪以及拐骗儿童罪因为在主观目的(或者行为对象)上具有特殊性,故后两者属于特别法,前者属于普通法。根据法条竞合"特别法优于普通法"的原则,在甲的行为同时成立这三个犯罪的情况下,应排除非法拘禁罪的适用。

第二,在侵犯儿童人身自由和安全的范围内,与拐骗儿童罪相比,绑架罪在主观目的上具有特殊性,即要求行为人具有勒索财物或满足其他非法要求的目的,属于特别法。根据"特别法优于普通法"的原则,在甲的行为同时成立两罪的情况下,应排除拐骗儿童罪的适用。

综上,对于甲控制他人人身的行为应以绑架罪(共同正犯,主犯)论处。

(2)甲针对乙所实施的指使行为成立绑架罪(间接正犯)。

(3)甲针对丙所实施的指使行为则成立绑架罪(教唆犯,主犯)、敲诈勒索罪(教唆犯,主犯),属于想象竞合。就绑架罪而言,在情节一般的情形下(即不存在结合犯以及情节较轻的情况),其法定刑为 10 年以上有期徒刑或者无期徒刑,并处罚金或者没收财产;就敲诈勒索罪而言,虽然甲唆使丙勒索的财物数额达到了特别巨大的标准,但"数额特别巨

---

① 参见黎宏:《刑法学总论》(第二版),法律出版社 2016 年版,第 317 页。

大"属于量刑规则,只有当案件事实完全符合该量刑规定,即行为人取得了数额特别巨大的财物时,才能按照该规定量刑。①由于丙最终分文未得,故只能认定为普通敲诈勒索罪的未遂,其法定刑为3年以下有期徒刑、拘役或者管制。两相比较,绑架罪为重罪,故择一重罪应当以绑架罪(主犯)论处。

(4)以上分析表明,甲的三个行为分别成立绑架罪(共同正犯,主犯)、绑架罪(间接正犯)和绑架罪(教唆犯,主犯)。

首先,本案中,绑架罪的共同正犯和间接正犯是基于一个绑架的故意针对一个对象实施的,这两个正犯行为都是为实现一个绑架罪既遂所必不可少的组成部分,故应当将其视为一个整体,对甲仅以一个绑架罪(主犯)论处即可。

其次,在共同犯罪中,若行为人既实施了正犯行为,又实施了该罪的教唆行为,则正犯行为可以吸收教唆行为,最终仅以正犯论处。② 既然甲已成立绑架罪的正犯,那么他教唆丙实施本罪的行为可以被正犯行为所吸收,对甲仅以一个绑架罪(主犯)论处即可。

2.乙

乙所实施的控制X人身的行为,同时成立拐骗儿童罪(共同正犯,主犯)和非法拘禁罪(共同正犯,主犯)。根据以上关于甲之犯罪竞合的分析可知,应排除非法拘禁罪的适用,对乙仅以拐骗儿童罪(主犯)论处。

二、递送饮食

丙

绑架罪(第239条第1款,第27条)

(1)构成要件符合性

①前提要件

帮助犯的成立以相关犯罪的正犯行为已经存在为前提。根据前述

---

① 参见张明楷:《刑法学》(第六版),法律出版社2021年版,第154—155页。
② 参见高铭暄主编:《刑法专论》(第二版),高等教育出版社2006年版,第406—407页;陈兴良:《共同犯罪论》(第三版),中国人民大学出版社2017年版,第394页;张明楷:《刑法学》(第六版),法律出版社2021年版,第641页。

分析,甲成立绑架罪,故本罪帮助犯赖以成立的正犯行为已经存在。

②客观要件

某种行为要成立帮助犯,就必须升高了他人实行行为的法益侵害危险。① 有观点认为,在他人将被害人控制起来后,根据绑架者的安排,负责为被绑架者提供食品、代为照顾被害人的,可以构成绑架罪的帮助犯。② 但这种见解存在疑问。因为,只要没有参与看押、监禁,行为人单纯为被害人提供食品、照顾的行为,就并没有升高绑架行为法益侵害的风险。本案中,丙按照甲的要求单纯给 X 递送水和食物,这不仅不会对 X 的人身自由或者安全产生不利的影响,反而有利于保全 X 的生命和健康。任何降低了风险,即改善了被害法益之处境的行为,都不应被评价为帮助犯。另外,从目前的判例来看,若行为人在他人绑架得手后中途参与,那么只有当行为人在给被害人送饭之外,还实施了提供关押场所、协助转移人质、为绑架者送饭的行为时,才能认定其成立本罪的共犯。③

(2)结论

丙的行为不成立绑架罪的帮助犯。

三、怒下杀手

(一)丙

1. 故意杀人罪(第 232 条,第 23 条)

本案中未出现死亡结果,故丙猛掐 X 脖子的行为只可能成立故意杀人罪的未完成形态,先考虑其是否构成未遂犯。

(1)构成要件符合性

①主观构成要件

丙并无杀人的预谋,所以要确定其是否具有杀人之故意,就只能结

---

① Vgl. Roxin, Strafrecht AT, Bd. II, 2003, § 26 Rn. 210.
② 参见马克昌主编:《百罪通论(上卷)》,北京大学出版社 2014 年版,第 583 页。
③ 参见高海明绑架、郭永杭非法拘禁案,浙江省绍兴市中级人民法院刑事裁定书,(2000)绍中刑终字第 263 号;赵勇绑架案,海南省海口市中级人民法院刑事裁定书,(2000)海中法刑终字第 34 号;董某等绑架案,广东省深圳市中级人民法院刑事附带民事判决书,(2003)深中法刑一初字第 2 号;赵永刚等绑架、窝藏案,河南省驻马店市中级人民法院刑事附带民事判决书,(2003)驻刑少初字第 11 号。

合她所实施的客观行为来加以判断。丙用力掐住 7 岁小孩 X 的脖子达 30 秒。丙作为已满 15 周岁、精神正常的人,已经具备基本的生理常识,知道咽喉是人体的要害部位,况且对方是年仅 7 岁的幼童,身体器官较成年人更易遭受致命性损伤。因此,丙明知自己持续掐小孩咽喉的行为具有引起其窒息身亡的高度危险性,却为了泄愤而仍然实施该行为,至少可以认定其放任了死亡结果的发生,具备本罪的故意。同时,未遂犯的成立并不以行为人持直接故意为必要,在间接故意的情形中同样也存在成立犯罪未遂的空间。①

②客观构成要件

首先,本罪着手的标志在于,行为人开始实施具有致死之急迫危险的行为。如前所述,丙用力掐住 7 岁小孩的脖子,该行为已经具备引起对方窒息身亡的现实危险,故可以认定其已经着手实施杀人。

其次,丙是在误以为 X 已经死亡的情况下逃离现场,这就说明死亡结果未发生是因为其意志以外的原因。

(2)违法性

不存在违法阻却事由。

(3)责任

根据《刑法》第 17 条第 2 款的规定,已满 14 周岁不满 16 周岁的人犯故意杀人罪的,应当承担刑事责任。丙已年满 15 周岁,又无其他责任阻却事由,故具备责任。

(4)结论

丙的行为成立故意杀人罪(未遂)。

2.故意伤害罪(第 234 条第 2 款第 1 句第 1 分句)

(1)构成要件符合性

①客观构成要件

首先,本罪的既遂要求出现轻伤以上的伤害结果。本案中,被害人 X 颈部环状软骨断裂、气管受损,经鉴定为重伤。故本罪既遂所要求的结果已经出现。

---

① 详细的论证,参见第二章"见义勇为"案第二事实单元"驾车追赶"中关于故意杀人罪(针对丙)的分析。

其次，本罪的实行行为表现为非法损害他人的身体健康。由于咽喉是身体要害而且相对脆弱的部位，所以丙猛掐 X 咽喉的行为足以产生轻伤以上的伤害结果，应认定其实施了伤害行为。

最后，正是丙持续猛掐咽喉的行为使得 X 发生环状软骨断裂及气管受损，故重伤结果可归责于丙的伤害行为。

②主观构成要件

丙已具备基本的生理常识，知道其行为足以严重损害对方身体健康，故具备本罪的故意。

(2)违法性

不存在违法阻却事由。

(3)责任

根据《刑法》第 17 条第 2 款的规定，已满 14 周岁不满 16 周岁的人故意伤害致人重伤的，应当承担刑事责任。丙已年满 15 周岁，又无其他责任阻却事由，故具备承担刑事责任的能力。

(4)结论

丙的行为成立故意伤害罪，由于致人重伤，故根据《刑法》第 234 条第 2 款的规定，应处 3 年以上 10 年以下有期徒刑。

3. 绑架罪(第 239 条第 2 款)(结合犯)

根据《刑法》第 239 条第 2 款的规定，犯绑架罪"杀害被绑架人的"，处无期徒刑或者死刑，并处没收财产。丙杀害被绑架人 X，存在适用该款规定的可能。

(1)构成要件符合性

①前提要件

对于《刑法》第 239 条第 2 款的性质，刑法学界存在不同看法。一种观点认为，本款规定的是绑架罪的结果加重犯。[1] 另一种观点则认为，本款规定的是绑架罪和故意杀人罪的结合犯。[2] 笔者赞同后一种观点。理由在于：结果加重犯的特征在于，加重结果必须是由基本犯的行为所

---

[1] 参见吴振兴：《罪数形态论》(第二版)，中国检察出版社 2006 年版，第 109—110 页；王作富主编：《刑法分则实务研究》(第五版)，中国方正出版社 2013 年版，第 788 页。

[2] 参见马克昌主编：《百罪通论(上卷)》，北京大学出版社 2014 年版，第 587 页；张明楷：《刑法学》(第六版)，法律出版社 2021 年版，第 1164 页。

引起的。例如,在抢劫罪中,故意杀死被害人的行为之所以能够成立结果加重犯,是因为杀死被害人本身就可以成为抢劫罪暴力手段行为的一种表现形式,故死亡结果依然是由基本行为(劫持勒赎暴力手段行为)所引起。然而,绑架行为以实力控制他人的人身为内容,杀人行为无论如何都不可能成为绑架的组成部分,所以也就不可能将死亡看成是绑架行为引起的结果。可见,《刑法》第 239 条第 2 款是将原本应当实行并罚的绑架罪和故意杀人罪结合成了绑架罪一罪,其成立以行为人犯有绑架罪为前提。

《刑法》第 239 条第 2 款中"犯前款罪",只要求行为人已符合绑架罪的不法构成要件即可,而不要求必须成立绑架罪。前述劫持勒赎单元关于绑架罪共同正犯的分析表明,丙在不法构成要件层面上成立绑架罪的共同正犯,故可以认定本款适用的前提条件已经具备。

②行为要件

本罪结合犯的成立,要求行为人实施了杀害被绑架人或者故意伤害被绑架人致人重伤、死亡的行为。

本单元前面的分析表明,丙猛掐 X 致其死亡的行为成立故意杀人罪(未遂)。需要讨论的问题是:对被绑架人实施杀害行为但未遂的,是否满足"杀害被绑架人"的行为要件呢?对此,学界有不同看法。第一种观点认为,杀人未遂的情况同样属于"杀害被绑架人",应当根据《刑法》第 239 条第 2 款的规定仅以绑架罪论处,而且不适用《刑法》第 23 条第 2 款关于未遂犯从宽处罚的规定。第二种观点主张,杀人未遂的情况同样属于"杀害被绑架人",应当根据《刑法》第 239 条第 2 款的规定仅以绑架罪论处,同时适用《刑法》第 23 条第 2 款关于未遂犯从宽处罚的规定。第三种观点认为,"杀害被绑架人"仅指杀人既遂的情况,绑架后杀害被绑架人未遂的,应当分别认定为普通绑架罪与故意杀人罪(未遂),实行并罚。第四种观点主张,"杀害被绑架人"仅指杀人既遂的情况,绑架后杀害被绑架人未遂的,应当直接在绑架罪的基本法定刑幅度之内量定刑罚。第三种观点更为可取。理由在于:

其一,《刑法》第 239 条第 2 款将"杀害被绑架人"和"故意伤害被绑架人,致人重伤、死亡"并列作为适用无期徒刑或者死刑这一档法定刑的事由。杀害被绑架人未遂,包括了导致被绑架人轻伤的情况。既然故意伤害被绑架人仅导致被绑架人轻伤的,不可能"处无期徒刑或者死刑";那么杀害被绑架人未遂且仅导致被绑架人轻伤的,也不应断然适用"处无期徒刑或者死刑"这一重刑。可见,"杀害被绑架人"应当以杀人既遂为要件。这样一来,在杀害被绑架人未遂的情况下,以杀人罪(未遂)与绑架罪实行并罚,可以综合运用未遂的从宽规定、数罪并罚的原理等多种途径,实现对绑架和杀人行为各自具体情节的充分考量,比起统一适用《刑法》第239条第2款这一裁量空间较小的规定来看,能够更好地实现罪刑均衡。另外,如果杀害被绑架人未遂且导致被绑架人重伤的,应当以"故意伤害被绑架人,致人重伤"而非"杀害被绑架人"为根据适用"处无期徒刑或者死刑"的法定刑。

其二,立法者对绑架罪规定的修正,也为限缩解释"杀害被绑架人"提供了依据。在2015年《刑法修正案(九)》颁行之前,《刑法》第239条第2款的规定是"犯前款罪,致使被绑架人死亡或者杀害被绑架人的,处死刑,并处没收财产"。第一种观点的一个重要理由在于,"致使被绑架人死亡"包括了过失致被绑架人死亡的情况,既然对过失致使被绑架人死亡的情形尚需适用死刑,而故意杀人未遂的,其不法和责任程度明显高于过失致死的情况,那么对故意杀害被绑架人未遂的行为就更应适用《刑法》第239条第2款的规定。[①] 但是,《刑法修正案(九)》已将"致使被绑架人死亡"修改为"故意伤害被绑架人,致人重伤、死亡"。这就说明,单纯过失致被绑架人死亡的情况,已经被排除出本款的适用范围。立法者之所以作出这一修正,就是考虑到在过失致被绑架人死亡的情形中,行为人的主观恶性明显低于故意杀害被绑架人的情形,不加区分地一概适用重刑不利于贯彻罪责刑相适应原则。[②] 这就说明,本款的适用不能再以单纯过失致人死亡的情形为基准。

其三,第三种观点有利于鼓励绑架行为人中止杀人。当行为人虽然实施了杀害被绑架人的行为,但自动放弃杀人行为或者自动有效地防止

---

① 参见武文和:《王建平绑架案——杀害被绑架人未遂的,是否属于刑法第二百三十九条第一款规定的"杀害被绑架人的"情形》,载中华人民共和国最高人民法院刑事审判第一、二、三、四、五庭主办:《中国刑事审判指导案例》(第3卷),法律出版社2009年版,第479页。

② 参见臧铁伟主编:《中华人民共和国刑法修正案(九)解读》,中国法制出版社2015年版,第98页。

死亡结果的发生时,如果实行绑架罪和故意杀人罪(中止)的并罚,就既能反映出"绑架+杀人"两罪叠加后的严重程度,又能体现杀人中止的减免待遇,从而鼓励绑架杀人者自动避免死亡结果的出现。

本案中,由于丙杀害被绑架人 X 的行为止于未遂,故不属于本款规定的"杀害被绑架人"。但是,既然杀人行为包含了伤害行为在内,那么杀害被绑架人未遂但导致被绑架人重伤的,也可以被评价为"故意伤害被绑架人,致人重伤"的情形。所以,结合犯的行为要件已经得到满足。

(2)违法性

不存在违法阻却事由。

(3)责任

丙在实施行为时属于相对刑事责任能力人,对她能否适用《刑法》第 239 条第 2 款的规定以绑架罪论处?对此,理论和实践中存在不同看法。肯定说认为,相对刑事责任能力人绑架后故意杀害被绑架人或者故意伤害被绑架人致其重伤、死亡的,均应根据本款规定以绑架罪论处。2003 年 4 月 18 日最高人民检察院法律政策研究室《关于相对刑事责任年龄的人承担刑事责任范围有关问题的答复》就持这种观点,其中指出:"相对刑事责任年龄的人实施了刑法第十七条第二款规定的行为,应当追究刑事责任的,其罪名应当根据所触犯的刑法分则具体条文认定。对于绑架后杀害被绑架人的,其罪名应认定为绑架罪。"据此,对于丙故意伤害 X 致其重伤的行为,应定性为绑架罪。否定说则认为,相对刑事责任能力人绑架后故意杀害被绑架人或者故意伤害被绑架人致其重伤、死亡的,只能以故意杀人罪或者故意伤害罪论处。① 2006 年 1 月 11 日最高人民法院《关于审理未成年人刑事案件具体应用法律若干问题的解释》第 5 条采取了该说,其中规定:"已满 14 周岁不满 16 周岁的人实施刑法第十七条第二款规定以外的行为,如果同时触犯了刑法第十七条第二款规定的,应当依照刑法第十七条第二款的规定确定罪名,定罪处罚"。

笔者认为,否定说更为可取。理由在于:第一,虽然在不法构成要件

---

① 参见王作富主编:《刑法分则实务研究》(第五版),中国方正出版社 2013 年版,第 786 页;周光权:《刑法各论》(第四版),中国人民大学出版社 2021 年版,第 52 页;黎宏:《刑法学总论》(第二版),法律出版社 2016 年版,第 172 页。

的层面上,相对刑事责任能力人完全符合"绑架+故意杀人/故意伤害致人重伤、死亡"这一结合犯的成立要件;但在进入有责性层面后,结合犯中绑架的部分因欠缺有责性而被排除在犯罪成立的范围以外,最终能够被有责性所覆盖从而成立犯罪的,只有其中故意杀害被绑架人或者故意伤害被绑架人致其重伤、死亡的部分。第二,既然根据《刑法》第17条第2款的规定,绑架罪并不在相对刑事责任年龄人承担刑事责任的犯罪之内,而行为已经完全满足了故意杀人罪或者故意伤害罪的全部成立要件,那么在确定应当追究行为人刑事责任的前提下,为避免与刑法规定发生冲突,不宜以绑架罪定罪。

(4)结论

不能根据《刑法》第239条第2款的规定认定丙成立绑架罪。

(二)甲

1. 绑架罪(第239条第2款)(结合犯)

如前所述,《刑法》第239条第2款规定的"杀害被绑架人"以被绑架人死亡为要件,但本案中未出现死亡结果,只出现了被绑架人重伤的结果,故只能考虑甲是否构成"故意伤害被绑架人,致人重伤"。可是,甲本人并未对X实施故意伤害行为,也没有指使或者放任丙实施故意伤害行为,故不满足该款的规定,不能以绑架罪结合犯论处。

2. 过失致人重伤罪(第235条)

(1)构成要件符合性

①结果

X颈部环状软骨断裂、气管受损,经鉴定为重伤。故本罪成立所要求的结果已经出现。

②行为与结果之间的条件关系

假如甲不控制X的人身或者不嘱咐丙给X送饮食,就不会出现被害人重伤的结果。故甲的行为与X的重伤之间存在条件关系。

③注意义务违反性

所谓违反注意义务,是指行为人本来应当以足够谨慎的态度认识到自己的某一行为具有产生法益损害结果的危险,进而采取防范措施避免该结果发生,却因为疏于注意而降低了自身正确认识危险事实的能力。① 某一行为发出的危险信号越强烈,法律要求行为人给予的谨慎注意程度就越高;反之,当某一行为发出的危险信号较为微弱,其预示的危险没有超出社会正常风险的程度时,法律要求行为人投放的关注力也将处在较低的水平。本案中,X 处在甲的独占支配控制之下,况且 X 是年仅 7 岁的儿童,故甲对于 X 的人身安全负有谨慎保护的义务。但是,丙在此之前并未显现出实施严重暴力的征兆和倾向,虽然丙被甲训斥之后多少会有不满情绪,但从一般生活经验来看,这不足以导致其向无辜第三人痛下杀手。正是由于在甲委托丙去为 X 递送饮食时,并不存在预示着 X 将遭遇丙严重暴力袭击的明显信号,故甲没有义务预见到丙竟然会为了泄愤而实施杀人行为。根据《刑法》第 16 条的规定,丙所实施的杀人行为以及 X 所遭受的重伤结果,对于甲来说属于意外事件,故甲对于 X 的重伤结果没有过失。

(2) 结论

甲不成立过失致人重伤罪。

(三) 竞合

丙的一个行为同时成立故意杀人罪(未遂)和故意伤害罪。两罪之间究竟是法条竞合还是想象竞合关系,需要区别不同情况来加以认定。首先,当行为人的一个行为既成立故意杀人罪既遂又成立故意伤害罪既遂时,应当认定二者存在法条竞合关系。② 其次,如果行为人的一个行为同时成立故意杀人罪未遂和故意伤害罪既遂,则需要进一步区分两种情况:其一,若故意杀人罪的未遂犯足以完整评价故意伤害罪既遂的全部不法,则仍可以按法条竞合处理;其二,若故意杀人罪的未遂犯无法完整地包含故意伤害罪既遂的不法,则只能按想象竞合处理。③ 这主要是指故意伤害具有严重情节的情况。例如,行为人以特别残忍的手段实施

---

① 参见陈璇:《注意义务的规范本质与判断标准》,载《法学研究》2019 年第 1 期,第 138 页。

② 参见第四章"稻香楼宾馆"案第四个事实单元"棒击致死"中关于竞合的分析。

③ 参见张明楷:《刑法学》(第六版),法律出版社 2021 年版,第 648、1124 页。Vgl. Roxin, Strafrecht AT, Bd. Ⅱ, 2003, § 33 Rn. 205; Neumann/Saliger, in: NK-StGB, 5. Aufl., 2017, § 212 Rn. 37; Eser/Sternberg-Lieben, in: Schönke/Schröder, StGB, 30. Aufl., 2019, § 212 Rn. 23.

杀人,虽然未遂但造成了重伤结果。对于这种情况,如果仅以故意杀人罪的未遂犯处罚,就难以对以特别残忍手段致人重伤这一情节作出完整评价,所以需要根据想象竞合择一重罪处断。

本案中,丙的行为构成故意伤害致人重伤。这里并不存在使用了特别残忍手段的情节,单纯的重伤结果则可以为杀人未遂所涵盖。可见,丙所犯故意伤害罪的不法可以被完整地包含在故意杀人罪的未遂犯之中。两者的法定刑也可以佐证这一点:故意伤害单纯致人重伤的,法定刑仅为3年以上10年以下有期徒刑;故意杀人罪的法定刑则为死刑、无期徒刑或者10年以上有期徒刑,尽管成立未遂,但根据《刑法》第23条第2款的规定也只是"可以从轻或者减轻处罚",其所受刑罚不可能低于前者。在此情况下,应当根据法条竞合"特别法优于普通法"的原理,对丙仅以故意杀人罪(未遂)论处。

综上,在本事实单元,丙成立故意杀人罪(未遂)。

四、全案分析结论

1. 对甲应以绑架罪论处。
2. 对乙应以拐骗儿童罪(主犯)论处。
3. 对丙应以故意杀人罪(未遂)论处。

重点复习

需要结合本案例复习的基础知识点包括:

1. 绑架罪的构成要件行为以及既遂标准。
2. 绑架罪、非法拘禁罪与拐骗儿童罪的关系。
3. 如何理解《刑法》第238条第3款的规定?
4. 承继共同犯罪的成立条件。
5. 对于自动放弃可能重复实施的侵害行为,应该如何处理?
6. 如何理解《刑法》第29条第2款的规定?
7. 绑架后杀害被绑架人未遂的,能否适用《刑法》第239条第2款?
8. 相对刑事责任年龄人绑架后又杀害被绑架人的,应当如何处理?

第六章　毕业季的四套西服案

案情叙述

　　正忙于求职的大学生甲,看上了某大型服装专卖店里的几套高档西装,但苦于囊中羞涩。一天,甲想到一个花低价买贵货的点子,和室友乙详细道出,乙应了句:"真不愧是你,好点子。"甲对乙说:"到时你陪我一块儿去吧,你什么都不用干,在外头等我就成。"乙前些天已经签约一家公司,终日闲来无事,便答应下来。2012年10月2日上午10时许,甲、乙来到专卖店,乙留在店门外转悠、看手机。甲进入店内,趁营业员丙给另一位顾客介绍服装之机,偷偷将标价3800元一套的西服与标价1100元的标签互换。然后,甲又佯装仔细观看,最后看到了标价1100元(互换后)的西服套装后要求购买。最后,甲按照买三套以上每套优惠100元的价格,共花4000元买下了四套(其中两套是买给自己弟弟的)。付完款,甲拿着买好的西服走出店门,正打算招呼乙离开,不料甲的作案过程被专卖店防损员丁看在眼里,他追出来对甲喊道:"偷东西的,你给我站住!"甲一看不妙,丢下西服撒腿就跑,专卖店的店员闻讯后立即出来将丢在店门口地上的四套西服取回。甲一边跑一边回头对乙嚷:"兄弟,快帮我拦着点他!"乙赶紧在丁的前方一横腿,飞奔中的丁冷不防被绊了一下,重重摔在地上,面部着地,导致鼻骨骨折(事后经鉴定,为轻伤)。丁迅速起身,继续追赶,在追了大约5分钟后,丁将甲扑倒在地,并将其捆绑起来带回专卖店,关入仓库中。丁正准备向派出所报案,甲哀求说:"大哥,可怜一下我,要是因为这事儿蹲了号子,我后半辈子就全完了。"丁想了一想,说:"你跟你那同伙偷东西,还把我鼻子弄伤了,想让我不报案也行,给我2万块钱,我就放了你。"甲只得同意,两次打电话催促乙,让他速借2万元来。当晚,乙向亲友借到2万元后,转账至丁指定的银行卡账户。次日早晨7时许丁确认收到钱后,将甲放走。甲回到宿舍,突然想起自己给专卖店支付了4000元价款,现在西服已经归还,专卖店应该把这4000元还给自己才是。于是,甲于10月4日来到专卖店索要4000元,店长戊说:"我们没把你送派出所就已经很仁慈了,你还敢回来要钱?再不滚,我马上打电话叫警察来!"甲只得作罢。①

思路提要

一、移花接木

(一) 甲

1. 盗窃罪(第264条)(×)

(1) 构成要件符合性(×)

(2) 结论

2. 盗窃罪(第264条,第23条)(×)

(1) 构成要件符合性(×)

(2) 结论

3. 诈骗罪(第266条第1句第1分句,第23条)(√)

(1) 构成要件符合性(√)

(2) 违法性(√)

(3) 责任(√)

(4) 结论

(二) 乙

1. 诈骗罪(第266条,第26条第1、4款,第23条)(共同正犯)(×)

(1) 构成要件符合性(×)

(2) 结论

2. 诈骗罪(第266条,第27条,第23条)(帮助犯)(×)

(1) 构成要件符合性(×)

(2) 结论

二、出腿掩护

(一) 乙

1. 故意伤害罪(第234条第1款)(√)

(1) 构成要件符合性(√)

(2) 违法性(√)

(3) 责任(√)

(4) 结论

2. 抢劫罪(第269条)(×)

(1) 构成要件符合性(×)

(2) 结论

3. 窝藏罪(第310条第1款前段)(√)

(1) 构成要件符合性(√)

---

① 案情改编自周玉文:《偷换价格标签购买西服构成何罪》,载《人民法院报》2008年2月20日,第6版。

(2)违法性(√)

(3)责任(√)

(4)结论

(二)甲

1. 故意伤害罪(第 234 条第 1 款,第 29 条第 1 款)(教唆犯)(√)

(1)构成要件符合性(√)

(2)违法性(√)

(3)责任(√)

(4)结论

2. 抢劫罪(第 269 条)(间接正犯)(√)

(1)构成要件符合性(√)

(2)违法性(√)

(3)责任(√)

(4)结论

3. 窝藏罪(第 310 条第 1 款前段)(×)

(1)构成要件符合性(×)

(2)结论

4. 窝藏罪(第 310 条第 1 款前段,第 29 条第 1 款)(教唆犯)(×)

(1)构成要件符合性(√)

(2)违法性(√)

(3)责任(×)

(4)结论

(三)竞合

三、擒拿扣押

丁

非法拘禁罪(第 238 条)(×)

(1)构成要件符合性(√)

(2)违法性(×)

(3)结论

四、索要钱财

丁

1. 敲诈勒索罪(第 274 条)(×)

(1)构成要件符合性(×)

(2)结论

2. 私放在押人员罪(第 400 条第 1 款)(×)

3. 窝藏罪(第 310 条第 1 款前段)(×)

(1)构成要件符合性(×)

(2)结论

五、拒不退款

戊

1. 侵占罪(第 270 条)(√)

(1)构成要件符合性(√)

(2)违法性(√)

(3)责任(√)

(4)结论

2. 窝藏罪(第 310 条第 1 款前段)(×)

(1)构成要件符合性(×)

(2)结论

六、全案分析结论

具体分析

> 关于事实单元划分的思考:本案各事实单元的分界点较为清晰,可以划分为如下几个单元:第一,甲采取暗中调换标签的方式用较低价格购得四套西服。第二,乙在甲的授意下横腿将丁绊倒,致其受伤。第三,丁将甲捕获,并关押在仓库中。第四,丁以向派出所报案相威胁向甲索取2万元。第五,戊拒绝向甲归还4000元价款。

一、移花接木

(一)甲

> 预判:甲的行为可能构成盗窃罪或者诈骗罪,虽然两罪的法定刑持平,但根据司法解释,盗窃罪的起刑数额低于诈骗罪,故前者相对于后者是更重的犯罪。因此,这里先分析盗窃罪,如果盗窃罪不成立再进一步分析诈骗罪。

1. 盗窃罪(第264条)

(1)构成要件符合性

甲采取暗中调换价格标签的方式,仅用4000元购得实际价值14800元(按买三套以上每套便宜100元的优惠价计算)的西服,可能构成盗窃罪。

①客观构成要件

首先,根据《刑法》第264条的规定,普通盗窃所针对的财物必须达到"数额较大",而就多次盗窃、入户盗窃、携带凶器盗窃和扒窃等特殊类型盗窃来说,则不存在数额方面的特别要求。一方面,甲并未多次实施盗窃,此次作案也没有携带任何凶器,故不属于"多次盗窃"或者"携带凶器盗窃";另一方面,甲是在专卖店这一公共场所内取得商家销售的财物,甲既非进入供他人家庭生活、与外界相对隔离的住所,也不是在公共场所取得他人随身携带的财物,故不属于"入户盗窃"或者"扒窃"。因此,对于甲只能考虑成立普通盗窃。

关于本罪的既遂数额问题,首先需要明确司法解释的时间效力:甲的行为发生在 2012 年 10 月 2 日,当时针对盗窃罪有效的司法解释是最高人民法院 1997 年 11 月 4 日通过的《关于审理盗窃案件具体应用法律若干问题的解释》(以下简称 1997 年《盗窃解释》),而"两高"2013 年 4 月 2 日公布的《盗窃解释》则实施于该行为之后。根据最高人民法院、最高人民检察院 2001 年 12 月 7 日发布的《关于适用刑事司法解释时间效力问题的规定》(以下简称《刑事司法解释时间效力规定》)第 3 条,对于新的司法解释实施前发生的行为,行为时已有相关司法解释,依照行为时的司法解释办理,但适用新的司法解释对犯罪嫌疑人、被告人有利的,适用新的司法解释。《盗窃解释》关于"数额较大""数额巨大""数额特别巨大"的认定标准相较于 1997 年《盗窃解释》有所上升,更有利于行为人,故应当适用《盗窃解释》的相关规定。根据《盗窃解释》第 1 条的规定,普通盗窃的既遂以行为人取得数额较大即 1000 元至 3000 元以上财物的占有为标准。本案中,涉案的四套西服总价值为 14800 元(按买三套以上每套便宜 100 元的优惠价计算),在数额上已经满足本罪既遂的要求。

关于盗窃罪的既遂标准,学界主要存在以下学说:第一,接触说。认为应以行为人接触到被盗财物为既遂标志。第二,转移说。主张只有当行为人将被盗财物转移到安全地带时,才能认定为既遂。第三,控制说(取得说)。认为应当以行为人是否已经取得对被盗财物的实际控制为既遂标准。第四,失控说。认为一旦被害人失去了对财物的控制,即可认定为既遂。第五,失控加控制说。主张只有当不仅被害人失去了对财物的控制,而且财物已经处于行为人的实际控制之下时,才能认定为既遂。[①] 首先,盗窃罪保护的法益一是财产所有权及其他本权,二是需要通过法定程序恢复应有状态的占有。单纯地接触财物还没有现实地侵犯他人所有权以及占有;同时,是否已经将财物转移到能够不受干扰地利用、处置财物的地带,这和所有权及占有状态是否受到侵害之间并无必然联系。因此,接触说和转移说并不可取。其次,控制说、失控说与控制加失控说之间的区别是有限的。因为,通常来说,行为人控制与被害

---

① 以上各学说,参见陈兴良:《规范刑法学》(第四版),中国人民大学出版社 2017 年版,第 884—885 页。

人失控呈现出一体两面的关系:行为人取得对财物的实际控制,这是以打破原有的占有状态、导致被害人失去对财物的控制为前提的;反过来,一旦行为人通过窃取使被害人失去了对财物的控制,也就意味着财物落入了行为人可以支配的领域。① 有的案件中,看似被害人已丧失对财物的控制,但行为人并未取得控制。例如,在一辆行进中的列车上,行为人将车上的几箱货物推下车,打算等列车停车后再返回取走财物,但未及取走便案发。该案中,在货物被推下列车的那一刻,财物不但已经脱离物主的控制(失控),而且已经处在行为人的控制之下,因为从这时起,只有行为人知道货物的确切位置。② 因此,可以认为,只要行为人已经取得了对财物的实际控制(占有),即可认定盗窃既遂。

接下来需要讨论的问题是:甲虽然经过专卖店的结账环节拿到了西服,但是由于随即受到防损员丁的追赶,故在刚踏出专卖店大门时就不得不丢弃西服,这种情况下还能否认定甲取得了对西服的占有?行为人是否取得了对财物的占有,需要综合考量财物的大小、搬出财物的难易程度、是否处在他人支配领域之内等因素。③ 本案中,虽然甲已经通过收银台结算拿到了西服,但还不能认定其盗窃既遂。理由在于:第一,在超市、商店发生的盗窃行为,不能简单地以行为人是否握有财物或者是否通过收银台作为判断既遂与否的标准,还要考虑管理者或者保安监视的因素。④ 专卖店防损员的职责在于代表店主对店内财物的安全进行监管,防止财物被他人非法转移占有。既然甲在作案伊始就被防损员丁发现,且全过程始终处在丁的监视之下,那就说明西服实际上并未脱离物主的控制。第二,尽管甲拿着西服通过收银台并步出了专卖店,但在甲丢弃西服的那一刻,西服还没有脱离店主的支配范围。因为,按照通说,当卖方按照惯例将货物放置在买方家门口时,就可以认定货物已经转移给了买方占有,这就说明,在住所等封闭空间之外的邻接地带,仍然

---

① 参见张明楷:《刑法学》(第六版),法律出版社2021年版,第1256页。
② 参见黎宏:《刑法学各论》(第二版),法律出版社2016年版,第324页;刘明祥:《财产罪专论》,中国人民大学出版社2019年版,第93页。
③ 参见〔日〕西田典之著,〔日〕桥爪隆补订:《日本刑法各论(第七版)》,王昭武、刘明祥译,法律出版社2020年版,第170页。
④ 参见陈兴良主编:《刑法各论精释》,人民法院出版社2015年版,第289页;黎宏:《刑法学各论》(第二版),法律出版社2016年版,第325页。

可能肯定占有的存续。甲在刚迈出专门店大门时,只是短暂抵达了店主占有空间的边缘,尚未完全脱离该空间,更兼他还处在防损员的监视之下。所以,当丁大喊并追赶导致甲丢弃西服时,只能认定甲还没有排除店主对西服的占有,也没有建立起自己对西服的占有。

(2)结论

甲不成立盗窃罪的既遂。

2. 盗窃罪(第 264 条,第 23 条)

甲最终未取得对四套西服的占有,其行为可能成立盗窃罪的未遂。

(1)构成要件符合性

①主观构成要件

甲试图通过调换西服的价格标签使营业员对交易对象的实际价值产生错误,从而以较低的价钱购得价值较高的财物。该主观心态是否成立本罪的故意?这归根结底取决于甲意图实施的行为是否符合盗窃罪的构成要件,这又进一步涉及盗窃罪与诈骗罪的区分问题。刑法理论通说认为,两罪区分的关键在于是否有被害人的财产处分行为,即:诈骗罪要求被害人基于错误认识而有意识地将财产转移给行为或者第三人占有;在盗窃罪中却不存在这种财产处分行为。[1] 财产处分行为的成立是否要求被害人必须具有处分意识,即是否要求被害人认识到自己的行为具有转移财产占有的意义,对此理论上存在不要说[2]和必要说[3]之争。处分意识必要说值得赞同,理由在于:

第一,盗窃罪与诈骗罪是两种相互排斥的犯罪类型,在解释论上应当避免得出二者存在重叠的结论。在盗窃罪间接正犯的情形中,被利用者在客观上同样实施了将财物转移给他人的行为。如果认为诈骗罪不要求处分意识,那就意味着盗窃罪的间接正犯与诈骗罪无法区分开来。因此,应当认为,在受骗者缺乏处分意识而转移财产占有的情形下,只成

---

[1] 参见王作富主编:《刑法分则实务研究》(第五版),中国方正出版社 2013 年版,第 942 页;张明楷:《诈骗犯罪论》,法律出版社 2021 年版,第 166—167 页。

[2] Vgl. BGHSt 14, 170 (172); Kindhäuser, Strafrecht BT 2, 9. Aufl., 2017, § 27 Rn. 42; Perron, in: Schönke/Schröder, StGB, 30. Aufl, 2019, § 263 Rn. 60.

[3] 参见刘明祥:《财产罪专论》,中国人民大学出版社 2019 年版,第 193 页;张明楷:《诈骗犯罪论》,法律出版社 2021 年版,第 227 页;周光权:《刑法各论》(第四版),中国人民大学出版社 2021 年版,第 149 页。

立盗窃罪而不成立诈骗罪。

第二,最高人民法院2014年6月23日发布的第27号指导案例"臧进泉等盗窃、诈骗案"认可了处分意识必要说。该案例的裁判理由指出:"对既采取秘密窃取手段又采取欺骗手段非法占有财物行为的定性,应从行为人采取主要手段和被害人有无处分财物意识方面区分盗窃与诈骗。如果行为人获取财物时起决定性作用的手段是秘密窃取,诈骗行为只是为盗窃创造条件或作掩护,被害人也没有'自愿'交付财物的,就应当认定为盗窃;如果行为人获取财物时起决定性作用的手段是诈骗,被害人基于错误认识而'自愿'交付财物,盗窃行为只是辅助手段的,就应当认定为诈骗。"①

在肯定了处分意识的有无对于区分盗窃罪和诈骗罪具有决定性意义之后,需要进一步确定处分意识的内容。关于处分意识的内容,虽然国外刑法学界存在严格说与缓和说之争,但我国刑法理论几乎一致认为:只要受骗者认识到自己的行为具有将特定财产转移给他人占有的意义,即可认定其具备了处分意识,并不要求受骗者对其处分之财产的数量、质量、价值等有完全的认知。② 通说的立场值得赞同。因为:一方面,诈骗罪往往都表现为受骗者对交易对象的实际数量和价格存在误认,如果认为受骗者只要对其处分之财产的数量、价值缺乏完整认识,就一律不具有处分意识,故只能成立盗窃罪,那么诈骗罪的成立将被压缩至极其狭小的范围。另一方面,刑法理论在谈到占有以及转移占有时,不能以抽象、笼统的财物概念,而只能以具体、特定的财物为对象。如果受骗者对处分财产的性质和种类缺乏准确认知,则意味着他根本不知道自己已经转移了特定财产的占有,故不宜认定其具有处分意识。本案中,调换标签的行为只是使丙对四套西服的实际价值产生了误认,但丙对于自己将这四套西服转移给甲占有这一事实是有完整认识的,所以根

---

① 《最高人民法院关于发布第七批指导性案例的通知》(指导案例27号·臧进泉等盗窃、诈骗案),法〔2014〕161号,2014年6月23日发布。

② 参见马克昌主编:《百罪通论(下卷)》,北京大学出版社2014年版,第800页;黎宏:《刑法学各论》(第二版),法律出版社2016年版,第329—330页;刘明祥:《财产罪专论》,中国人民大学出版社2019年版,第194页;张明楷:《刑法学》(第六版),法律出版社2021年版,第1308页;周光权:《刑法各论》(第四版),中国人民大学出版社2021年版,第144页。

据通说,应当认定受骗者具备处分财产的意识。

综上,甲具有诈骗罪的故意,而不具有盗窃罪的故意。

(2)结论

甲不成立盗窃罪的未遂。

3. 诈骗罪(第266条第1句第1分句,第23条)

诈骗罪的既遂,同样以行为人取得对财物的占有为标准。根据前述关于盗窃罪的分析,由于甲并未取得对四套西服的占有,故无法成立本罪的既遂,而只能考虑成立本罪的未遂。

(1)构成要件符合性

①主观构成要件

首先,需要考察行为人是否具有本罪的故意。这取决于甲所意图实施的行为是否符合诈骗罪的客观构成要件。诈骗罪的客观构成要件表现为,行为人使用虚构事实、隐瞒真相的方法,使对方陷入错误,导致其基于错误认识处分财产,从而取得数额较大的财物。第一,甲意图占有的四套西服总价值为14800元(按买三套以上每套便宜100元的优惠价计算)。根据最高人民法院、最高人民检察院2011年3月1日发布的《关于办理诈骗刑事案件具体应用法律若干问题的解释》(以下简称《诈骗解释》)第1条的规定,本罪"数额较大"的成立标准是3000元至1万元以上。故犯罪对象在数额上已经满足本罪既遂的要求。第二,甲意图将不同价位西装的标签互换,然后再去结账,该行为具有使营业员对西装实际价格产生错误认识的危险,可能导致其误以为实价3800元一套的西装仅值1100元,故属于隐瞒真相的行为。目前,刑法理论已经普遍承认了"三角诈骗"的概念,即虽然受骗者(财产处分人)和被害人不是同一人,但这并不妨碍成立诈骗罪。① 本案中,作为受骗者的丙并非遭受财产损失的人,真正遭受财产损失的是专卖店的店主,但由于丙是经过专卖店授权具有处分财产权限的人,故属于三角诈骗。第三,根据前述分析,受骗者丙在认识错误的情况下实施了财产处分行为。因此,可以认定甲具有诈骗的故意。

---

① 参见马克昌主编:《百罪通论(下卷)》,北京大学出版社2014年版,第783页;张明楷:《刑法学》(第六版),法律出版社2021年版,第1313页。

其次，需要考察甲是否具有非法占有的目的。关于"非法占有目的"的含义，学界有不同看法。有的学者认为，非法占有目的是指行为人将他人的财物作为自己的财物进行支配，并遵从财物的用途进行利用、处分的意思。① 有的学者则认为，非法占有目的是指永远占有他人财物的意思。② 不论哪一种观点都承认，非法占有目的的成立，要求行为人意图在缺乏合法根据的情况下使自己具有类似于所有人的地位，对他人财物进行支配和控制。本案中，甲意图非法将价值14800元的西服据为己有，故具有非法占有的目的。

②客观构成要件

首先，诈骗罪的实行着手，是指行为人已经开始实施具有引起对方错误认识之急迫危险性的行为，具体来说就是行为人开始实施欺骗行为。③ 本案中，甲不仅已经实施了欺骗行为，而且还导致受骗者产生了错误认识，进而通过其处分行为短暂握有了四套西服，故满足本罪着手的基本要求。需要注意的是，根据《诈骗解释》第5条第1款的规定，诈骗未遂，以数额巨大的财物为诈骗目标的，或者有其他严重情节的，应当定罪处罚。《诈骗解释》第1条规定，诈骗公私财物价值3万元至10万元以上的，可认定为"数额巨大"；甲诈骗行为针对的四套西服总价值仅14800元，故没有达到"数额巨大"的标准。但这并不意味着甲的行为无法成立本罪的未遂犯。理由在于：第一，既然诈骗罪以取得数额较大的财物作为既遂结果，那么按照《刑法》第23条的规定以及未遂犯的基本原理，当行为具有了取得数额较大财物的急迫危险时，就已经具备了未遂犯的实质可罚性。第二，《诈骗解释》第5条第1款的规定属于注意规定而非法律拟制，它只是规定了成立诈骗罪未遂犯的上限，但并未对其下限作出限制。即，虽然上述解释明文表示，对"以数额巨大的财物为诈骗目标的"未遂"应当依法追究刑事责任"，但并没有说对以数额较大的财物为诈骗目标的未遂犯就一律不得追究刑事责任。第三，《诈骗解

---

① 参见张明楷：《刑法学》（第六版），法律出版社2021年版，第1248页；周光权：《刑法各论》（第四版），中国人民大学出版社2021年版，第115页。
② 参见黎宏：《刑法学各论》（第二版），法律出版社2016年版，第293页。
③ 参见张明楷：《刑法学》（第六版），法律出版社2021年版，第1328页；周光权：《刑法各论》（第四版），中国人民大学出版社2021年版，第142页。

释》第 5 条第 1 款所规定的可罚的诈骗未遂,除了包括以数额巨大的财物这种情形外,还包括"具有其他严重情节的"情形。该解释对于诈骗目标财物的列举,归根结底是为了说明诈骗未遂而具有"严重情节"的情形。所以,即便是仅具有取得数额较大财物之危险的诈骗未遂,只要综合犯罪性质、情节足以成立犯罪的,也可以追究刑事责任。本案中,所有为非法占有他人数额较大财物所必要的行为均已实施终了,甲甚至已经短暂地握有了财物,只是因为全程被防损员丁监视,尚未完全脱离专卖店的控制范围,所以才未能得逞。由此可见,甲距离最终取得对西服的实际控制仅一步之遥,故可以认定属于诈骗未遂而情节严重的情形。

其次,甲之所以未取得对财物的占有,是因为出现了他事先完全未能预料的阻碍性因素,即诈骗的全过程处在防损员丁的监视之下,丁当场实施的抓捕行为导致甲已无法顺利地将西服带离专卖店的支配范围。故可以认定诈骗是因为犯罪分子意志以外的原因而未能得逞。

综上,甲的行为符合诈骗罪(未遂)的构成要件。

(2)违法性

不存在违法阻却事由。

(3)责任

不存在责任阻却事由。

(4)结论

甲的行为成立诈骗罪(未遂)。

(二)乙

1. 诈骗罪(第 266 条,第 26 条第 1、4 款,第 23 条)(共同正犯)

乙陪同甲一同前往作案地点,但最终并未取得对财物的占有,可能成立本罪的共同正犯(未遂)。

(1)构成要件符合性

共同正犯存在不同的形式,既可以表现为各参与人在意思联络的基础上分担实施构成要件行为,也可以表现行为人虽然并未与其他参与人一起实施构成要件行为,但是以其他方式对于犯罪的完成发挥了重要作用。[1] 结合本案来看:首先可以确定的是,由于甲作案时,乙全程

---

[1] 参见张明楷:《刑法学》(第六版),法律出版社 2021 年版,第 541—543 页。

在店外转悠、看手机,故自始至终并未参与实施欺骗行为。其次,在行为人未分担实行行为的场合,只有当他对于犯罪的成功发挥了不可或缺的作用(例如,在抢劫银行的情形中,负责开车搭载抢劫者逃离现场,或者为入室抢劫者带路),或者在预备阶段对于犯罪计划的形成产生了重要影响力时,才能认定其成立共同正犯。① 然而,本案中,一方面,在甲实施诈骗的过程中,乙始终置身事外,并未通过任何方式使诈骗罪的成功与自身发生内在联系;另一方面,诈骗的犯罪计划是由甲单独构思完成的,乙只是在事后随声附和了一句,并未对犯罪计划的完善发挥任何作用。

(2)结论

乙的行为不成立诈骗罪的共同正犯(未遂)。

2. 诈骗罪(第266条,第27条,第23条)(帮助犯)

乙陪伴甲一同前往作案地点,可以考虑他是否成立本罪的帮助犯。

(1)构成要件符合性

①前提要件

前述分析表明,甲的行为成立诈骗罪(未遂),故帮助犯赖以成立的正犯行为已经存在。

②客观要件

帮助犯必须对正犯行为起到了促进和协助的作用,具体表现为物理帮助和心理帮助这两种形式。本案中,乙并未对甲的诈骗行为提供任何物质性的协助,如改善作案环境、提供作案工具等,故需要讨论的问题是:他是否提供了心理帮助,即是否强化了甲的犯罪决意? 回答是否定的,理由在于:

第一,单纯对他人的犯罪计划加以附和、赞同,并不足以成立心理帮助。因为,心理帮助的存在,要求行为人必须对正犯者的犯罪决意起到了强化作用,比如:正犯者已经产生犯意,行为人通过加油鼓劲、出谋划策打消了其顾虑;行为人通过承诺在犯罪后对其窝藏包庇、对赃物进行隐藏转移,从而使正犯者能够更为安心地实施犯罪等等。然而,只是在

---

① Vgl. BGH NStZ 2002, 200 (201); Kindhäuser/Hilgendorf, Lehr- und Praxiskommentar, 8. Aufl., 2020, § 25 Rn. 49.

口头上对他人犯罪决意表示赞许,却并不能从实质上使正犯者的犯意更为坚定。① 本案中,甲告知乙自己的犯罪意图后,乙既没有提出任何改善建议,也没有针对甲的疑虑提振其信心,单纯的一句"真不愧是你,好点子"不过是简单的随声附和,并不足以对甲的犯罪决意产生强化作用。

第二,单纯陪伴正犯者在犯罪现场的行为,也不足以成立心理帮助。德国曾有判例主张,行为人在他人实施抢劫等犯罪时单纯待在现场,即使未实施任何其他行为,也可以认定其向正犯提供了精神上的支持。② 但这种做法受到了学界的批判。因为,单纯的袖手旁观本身并不能提升犯罪既遂的可能性,所以不足以使正犯者更为放心大胆地去实施犯罪。对于仅仅待在犯罪现场的行为人来说,只有根据参与人之间达成的合意,一旦正犯者在实行犯罪的过程中遇到困难,行为人将出手相助,才能认定"待在现场"具有心理帮助的属性。③ 本事实单元中,甲有言在先:"你什么都不用干,在外头等我就成",而且无论是在预谋阶段还是在诈骗过程中,乙也没有表示出如果甲在犯罪过程中遇到麻烦,自己将出手相助的意思。尽管结伴同行多少会让正犯者觉得自己并不孤单而获得一些安稳感,但二人并没有形成乙在必要时会介入协助这样的合意。于是,乙在外转悠、看手机的行为既不具有为诈骗犯罪把守望风的属性,也不具有强化甲之犯意的功能。

第三,乙在明知甲正在实施诈骗犯罪的情况下,不予以阻拦,这只能算是一种不作为。不作为固然可能成立帮助犯,但前提条件是,不作为者必须具有保证人的地位。④ 可是在本案中,乙对服装专卖店的财产安全并不负有保护保证人义务,同时对甲也不负有监督保证人义务,故其任由甲实施诈骗犯罪而不加阻止的行为不能成立帮助犯。

(2)结论

乙的行为不成立诈骗罪的帮助犯。

---

① Vgl. Frister, Strafrecht AT, 8. Aufl., 2018, 28/42; Heine/Weißer, in: Schönke/Schröder, StGB, 30. Aufl. 2019, § 27 Rn. 15.

② Vgl. BGH bD MDR 1967, 173; BGH bH MDR 1985, 284.

③ Vgl. BGH NStZ 1998, 362; BGH NStZ 1999, 609; Roxin, Strafrecht AT, Bd.Ⅱ, 2003, § 26 Rn. 204; Schünemann, in: LK- StGB, 12. Aufl., 2007, § 27 Rn. 51.

④ Vgl. Roxin, Strafrecht AT, Bd.Ⅱ, 2003, § 26 Rn. 202ff; Kühl, Strafrecht AT, 8. Aufl., 2017, § 20 Rn. 228.

二、出腿掩护

（一）乙

1. 故意伤害罪（第 234 条第 1 款）

乙横腿将甲绊倒导致其鼻骨骨折，可能构成故意伤害罪。

（1）构成要件符合性

①客观构成要件

首先，本罪的既遂要求出现轻伤以上的伤害结果。本案中，丁鼻骨骨折，经鉴定为轻伤，故本罪既遂所要求的结果已经出现。

其次，本罪的实行行为表现为非法损害他人的身体健康。人在飞奔过程中突然被外力绊住腿脚时，由于惯性作用其上身部分仍会保持向前猛冲的状态，故极易摔倒致伤。因此，乙在丁毫无防备的情况下，突然横腿将丁绊倒的行为具有导致其身体与地面发生磕碰的高度危险性，足以产生轻伤以上的伤害结果，应认定其实施了伤害行为。

最后，正是乙横腿绊倒的行为使得丁面部着地鼻骨骨折，故轻伤结果可归责于乙的伤害行为。

②主观构成要件

乙作为具有日常经验的理性人，明知其突然横腿绊倒的行为可能导致丁的身体健康受损，却为了帮助甲逃避追捕而实施了该行为，具备本罪的故意。

（2）违法性

不存在违法阻却事由。

（3）责任

不存在责任阻却事由。

（4）结论

乙的行为成立故意伤害罪。

2. 抢劫罪（第 269 条）

在甲实施了诈骗罪之后，乙为了协助甲逃避抓捕而对丁使用了暴力，可能构成转化型抢劫。

(1)构成要件符合性

成立转化型抢劫的前提条件是,行为人必须先前"犯盗窃、诈骗、抢夺罪"。这里的"犯盗窃、诈骗、抢夺罪"主要是指实行行为,但是,如果多人共同盗窃、诈骗、抢夺,那么在正犯者着手实行后,教唆、帮助者也可以被认定为"犯盗窃、诈骗、抢夺罪"。① 但根据第一单元的分析,乙的行为既不构成诈骗罪的共同正犯,也不构成诈骗罪的帮助犯,故不符合本罪的前提要件。

(2)结论

乙的行为不成立转化型抢劫。

3. 窝藏罪(第 310 条第 1 款前段)

在甲实施了诈骗罪之后,乙协助其逃避抓捕,可能构成窝藏罪。

(1)构成要件符合性

①客观构成要件

首先,本罪的对象是"犯罪的人"。第一单元的分析表明,甲的行为已经成立诈骗罪(未遂),故可以成为本罪的对象。

其次,本罪的行为表现为,为犯罪的人提供隐藏处所、财物,帮助其逃匿。通说认为,"为犯罪的人提供隐藏处所、财物"与"帮助其逃匿"之间并不是手段与目的关系,而是并列关系。即,窝藏的行为方式不仅限于提供隐藏处所和提供财物这两种,而是包括了所有帮助犯罪人逃匿的行为。② 在丁正对甲实施追捕的情况下,乙将丁绊倒,为甲逃离现场争取到了一定的时间,有利于其摆脱抓捕,故应当认定乙实施了帮助犯罪人逃匿的行为。

②主观构成要件

由于乙事先已经了解甲的犯罪计划,故他认识到甲是实施诈骗犯罪的人。同时,乙明知自己的行为有助于甲摆脱追击,会给司法机关和其他公民抓捕甲制造困难,却追求这种结果发生,故具备本罪的故意。

---

① 参见张明楷:《刑法学》(第六版),法律出版社 2021 年版,第 1279 页。Vgl. BGHSt 6, 248 (250); Sander, in: MK-StGB, 4. Aufl., 2021, § 252 Rn. 17.

② 参见张明楷:《刑法学》(第六版),法律出版社 2021 年版,第 1440 页;高铭暄、马克昌主编:《刑法学》(第十版),北京大学出版社、高等教育出版社 2022 年版,第 567 页。

(2)违法性

不存在违法阻却事由。

(3)责任

不存在责任阻却事由。

(4)结论

乙的行为成立窝藏罪。

(二)甲

1. 故意伤害罪(第234条第1款,第29条第1款)(教唆犯)

由于甲并没有对丁实施暴力,而是要求乙帮助拦下丁,故可能成立本罪的教唆犯。

(1)构成要件符合性

①前提要件

根据共犯的限制从属性原理,教唆犯的成立,以他人实施了符合相应犯罪构成要件且违法的行为为前提。前述分析表明,乙的行为成立故意伤害罪,故教唆犯赖以成立的前提要件已经具备。

②客观要件

教唆行为是指,引起他人实施符合犯罪构成要件且违法之行为的意思。甲朝乙喊"快帮我拦着点他",而阻拦的手段就包括了足以造成伤害结果的暴力行为,由此引起了乙伤害丁的犯意。故本罪教唆犯的客观要件已获满足。

③主观要件

教唆犯的成立要求行为人具有两方面的故意。即,行为人一方面需要认识到自己的教唆行为会使他人产生犯意,另一方面还需要认识到被教唆者的行为会发生法益侵害结果。[①] 本案中,首先,甲知道自己的唆使行为会导致乙为了阻拦丁而产生伤害丁身体的故意;其次,甲也知道暴力阻拦行为足以对丁产生轻伤以上的后果,但他为了顺利摆脱丁的追捕放任了这一结果的发生。故甲具备本罪教唆犯的故意。

---

① 参见周光权:《刑法总论》(第四版),中国人民大学出版社2021年版,第364页。Vgl. Kühl, Strafrecht AT, 8. Aufl., 2017, § 20 Rn. 195; Heine/Weißer, in: Schönke/Schröder, StGB, 30. Aufl., 2019, § 26 Rn. 17.

(2)违法性

不存在违法阻却事由。

(3)责任

不存在责任阻却事由。

(4)结论

甲的行为成立故意伤害罪的教唆犯。

2. 抢劫罪(第 269 条)(间接正犯)

甲在诈骗未遂后,为摆脱追捕而唆使乙对丁实施暴力,可能成立转化型抢劫的间接正犯。

(1)构成要件符合性

①前提要件

第一单元的分析表明,甲先前的行为成立诈骗罪(未遂)。根据最高人民法院 2016 年 1 月 6 日《关于审理抢劫刑事案件适用法律若干问题的指导意见》(以下简称《抢劫意见》)第三部分的规定,"犯盗窃、诈骗、抢夺罪",主要是指行为人已经着手实施盗窃、诈骗、抢夺行为,一般不考察盗窃、诈骗、抢夺行为是否既遂。因此,虽然甲的诈骗行为止于未遂,但所涉财物已经达到"数额较大"的标准,故并不妨碍其符合转化型抢劫的前提要件。

②行为要件

首先,转化型抢劫的成立要求行为人必须实施了"使用暴力或者以暴力相威胁"的行为。这里有两个问题需要分析:

其一,甲是否实施了暴力或者以暴力相威胁的行为?由于转化型抢劫并不是亲手犯,所以行为人既可以亲自实施暴力行为(直接正犯),也可以将他人作为工具实施暴力行为(间接正犯)。① 关于转化型抢劫究竟属于结合犯还是身份犯,日本理论界存在不同看法。结合犯说主张,转化型抢劫是由盗窃罪与暴行、胁迫罪组成的结合犯;身份犯说则认为,"犯盗窃、诈骗、抢夺罪"并非本罪构成要件行为的组成部分,而只是本

---

① Vgl. Kindhäuser, in: NK‑StGB, 5. Aufl., 2017, § 252 Rn. 25; Bosch, in: Schönke/Schröder, StGB, 30. Aufl., 2019, § 252 Rn. 11.

罪正犯成立必须具备的特定身份。① 身份犯说是值得赞同的。理由在于：第一，按照结合犯说的观点，既然盗窃是本罪构成要件的组成部分，那么盗窃着手就意味着转化型抢劫已经着手。可是，行为人在实施了盗窃之后，如果没有实施暴力、胁迫行为，就根本不可能成立转化型抢劫，而不是转化型抢劫的未遂或者中止。② 第二，也有学者主张，尽管盗窃等行为是转化型抢劫实行行为的一部分，但盗窃等犯罪的着手并不是转化型抢劫的着手，行为人出于窝藏赃物等特定目的使用暴力或者以暴力相威胁，才使得先前的盗窃等行为成为转化型抢劫的一部分。③ 但这种说法难以回答的是，在行为人已经开始实施一部分实行行为的情况下，何以认为他还没有进入着手阶段呢？第三，身份不限于男女性别、亲属关系、国家工作人员的资格等，而是包括所有对正犯的成立起到制约作用的特殊地位或者状态。既然只有"犯盗窃、诈骗、抢夺罪"的人才能构成转化型抢劫，那就表明刑法对转化型抢劫的正犯设置了身份方面的限制条件。④ 按照刑法学通说，间接正犯的类型之一就是利用有故意无身份的工具实施身份犯。⑤ 根据前述分析，乙伤害丁的行为之所以无法成立转化型抢劫，是因为他先前并未犯有诈骗罪，这就说明乙虽然有实施转化型抢劫的故意，但缺乏本罪的身份要件。所以，诈骗者甲唆使乙对丁实施暴力，就属于利用有故意无身份者的情况，可以成立转化型抢劫的间接正犯。

其二，乙用腿将丁绊倒的行为，是否属于转化型抢劫中的暴力行为？《两抢意见》第五部分规定，使用暴力致人轻微伤以上后果的，可按转化

---

① 相关争论，参见〔日〕山口厚：《刑法各论（第2版）》，王昭武译，中国人民大学出版社2011年版，第270—271页。
② 参见刘明祥：《财产罪专论》，中国人民大学出版社2019年版，第71页。
③ 参见张明楷：《刑法学》（第六版），法律出版社2021年版，第1286页。
④ 参见〔日〕松宫孝明：《刑法各论讲义（第4版）》，王昭武、张小宁译，中国人民大学出版社2018年版，第191页；周光权：《刑法总论》（第四版），中国人民大学出版社2021年版，第121页。
⑤ 参见马克昌主编：《犯罪通论》（第三版），武汉大学出版社1999年版，第548页；黎宏：《刑法学总论》（第二版），法律出版社2016年版，第271页；周光权：《刑法总论》（第四版），中国人民大学出版社2021年版，第345页。Vgl. Wessels/Beulke/Satzger, Strafrecht AT, 47. Aufl., 2017, Rn. 775; Heine/Weißer, in: Schönke/Schröder, StGB, 30. Aufl., 2019, Vorbem. § § 25 Rn. 82.

型抢劫论处;《抢劫意见》第三部分规定,对于以摆脱的方式逃脱抓捕,暴力强度较小,未造成轻伤以上后果的,可不认定为"使用暴力",不以抢劫罪论处。理论上一种有影响力的观点认为,既然《刑法》第 263 条所规定之普通抢劫罪中的暴力手段,应当达到足以压制被害人反抗的程度,而第 269 条规定的法律效果是按照第 263 条定罪处罚,那么第 269 条中的"暴力或者以暴力相威胁",同样也应当达到足以压制被害人反抗的程度。① 不论根据上述哪一种意见,都可以肯定乙所实施的行为满足转化型抢劫中的暴力要件。因为:第一,前述关于乙构成故意伤害罪的分析表明,将丁绊倒的行为已经现实地造成了丁轻伤。第二,在追击者毫无防备的情况下突然用脚将其绊倒,这能够使其在一定时间内失去继续追赶的能力,故符合"足以压制被害人反抗"的要求。

其次,转化型抢劫的成立要求暴力行为必须是"当场"实施。按照《抢劫意见》第三部分的规定,"当场"是指在盗窃、诈骗、抢夺的现场以及行为人刚离开现场即被他人发现并抓捕的情形。通说对此持相同看法。② 尽管乙的暴力行为并非发生在甲实施诈骗罪的现场,因为此时甲已离开了服装专卖店;但由于丁在专卖店内就已经发现甲实施诈骗,此后一直注视、跟踪他,在甲甫一踏出专卖店之际便开展抓捕,故乙的暴力行为符合本罪的当场性要件。

最后,甲的转化型抢劫是否已经既遂?关于转化型抢劫的既遂标准,刑法理论上有不同看法:先前行为既遂说认为只有先前的盗窃等罪既遂时,才成立转化型抢劫的既遂。③ 最终取得财物说认为,先前盗窃罪的既遂不等于转化型抢劫的既遂,只有当行为人最终取得了财物时,

---

① 参见马克昌主编:《百罪通论(下卷)》,北京大学出版社 2014 年版,第 700 页;张明楷:《刑法学》(第六版),法律出版社 2021 年版,第 1282 页;周光权:《刑法各论》(第四版),中国人民大学出版社 2021 年版,第 122 页。

② 参见王作富主编:《刑法分则实务研究》(第五版),中国方正出版社 2013 年版,第 921 页;马克昌主编:《百罪通论(下卷)》,北京大学出版社 2014 年版,第 701 页;张明楷:《刑法学》(第六版),法律出版社 2021 年版,第 1281 页。

③ 参见〔日〕山口厚:《刑法各论(第 2 版)》,王昭武译,中国人民大学出版社 2011 年版,第 269 页;张明楷:《刑法学》(第六版),法律出版社 2021 年版,第 1288 页。

才成立转化型抢劫的既遂。① 区分情况说认为,在行为人先前已经取得财物的情况下,只要为了窝藏赃物而对他人实施暴力、胁迫,即成立转化型抢劫的既遂;当行为人出于抗拒抓捕、毁灭罪证之目的实施暴力、胁迫时,只有通过暴力、胁迫取得了财物,才成立转化型抢劫的既遂。② 按照上述这些观点,由于甲先前的诈骗止于未遂,故其转化型抢劫也只能成立未遂。但是,根据《两抢意见》第十部分的规定,无论是普通抢劫还是转化型抢劫,具备劫取财物或者造成他人轻伤以上后果两者之一的,即可认定为抢劫既遂。本案中,尽管甲先前实施的诈骗未遂,但他利用乙实施的暴力行为引起了丁轻伤的结果,按照《两抢意见》的规定,应当以转化型抢劫既遂论处。

③目的要件

转化型抢劫的成立,要求行为人实施暴力是为了"窝藏赃物、抗拒抓捕或者毁灭罪证"。甲之所以唆使乙对丁实施暴力,是为了摆脱丁对自己的抓捕,故符合本罪的目的要件。

(2)违法性

不存在违法阻却事由。

(3)责任

不存在责任阻却事由。

(4)结论

甲的行为成立转化型抢劫,应以抢劫罪论处。

3. 窝藏罪(第 310 条第 1 款前段)

(1)构成要件符合性

甲在犯了诈骗罪之后又实施了逃匿行为。但是,犯罪的人自己逃匿的,不能构成本罪。理由在于:第一,《刑法》第 310 条第 1 款规定,行为人在主观上必须"明知是犯罪的人",那就说明窝藏的对象只能是行为人以外的其他人,否则没有必要专门要求行为人具备这种认识。第二,

---

① 参见刘明祥:《财产罪专论》,中国人民大学出版社 2019 年版,第 78 页;[日]西田典之著,[日]桥爪隆补订:《日本刑法各论(第七版)》,王昭武、刘明祥译,法律出版社 2020 年版,第 212 页;周光权:《刑法总论》(第四版),中国人民大学出版社 2021 年版,第 123 页。

② 参见[日]大塚仁:《刑法概说(各论)(第三版)》,冯军译,中国人民大学出版社 2003 年版,第 222 页。

本条第2款规定:"犯前款罪,事前通谋的,以共同犯罪论处。"这进一步说明行为人与本罪的对象必须分属不同的主体。第三,从实质上看,法律之所以在构成要件层面就把犯罪人本人排除在了本罪的对象之外,是因为犯罪的人躲藏、逃匿乃是基于一种难以遏制的自保本能,故缺乏期待可能性。①

(2)结论

甲的行为不成立窝藏罪。

4. 窝藏罪(第310条第1款前段,第29条第1款)(教唆犯)

虽然甲作为诈骗犯本人,其逃匿行为不可能成立窝藏罪,但他唆使第三人乙阻拦抓捕者从而帮助自己逃匿,故可能成立本罪的教唆犯。

(1)构成要件符合性

①前提要件

前述分析表明,乙阻拦丁的行为成立窝藏罪,故本罪教唆犯赖以成立的正犯条件已经具备。

②客观要件

甲通过"快帮我拦着点他"这句话引起了乙协助其逃匿的犯意,符合本罪教唆犯的客观要件。

③主观要件

甲知道唆使行为会引起乙窝藏的犯意,也知道一旦乙采取行动阻拦丁的追捕,就会有助于自己逃避刑事追诉,从而对国家刑事司法活动产生阻碍作用,故具备本罪教唆犯的故意。

(2)违法性

不存在违法阻却事由。

(3)责任

犯罪人本人自己隐藏、逃匿的,因为缺乏期待可能性而不能成立本罪。但是,当犯罪的人教唆第三人窝藏自己时,还能否认定其缺乏期待可能性?对此,刑法学界存在争议。肯定说认为,犯罪的人自行隐藏、逃匿,固然缺乏期待可能性,但如果他教唆第三人窝藏自己,则使第三人卷入了犯罪之中,属于对"防御权的滥用",不能再认为其缺乏期待可能

---

① Vgl. Hecker, in: Schönke/Schröder, StGB, 30. Aufl., 2019, § 258 Rn. 35.

性。否定说则主张,在犯罪人自行隐藏、逃匿不成立犯罪的情况下,教唆第三人对自己实施该行为的,也不应成立犯罪。① 否定说更为合理。因为:一般认为,教唆行为的不法和责任弱于实行行为,既然犯罪人自己躲藏、逃匿的行为(实行行为)都不成立犯罪,那么当他唆使第三人实施该行为(教唆行为)时,唆使之举就更不应成立本罪。②

(4)结论

甲的行为不成立窝藏罪的教唆犯。

(三)竞合

1. 乙的一个行为同时成立故意伤害罪和窝藏罪,属于想象竞合。故意伤害罪的法定最高刑为死刑,而窝藏罪的法定最高刑为10年有期徒刑。择一重罪,应当以故意伤害罪论处。

2. 甲的一个行为同时成立故意伤害罪(教唆犯)和抢劫罪(间接正犯),属于想象竞合。故意伤害罪与抢劫罪的法定最高刑均为死刑,但故意伤害罪的法定最低刑仅为管制,而抢劫罪的法定最低刑则为3年有期徒刑。择一重罪,应当以抢劫罪论处。

三、擒拿扣押

丁

非法拘禁罪(第238条)

丁将甲抓获后,将其关入服装专卖店的仓库中,可能构成非法拘禁罪。

(1)构成要件符合性

① 客观构成要件

首先,本罪的既遂以被害人的人身活动自由遭到剥夺为标准。尽管《刑法》对本罪的成立未设立情节上的限制,但刑法理论通说认为,如果

---

① 相关的争论,参见〔日〕山口厚:《刑法各论(第2版)》,王昭武译,中国人民大学出版社2011年版,第680页;〔日〕西田典之著,〔日〕桥爪隆补订:《日本刑法各论(第七版)》,王昭武、刘明祥译,法律出版社2020年版,第508页。Vgl. Heine/Weißer, in: Schönke/Schröder, StGB, 30. Aufl., 2019, Vorbem. §§ 25 Rn. 47b.

② Vgl. Roxin, Strafrecht AT, Bd. II, 2003, § 26 Rn. 46ff; Schünemann, in: LK-StGB, 12. Aufl., 2007, Vor § 26 Rn. 31.

非法拘禁他人情节显著轻微的,不宜认定为犯罪。① 根据最高人民检察院 2006 年 7 月 26 日发布的《关于渎职侵权犯罪案件立案标准的规定》,非法剥夺他人人身自由 24 小时以上;非法剥夺他人人身自由,并使用械具或者捆绑等恶劣手段,或者实施殴打、侮辱、虐待行为,应予立案。另外,根据最高人民法院、最高人民检察院、公安部、司法部 2018 年 1 月 16 日发布的《关于办理黑恶势力犯罪案件若干问题的指导意见》第 18 点的规定,黑恶势力非法拘禁他人累计时间在 12 小时以上的,应以非法拘禁罪定罪处罚。在判断本罪成立与否时,不能机械地以拘禁的时间为圭臬。因为:第一,非法拘禁行为侵害的毕竟是公民的一项基本权利;第二,非法拘禁罪较轻的法定刑表明其入罪门槛不宜过高。因此,除瞬间性剥夺人身自由这种情节显著轻微的行为不符合本罪构成要件以外,时间持续的长短原则上只影响量刑。② 本案中,甲被丁关押在服装专卖店的仓库中,丧失了身体活动的自由,从 10 月 2 日上午持续到 10 月 3 日早 7 时,接近 24 小时。参考以上司法解释和规范性文件的规定,难以认为丁剥夺甲人身自由的行为属于情节显著轻微的情况。故本罪既遂的结果已经出现。

其次,本罪的实行行为表现为,非法剥夺他人人身自由。丁将甲捆绑后扣押在服装专卖店的仓库中,足以剥夺其身体活动的自由,故符合本罪的行为要件。

②主观构成要件

丁知道自己的关押行为会剥夺甲的人身自由,却出于将其扭送至派出所的目的而希望这一结果的发生,故具备本罪的故意。

(2)违法性

①正当防卫(第 20 条)

正当防卫的成立,以存在"正在进行的不法侵害"为前提。根据最高人民法院、最高人民检察院、公安部 2020 年 8 月 28 日发布的《关于依法适用正当防卫制度的指导意见》第 6 点的规定,在财产犯罪中,不法侵害人虽已取得财物,但通过追赶、阻击等措施能够追回财物的,可以视为

---

① 参见张明楷:《刑法学》(第六版),法律出版社 2021 年版,第 1155 页;高铭暄、马克昌主编:《刑法学》(第十版),北京大学出版社、高等教育出版社 2022 年版,第 474 页。
② 参见陈长均:《非法拘禁罪中的时间要素标准》,载《人民检察》2016 年第 7 期,第 80 页。

不法侵害仍在进行。但是,在本案中,甲在听到丁喊"偷东西的,你给我站住"后当即丢弃了四套西服,专卖店店员闻讯后也立刻出来将西服取回,这就说明,在丁对甲实施追捕的过程中,已经不存在财物被甲非法占有的状态,追捕行为也不具有追回被骗财物的功能。因此,不具备正当防卫的前提要件。

综上,丁的行为不成立正当防卫。

②公民扭送权(《刑事诉讼法》第 84 条)

首先,《刑事诉讼法》第 84 条列举了可由公民予以扭送的四类人。在丁实施追捕时,甲刚实施完毕诈骗罪,故属于其中"在犯罪后即时被发觉的"人,丁有权将其扭送公安机关处理。

其次,扭送行为不能超过必要限度。扭送权位于《刑事诉讼法》"强制措施"一章中,紧接在有关逮捕、拘留的规定之后。由此可见,扭送是国家在情势紧急、公权力机关难以及时采取法定强制措施之际,为确保刑事追诉不受延误而交由公民施行的一种补充性措施。① 基于这种功能定位,可以推导出扭送行为限度要件的内容:第一,扭送行为必须是在当时条件下,为及时、有效控制犯罪嫌疑人并将其移交公安司法机关所必不可少的措施。第二,扭送者不能使用具有导致犯罪嫌疑人重伤、死亡之现实危险的手段。② 结合本案来看,可以将丁的扭送行为分成两个阶段来进行分析:其一,丁在实施抓捕时对甲实施了强制、捆绑等暴力,这一手段既为防止甲继续逃窜所必要,同时也没有造成其重伤或者死亡,故处在扭送权的必要限度之内。其二,丁控制甲之后,将其关押在专卖店仓库内至次日早晨 7 时许。扭送者在将犯罪人移送公安机关之前,为了防止他逃跑,当然可以对其采取暂时的扣押措施。但是,对犯罪嫌疑人自由的限制应当维持在必不可少的范围之内,即只要条件允许,就应当毫不耽搁地立即把犯罪嫌疑人移送至公安机关处理,不能任意延长拘禁的时间。丁在将甲带至仓库后,就应该即刻联系公安机关联系移送事宜,但他为了索取财物,却将拘禁时间延长到了次日早上。这就说明,从本可移交公安机关的时刻到第二天早上 7 时,这段时间的拘禁对于实

---

① 参见陈璇:《公民扭送权:本质探寻与规范续造》,载《法学评论》2019 年第 3 期,第 179 页。

② Vgl. Roxin/Greco, Strafrecht AT, Bd. 1, 5. Aufl., 2020, § 17 Rn. 28.

现扭送权的功能来说并不具有必要性,故应当认为超出了必要限度。

对于任何一种正当化事由来说,只要行为人在实施的过程中超过了必要限度,均构成违法行为,但是否足以成立犯罪,则还需要考察过限的程度是否严重。尽管丁的行为逾越了扭送的必要限度,但考虑到一方面扭送权能够阻却该拘禁行为的大部分违法性,另一方面拘禁过限的时间不长,其间也不存在侮辱、殴打等情节,故应当认定扭送过限的行为具有违法性,但尚未达到刑事可罚的程度。

(3)结论

丁的行为不成立非法拘禁罪。

四、索要钱财

丁

1. 敲诈勒索罪(第 274 条)

(1)构成要件符合性

①客观构成要件

首先,本罪的既遂要求行为人取得数额较大的他人财物。在丁的行为发生当时,最高人民法院 2000 年 4 月 28 日通过的《关于敲诈勒索罪数额认定标准问题的规定》(以下简称 2000 年《敲诈勒索数额标准》)仍然有效。2000 年《敲诈勒索数额标准》规定,敲诈勒索公私财物"数额较大",以 1000 元至 3000 元为起点。根据 2013 年 4 月 23 日"两高"公布的《敲诈勒索解释》第 1 条的规定,本罪"数额较大"的标准为 2000 元至 5000 元以上。由于《敲诈勒索解释》所规定的入罪数额高于 2000 年《敲诈勒索数额标准》,更有利于被告人,故根据《刑事司法解释时间效力规定》第 3 条的规定,应当适用《敲诈勒索解释》。本案中,对方已经通过银行转账的方式将 2 万元汇入丁的账户。纵然丁还没有将 2 万元取出,但只要该款项存于其账户中,就意味着已经处在其支配的范围之内。① 故本罪既遂的结果要件已经具备。

其次,敲诈勒索罪的既遂,要求行为人通过胁迫手段引起对方恐惧

---

① 参见王作富主编:《刑法分则实务研究》(第五版),中国方正出版社 2013 年版,第 970—971 页。

心理,使其基于恐惧心理处分财物,由此导致被害人遭受财产损失。第一,本案中,丁以向派出所报案相威胁要求甲向其交付 2 万元。尽管甲确实犯有诈骗罪,丁本来就拥有向公安机关告发的权利,但是该权利不能被滥用于非法取得他人财产①,所以本罪的胁迫手段,并不要求行为人威胁实现的恶害必须具有违法性,故以告发对方的违法犯罪行为相威胁的,依然属于敲诈勒索②。第二,甲因为害怕坐牢而被迫向丁支付 2 万元,属于基于恐惧心理处分财物。第三,由于 2 万元是甲委托乙筹借而来,这导致甲背负了 2 万元债务,故可以认定甲因为处分行为而遭受了财产损失。

②主观构成要件

首先,丁明知自己的胁迫行为会使甲产生恐惧心理进而处分 2 万元,由此给甲造成财产损失,却希望这种结果发生,故具备本罪的故意。

其次,本罪的成立要求行为人必须具有非法占有的目的。结合本案来看:丁鼻梁骨折的伤害结果是由甲、乙共同造成的,其中甲是教唆者,乙是实行者。《民法典》第 1169 条第 1 款规定:"教唆、帮助他人实施侵权行为的,应当与行为人承担连带责任。"该法第 178 条第 1 款规定:"二人以上依法承担连带责任的,权利人有权请求部分或者全部连带责任人承担责任。"据此,丁本来就有权就自己所受的伤害请求甲赔偿损失。在这种情况下,还能否认定丁具有非法占有的目的呢?需要讨论以下问题:

第一,为行使损害赔偿请求权而使用胁迫手段的,能否排除非法占有的目的?对此,日本刑法理论界和实务界的立场经历了变化。"二战"之前,判例主张,只要是在权利范围之内,采取恐吓手段行使权利的行为不构成敲诈勒索罪。但是,"二战"之后,判例和学界逐渐倾向于肯定敲诈勒索罪的成立,认为以恐吓手段行使权利的,只有在满足以下三个条件的情况下才能阻却敲诈勒索罪的成立:一是处于权利范围之内,

---

① Vgl. Kindhäuser, Strafrecht BT 2, 9. Aufl., 2017, § 17 Rn. 54.
② 参见王作富主编:《刑法分则实务研究》(第五版),中国方正出版社 2013 年版,第 1019 页;张明楷:《刑法学》(第六版),法律出版社 2021 年版,第 1330 页。

二是有行使权利的必要性,三是从社会一般观念看来手段具有相当性。① 我国刑法理论的主流意见认为,以告发违法犯罪相威胁行使民事权利的行为,只要在权利范围之内,就应当否定本罪的成立。② 最高人民法院的审判参考案例也支持这一立场。例如:"夏某理等人敲诈勒索案"的裁判理由主张:夏某理等人重新索取拆迁补偿费用,属于被拆迁方对拆迁补偿重新提出主张,属于法律许可的范围;夏某理等人重新索取拆迁补偿费的数额虽然巨大,但并非没有任何事实依据,即争议的补偿费并非明显地不属于夏某理等人所有,而是处于不确定状态;对于这样的争议利益,夏某理予以索取,实际上是行使民事权利的一种方式,不属于"以非法占有为目的"。③ "廖举旺等敲诈勒索案"的裁判理由也指出:廖举旺等被告人认为煤矿征地补偿标准过低,要求增加补偿金额,这是基于与煤矿之间的土地征用关系主张权利的行为,尽管他们以堵井口、公路,让煤矿无法正常生产,把煤矿搞垮,提几十斤汽油焚灭煤矿等相威胁的语言,迫使被害人支付了各种赔偿款、补偿款 12 万元,但并不能认定其具有非法占有的目的。④ 也有学者对这种观点持批判态度,主张只要在财产罪保护法益的问题上坚持合理占有说,就应当认为权利行使行为成立敲诈勒索罪的范围需要适度扩大。理由在于:其一,敲诈勒索罪的本质是侵害他人对财物的合理占有,在主张民事赔偿或者强迫他人履行债务的场合,即使行使权利的行为处在债权范围内,索赔或者实现债权的行为也同样可能侵害他人对财物的合理占有,被害人也会遭受相应的财产损害。其二,在行使权利的情形中,行为人至多只有债权请求权,却并不享有对他人财物的占有、处分权,故行为人实际上依然具有将他

---

① 参见〔日〕西田典之著,〔日〕桥爪隆补订:《日本刑法各论(第七版)》,王昭武、刘明祥译,法律出版社 2020 年版,第 268—269 页。
② 参见陈兴良主编:《刑法各论精释》,人民法院出版社 2015 年版,第 582 页;黎宏:《刑法学各论》(第二版),法律出版社 2016 年版,第 309—310 页。
③ 参见陈克娥、潘勤勤:《夏某理等人敲诈勒索案——拆迁户以举报开发商违法行为为索取巨额补偿款是否构成敲诈勒索罪》,载中华人民共和国最高人民法院刑事审判第一、二、三、四、五庭主办:《刑事审判参考》(总第 64 集),法律出版社 2009 年版,第 50—51 页。
④ 参见张波、蒋佳芸:《廖举旺等敲诈勒索案——对农村征地纠纷引发的"索财"行为如何定性》,载中华人民共和国最高人民法院刑事审判第一、二、三、四、五庭主办:《刑事审判参考》(总第 102 集),法律出版社 2016 年版,第 76 页。

人财物作为自己所有物这样的非法占有的目的。其三,行使权利的行为大多并不符合自助行为的成立条件,不能阻却违法。①

我国刑法学通说以及审判实践的观点值得赞同,当行为人索取财物的行为具有合法的请求权基础时,可以否定其具有非法占有的目的。②因为:一则,敲诈勒索罪是一种财产犯罪,所以对本罪的财产损失要件应当作实质性的理解。只有当行为人的行为可能使债务人遭受不应有的财产损失时,取财行为才具有本罪意义上的违法性;然而,只要是在债权范围之内行使权利,债务人就不会遭受不应有的财产损失。"那种认为只要存在财物交付,就必然存在财产性损失的观点,只会使得损失这一概念有形无实流于形式。"③二则,尽管权利行使行为大多无法成立自助行为这一违法阻却事由,但是不成立正当化事由并不意味着行为必然成立犯罪,因为一个违法的行为完全可能由于缺少某一构成要件要素而归于无罪。三则,主张在权利人索财行为具有请求权基础的情况下不成立敲诈勒索罪,这只是说明索财行为不具有财产犯罪的违法性,但并不意味着法律一概认定该行为合法,因为如果行为人行使权利的手段本身触犯了法律,那完全可以根据其他罪名论处或者以刑法之外的其他制裁手段处理。

第二,在行使权利过程中索要财物的数额大小,是否影响非法占有目的的认定?刑法理论的主流观点认为应当区分不同情况:其一,如果债权的数额是确定的,当行为人索取的财物数额明显超出债权数额时,可以认为行为人对超出部分的财物具有非法占有的目的。其二,如果债权的数额本来就不确定,则索取财物的数额大小对于界分正当的权利行为与敲诈勒索并无意义。④ 在审判实践中也有法官持类似观点,认为如果权利范围不明确,数额不确定,如消费者提出的侵权赔偿、精神损失费、拆迁补偿等,即便行为人提出了很高的数额,甚至在达成赔偿、补偿

---

① 参见周光权:《刑法各论》(第四版),中国人民大学出版社 2021 年版,第 154—155 页。
② Vgl. Kindhäuser, in: NK-StGB, 5. Aufl., 2017, § 253 Rn. 36.
③ 〔日〕西田典之著,〔日〕桥爪隆补订:《日本刑法各论(第七版)》,王昭武、刘明祥译,法律出版社 2020 年版,第 269 页。
④ 参见陈兴良主编:《刑法各论精释》,人民法院出版社 2015 年版,第 585 页;黎宏:《刑法学各论》(第二版),法律出版社 2016 年版,第 310 页。

协议后不满又再次索要赔偿、补偿的情况下,是否认定为敲诈勒索罪则需要持谦抑审慎的态度,因为双方关于赔偿数额等进行的商议,对价钱高低的博弈,是基于民商事领域的意思自治原则。① 这一观点值得赞同。因为:一方面,在债权数额不确定的情况下,说明赔偿数额存在协商的空间,其最终的额度取决于个案中双方的相互博弈,故债权人本来就有权提出自认为合理的索赔额度。如果仅仅因为要求赔偿的数额过高就认定索赔行为具有非法占有目的,无异于从根本上否定了私法自治原则。另一方面,权利主体并不负有准确确定索赔内容及额度的义务②,故不能要求他像法律专业人士一样能够精准地确定权利的内容和范围。

结合本案来看:第一,如前所述,由于甲、乙共同侵权导致丁受伤,故丁本来就对甲享有损害赔偿请求权。第二,至于具体赔偿的数额,则要视伤情、误工、护理需要等具体情况而定,存在由双方进行协商的空间,况且2万元的额度并没有超过社会一般人可以接受的幅度。因此,不宜认定丁具有非法占有的目的。

(2)结论

丁的行为不成立敲诈勒索罪。

2. 私放在押人员罪(第 400 条第 1 款)

本罪的主体只能是司法工作人员,由于丁并不具有该身份,故不能构成本罪。

3. 窝藏罪(第 310 条第 1 款前段)

丁在收取对方2万元之后,将本已控制住的犯罪人甲放走,可能成立窝藏罪。

(1)构成要件符合性

需要讨论的问题是,丁将本已控制住的犯罪人甲放走,该行为是否属于"帮助其逃匿"?笔者的回答是否定的。理由如下③:第一,窝藏也可能以不作为的方式实施,但这是以行为人负有告发、移送犯罪人的保

---

① 参见李红、黄龙:《合法行使权利行为不构成敲诈勒索》,载《人民司法》2021 年第 8 期,第 33 页;徐英荣、杨云欣:《过度维权不构成敲诈勒索的考量》,载《人民司法》2021 年第 11 期,第 35 页。

② 参见陈兴良主编:《刑法各论精释》,人民法院出版社 2015 年版,第 585 页。

③ 参见王作富主编:《刑法分则实务研究》(第五版),中国方正出版社 2013 年版,第 1224 页。

证人义务为前提的。① 除非担负着追捕犯罪人的职责，或者对犯罪人负有监管责任，普通公民原则上并不负有该项义务。② 第二，单纯的知情不举不等于窝藏包庇。《刑事诉讼法》第 84 条只是将扭送规定为一项权利，公民可以实施也可以不实施。由此可知，普通公民只负有不为犯罪人逃匿、隐藏主动提供便利条件的义务，却没有抓捕、扭送犯罪人的义务。这一点并不因为公民是否事先已经控制住了犯罪人而有差异。本案中，丁对犯罪人甲并不负有追捕、监管的法律义务，虽然他先前已经控制住了甲，但这只是意味着他有将甲移送公安机关的权利，但并不负有必须这样做的义务。所以，由于丁并没有积极地为甲逃跑创造更加有利的条件，单纯将其放走的行为不属于"帮助其逃匿"。

（2）结论

丁的行为不成立窝藏罪。

五、拒不退款

戊

1. 侵占罪（第 270 条）

店长戊在已经取回四套西服的情况下，拒绝归还甲已经支付的 4000 元价款，可能构成侵占罪。

（1）构成要件符合性

①客观构成要件

首先，本罪的既遂，要求行为人将数额较大的代为保管的他人财物、遗忘物或者埋藏物据为己有。有两个问题需要分析：

第一，4000 元是否达到了数额较大的标准？关于本罪中"数额较大"这一要件，司法解释尚未给出明确的判断标准。根据《盗窃解释》第 1 条的规定，盗窃罪中"数额较大"的标准为 1000 元至 3000 元以上；鉴于侵占罪的法定刑明显轻于盗窃罪，为实现罪刑均衡，对侵占罪中"数额较大"的起点不宜提出过高的标准。③ 4000 元已经高于盗窃罪"数额较

---

① Vgl. Hecker, in: Schönke/Schröder, StGB, 30. Aufl., 2019, § 258 Rn. 17.
② Vgl. Walter, in: LK- StGB, 12. Aufl., 2007, § 258 Rn. 13.
③ 参见张明楷：《刑法学》（第六版），法律出版社 2021 年版，第 1265 页。

大"的起点,应认为符合本罪的入罪标准。

第二,4000元是否属于代为保管的他人财物、遗忘物或者埋藏物? 前述第一单元的分析表明,甲在与专卖店进行交易时采用了欺诈的手段。根据《民法典》第148条的规定,该买卖合同属于可撤销的合同,受欺诈方有权请求人民法院或者仲裁机构予以撤销。民法理论认为,一般来说,如果撤销权人向对方作出撤销的意思表示,而对方未表示异议,则可以直接发生撤销法律行为的后果,只有当双方对撤销问题发生争议时,才必须提起诉讼或者仲裁。① 本案中,在丁实施追捕时,甲将四套西服丢弃,专卖店店员也即时取回了西服,可见双方已经通过行动就撤销买卖合同达成了合意,故足以直接产生撤销合同的效果。在买卖合同已被撤销的情况下,双方的财产关系应当恢复到合同成立以前的状态。《民法典》第157条规定,合同被撤销后,行为人因该合同取得的财产,应当予以返还。四套西服已经返还专卖店,甲交付给专卖店的4000元价款也就成为没有合法依据取得的利益,即不当得利。在此情况下,可以认为4000元属于由专卖店代为保管的他人财物,专卖店负有将其返还给甲的义务。

需要讨论的问题是:如果代为保管的是特定化的金钱,比如封缄物中的现金或者委托人确定了用途的现金,则将现金据为己有的行为固然能够成立侵占罪②;但是,如果代为保管的现金并未特定化,那么将现金据为己有的,还能否成立侵占罪? 我国刑法学通说对此持否定态度。理由是:根据民法原理,现金一旦转移占有,占有人即取得对该现金的所有权,占有人消费或拒不退还这笔现金的行为,不可能侵犯他人的所有权,故不成立侵占罪,只属于单纯的民事债权纠纷。③ 但是,日本刑法学通说以及判例则认为,在刑法上,与其他动产一样,受托保管之金钱的所有

---

① 参见王利明、杨立新、王轶、程啸:《民法学》(第六版),法律出版社2020年版,第222页。
② 参见〔日〕山口厚:《刑法各论(第2版)》,王昭武译,中国人民大学出版社2011年版,第351—352页;张明楷:《刑法学》(第六版),法律出版社2021年版,第1262页。
③ 参见王作富主编:《刑法分则实务研究》(第五版),中国方正出版社2013年版,第994页;刘明祥:《财产罪专论》,中国人民大学出版社2019年版,第272页;高铭暄、马克昌主编:《刑法学》(第十版),北京大学出版社、高等教育出版社2022年版,第516页。

权仍然属于委托人,故将金钱据为己有的行为可能成立侵占行为。① 后一种观点更为合理。因为:基于民刑两大部门法价值取向的不同,刑法对货币的所有权属性问题完全可以作出不同于民法的解释。② 在民法中,之所以对金钱的所有和占有一致,是因为金钱是具有极强流通性的交换和结算手段,为了保护交易安全、权利关系的动态安全,有必要在金钱转移占有之时就直接承认所有权的转移。然而,与民法不同,刑法意图保护的则是交易双方的静态权利关系。因此,应当认为4000元可以成为本罪的对象。

其次,本罪的行为表现为非法占为己有,拒不退还。本案中,在甲前来讨要4000元时,戊当即拒绝,符合本罪的行为要件。

②主观构成要件

侵占罪的成立要求行为人主观上具有将他人财物非法据为己有的故意。戊知道在专卖店已取回四套西服的情况下,双方的买卖合同已被撤销,所以他明知拒不返还4000元的行为会侵害甲的所有权,却以所有权人的身份占据这笔现金。故戊符合本罪的主观构成要件。

(2)违法性

不存在违法阻却事由。

(3)责任

不存在责任阻却事由。

(4)结论

戊的行为成立侵占罪。根据《刑法》第270条第3款的规定,本罪属于告诉才处理的犯罪,故最终是否追究其刑事责任,还取决于被害人甲是否告诉。

2. 窝藏罪(第310条第1款前段)

戊明知甲是诈骗犯罪人却没有向公安机关报案。但根据前述第四单元关于窝藏罪的分析,单纯知情不举并不属于帮助犯罪人逃匿,故戊不成立窝藏罪。

---

① 参见〔日〕西田典之著,〔日〕桥爪隆补订:《日本刑法各论(第七版)》,王昭武、刘明祥译,法律出版社2020年版,第282页。

② 参见王立志:《货币可以成为侵占罪的犯罪对象》,载《河南师范大学学报(哲学社会科学版)》2009年第3期,第125页。

六、全案分析结论

1. 对甲应以抢劫罪论处。
2. 对乙应以故意伤害罪(主犯)论处。
3. 丁无罪。
4. 戊成立侵占罪,是否被追究刑事责任取决于被害人是否告诉。

重点复习

需要结合本案例复习的基础知识点包括:

1. 行为发生在新的司法解释实施之前,而且行为时已有相关司法解释,应当如何适用司法解释?
2. 如何理解盗窃罪既遂标准中的"取得占有"?
3. 如何理解诈骗罪中的处分行为与处分意识?
4. 单纯附和他人犯罪计划以及单纯陪同正犯者前往犯罪现场的行为,是否成立帮助犯?
5. 犯盗窃、诈骗、抢夺罪的行为人,唆使没有犯这些罪但知情的第三人对抓捕者当场使用暴力的,能否构成转化型抢劫?
6. 犯罪人教唆第三人帮助自己躲藏、逃匿的,是否构成窝藏罪?
7. 公民扭送权与正当防卫的区别是什么?其成立条件有哪些?
8. 如何理解权利行使行为与敲诈勒索罪之间的关系?
9. 现金能否成为侵占罪的对象?

第七章　地铁站的行李箱案

案情叙述

某日清晨8时许,保洁员甲在地铁站打扫卫生时,见候车大厅立柱旁靠着一个咖啡色的行李箱,旁边站着一位60岁左右的老人。很快,老人便匆匆进入地铁车厢离去。甲又打扫了大约15分钟后返回立柱旁,见行李箱无人问津,旁边也没有乘客,便顺手将其搬入自己的工具间。一直到下午3时,仍无人认领该行李箱。下班前,甲打开行李箱一看,发现里面装有5部未开封的手机和用纸包好的一捆捆现金(总价值76万元),便将其运回家中。当晚,甲将行李箱带到刚从老家来城里务工的朋友丙的出租屋,对他说:"我白天在地铁站捡到一箱钱,先放你这儿避避风。等过些天我俩三七开把它分了。"第二天上午,地铁站保安人员找到甲,要求他归还行李箱。原来,事发当天,乙拉着行李箱打算乘坐地铁到机场,在等车的过程中,因前一天晚上吃错东西正闹肚子,便临时让一名等车的老人帮忙照管行李箱一会儿,自己赶紧前往20米开外的厕所解手。不料老人因为要赶车,故没等到乙回来便离去。等乙从厕所出来时,发现行李箱不翼而飞,自己寻找了3个小时未果,即向地铁站保安报案。保安通过调取候车大厅内监控摄像头拍摄的画面,找到了甲。甲害怕被追究法律责任,便答应马上回家把行李箱取来归还乙。甲来到丙家,说明原委,让丙把箱子还给他。丙认为甲是编造借口意图独吞财物,执意不肯交还,二人争吵起来。甲打算强行进入里屋把箱子取走。丙从桌子上拿起一把水果刀往甲的后背上猛刺了一刀,甲当即瘫倒在地上,血流不止。丙见状,一不做二不休,急忙进屋将行李箱拖出,又在甲意识尚清楚的情况下将其口袋中的银行卡及367元现金取出,并持刀逼甲说出银行卡密码,然后逃窜。甲被周围的住户及时发现并火速送往医院,经鉴定当时甲因外伤致双侧血气胸伴呼吸困难,已出现失血性休克,系重伤,因抢救及时得以幸存。丙在逃亡的次日,用甲的银行卡从自动柜员机中取出现金10000元。

思路提要

一、大厅里的行李箱
甲
1. 盗窃罪(第264条)(×)
(1)构成要件符合性(×)
(2)结论
2. 侵占罪(第270条)(√)
(1)构成要件符合性(√)
(2)违法性(√)
(3)责任(√)
(4)结论

二、出租屋内"避避风"
(一)丙
1. 侵占罪(第270条,第26条第1、4款)(共同正犯)(×)
(1)构成要件符合性(×)
(2)结论
2. 侵占罪(第270条,第26条第1、4款)(帮助犯)(×)
(1)构成要件符合性(×)
(2)结论
3. 掩饰、隐瞒犯罪所得、犯罪所得收益罪(第312条第1款第1分句)(√)
(1)构成要件符合性(√)

(2)违法性(√)
(3)责任(√)
(4)结论
4. 掩饰、隐瞒犯罪所得、犯罪所得收益罪(第312条第1款第2分句)(√)
(二)甲
1. 掩饰、隐瞒犯罪所得、犯罪所得收益罪(第312条第1款)(×)
2. 掩饰、隐瞒犯罪所得、犯罪所得收益罪(第312条第1款,第29条第1款)(×)
(1)构成要件符合性(√)
(2)违法性(√)
(3)责任(×)
(4)结论

三、出租屋内的争执
丙
1. 故意杀人罪(第232条,第23条)(√)
(1)构成要件符合性(√)
(2)违法性(√)
(3)责任(√)

(4)结论

2.故意伤害罪(第234条第2款第1句第1分句)(√)

(1)构成要件符合性(√)

(2)违法性(√)

(3)责任(√)

(4)结论

3.抢劫罪(第263条)(×)

(1)构成要件符合性(×)

(2)结论

4.侵占罪(第270条)(√)

(1)构成要件符合性(√)

(2)违法性(√)

(3)责任(√)

(4)结论

5.竞合

四、抢走现金

丙

1.抢劫罪(第263条第1分句)(针对367元现金)(√)

(1)构成要件符合性(√)

(2)违法性(√)

(3)责任(√)

(4)结论

2.抢劫罪(第263条第2分句第5项)(结果加重犯)(×)

(1)构成要件符合性(×)

(2)结论

五、银行卡和1万元

丙

1.抢劫罪(第263条第1分句)(针对银行卡及其密码)(√)

(1)构成要件符合性(√)

(2)违法性(√)

(3)责任(√)

(4)结论

2.信用卡诈骗罪(第196条第1款第1分句第3项)(√)

(1)构成要件符合性(√)

(2)违法性(√)

(3)责任(√)

(4)结论

六、犯罪竞合的处理

七、全案分析结论

具体分析

关于事实单元划分的思考:甲将行李箱先搬入工具间继而运回家的行为,侵犯了乙对财物的占有,是为第一个单元。丙受甲之托藏匿行李箱,是为第二个单元。丙在拒绝归还行李箱的过程中持刀刺伤

> 甲，属于第三个单元。丙取走甲身上的367元现金，属于第四个单元。尽管丙是在取走现金的同时取走甲的银行卡，但考虑到取走银行卡和后续利用该卡在ATM机上取现直接相关联，故建议将围绕银行卡的一系列事实，即取卡、逼问密码、用卡取钱列为第五个单元。

一、大厅里的行李箱

（一）甲

1. 盗窃罪（第264条）

（1）构成要件符合性

①客观构成要件

本案不涉及多次盗窃、入户盗窃、携带凶器盗窃、扒窃，故甲的行为只可能成立普通类型的盗窃罪。普通盗窃罪的既遂要求行为人取得了对数额较大财物的占有。

第一，甲取得了对他人财物的占有。所谓"取得占有"，是指排除他人对财物的支配，建立起新的支配关系。在此，需要根据案情判断，在甲将行李箱转移到工具间之时，行李箱的占有状况究竟如何？虽然乙将行李箱委托给老人看管，自己前往20米开外的厕所解手，从而导致自己与行李箱发生了空间上的间隔，但他只是短暂临时离开财物，行李箱依然处在其支配力所及的范围，从社会一般观念来看，乙并未脱离对行李箱的占有。① 行李箱只能成为盗窃罪，而不能成为侵占罪的对象。《刑法》第270条第1款规定的"代为保管的他人财物"，是指行为人基于委托关系取得了占有的他人财物。② "委托关系"和"占有转移"，是成立"代为保管的他人财物"的两个关键性因素。因此，尽管乙表面上委托老人帮忙看管行李箱，但老人并未由此取得对行李箱的占有，他只是乙的占有辅助人，故不能认为行李箱属于《刑法》第270条第1款规定的"代为保管的他人财物"。当老人放弃占有辅助人的地位乘车离去之后，行李箱

---

① 参见车浩：《占有概念的二重性：事实与规范》，载《中外法学》2014年第5期，第1188、1193页；张明楷：《刑法学》（第六版），法律出版社2021年版，第1232页。Vgl. BGH, GA 1966, S. 212f; BGH, JZ 1968, S. 637; Kindhäuser, Strafrecht BT 2, 9. Aufl., 2017, § 2 Rn. 37.

② 参见王作富主编：《刑法分则实务研究》（第五版），中国方正出版社2013年版，第998页；张明楷：《刑法学》（第六版），法律出版社2021年版，第1260页。

依然属于乙占有。于是,甲将行李箱带离候车大厅而置于自己的工具间内,这属于通过平和的方式将原本为乙占有的财物置于自己的控制之下。

第二,甲取得的财物达到了数额较大的要求。甲的行为不属于多次盗窃、入户盗窃、携带凶器盗窃、扒窃,所以根据《盗窃解释》第1条的规定,只有当他取得了对1000~3000元以上之财物的占有时,才能构成本罪既遂。行李箱所装财物价值76万元,已经达到数额特别巨大的标准。

综上,甲的行为已经满足了盗窃罪既遂所需的客观构成要件。

②主观构成要件

盗窃罪故意的成立,要求行为人在取得财物占有时必须认识到行为对象是他人占有的财物。

首先,甲看到的事实状况是:行李箱先是靠近老人,随后老人乘地铁而去,在15分钟的时间内,无人取走行李箱。从该事实场景出发,甲只可能作出两种推测:其一,该行李箱可能从一开始就属于被人遗忘或者丢弃之物,不属于任何人占有;其二,即便行李箱开始时的确为老人占有,但老人登车离去后,也就失去了对行李箱的支配。换言之,从展现在其眼前的事实情况中,甲无法认识到行李箱当时依然处在他人占有之下,他只能认为行李箱是某个旅客遗落在地铁站候车大厅中的财物,并且原占有者因为长时间离开现场而已经丧失了对该行李箱的占有。

其次,刑法学通说认为,即便原占有人丧失了占有,但如果该财物随即转移为特定场所的管理者占有,则该物依然属于他人占有的财物,而不属于遗忘物。① 据此,尽管甲从其认识到的事实中只能推知行李箱已经脱离了原占有者的占有,但是即便以甲所认识的事实为根据,如果可以认为在行李箱脱离占有的一刻,地铁站的管理者已经接管了对行李箱的占有,那么仍然能够认定甲认识到了财物属于他人占有,具有盗窃罪的故意。因此,需要探讨的问题是:当乘客将自己的财物遗落在地铁站候车厅并丧失了对其占有时,该财物能否自动落入到地铁站管理者的占有之中?回答是否定的。因为某个场所的管理者能否自动取得对他人

---

① 参见王作富主编:《刑法分则实务研究》(第五版),中国方正出版社2013年版,第999页;张明楷:《刑法学》(第六版),法律出版社2021年版,第1233页。

遗忘物的占有,关键在于他对于该场所的控制力大小。场所的空间越是封闭和狭小,场所控制人员进出的机制越是严格,那就意味着管理人对场所的排他支配性越强,他对该场所内财物的控制力也越大。与商店、宾馆、剧院等场所不同,地铁是城市公共交通的一个重要组成部分,地铁站候车大厅是允许人们自由进出、人流量极大的公共场所。由此决定,其管理者对该场所的支配力是较弱的,所以对于乘客遗失在大厅内的财物,他并不能自动取得占有。这样一来,一旦行李箱在地铁站候车大厅脱离了原占有人的控制,就成为《刑法》第270条第2款意义上的"遗忘物"。

综上,甲并没有认识到行李箱是他人占有的财物,故不具有盗窃罪的故意。

(2)结论

甲的行为不成立盗窃罪。

2. 侵占罪(第270条)

(1)构成要件符合性

①客观构成要件

首先,本罪的行为对象是"代为保管的他人财物"或者"遗忘物、埋藏物"。根据前面关于盗窃罪的分析,甲和乙之间并无转移占有的委托代管关系,所以行李箱并不属于"代为保管的他人财物"。对于"遗忘物"的含义,刑法学界有不同的理解。通说主张应当将"遗忘物"和"遗失物"区分开来,前者指的是财物所有者或者持有者有意识地将财物放置在某处,因一时疏忽忘记拿走,从而暂时失去控制的财物。对于遗忘物,所有人稍加回忆就会想起财物的放置地点,故而容易找回;但是对于遗失物,所有人却并不知道何时丢失、在何处丢失。[①] 有的学者则认为,不应对遗忘物和遗失物加以区分,两者指的都是非出于所有人的本意而脱离其占有,偶然由行为人占有或者占有人不明的财物。[②] 笔者赞同后

[①] 参见王作富主编:《刑法分则实务研究》(第五版),中国方正出版社2013年版,第989页;高铭暄、马克昌主编:《刑法学》(第十版),北京大学出版社、高等教育出版社2022年版,第515页。

[②] 参见陈兴良:《规范刑法学》(第四版),中国人民大学出版社2017年版,第907页;张明楷:《刑法学》(第六版),法律出版社2021年版,第1265—1266页;周光权:《刑法各论》(第四版),中国人民大学出版社2021年版,第157—158页。

一种观点。理由在于:第一,通说将遗忘物的特点概括为,所有人因一时疏忽放在某处,但能够马上找回。然而,根据占有的一般认定规则,当所有者只是短暂离开财物时,即便他对该物有所遗忘,也仍然应当认定该财物处在他的占有之下,所以行为人将该财物取走的行为成立盗窃罪而非侵占罪。可见,通说对遗忘物的界定,导致本应以盗窃罪论处的行为被认定成了侵占罪。第二,通说以所有人能否回忆起财物的位置为标准区分遗忘物和遗失物,使行为的定性完全取决于财物所有人的记忆力大小,这种做法的主观色彩过于浓厚。①

前面关于盗窃罪的分析表明,在甲取走行李箱时,行李箱仍处在乙的占有之下,故并不属于行为人已经取得占有或者无人占有的财物。那么,他人占有的财物能否成为侵占罪的行为对象呢?这取决于对盗窃罪与侵占罪之间关系的理解。按照通说对于两罪对象的界定,盗窃罪的对象只能是他人占有的财物,而侵占罪的对象只能是不为他人占有的财物,二者没有重合之处,而是相互排斥的关系。这样一来,在确定甲因缺乏盗窃故意而不成立盗窃罪的情况下,由于其行为也不符合侵占罪的客观构成要件,故至多只能成立侵占罪的未遂。但主流学说并未接受这样的结论,而是认为两罪的行为对象存在重合。罪质重合说认为,从两罪的罪质来看,盗窃罪是通过侵害他人占有侵犯他人所有权,而侵占罪则仅仅侵犯他人所有权。用公式可以表达为:"盗窃罪=侵害占有+据为己有""侵占罪=据为己有"。因此,两罪的构成要件,在"据为己有"的部分即在侵占罪的部分是重合的。② 表面的构成要件要素说则提出,刑法所规定的构成要件要素实际上可以分为两种类型:第一种是为犯罪的违法性和有责性提供根据的要素,即真正的构成要件要素;第二类要素则并不是为了给犯罪的违法性和有责性提供根据,而只是起到对相关犯罪

---

① 参见马克昌主编:《百罪通论(下卷)》,北京大学出版社 2014 年版,第 836 页;黎宏:《刑法学各论》,法律出版社 2016 年版,第 335 页;陈兴良:《规范刑法学》(第四版),中国人民大学出版社 2017 年版,第 907 页。

② 参见黎宏、柳青:《出于侵占遗失物故意引起盗窃结果的该如何处理》,载《中国检察官》2008 年第 7 期,第 76 页;马寅翔:《主观认识与客观事实的偏离——梁丽案之我见》,载《西部法学评论》2010 年第 2 期,第 5 页;陈兴良主编:《刑法各论精释》,人民法院出版社 2015 年版,第 561 页;周光权:《刑法总论》(第四版),中国人民大学出版社 2021 年版,第 184 页。

加以区分的功能,即表面的构成要件要素或虚假的构成要件要素。因此,表面的构成要件要素不是成立犯罪所必须具备的要素,它在刑事诉讼中也无须加以证明。《刑法》第 270 条第 2 款中的"遗忘物"就属于表面的构成要件要素,其作用仅在于将侵占罪与盗窃罪区分开来。所以,侵占罪的成立其实并不要求行为的对象必须是脱离占有的遗忘物,即便是他人占有的财物也完全可能符合侵占罪的构成要件。① 不论哪种学说都承认,侵占罪对象的外延范围可以涵盖盗窃罪的对象,包括了一切为他人所有的财物。由此决定,侵占罪和盗窃罪之间并非相互排斥的关系,而是前者包容后者的法条竞合关系。据此,本案中,尽管行李箱在行为当时实际上是他人占有的财物,依然可以成为侵占罪的行为对象。

其次,按照《刑法》第 270 条的规定,侵占罪的构成要件行为表现为将他人数额较大的财物非法占为己有,拒不退还或者拒不交出。本案中,虽然甲将行李箱运回家继而又转移隐藏于丙处,但是当保安人员找到他要求其交还财物后,甲不仅没有拒绝,而且确实前往丙处讨要打算归还。那么,能否认定甲实施了本罪的构成要件呢? 对于本罪罪状中"非法占为己有"和"拒不退还"或者"拒不交出"之间的关系,理论界有不同看法。第一种观点认为,"非法占为己有"就是对侵占行为的完整描述,拒不退还或者拒不交出并非侵占行为的组成部分,而是立法者为了限制本罪的处罚范围而在侵占行为之外附加的一个情节要素。② 第二种观点认为,拒不退还或者拒不交出是侵占行为的一个独立组成部分,仅仅实施非法占为己有的行为尚不足以成立侵占罪,只有当非法占为己有和拒不退还或者拒不交出这两个行为都存在时,才能以侵占罪论处。③ 第三种观点则主张,拒不退还或者拒不交出只是对"非法占

---

① 参见张明楷:《论表面的构成要件要素》,载《中国法学》2009 年第 2 期,第 99 页;张明楷:《刑法学》(第六版),法律出版社 2021 年版,第 1267 页。
② 参见刘明祥:《财产罪比较研究》,中国政法大学出版社 2001 年版,第 360 页。
③ 参见罗欣:《四个特定因素决定女工机场"拾金"案难定罪》,载《检察日报》2009 年 5 月 14 日,第 003 版;王作富主编:《刑法分则实务研究》(第五版),中国方正出版社 2013 年版,第 995 页;高铭暄、马克昌主编:《刑法学》(第十版),北京大学出版社、高等教育出版社 2022 年版,第 516 页。

为己有"的具体说明和强调，而不是独立于后者的附加要素。① 以上各种学说争论的焦点集中在，"非法占为己有"与"拒不交出"之间究竟是并列关系还是实质同一关系？

笔者赞同第三种观点。理由在于：第一，侵占罪的本质在于侵害他人对财物的所有权。关于侵占行为的本质，刑法理论上存在取得行为说和越权行为说之争。前者主张侵占必须以不法所有他人财物为目的；后者则认为，凡是受托人违反委托目的而对占有物实施僭越其权限的行为，均构成侵占。由于侵占罪不是单纯的背信罪，故通说认为取得行为说更为合理。② 我国《刑法》第270条关于"非法占为己有"的规定也表明，立法者采取了取得行为说的立场。据此，侵占行为的本质在于行为人以所有权人的身份支配他人财物，排除所有权人对该物行使权利。③ 只要行为人以财物的所有权人自居，实施了只有所有人才有权实施的使用、消费或者处分行为，就足以认定其对他人的所有权造成了妨害。立法者之所以在"非法占为己有"之外又规定了"拒不退还"或者"拒不交出"，只是因为当行为人并没有以所有权人自居使用、消费或者处分财物时，单纯占有、保管财物的行为还无法体现出其侵占意图，只有当出现了拒不退还或者拒不交出行为时，才能从客观上认定行为人将财物非法占为己有。因此，一旦行为人对财物实施了唯有所有权人才有资格实施的行为，那么无须拒不退还或者拒不交出的行为，就可以直接认定行为人已经将财物非法占为己有。第二，如果认为拒不退还或者拒不交出是非法占为己有之外的独立要件，那就意味着即便行为人已经以所有权人的身份擅自处分了财物，并由此给被害人的所有权造成了现实侵害，但只要他口头上一直承诺交还，就可以保证自己不被追究刑事责任，这明显不利于对财产法益的有效保护。第三，一些学者之所以主张将拒不退还

---

① 参见马克昌主编：《百罪通论（下卷）》，北京大学出版社2014年版，第841页；陈兴良主编：《刑法各论精释》，人民法院出版社2015年版，第540—541页；黎宏：《刑法学各论》，法律出版社2016年版，第336页；张明楷：《刑法学》（第六版），法律出版社2021年版，第1264—1265页；周光权：《刑法各论》（第四版），中国人民大学出版社2021年版，第156—157页。

② 参见〔日〕西田典之著，桥爪隆补订：《日本刑法各论》（第十版），王昭武、刘明祥译，法律出版社2020年版，第289页。

③ 参见周光权：《刑法各论》（第四版），中国人民大学出版社2021年版，第156页。

或者拒不交出的要素独立化,是为了限制侵占罪的处罚范围。① 但是,根据《刑法》第 270 条第 3 款的规定,本罪本来就属于告诉才处理的犯罪,所以,虽然只要行为人实施了擅自消费、处分财物的行为,即可认定其成立侵占罪;但如果行为人在被害人讨要财物时能够完璧归赵,那么大多数被告人都会放弃告诉,故并不会过度扩张刑罚处罚的范围。综上,只要行为人已通过实际行为将财物占为己有,如将财物藏匿于不易被物主发现的地方,或者将财物消费、出售、赠与等,那么即便没有明确拒不交出或者拒不退还的意思表示,也不影响侵占罪的成立。

  本案中,当甲将行李箱带回家时,他就已经实施了非法占为己有的行为。在有的案件中,行为人拾得遗忘物后,因不知物主是谁,也没有妥当的场所予以寄存,故带回家中保管。由于行为人将财物带回家的行为属于为妥善保管财物所采取的必要措施,而不具有明显的非法占为己有的意义,故在此阶段尚不能认为行为人构成侵占罪。但是,地铁站一般都设有专门的失物管理系统。作为地铁站的清洁工,甲在发现行李箱内装有贵重财物后,原本应当立即将其上交地铁站的保安部门,至少应当将之暂时存放于工具间。但他却将纸箱取回家中进而辗转第三人处藏匿,这种行为已经不属于为保管财物所必要的措施,而明显地表现出了非法据为己有、阻止被害人发现和追讨的意义,故甲已经完整地实施了侵占行为。所以,尽管事后在保安人员要求归还时,甲虽未表示拒绝,而且积极采取措施试图归还,但这只是犯罪后退赃退赔的行动,并不影响其先前的行为已经满足了侵占罪的客观构成要件。

  ②主观构成要件

  侵占罪的成立要求行为人主观上具有将他人财物非法据为己有的故意。首先,前述关于盗窃罪主观构成要件的分析表明,甲认为行李箱是脱离占有的遗忘物。其次,甲明知自己将行李箱藏匿的行为会侵害他人的所有权。从他对丙说的"先放你这儿避避风。等过些天我们三七开把它分了"这句话中可以看出,他具有以所有权人的身份处置财物的意图。故甲符合本罪的主观构成要件。

---

① 参见周道鸾、张军主编:《刑法罪名精解》,人民法院出版社 2003 年版,第 451 页。

(2)违法性

不存在违法阻却事由。

(3)责任

不存在责任阻却事由。

(4)结论

甲的行为成立侵占罪。根据《刑法》第270条第3款的规定,本罪属于告诉才处理的犯罪,故最终是否追究其刑事责任,还取决于被害人乙是否告诉。

二、出租屋内"避避风"

(一)丙

1. 侵占罪(第270条,第26条第1、4款)(共同正犯)

(1)构成要件符合性

丙受甲的委托,参与实施了将行李箱予以隐匿的行为。侵占罪属于即成犯而非继续犯,所以一旦行为人将数额较大的财物非法据为己有的行为实施完毕,侵占行为即告终了,第三人在此之后参与的行为就无法成立共同正犯。前一单元关于侵占罪的分析表明,甲将行李箱运回家中的行为已经充分地表现出了将财物据为己有的意义,随着运送行为的结束,侵占行为也已实施完毕。于是,甲后续将行李箱进一步转移到丙家予以藏匿的行为,就不属于侵占罪的实行行为,而仅仅是不可罚的事后行为。因此,丙配合甲隐藏行李箱,既没有参与实施侵占罪的实行行为,也没有对侵占罪构成要件的实现发挥重要作用。

(2)结论

丙不成立侵占罪的共同正犯。

2. 侵占罪(第270条,第27条)(帮助犯)

(1)构成要件符合性

如前所述,在甲找到丙之前,侵占罪的构成要件已经得到了完整的实现。事后掩饰、隐藏赃物的行为,只有当行为人与本犯存在事前有通谋的情况下,才能成立(心理上的)帮助犯。① 但在本案中,甲、丙二人在侵占行为实施之前并无通谋。因此,丙事后为甲协助隐藏赃物的行为,仅仅有助于维持不法所有的状态,但不可能对侵占罪的实行行为产生促进作用,故不能认定为本罪的帮助行为。

(2)结论

丙不成立侵占罪的帮助犯。

3. 掩饰、隐瞒犯罪所得、犯罪所得收益罪(第 312 条第 1 款第 1 分句)

(1)构成要件符合性

①客观构成要件

首先,本罪的主体不能是本犯。② 丙先前并未实施侵占行为,故符合主体要求。

其次,本罪的行为对象是一定数额的犯罪所得及其收益。本案中,行李箱及其中的财物是甲侵占所得的赃物,总价值达 76 万元。2021 年 4 月 13 日最高人民法院《关于审理掩饰、隐瞒犯罪所得、犯罪所得收益刑事案件适用法律若干问题的解释》(以下简称《掩饰、隐瞒犯罪所得及其收益解释》)不再以明确的数额作为入罪的标准,第 1 条第 2 款规定:"人民法院审理掩饰、隐瞒犯罪所得、犯罪所得收益刑事案件,应综合考虑上游犯罪的性质、掩饰、隐瞒犯罪所得及其收益的情节、后果及社会危害程度等,依法定罪处罚。"不过,该解释第 3 条将"掩饰、隐瞒犯罪所得及其产生的收益价值总额达到十万元以上"规定为"情节严重"、应予加重处罚的情节。根据举轻以明重的道理,既然 10 万元的犯罪所得就可以达到"情节严重"的标准,那么价值 76 万元的赃物自然符合本罪的对象要件。

最后,本罪的构成要件行为是通过窝藏、转移、收购、代为销售或者其他方法掩饰、隐瞒赃物。丙同意甲将行李箱藏在自己的家中,属于隐瞒赃物的行为。

---

① 参见张明楷:《刑法学》(第六版),法律出版社 2021 年版,第 1451 页。
② 参见王作富主编:《刑法分则实务研究》(第五版),中国方正出版社 2013 年版,第 1235 页。

②主观构成要件

本罪故意的成立,要求行为人明知是犯罪所得及其产生的收益。甲告诉丙自己"在地铁站捡到一箱钱"。一般公民都知道,遗失在公共场所的钱财乃他人财物,将其拾取后不予归还可能构成违法犯罪行为。因此,丙由此已经得知这箱钱是甲将他人巨额财物非法据为己有后的犯罪所得,具备本罪的故意。

(2)违法性

不存在违法阻却事由。

(3)责任

不存在责任阻却事由。

(4)结论

丙成立掩饰、隐瞒犯罪所得、犯罪所得收益罪。

4.掩饰、隐瞒犯罪所得、犯罪所得收益罪(第312条第1款第2分句)(情节加重犯)

根据《刑法》312条第1款第2分句的规定,犯本罪情节严重的,处3年以上7年以下有期徒刑,并处罚金。前述分析表面,丙成立本罪的基本犯。按照《掩饰、隐瞒犯罪所得及其收益解释》第3条第1项的规定,掩饰、隐瞒犯罪所得及其收益总额在10万元以上的,即可认定为"情节严重"。本案中,丙所隐瞒之赃物的总价值达到76万元。故丙成立掩饰、隐瞒犯罪所得、犯罪所得收益罪的情节加重犯,应处3年以上7年以下有期徒刑,并处罚金。

(二)甲

1.掩饰、隐瞒犯罪所得、犯罪所得收益罪(第312条第1款)

本犯不能构成本罪。前述第一单元的分析表明,甲是侵占罪的本犯,故其掩饰、隐瞒自身侵占所得赃物的行为,不能构成本罪。

2.掩饰、隐瞒犯罪所得、犯罪所得收益罪(第312条第1款,第29条第1款)

虽然甲作为本犯不能构成赃物罪,但毕竟甲实施了教唆丙协助隐瞒赃物的行为,在丙构成赃物罪的情况下,该教唆行为可能构成掩饰、隐瞒犯罪所得、犯罪所得收益罪的教唆犯。

(1) 构成要件符合性
① 前提要件
根据共犯的限制从属性原理,教唆犯的成立,以他人实施了符合相应犯罪构成要件且违法的行为为前提。前面关于丙刑事责任的分析表明,丙的行为成立本罪,故教唆犯成立所要求的正犯行为已经存在。
② 客观要件
教唆行为,是指引起他人实施符合犯罪构成要件且违法之行为的意思。甲以"三七分成"为对价劝说丙,引起了丙窝藏赃物的犯意,故可以认定他实施了本罪的教唆行为。
③ 主观要件
教唆犯的成立要求行为人具有两个方面的故意,即行为人既需要认识到自己的教唆行为会使他人产生犯意,也需要认识到被教唆者的行为会发生法益侵害结果。① 甲明知自己的唆使行为会引起丙窝藏赃物的犯意,不仅希望丙产生犯意,而且也希望对方的窝藏行为能使侵占所形成的财产状态得以维持,从而妨碍公安司法机关的追诉活动。因此,甲具备本罪的故意。
(2) 违法性
不存在违法阻却事由。
(3) 责任
甲作为本犯,他自己隐藏赃物的行为固然不具有期待可能性,但他教唆第三人为自己窝藏赃物,则使第三人卷入了犯罪,所以并不缺乏期待可能性。不过,在本犯隐藏赃物尚且不构成犯罪的情况下,由于教唆行为整体的不法和责任程度低于正犯行为,故教唆行为更不应当成立犯罪。②
(4) 结论
甲不成立掩饰、隐瞒犯罪所得、犯罪所得收益罪的教唆犯。

---

① 参见周光权:《刑法总论》(第四版),中国人民大学出版社 2021 年版,第 364 页。Vgl. Kühl, Strafrecht AT, 8. Aufl., 2017, § 20 Rn. 195; Heine/Weißer, in: Schönke/Schröder, StGB, 30. Aufl., 2019, § 26 Rn. 17.

② Vgl. Geppert, Zum Verhältnis von Täterschaft/Teilnahme an der Vortat und sich anschließender Hehlerei, Jura 1994, S. 103; Hecker, in: Schönke/Schröder, StGB, 30. Aufl., 2019, § 259 Rn. 52; Walter, in: LK-StGB, 13. Aufl., 2023, § 259 Rn. 97.

三、出租屋内的争执

丙

1. 故意杀人罪(第 232 条,第 23 条)

虽然丙用刀捅刺甲,但最终未出现死亡结果,丙的行为可能成立故意杀人罪的未遂。

(1)构成要件符合性

①主观构成要件

丙持刀往甲的后背猛刺一刀,他使用锐器以较大力度袭击他人要害部位,具有致人死亡的高度危险性。丙明知该行为具有这种危险性而仍然实施,故可以认为他对于甲的死亡持放任态度。

需要讨论的问题是:间接故意行为是否存在成立犯罪未遂的空间? 我国传统刑法理论对此持否定态度,认为间接故意犯罪的成立以实际危害结果的发生为前提,不存在犯罪未完成形态;①另一种观点则主张,间接故意同样存在犯罪未遂。② 笔者赞同后一观点。③

②客观构成要件

由于捅刺行为具有致人死亡的高度危险性,故可以认定丙已经着手实施本罪的实行行为。

(2)违法性

丙是为了防止自己占有的行李箱被取走而对甲实施了暴力行为,该行为可能成立正当防卫。

▲ **正当防卫(第 20 条)**

前提要件。当防卫的成立以存在正在进行的不法侵害为前提,本案欠缺这一要件。因为:虽然丙事实上占有着行李箱,但这毕竟是对赃物的占有,它能够对抗第三人的盗窃、抢夺、抢劫等行为,却不能对抗本权

---

① 参见陈兴良:《规范刑法学》(第四版),中国人民大学出版社 2017 年版,第 207 页;高铭暄、马克昌主编:《刑法学》(第十版),北京大学出版社、高等教育出版社 2022 年版,第 143—144 页。

② 参见黎宏:《刑法学总论》,法律出版社 2016 年版,第 224 页;张明楷:《刑法学》(第六版),法律出版社 2021 年版,第 428—429 页。Vgl. Roxin, Strafrecht AT, Bd. Ⅱ, 2003, § 29 Rn. 71ff; Baumann/Weber/Mitsch/Eisele, Strafrecht AT, 12. Aufl., 2016, § 22 Rn. 33.

③ 详细理由参见第二章"见义勇为"案第二部分关于故意杀人罪(针对丙)的分析。

人恢复占有的行为。① 甲前来取走行李箱,是为了将其归还物主乙。既然甲所实施的是帮助所有权人恢复占有的行为,那就不存在不法侵害,丙也无权对其实施正当防卫。

因此,不存在违法阻却事由。

(3)责任

丙之所以对甲使用暴力,是因为他认为甲违背了之前"三七分赃"的承诺,以退还物主之名行独吞赃物之实,故试图以此行为保护自己基于分赃协议应得的份额,这是否属于假想防卫?作为容许性构成要件错误的表现形式之一,假想防卫是指实际上并不存在不法侵害,行为人却误以为存在,并基于这种错误认识实施了反击行为的情形。根据容许性构成要件错误的基本原理,假想防卫成立的前提是,在假定行为人所想象的事实是真实的情况下,其行为原本能够成立正当防卫。② 结合本案来看:首先,纵使丙所想象的情况为真,即甲确实是为了独占赃物而取走行李箱,也不能认为丙对甲拥有正当防卫权,因为,正当防卫所保护的只能是得到法秩序认可的利益。③ 尽管丙与甲此前达成了分赃协议,而且丙已经取得了对赃物的实际控制,但由于这种协议和占有状态均违反了国家强制性法律规定,所以它们都不属于受法律保护的权益,也就自然不能成为正当防卫的保护对象。其次,退一步说,即便丙依据分赃协议所享有的利益可以成为正当防卫的保护对象,但他所采取的防卫手段也已经过当。因为:一方面,甲只是试图进入里屋取走赃物,他既没有动用凶器,也没有采取明显的暴力手段。在一对一并且双方体力相差不大的情况下,丙只须对甲的非要害部位使用一般性的暴力就足以阻止甲,而没有必要持刀捅刺其致命部位,故可以认定其防卫措施明显超过了必要限度。另一方面,丙的行为也造成了甲重伤的结果,依照2020年8月28日最高人民法院、最高人民检察院和公安部发布的《关于依法适用正当防卫制度的指导意见》第13条的规定,这属于造成了重大损害。在此情况下,丙至多只能成立假想防卫过当。根据刑法学界的主流意见,假想防卫过当的罪过形式并非取决于行为人对于"假想事实"的过错形式,

---

① 参见黎宏:《刑法学各论》,法律出版社2016年版,第287页。
② Vgl. Kühl, Strafrecht AT, 8. Aufl., 2017, § 13 Rn. 69.
③ Vgl. Kindhäuser, in: NK-StGB, 5. Aufl., 2017, § 32 Rn. 36.

而是取决于行为人对"过当事实"究竟持故意还是过失态度,故其处理方式与假想防卫截然不同。① 由此可见,即便在丙所想象的场景是真实的情况下,其行为也不可能成立正当防卫,故并不存在假想防卫的情况。

此外,丙的行为也不存在其他责任阻却事由。

(4)结论

丙成立故意杀人罪(未遂)。

2. 故意伤害罪(第 234 条第 2 款第 1 句第 1 分句)

(1)构成要件符合性

①客观构成要件

首先,本罪的既遂要求出现轻伤以上的伤害结果。本案中,甲在被捅后因外伤致双侧血气胸伴呼吸困难,已出现失血性休克,系重伤。故本罪既遂所要求的结果已经出现。

其次,本罪的实行行为表现为非法损害他人的身体健康。由于背部是身体的要害部位,锐器刺穿背部很可能伤及心、肺等重要脏器,所以丙持刀朝甲背部猛刺的行为足以产生轻伤以上的伤害结果,应认定其实施了伤害行为。

最后,正是丙的捅刺行为导致甲遭受重伤,故重伤结果可归责于丙的行为。

②主观构成要件

作为正常的成年人,丙具备基本的生理常识,知道其持刀捅刺他人背部的行为足以严重损害对方身体健康,故具备本罪的故意。

(2)违法性

不存在违法阻却事由。

(3)责任

不存在责任阻却事由。

(4)结论

丙的行为成立故意伤害罪,由于致人重伤,故根据《刑法》第 234 条第 2 款第 1 句第 1 分句的规定,应处 3 年以上 10 以下有期徒刑。

---

① 参见黎宏:《刑法学总论》,法律出版社 2016 年版,第 142 页;张明楷:《刑法学》(第六版),法律出版社 2021 年版,第 286—287 页。

3. 抢劫罪(第 263 条)

丙对甲使用暴力手段,试图取得对行李箱及其中财物的永久占有,可能构成抢劫罪。

(1)构成要件符合性

抢劫罪的既遂要求行为人实现财物占有的转移,故其行为对象必须是他人占有的财物。① 本案中,由于出租屋是丙独占支配的空间,所以当甲将行李箱运送到丙家并委托丙予以藏匿时,行李箱就已经转移给了丙占有。既然在行为当时,对于丙而言,行李箱并非他人占有的财物,那么丙针对该物就不可能构成抢劫罪。

(2)结论

丙不成立抢劫罪。

4. 侵占罪(第 270 条)

(1)构成要件符合性

①客观构成要件

首先,本罪的对象是"代为保管的他人财物"或者"遗忘物、埋藏物"。

前述第一单元的分析表明,行李箱及其中财物是甲犯侵占罪所得的赃物。需要探讨的问题是:受犯罪人委托代为窝藏的赃物能否成为侵占罪的对象?对此,理论界存在争议。第一种观点认为,虽然行为人接受的是犯罪人之托,但一方面其受托占有的财物依然是他人所有的财物,另一方面行为人也的确取得了对财物的占有,故其行为成立《刑法》第 270 条第 1 款规定的委托物侵占罪。② 第二种观点则主张,犯罪人并不是财物的所有权人,行为人和犯罪人之间不存在所有权人与受托人之间的委托关系,故不成立委托物侵占罪;但是,对于所有权人来说,赃物可以被认定为遗忘物(即脱离占有物),行为人将该物据为己有的行为,成立《刑法》第 270 条第 2 款规定的遗忘物侵占罪。③ 第三种观点认为,侵

---

① 参见刘明祥:《财产罪比较研究》,中国政法大学出版社 2001 年版,第 114 页;周光权:《刑法各论》(第四版),中国人民大学出版社 2021 年版,第 118 页。

② 参见王作富主编:《刑法分则实务研究》(第五版),中国方正出版社 2013 年版,第 988 页;马克昌主编:《百罪通论(下卷)》,北京大学出版社 2014 年版,第 833—834 页;陈兴良:《规范刑法学》(第四版),中国人民大学出版社 2017 年版,第 906 页。

③ 参见张明楷:《刑法学》(第六版),法律出版社 2021 年版,第 1263 页。

占受托保管之赃物的行为根本不成立侵占罪,仅成立赃物罪。① 事实上,前两种观点对于侵占赃物的行为成立侵占罪这一点并无异议,二者的争论仅在于处罚的依据究竟是《刑法》第 270 条第 1 款还是第 2 款。笔者赞同第一种观点,理由在于:

第一,丙的行为侵犯了他人的所有权。尽管委托人甲因并非行李箱的所有者,而不具有对该财物的返还请求权,但行李箱及其中财物的所有权毕竟属于乙,故相对于受托人丙来说,赃物依然是"他人所有的财物"。因此,将甲犯侵占罪所得的赃物据为己有的行为,虽不侵害甲的所有权,但侵害了财物所有者乙的所有权。

第二,委托物侵占罪的成立,并不要求委托人与行为人之间必须具有合法的委托信任关系。如果认为委托信任关系受到破坏是成立委托物侵占罪的必备要件,那就意味着刑法设置委托物侵占罪是为了保护双重法益,其一是他人财产所有权,其二是值得法律保护的委托信任关系。按照《日本刑法典》第 252、254 条的规定,委托物侵占罪的法定刑明显高于脱离占有物侵占罪,故的确可以认为前者是后者的违法加重类型,其侵害的法益除了所有权之外还包括委托关系。② 然而,从我国《刑法》第 270 条的规定来看,委托物侵占罪和遗忘物侵占罪的法定刑完全一致。这就说明两种侵占行为的可罚性程度完全一致,法条对二者作出区分仅仅具有描述的功能,而并不意味着委托物侵占罪侵犯的法益多于遗忘物侵占罪。

第三,赃物难以被解释为"遗忘物"。第二种观点在否定侵占赃物的行为成立委托物侵占罪的同时,又主张该行为可以成立遗忘物侵占罪。但该说可能忽视了我国和日本在侵占罪规定方面存在的差异。《日本刑法》第 254 条明确规定了脱离占有物侵占罪,即"侵占遗失物、漂流物或者其他脱离占有的他人财物的"行为。该条在列举了遗失物、漂流物之后,又以概括性规定的方式将一切非基于所有者本意而脱离占有的财物都纳入本罪的对象之中。③ 然而,我国《刑法》第 270 条第 2 款将犯

---

① 参见刘明祥:《财产罪比较研究》,中国政法大学出版社 2001 年版,第 351—352 页。
② 参见〔日〕山口厚:《刑法各论(第二版)》,王昭武译,中国人民大学出版社 2011 年版,第 336、368 页。
③ 参见〔日〕山口厚:《刑法各论(第二版)》,王昭武译,中国人民大学出版社 2011 年版,第 369 页。

罪对象严格限定在了"遗忘物"和"埋藏物"之上,并无类似于《日本刑法典》第254条那样的兜底式规定,赃物自然无法被解释成"埋藏物"。对于"遗忘物"的解释不能无限扩张,必须接受法律用语可能含义的制约,它只能是指所有权人因为遗失、忘记而丧失了占有的财物,无法包含一切的脱离占有物(否则,《日本刑法典》也没有必要在遗失物之外再添加兜底式规定)。因此,当所有权人因为他人实施财产犯罪而丧失了对财物的占有时,将这种财物解释为所有权人的"遗忘物",似乎超出了其语义能够包摄的范围。

第四,退一步说,即便认为委托关系是委托物侵占罪的保护法益,既然第三人窃取或劫取盗窃犯之赃物的行为没有疑问可以成立盗窃、抢劫等犯罪,那就说明盗窃犯的占有也值得保护,故盗窃犯和受托保管赃物者之间的委托信任关系同样值得保护。① 因此,受托者将赃物据为己有的行为,同样成立委托物侵占罪。

其次,丙实施暴力阻碍甲取回行李箱,由此明确表达了拒不退还的意思。

②主观构成要件

丙具有将行李箱以及其中的财物非法所有的意图。

(2)违法性

不存在违法阻却事由。

(3)责任

不存在责任阻却事由。

(4)结论

丙成立侵占罪。

5. 竞合

(1)丙的一个行为同时成立故意杀人罪(未遂)和故意伤害罪。两罪之间究竟是法条竞合还是想象竞合关系,需要进一步区分两种情况:其一,若故意杀人罪的未遂犯足以完整评价故意伤害罪既遂的全部不法,则仍可以按法条竞合处理;其二,若故意杀人罪的未遂犯无法完整地

---

① 参见〔日〕大谷实:《刑法讲义各论(新版第5版)》,黎宏、邓毅丞译,中国人民大学出版社2023年版,第339页。

包含故意伤害罪既遂的不法,则只能按想象竞合处理。①

本案中,丙的行为构成故意伤害致人重伤。这里并不存在使用了特别残忍手段的情节,单纯的重伤结果则可以为杀人未遂所涵盖。可见,丙所犯故意伤害罪的不法可以被完整地包含在故意杀人罪的未遂犯之中。两者的法定刑也可以佐证这一点:故意伤害单纯致人重伤的,法定刑仅为3年以上10年以下有期徒刑;故意杀人罪的法定刑则为死刑、无期徒刑或者10年以上有期徒刑,尽管成立未遂,但根据《刑法》第23条第2款的规定也只是"可以从轻或者减轻处罚",其所受刑罚不可能低于前者。在此情况下,应当根据法条竞合"特别法优于普通法"的原理,对丙仅以故意杀人罪(未遂)论处。

(2)关于故意杀人罪(未遂)与侵占罪。就侵占罪来说,由于在甲来到丙家讨回行李箱之前,丙只是单纯保管赃物,该行为尚未显现出将赃物据为己有的意义,所以只有当丙明确拒绝甲的返还请求时,才能认定他实施了侵占罪的实行行为。同时,丙是在为防止甲取回财物的过程中实施了故意杀人的行为。因此,丙的一行为同时成立故意杀人罪(未遂)与侵占罪,属于想象竞合,应择一重罪,即按故意杀人罪(未遂)论处。

在本事实单元,对丙应以故意杀人罪(未遂)论处。

四、抢走现金

丙

1. 抢劫罪(第263条第1分句)(针对367元现金)

(1)构成要件符合性

①客观构成要件

首先,根据《两抢意见》第10条的规定,取得财物的占有是本罪的既遂标准之一。本案中,丙取得了367元现金,可以认定本罪既遂要求的法益侵害结果已经出现。

其次,抢劫罪的实行行为表现为,行为人使用暴力、胁迫或者其他方

---

① 详细的论证分析参见第六章"孩子与赎金案"(第一套分析)第四单元"怒下杀手"中的竞合部分。

法取得对他人财物的占有。本案中,丙用刀猛刺甲的背部致其瘫倒在地,反抗能力严重削弱,同时也畏惧甲再度实施暴力,丙利用这种状况取得了对367元现金的占有。故符合本罪的行为要件。

②主观构成要件

可以确定的是,丙具有非法占有甲随身所带现金的目的。需要探讨的问题是:丙是否具备抢劫的故意？抢劫罪故意的成立,不仅要求行为人对暴力、胁迫行为以及取财行为分别存在认识,而且还要求他认识到两个行为之间的关联性。尽管丙对甲实施了暴力,但他在实施该暴力之时并没有产生取得甲随身财物的意图,而是在此之后才临时起意利用先前暴力所创造的被害人无法反抗的状态,取得了对其367元现金的占有。那么,行为人基于其他目的对被害人实施暴力,在被害人未失去知觉的情况下,利用被害人不能反抗、不敢反抗的处境,临时起意取得他人财物的,能否以抢劫罪论处？对此,学界和司法实务界存在不同看法。必要说主张,行为人只有在产生取财意图后另行实施新的暴力,才能成立抢劫罪。① 不必要说认为,行为人只要利用先前暴力产生的被害人不能抗拒的状态取得财物,即可成立抢劫罪。笔者赞同必要说,理由在于：

第一,在抢劫罪中,暴力行为与取财行为必须具有"手段—目的"的关联性,即行为人使用暴力方法压制被害人反抗,进而在被害人不能反抗或者不敢反抗的情况下取得其财物。这种关联性不仅需要客观存在,而且还必须反映在行为人的主观认识之中。换言之,只有当行为人是以取财为目的实施暴力行为时,才能认定其具有抢劫的故意。② 因此,若行为人只是单纯利用前一暴力行为所造成的被害人不能反抗的状态取得财物,那么他在实施暴力行为之时并无取财的意图。这就意味着在行为人的主观上,暴力行为和取财行为之间并不存在"手段—目的"的关

---

① 参见王作富主编:《刑法分则实务研究》(第五版),中国方正出版社2013年版,第903页;〔日〕山口厚:《刑法各论(第二版)》,王昭武译,中国人民大学出版社2011年版,第259页;〔日〕西田典之著,桥爪隆补订:《日本刑法各论(第十版)》,王昭武、刘明祥译,法律出版社2020年版,第201页;张明楷:《刑法学》(第六版),法律出版社2021年版,第1273页。Vgl. Kindhäuser, Strafrecht BT 2, 9. Aufl., 2017, § 13 Rn. 18; Lackner/Kühl, StGB, 29. Aufl., 2018, § 249 Rn. 4.

② Vgl. RGSt 67, 183 (186); BGHSt 4, 210 (212); BGH StV 1995, 416; NStZ 2013, 103f; Arzt/Weber/Heinrich/Hilgendorf, Strafrecht BT, 2. Aufl., 2009, § 17 Rn. 10.

联性。

第二,有学者提出,既然前一暴力行为引起的导致被害人不能反抗的状态仍然持续,那么行为人作为先行行为者就负有排除这一状态的保证人义务;如果他不仅不履行该义务,反而利用该状态取得财物,那么即使行为人并未以作为形式实施新的暴力,也应当认为行为人通过不作为的方式实施了抢劫。① 然而,一方面,既然抢劫罪是通过排除被害人的反抗进而取财,那意味着行为人必须以取财为目的积极地创造出被害人不能反抗的状态,故本罪的单独正犯只能由作为而无法由不作为构成。② 另一方面,当行为人先前基于其他目的将被害人捆绑起来时,实际上对其人身进行了控制,根据继续犯的原理,可以直接认定强制行为一直存在。这样一来,不借助不作为犯的原理,就可以肯定行为人产生取财意图之后,实施了新的强制行为。

第三,不必要说违背了"对同一行为不得重复评价"的原则。因为,该说将前一暴力行为与后续取财行为结合而成抢劫罪,同时又认为应当对前一暴力行为所构成的犯罪(故意伤害罪、强奸罪等)与抢劫罪进行数罪并罚。这样,就对同一个暴力行为进行了两次有罪评价。

第四,不必要说之所以主张在被害人有知觉的情形下,即使行为人未实施新的暴力、胁迫行为,也应当认定为抢劫罪,一个重要的原因在于:行为人毕竟是当着被害人的面,在其知晓的情况下将财物取走,这种取财行为并不符合盗窃罪的秘密性特征。③ 但是,一方面,司法实践中的确存在着行为人虽然公然取财,但并未实施任何暴力、胁迫手段的案件。对于这类案件,无法定性为抢劫罪或者抢夺罪,如果不以盗窃罪论处,就会形成处罚上的漏洞。另一方面,通说虽然将秘密性作为盗窃罪实行行为的特征,但又认为只要行为人自认为被害人没有发觉,即可认定取财行为是秘密实施的。这种做法使"秘密性"在主观要素和客观要素之间纠缠不清。④ 因此,将秘密性视为盗窃罪的必备特征,这一前提

---

① Vgl. Kindhäuser, Strafrecht BT 2, 9. Aufl., 2017, § 13 Rn. 24; Lackner/Kühl, StGB, 29. Aufl., 2018, § 249 Rn. 4.
② 参见刘明祥:《财产罪比较研究》,中国政法大学出版社 2001 年版,第 127 页。
③ 参见刘明祥:《财产罪比较研究》,中国政法大学出版社 2001 年版,第 128 页。
④ 参见张明楷:《盗窃与抢夺的界限》,载《法学家》2006 年第 2 期,第 121 页。

本来就存在严重的疑问。

不过,站在必要说的立场之上,需要注意一点:尽管行为人在取财时并未实施新的暴力,但如果他以明示或者暗示的方式表露出以当场实施暴力相胁迫的意思,那么可以认为行为人通过胁迫方法取得了财物,仍然应当认定为抢劫罪。① 在此情形下,要成立胁迫型的抢劫罪,需要满足两个条件:其一,被害人存在反抗的可能;其二,行为人在认识到被害人有反抗可能的情况下,以明示或者暗示的方式发出胁迫。②《两抢意见》第8条根据前一暴力行为是否导致被害人失去知觉为标准,区分两种情况:若被害人未失去知觉,则行为人利用不敢反抗、不能反抗取得财物的行为成立抢劫罪;若被害人失去知觉或者没有发觉,则行为人取得财物的行为成立盗窃罪。从这一规定的字面含义来看,似乎只要被害人未失去知觉,行为人即便单纯只是利用前一暴力造成的不能反抗的状态,而并未实施新的暴力,也成立抢劫罪。但是,从必要说的立场出发,应当结合上述两个条件对该规定进行限制性的理解。③ 本案中,一方面,假如甲被刺倒后完全无法动弹,那就说明被害人丧失了反抗的可能,丙不必发出胁迫就能顺利取得财物,所以自然也就不存在胁迫方法发挥作用的余地。但是,甲在背部被捅一刀的情况下,或许无法与丙展开搏击,但却并未完全丧失抗拒其拿走自己随身财物的能力。所以,存在使用胁迫方法劫取财物的空间。另一方面,虽然丙在将甲刺倒之后并未重新实施暴力,但前一次暴力行为刚刚发生,且刀即便不在丙的手中也应该近在咫尺,故丙强行搜身取财的行为里包含了"如果胆敢不从就再实施暴力"的威胁意味。④ 这就说明,在丙取走甲的367元现金之时,他认识到自己是利用胁迫手段取得他人财物,故具有抢劫罪的故意。

(2)违法性

不存在违法阻却事由。

---

① 参见王作富主编:《刑法分则实务研究》(第五版),中国方正出版社2013年版,第904页。
② Vgl. Bosch, in: Schönke/Schröder, StGB, 30. Aufl., 2019, § 249 Rn. 6a.
③ 有学者认为,既然《两抢意见》第8条规定的是临时起意"劫取"他人财物,那就意味着行为人必须实施了新的暴力、胁迫行为才能构成抢劫罪。这样一来,《两抢意见》采取的也仍然是必要说的观点。参见黎宏:《刑法学各论》,法律出版社2016年版,第296页。
④ Vgl. BGH NStZ 1982, 380 f; Bosch, in: Schönke/Schröder, StGB, 30. Aufl., 2019, § 249 Rn. 6a.

（3）责任

不存在责任阻却事由

（4）结论

丙的行为成立抢劫罪。

2. 抢劫罪（第263条第2分句第5项）（结果加重犯）

在丙的行为成立抢劫罪基本犯的情况下，又出现了被害人甲重伤的结果，故可能成立"抢劫致人重伤"这一结果加重犯。

（1）构成要件符合性

①加重结果

被害人甲重伤的加重结果已经出现。

②基本犯与加重结果之间存在因果关联

前述关于抢劫罪基本犯的分析表明，由于丙在实施持刀捅刺行为时尚未产生非法取得他人财物的目的，故伤害行为不能被评价为抢劫罪的手段行为。丙之所以能成立抢劫罪，是因为他以胁迫方法压制了甲的反抗。因此，在判断结果加重犯的因果关联时，我们所考察的基本行为并不是丙的故意杀人或故意伤害行为，而是其胁迫行为。由于胁迫行为并非导致重伤结果的原因，故基本犯与加重结果之间不存在因果关联。

（2）结论

丙的行为不成立"抢劫致人重伤"这一结果加重犯。

五、银行卡和1万元

> 预判：如果行为人以暴力、胁迫的方法取走被害人的信用卡并逼问出密码，尔后在继续控制被害人人身（暴力、胁迫持续存在）的情况下去银行取款，那么无论是在取得信用卡及密码还是取得现金的过程中，都存在足以压制被害人反抗的暴力、胁迫行为，故可以将整个事实认定为抢劫罪，抢劫数额为银行卡本身的价值以及取款的现金价值。但在本案中，胁迫手段仅及于取得银行卡和密码的行为，在丙使用银行卡取现时，胁迫行为已经结束。因此，取得银行卡和密码的行为可能成立抢劫罪，用银行卡取现1万元的行为则可能成立信用卡诈骗罪或者盗窃罪。

丙

1. 抢劫罪（第 263 条第 1 分句）（针对银行卡及其密码）

（1）构成要件符合性

①客观构成要件

丙是在取得甲的 367 元现金的同时取得了银行卡，继而又持刀逼甲说出了银行卡密码。结合前一单元关于抢劫罪的分析可以认定，丙以当场使用暴力相威胁，从而取得了甲的银行卡及其密码。获取银行卡及其密码，是否等于获得了对银行卡账户内存款的占有？回答是否定的。因为，刑法理论界多数学者认为，银行卡是银行或者金融机构发给消费者使用的一种信用凭证，它不同于货币和有价证券，当持卡人将现金存入银行卡内后，现金即转归银行管理者占有，故持卡人失去银行卡并不会直接造成财产损失。换言之，即使行为人取得银行卡，甚至已经获知密码，也并不意味着他同时取得了对银行卡内存款的占有。① 他还需要通过操作自动取款机或者针对银行职员使用欺骗手段方能取得对存款的现实支配，而在此之前，存款一直都处在银行的占有之下。据此，在丙使用银行卡之前，只能认定他取得了银行卡本身。虽然银行卡本身的价值（即工本费）较为轻微，但抢劫罪的既遂对于劫取财物的数额并无要求。所以，丙抢劫银行卡的行为符合抢劫罪的客观构成要件。

②主观构成要件

丙明知自己的行为是以胁迫方法强取甲的银行卡，仍基于非法占有的目的追求这一结果的发生，故具备本罪的故意。

（2）违法性

不存在违法阻却事由。

（3）责任

不存在责任阻却事由。

（4）结论

针对甲的银行卡，丙成立抢劫罪。

---

① 参见马克昌主编:《百罪通论（上卷）》,北京大学出版社 2014 年版,第 353 页;刘明祥:《财产罪专论》,中国人民大学出版社 2019 年版,第 94 页;张明楷:《刑法学》(第六版),法律出版社 2021 年版,第 1234 页。

2. 信用卡诈骗罪（第 196 条第 1 款第 1 分句第 3 项）（针对 1 万元）
（1）构成要件符合性
①客观构成要件

首先，本罪的既遂要求行为人取得数额较大的财物。2018 年 11 月 28 日最高人民法院、最高人民检察院《关于办理妨害信用卡管理刑事案件具体应用法律若干问题的解释》第 5 条规定，本罪数额较大的标准为 5000 元以上。丙取得了 1 万元现金，已达到本罪既遂的标准。

其次，本罪实行行为的表现形式之一，是冒用他人信用卡骗取财物。丙并非银行卡的持卡人却以持卡人的名义取现，属于冒用他人信用卡。但是，在自动取款机上冒用他人信用卡取钱的行为，能否被评价为诈骗行为呢？对此，学界有不同意见。有的学者主张：基于机器不能被骗的原则，只有当行为人针对自然人（如银行柜台工作人员）冒用他人信用卡时，才能构成本罪；在自动取款机上冒用他人信用卡的行为，则只能成立盗窃罪（盗窃说）。① 有的学者则主张，不论行为人冒用他人信用卡的行为是针对自然人还是针对自动取款机实施，应当一律以本罪论处（信用卡诈骗说）。② 后一种观点值得赞同，理由在于：

第一，机器本身固然无法被骗，但这并不意味着设置机器的自然人在此过程中也不能被骗。因为，智能机器能够代替人从事部分脑力劳动，可以视为自然人意思的延伸。银行预先为自动取款机设定取款的程序和条件，机器根据设定好的程序对对方是否属于适格的银行用户进行识别，最后作出是否吐出现金的决定。在整个过程中，机器其实是代表银行管理者的意志进行着审查并为意思表示。③ 所以，当行为人冒充持卡人输入密码使自动取款机吐出现金时，他实际上就是通过机器程序设计中存在的漏洞使银行管理者陷入错误并作出处分财产的决定，产生错误并且遭到欺骗的不是自动取款机，而是设置机器的银行管理者。

第二，在自动取款机上冒用他人信用卡取款，这和使用钢丝打开金

---

① 参见张明楷：《诈骗犯罪论》，法律出版社 2021 年版，第 891—892 页。
② 参见陈兴良主编：《刑法各论精释》，人民法院出版社 2015 年版，第 424、499 页；刘明祥：《财产罪专论》，中国人民大学出版社 2019 年版，第 104 页。
③ 参见车浩：《盗窃罪中的被害人同意》，载《法学研究》2012 年第 2 期；黎宏：《刑法学各论》，法律出版社 2016 年版，第 328 页。

库或者保险箱的智能锁并取走财物的情形不具有可比性。持盗窃说的学者认为,假如肯定机器能够被骗,那么用钢丝将金库或保险箱智能锁打开后取财的行为也成立诈骗罪,这是难以令人接受的。① 然而,自动取款机和金库或保险箱密码锁的功能完全不同。后者的作用仅仅是使他人与财物相隔离,从而保障财产安全,它并不具有代财物所有人从事商品交易、处分财产的功能。因此,即便行为人通过非法手段"骗"开了锁芯,也不会引起财物处分的效果,行为人在开锁后需要另行实施取得行为才能实现财物占有的转移。可是,自动取款机的功能不仅在于保障银行现金的安全,更在于代替银行处理交易业务。因此,行为人使用他人信用卡在自动取款机上取钱的行为,其本质并不是突破保护屏障进而占有现金,而是借助民事交易行为取得由银行处分的资金。

第三,持盗窃说的学者提出:只有人才会产生错误,而机器只能依照特定的指令作反应或者不作反应;冒用他人信用卡从自动取款机中取款的行为,并不是使机器产生与客观不符的观念,相反,其符合及其预先设置的内容(如密码),故不能认定为欺骗行为。② 可是,即便行为人在银行柜台面对工作人员冒用他人信用卡,工作人员也只是履行形式审查义务。银行为工作人员预先规定的形式审查内容与预先为取款机设置的审查内容,虽然有细节上的差异,但本质上是一致的,即只要行为人给出的指令或者材料符合形式要件,就会自动满足其要求。在此情况下,仅仅因为冒用信用卡的对象是自然人还是 ATM 机就导致行为定性发生变化,这似乎并不合理。

第四,盗窃说忽视了普通诈骗和信用卡诈骗之间的区别。即便坚持机器不能被骗的原则,但是既然《刑法》第 196 条规定的是"进行信用卡诈骗活动",并未将使用对象限定为"人",况且信用卡在现实生活中本来大多是在 ATM 机上使用的,那就说明立法者本来就预设了信用卡诈骗具有不同于普通诈骗的特殊性。③

综上,丙在自动取款机上冒用甲的信用卡取款的行为,符合本罪的

---

① 参见张明楷:《诈骗犯罪论》,法律出版社 2021 年版,第 119 页。
② 参见张明楷:《诈骗犯罪论》,法律出版社 2021 年版,第 121 页。
③ 参见刘明祥:《财产罪专论》,中国人民大学出版社 2019 年版,第 104 页;周光权:《刑法各论》(第四版),中国人民大学出版社 2021 年版,第 328—329 页。

客观构成要件。

②主观构成要件

丙明知自己冒用甲的信用卡取现的行为会造成银行1万元的损失,并且有非法占有相应数额现金的目的,故符合本罪的主观构成要件。

(2)违法性

不存在违法阻却事由。

(3)责任

不存在责任阻却事由。

(4)结论

丙的行为成立信用卡诈骗罪。

六、犯罪竞合的处理

本案中,甲仅成立侵占罪一罪,但丙则成立多个犯罪:掩饰、隐瞒犯罪所得、犯罪所得收益罪,侵占罪,故意杀人罪(未遂),抢劫罪,信用卡诈骗罪。对于丙的罪数,分析如下:

1. 掩饰、隐瞒犯罪所得、犯罪所得收益罪与侵占罪

行为人受本犯委托窝藏赃物,事后又侵吞赃物的,前一行为所构成的掩饰、隐瞒犯罪所得、犯罪所得收益罪与后一行为构成的侵占罪,应当实行并罚还是应以一罪论处?学界对此有不同看法。并罚说认为,两罪之间不具有牵连或者吸收关系,应当并罚。① 一罪说则主张,既然认定成立赃物罪,那就已经对妨害所有权人追索财物的行为作出了评价,行为人进一步将赃物据为己有的举动实际上不过是继续窝藏赃物的一种表现形式,故侵占行为可以被赃物罪所吸收,成为不可罚的事后行为,最终仅以赃物罪论处即可。②

一罪说值得赞同。理由在于:根据刑法理论的通说,不可罚之事后

---

① 参见赵秉志:《侵犯财产罪》,中国人民公安大学出版社1999年版,第260—261页;陈兴良主编:《刑法各论精释》,人民法院出版社2015年版,第533页。

② 参见刘明祥:《财产罪比较研究》,中国政法大学出版社2001年版,第351页;张明楷:《刑法学》(第六版),法律出版社2021年版,第1263页。日本刑法学界的类似观点,参见〔日〕山口厚:《刑法各论(第二版)》,王昭武译,中国人民大学出版社2011年版,第355页;〔日〕西田典之著,桥爪隆补订:《日本刑法各论(第十版)》,王昭武、刘明祥译,法律出版社2020年版,第288页。

行为的成立要件是,事后行为仅仅是对先前行为所创造的违法状态进行利用和维持,它没有侵害到其他新的法益。① 首先,从两罪侵害的法益来看。在日本刑法学中,之所以一罪说是主流观点,主要原因在于《日本刑法》是将赃物罪视为财产犯罪加以规定的。基于这种立法例,多数学者主张,赃物罪侵害的法益是本犯行为之被害人对财物所享有的返还请求权(追索权)。② 既然赃物罪侵害的归根结底依然是被害人对物的所有权,那么针对同一财物侵害物主所有权的侵占行为,作为一种较轻的犯罪就完全可以被吸收评价在赃物罪之中。我国《刑法》并没有将掩饰、隐瞒犯罪所得、犯罪所得收益罪规定在"侵犯财产罪"一章中,而是将其置于分则第六章"妨害社会管理秩序罪"的第二节"妨害司法罪"之中。由此决定,掩饰、隐瞒犯罪所得、犯罪所得收益罪侵害的法益,主要是国家司法机关正常的刑事追诉活动。③ 但是不能否认,当上游犯罪是抢劫、盗窃、侵占等财产犯罪时,掩饰、隐瞒犯罪所得、犯罪所得收益罪必然也侵害了被害人对财物享有的返还请求权。同时,如前所述,合法的委托信任关系并非委托物侵占罪的保护法益。可见,侵占赃物之行为所侵害的法益,并没有超出掩饰、隐瞒犯罪所得、犯罪所得收益罪的范围。其次,从事后行为与先前行为之间的关联性来看。窝赃者对受托保管的赃物加以使用、消费的行为,虽然违背了委托人(即本犯)的本意,但是对于掩饰、隐瞒犯罪所得、犯罪所得收益罪来说,不过是对本犯所创造之违法状态进行延续和利用的行为而已。

综上,应当认为丙所犯的侵占罪属于他犯掩饰、隐瞒犯罪所得、犯罪所得收益罪的事后不可罚行为,最终仅以掩饰、隐瞒犯罪所得、犯罪所得收益罪一罪论处。

---

① Vgl. Roxin, Strafrecht AT, Bd. Ⅱ, 2003, § 33 Rn. 220; Lackner/Kühl, StGB, 29. Aufl., 2018, vor § 52 Rn. 32; Sternberg-Lieben/Bosch, in: Schönke/Schröder, StGB, 30. Aufl., 2019, Vorbem § § 52 ff Rn. 131.

② 参见〔日〕山口厚:《刑法各论(第二版)》,王昭武译,中国人民大学出版社2011年版,第393—394页;〔日〕大谷实:《刑法讲义各论(新版第5版)》,黎宏、邓毅丞译,中国人民大学出版社2023年版,第372页。

③ 参见马克昌主编:《百罪通论(下卷)》,北京大学出版社2014年版,第993—994页。

2. 针对现金的抢劫罪与针对银行卡的抢劫罪

丙在同一时间同一地点针对同一被害人抢劫了现金和银行卡，作为一个抢劫罪来进行评价，财物金额累加计算即可。

3. 抢劫罪与信用卡诈骗罪

在事实单元四中，丙的两个行为分别成立抢劫罪和信用卡诈骗罪。在此情况下能否按照一罪论处，需要分以下两个问题来进行分析：

（1）《刑法》第 196 条第 3 款属于注意规定还是法律拟制？注意规定说认为：盗窃信用卡并使用的，原本就应当以盗窃罪论处①；以抢劫、抢夺、诈骗等手段取得信用卡并使用的，与盗窃信用卡并使用的情形在本质上是一致的，都是在非法获取信用卡后冒用持卡人取得卡上存款，故同样应当分别以抢劫罪、抢夺罪、诈骗罪论处，使用信用卡消费、取现的金额直接计入抢劫数额。《两抢意见》第 6 条规定："抢劫信用卡后使用、消费的，其实际使用、消费的数额为抢劫数额"，该条采取了注意规定说。司法实践中也有判例认为："以暴力、胁迫等方法逼迫被害人交出银行卡，并说出银行卡密码……符合抢劫犯罪的全部构成要件。"②据此，本单元中，对丙可以直接以抢劫罪一罪论处。法律拟制说则主张，本款是将原本应以信用卡诈骗罪定性的行为拟制为盗窃罪，所以只能适用于盗窃信用卡并使用这一种情形，而不能扩及适用于以其他手段非法获取信用卡并使用的情况。③ 二分说认为，基于"机器不能被骗"的原则，《刑法》第 196 条第 3 款究竟属于法律拟制还是注意规定，取决于行为人盗窃信用卡后是对机器使用还是对自然人使用。盗窃信用卡后在 ATM 机上使用的，原本就符合盗窃罪的构成要件，故就此情形而言本款属于注意规定；盗窃信用卡后对自然人使用的，原本符合信用卡诈骗罪的构成要件，故就此情形而言本款属于法律拟制。④ 法律拟制说与二分说都承认，抢劫信用卡并使用的，不能将使用、消费的数额直接视作抢劫的数额，而应当对抢劫信用卡和其后使用信用卡的行为分别定罪。二者的分

---

① 参见陈兴良：《规范刑法学》（第四版），中国人民大学出版社 2017 年版，第 695 页。
② 权超、雷二超等犯抢劫罪、非法拘禁罪案，湖南省长沙县人民法院刑事判决书，(2017)湘 0121 刑初 307 号。
③ 参见黎宏：《刑法学各论》，法律出版社 2016 年版，第 164 页；刘明祥：《财产罪专论》，中国人民大学出版社 2019 年版，第 95—97 页。
④ 参见张明楷：《刑法学》（第六版），法律出版社 2021 年版，第 1044 页。

歧仅在于对后一行为应如何定性的问题,法律拟制说主张后一行为成立信用卡诈骗,二分说则认为后一行为成立盗窃罪。就本案来说,这两种观点将一致认为,不能根据《刑法》第 196 条第 3 款的规定直接将丙抢劫信用卡和使用信用卡的行为统合评价为一个抢劫罪。

  法律拟制说是值得赞同的。理由在于:如前所述,首先,取得信用卡并不意味着同时就取得了卡上所记载的存款,而信用卡本身的价值又极为低微,所以在我国刑法中,盗窃信用卡的行为本身并不值得处罚,真正的可罚性存在于事后利用信用卡进行消费、取现、信贷的行为之中。其次,后续使用信用卡的行为无论是针对 ATM 机还是针对自然人实施,实际上都属于《刑法》第 196 条第 1 款第 3 项所规定的"冒用他人信用卡"的情形,故本应以信用卡诈骗罪论处。于是,《刑法》第 196 条第 3 款其实是将原本不符合盗窃罪构成要件的行为按照盗窃罪论处,故属于法律拟制。与注意规定不同,法律拟制是明知为不同者而同等对待,①它所规定的并非理所应当的内容,而是立法者基于特殊考虑采取的特别处断方法,所以无法"推而广之"。② 因此,在立法者没有规定抢劫信用卡并使用的按照抢劫罪论处的情况下,不能类比适用《刑法》第 196 条第 3 款的规定。

  (2)抢劫他人信用卡后使用的,能否成立抢劫罪和信用卡诈骗罪的牵连犯? 对此,学界有不同看法。肯定说认为,抢劫信用卡的行为和事后使用信用卡的行为之间存在手段和目的的牵连关系,应从一重罪处罚。③ 否定说则认为,对于牵连关系的判断应当采取类型说,既然抢劫信用卡并不是利用他人信用卡取得财物的通常手段,那就不宜认定两罪成立牵连犯。④ 笔者赞同否定说。因为,牵连犯实质上是两行为成立两罪,原本应当并罚;只有当两种行为之间确实存在极为紧密的关系,即通常情况下具有手段行为与目的行为或者原因行为和结果行为的关联性时,才能认为立法者在设置重罪的法定刑时,大体已经将手段行为或者结果行为

---

  ① 参见〔德〕拉伦茨:《法学方法论》,黄家镇译,商务印书馆 2020 年版,第 333 页。
  ② 参见张明楷:《刑法分则的解释原理》,中国人民大学出版社 2011 年版,第 641 页。
  ③ 参见赵秉志、许成磊:《盗窃信用卡并使用行为的定性分析与司法适用》,载《浙江社会科学》2000 年第 6 期,第 48 页;黎宏:《刑法学各论》,法律出版社 2016 年版,第164 页。
  ④ 参见张明楷:《诈骗犯罪论》,法律出版社 2021 年版,第 929 页。

的不法及责任考虑在内,故适用重罪的法定刑不会导致重罪轻判的现象。① 由于抢劫信用卡并非实施信用卡诈骗罪通常会采取的手段行为,至少是否具有通常性还存在疑问,故不宜认为两罪之间具有牵连关系。

综上,对于丙所犯的抢劫罪和信用卡诈骗罪,应当实行并罚。

七、全案分析结论

1. 甲成立侵占罪,是否追究刑事责任取决于被害人是否告诉。
2. 对丙应以掩饰、隐瞒犯罪所得、犯罪所得收益罪,故意杀人罪(未遂),抢劫罪,信用卡诈骗罪论处。

难点拓展

一、需要结合本案例复习的基础知识点包括:

1. 抽象事实认识错误的处理原则;
2. 盗窃罪与侵占罪的关系;
3. 占有的认定准则;
4. 不法原因给付与侵占罪;
5. 侵占罪的构成要件中"非法占为己有"与"拒不退还/拒不交出"之间的关系;
6. 抢劫罪中非法占有目的出现的时间;
7. 如何理解《刑法》第 196 条第 3 款,抢劫信用卡后使用之行为应当如何定性?

二、本章的拓展主题:表面的构成要件要素与抽象的事实认识错误②

1. 罪与罪之间的关系与处罚网络的严密性

刑法处罚之网的严密程度,直接取决于立法者对各个犯罪之间关系

---

① 参见〔日〕高桥则夫:《刑法总论》,李世阳译,中国政法大学出版社 2020 年版,第 469 页。
② 详见陈璇:《论侵占罪处罚漏洞之填补》,载《法商研究》2015 年第 1 期。

的设定。除去像盗窃罪与故意杀人罪这样在犯罪类型和法益侵害性上原本没有任何关联的构成要件关系不说,刑法典中行为方式相近的犯罪与犯罪之间的关系大致可以分为以下三种:

(1)纯粹互斥关系。即两种构成要件不仅没有交集,而且二者的范围也并非紧密相接。纯粹互斥关系往往存在于以下情形:立法者在刑法中规定了 A 罪与 B 罪,并且为 B 罪添加了具有独立内容的积极要素,从而使之与 A 罪区分开来。

(2)互斥且择一关系。即两种构成要件虽然相互排斥,但同时还呈现出非此即彼的选择关系。这种关系的具体表现形式是:立法者在刑法中规定了 A 罪与 B 罪,并且在 B 罪中添加了一个直接对 A 罪所包含之某一构成要件要素予以排除的消极要素,从而导致两者的范围在相互排斥的同时又紧密相接。例如,按照《刑法》第 205 条之一的规定,"虚开本法第二百零五条规定以外的其他发票,情节严重的",构成虚开发票罪。本条罪状中"以外的"这一消极要素,对《刑法》第 205 条中"增值税专用发票"和"用于骗取出口退税、抵扣税款的其他发票"进行了排除。这就使第 205 条之一的犯罪对象完全包含了除第 205 条列举以外的所有发票。于是,虚开发票且情节严重的行为要么符合《刑法》第 205 条,要么符合《刑法》第 205 条之一,二者必居其一。

(3)重合关系。即两种构成要件在内容上有重叠之处。这种关系的典型表现形式是:立法者在刑法中规定了 A 罪与 B 罪,但对 B 罪既未附加积极描述的要素,也未添加消极排除的要素,而是使之成为能够包罗某一犯罪类型全部表现形式的兜底性条款。如《刑法》第 264 条的盗窃罪和第 127 条第 1 款的盗窃枪支、弹药、爆炸物、危险物质罪。

上述三种情形产生处罚漏洞的可能性依次递减。具体来说:

首先,纯粹互斥关系最容易滋生处罚上的间隙。因为在这种情形中,虽然 B 罪中的特殊积极要素能够使它与 A 罪相区别,但由于正面描述法常有挂一漏万之虞,故该要素往往不能保证 B 罪的构成要件范围完整地包含了某种行为类型中除 A 罪以外的其他全部可罚行为,所以两者之间极易形成刑罚无法触及的空当地带。

其次,在互斥且择一关系中,由于 A 罪与 B 罪的构成要件实现了"无缝对接",所以在一般情况下,刑罚的处罚范围能够没有遗漏地包含某一行为类型的全部情形。然而,在抽象事实认识错误、共犯偏离以及事实无法查明的特殊情形中,互斥且择一关系依然存在处罚上的漏洞。例如,《刑法》第153条将走私普通货物、物品罪的对象限定在除"第一百五十一条、第一百五十二条、第三百四十七条规定以外的货物、物品"之上。若行为人误以为自己走私的是武器、弹药,但实际上走私的是木材,那么由于两罪并无重合之处,故只能对行为人以走私武器、弹药罪的未遂论处,而不能认定走私普通货物、物品罪的既遂。另外,既然"第一百五十一条、第一百五十二条、第三百四十七条规定以外的货物、物品"是走私普通货物、物品罪的构成要件要素,那么它也属于必须加以证明的案件事实。因此,当现有证据无法证明行为人走私的究竟是《刑法》第151、152和347条所列举的货物、物品,还是除此之外的普通货物、物品时,就既不能以《刑法》第151、152条或者第347条,也不能以《刑法》第153条论处,只能宣告无罪。

最后,重合关系所形成的处罚网络最为严密。在不出现抽象事实错误、共犯偏离以及案件事实不清的情况下,重合关系和互斥且择一关系在犯罪认定的结论上并无差别。然而,这两种规定之间存在着一个关键的区别:就互斥且择一关系来说,由于两种犯罪是"有你无我,有我无你"的关系,故一旦行为对象是增值税专用发票、用于骗取出口退税、抵扣税款的发票,则绝不存在适用《刑法》第205条之一的余地。但重合关系中的两种犯罪却在一定程度上相互包容,故即便行为人虚开的是《刑法》第205条所规定的特种发票,由于特种发票毕竟包含在"发票"概念之中,也并未排除第205条之一的适用可能;只不过基于"特别法优于普通法"的法条竞合原理,在同时可以适用两个法条的情况下,优先适用《刑法》第205条而已。正是这种"法条适用可能性的保留",为某一行为类型布下了可以覆盖所有死角、堵塞一切漏洞的法网,它使不完全符合第205条规定(如虽然行为人客观上虚开的是增值税专用发票,但他主观上误以为自己虚开的是除增值税专用发票、用于骗取出口退税、抵扣税款的发票以外的发票,或者无法查清行为人虚开的究竟是何种发票),但已满足"虚开发票"要件的行为"跑得了和尚跑不了庙",依然落入虚开发票罪的处罚范围之中。由此可见,在立法上将某一类型的犯罪设置为普通与特殊,而不是非此即彼的关系,有助于堵截处罚的漏洞。①

本章分析的第一单元涉及抽象事实认识错误问题,其解决的关键在于如何理解盗窃罪和侵占罪的关系。刑法学通说认为,侵占罪只侵害他人的财产所有权,而不侵害他人对财物的占有;侵占罪的对象被严格限制在行为人合法占有或者无人占有的财物之上。② 本章的分析表明,一旦采取这种观点,那就意味着侵占罪与以盗窃罪为代表的转移占有型财产罪处在纯粹互斥关系之中,而这恰恰属于产生处罚漏洞的可能性最大的情形。因此,为了最大限度地消除这些漏洞,我们需要考虑的是:在刑法教义学的框架内,是否存在重新界定侵占罪与盗窃罪之间的关系,打破横亘在两者之间的壁垒,从而使二者在客观构成要件的内容上有所重叠的可能呢?笔者对此持肯定态度,即认为可以通过解释使两罪之间存在重合关系的观点几乎没有争议地获得了我国刑法学者的认可。③ 至于如何论证这一观点,则存在罪质重合说和表面的构成要件要素说两种不同意见。根据案例分析中"结论一致则不问理由"的原则,本章分析没有对两种学说各自所持的论据加以深究。但从刑法教义学理论上来说,还需要对二者的科学性进行追问。

2. 罪质重合说之批判

按照一般的理解,侵占罪只侵害他人所有权,而盗窃罪则既侵害他人所有权,又侵害他人占有。既然后者侵害的法益多于前者,那能否认为后者的构成要件也就必然包括前者呢?罪质重合说是在我国刑法学界颇为流行的一种见解,该说主张:"从危害行为内部构成的角度来看,本来,无论是盗窃罪还是侵占罪,在非法将他人的财物最终占为己有的一点上,具有共同之处。侵占罪仅仅就是因为这一点而被规定为犯罪的,而盗窃罪,除了据为己有以外,还有侵害他人占有的一面。二者之间的差别,用公式表示的话,就是'侵占罪=据为己有,盗窃罪=侵害占有+

---

① Vgl. Puppe, Exklusivität von Tatbeständen, JR 1984, S. 230.
② 参见董玉庭:《盗窃罪与侵占罪界限研究》,载《人民检察》2001年第4期,第9页;张明楷:《许霆案的刑法学分析》,载《中外法学》2009年第1期,第31—32页;王作富主编:《刑法分则实务研究》(第五版),中国方正出版社2013年版,第987页。
③ 参见黎宏:《刑法总论问题思考》(第二版),中国人民大学出版社2016年版,第296—297页;张明楷:《犯罪构成体系与构成要件要素》,北京大学出版社2010年版,第255页以下;周光权:《刑法总论》(第四版),中国人民大学出版社2021年版,第184页。

据为己有',两罪的构成要件,在'据为己有'(即将财物永远占为己有)的部分,即在侵占罪的部分是重合的。就是说,盗窃罪的构成要件中,包含有侵占罪的构成要件在内。"①

但这一解释方案最为致命的问题在于,它直接用犯罪的实质取代了对刑法条文的解释、用笼统的法益侵害内容取代了对具体构成要件要素的界定。事实上,法益侵害内容的重合②并不必然意味着构成要件内容的重合。因为,就《刑法》分则的规定来说,法益侵害从来都不是停留在抽象的层面之上,而是必须以各个具体的构成要件要素为其法定载体。即便两种犯罪所侵犯的法益共通,但如果二者用以体现法益侵害的具体行为要件不相兼容,那么我们也无法从解释论的角度认为两罪的构成要件存在重合之处。既然在罪质重合说的支持者那里,"盗窃罪的对象只能是他人占有的财物;侵占罪的对象则仅限于行为人已占有或无人占有的财物"这一传统命题并未受到挑战,那么两罪的构成要件从逻辑上来看就不可能存在交集,又何来构成要件"重合"之说呢?罪质重合说之所以有意避开对具体构成要件的解释,转而从宏观的犯罪本质出发去界定两罪的关系,恰恰是因为其支持者意识到,在真正的构成要件层面上,两者之间似乎存在无法逾越的鸿沟。实际上,一旦摆脱了形式构成要件的制约,随着我们观察犯罪的视角越发抽象和实质化,各犯罪之间的界限也就愈加模糊,它们的共同之处自然也就不断增多。极而言之,当罪质最终被抽象为"法益侵害"时,所有的犯罪就无一例外地全都处于相互重合的关系之中了。但这样一来,立法者为贯彻罪刑法定原则而赋予构成要件的类型化功能也就毁于一旦。因此,通过将判断标准提升到罪质层面,从而扩大犯罪重合范围的做法,实际上是为了获得满意的结论而对刑法条文内容的刻意"屏蔽",它必将导致对犯罪构成要件内涵的

---

① 黎宏、柳青:《出于侵占遗失物故意引起盗窃结果的该如何处理》,载《中国检察官》2008 年第 7 期,第 76 页。类似的观点参见何方:《出于侵占遗失物故意引起盗窃结果的行为应如何处理》,载《人民法院报》2014 年 4 月 30 日,第 006 版。

② 实际上,认为盗窃罪必然同时侵犯他人所有权和占有的说法本身还值得推敲。因为,在所有权主体与占有主体分离的现象已俯拾皆是的今天,刑法有必要对基于租赁、借用、质押等民事法律关系以及国家的行政行为所产生的单纯占有状态给予保护。故无论是学界的多数学者还是法院判例都认为,擅自取走自己所有但为他人合法占有之财物的行为,同样成立盗窃罪。参见第八章"面包车与银行卡案"的分析。

模糊化、对罪刑法定原则的抛弃,所以是不可取的。

3. 表面构成要件要素的适用范围存在严格限定

表面构成要件要素说主张,刑法所规定的构成要件要素实际上可以分为两种类型:第一种类型是为犯罪的违法性和有责性提供根据的要素,即真正的构成要件要素;第二种类型要素则并不是为了给犯罪的违法性和有责性提供根据,而只是起到对相关犯罪加以区分的功能,即表面的构成要件要素,或虚假的构成要件要素。对构成要件要素做上述划分的意义在于:首先,从实体法的方面来说,表面的构成要件要素不是成立犯罪所必须具备的要素,它完全可以被删除。其次,从程序法的角度而言,对表面的构成要件要素无须加以证明。① 不难看出,既然从立法者的本意来看,某一要素其实并非犯罪成立的必备成分,那么将该要素认定为表面构成要件要素的过程,实际上就是对刑法分则中罪状的一种补正解释。据此,我国《刑法》分则中"……以外的"就属于典型的表面构成要件要素。尽管从文理上看,包含了"……以外的"要素的犯罪和与之相对应的犯罪似乎处于排他关系之中,但实际上前者应当包含后者;因为"……以外的"并不能提供任何不法以及有责的根据,它纯粹只是一种界限要素而已。同理,《刑法》第270条第2款为侵占罪规定的"遗忘物"也并非真正的构成要件要素,它们的作用仅在于将侵占罪与盗窃罪区分开来。因此,侵占罪的成立其实并不要求行为的对象必须是"遗忘物",即便是为他人占有的财物也完全可能符合侵占罪的构成要件。这样一来,侵占罪与盗窃罪就不再相互排斥;侵占罪的构成要件完全包含了盗窃罪,并成为后者的普通法或者兜底的构成要件。

表面的构成要件要素理论比罪质重合说高明之处在于,它始终将立论的根据紧紧锁定在对法定构成要件要素的解释之中,而并未随意将视

---

① 德国学者韦尔策尔(Welzel)早在20世纪50年代初就指出,根据《德国基本法》第103条第2款的规定,犯罪行为的可罚性必须在该行为得到实施之前就以法律的形式明文规定下来。据此,并非刑法条文规定的一切要素都处于罪刑法定原则的统辖范围之内,只有那些与行为的实质可罚性相关联、能够提供可罚性根据的要素,才是罪刑法定原则制约的对象。这类要素主要包括四种:(1)狭义的构成要件要素;(2)违法性要素;(3)责任要素;(4)客观的处罚条件。与此相对,纯粹涉及诉讼程序的要素,以及仅对不同犯罪类型加以区分的"界限用语"(Abgrenzungsformel)则并不属于真正的构成要件要素。Vgl. Hans Welzel, Auf welche Bestandteile einer Strafschrift bezieht sich der Satz: nulla poena sine lege?, JZ 1952.

线转移至罪质等脱离实定法条文的抽象概念之上。该理论通过将刑法规定的某些要素补正解释为无须加以证明、不受罪刑法定原则约束的成分,使前述本来处于纯粹互斥或互斥且择一关系的大量犯罪,瞬间呈现出相互包容或重合的景象,从而也使前述三类案件中存在的处罚间隙一一得到填补。用该理论倡导者的话说,"承认表面的构成要件要素,有利于减少具体犯罪之间的对立关系、排它关系,增加具体犯罪之间的位阶关系、包容关系,进而使具体犯罪之间更为协调,从而实现刑法的正义性"。① 但是,具体到盗窃罪和侵占罪之间的关系上,论者对表面构成要件要素理论的运用却存在值得研究之处。

第一,"遗忘物"无法包含一切脱离占有物,故从《刑法》第 270 条第 2 款入手没有适用补正解释的余地。

毫无疑问,补正解释必然会对刑法的用语做出更正,进而得出有悖于该用语含义的解释结论。这种对刑法文字公然进行修正的做法,之所以仍然处在法律解释的范围之内,关键在于立法者使用的文字明显与它想表达的意思南辕北辙,即"词不达意"。② 换言之,补正解释能够修补的错误,并不包括一切立法上的失误和缺陷,而只能是立法者在表述自己意图或目的时所出现的"笔误"。因此,适用补正解释方法的前提条件是,立法者的本意已经通过其他条文清楚无误地表现了出来,从而使用语与本意之间的矛盾昭然若揭。例如,在上述"互斥且择一关系"的场合中,可以运用补正解释的方法消除处罚上的漏洞。以虚开发票罪为例,由于"本法第二百零五条规定以外的"这一排除性要素的存在,使《刑法》第 205 条之一所规定的构成要件与第 205 条所规定者虽紧密相接,但并无重合之处。不过,从这两个条文可以看出,立法者无疑是想对虚开所有类型发票的行为没有遗漏地加以处罚。但如前所述,"互斥且择一关系"又会在事实认识错误和事实无法查明等特殊情况中产生处罚的漏洞。可见,立法者要想实现其意图,原本不该采用目前的这种表述方法,而应当把《刑法》第 205 条之一的罪状规定为:"虚开发票,情节严重的"。既然法条的用语未能满足立法者已明确流露出的意愿,那就可

---

① 张明楷:《论表面的构成要件要素》,载《中国法学》2009 年第 2 期,第 97 页。
② Vgl. Bockelmann, Ist eine berichtigende Auslegung des § 246 StGB statthaft?, MDR 1953, S. 5.

以考虑用补正解释的方法将《刑法》第 205 条之一中"本法第二百零五条规定以外的"这一要素去除。但是，如果无法确定立法者本欲表达之意与法条用语之间确实存在明显冲突，那解释者就绝不能以补正解释之名，越俎代庖行修改法律之实。

要确定《刑法》第 270 条的法条用语是否真的未能正确反映立法者意思，关键问题在于：第 270 条所规定的三类财物，是否已经在实质上涵盖了除盗窃罪的对象（即他人占有的财物）以外的所有他人财物？有的学者主张，所有侵占受委托占有之他人财物的行为均符合第 270 条第 1 款，一切侵占脱离占有物的行为则均可归入第 270 条第 2 款中的"遗忘物"，故《刑法》第 270 条就囊括了不侵犯他人占有之财产犯罪的全部。① 但这种说法难以成立，"遗忘物"不可能包含所有的脱离占有物。理由在于：(1)对规范目的的追求必须限定在刑法条文可能语义的框架之内；实质解释的展开也只能以国民对刑法文本的预测可能为边界。尽管遗忘物必然是非基于他人本意而脱离占有的财物，但非基于他人本意而脱离占有的财物却并不都是遗忘物。遗忘物仅限于所有人因为疏忽、忘却而意外丧失占有的财物。把因原占有人死亡或行为人误拿而脱离占有的财物一律说成是"遗忘物"，这种解释已经超出了国民对于"遗忘物"基本含义的预测可能性，已经逾越了条文可能含义为刑法规范解释所设定的边界。(2)有学者提出，既然民法上一般将误取物、漂流物等也视为遗忘物，那么刑法也完全可以认为，凡是非基于本人意愿而脱离其占有的财物皆可纳入遗忘物的范畴，这是对遗忘物概念所做的扩大解释。② 但是，一则《民法典》第 319 条并列规定了遗忘物③与漂流物，故民法上也并不存在将漂流物扩大解释为遗忘物的做法。二则民法中的遗忘物不仅要求所有人丧失了对动产的占有，而且还要求该动产尚未为任何其他人取得占有。④ 但误

---

① 参见张明楷：《刑法学》（第六版），法律出版社 2021 年版，第 1260、1266 页。
② 参见刘沛、祁登宇、刘秀之：《论侵占罪与盗窃罪的区别》，载《中国检察官》2011 年第 11 期，第 26 页；周光权：《刑法各论》（第四版），中国人民大学出版社 2021 年版，第 158—159 页。
③ 当然，严格来说，民法上采取的用语是"遗失物"。但笔者赞同没有必要对"遗失物"和"遗忘物"加以区分的观点，为了保持前后论述的一致性，故不论说到刑法还是民法均使用"遗忘物"一词。
④ 参见王利明、杨立新、王轶、程啸：《民法学》，法律出版社 2020 年版，第 416 页。

取物本来就是已经由行为人取得了占有的财物,故无论在民法还是刑法中都不可能属于遗忘物。三则在承认遗忘物的外延明显窄于脱离占有物的情况下,仍然将两者等同起来,这根本不是扩大解释,而是明明白白的类推适用。(3)《日本刑法典》与我国《刑法》在侵占罪规定上的重大差异,也使我们不能全盘继受日本刑法解释学的结论。《日本刑法典》第252条规定了委托物侵占罪,第254条又规定,"侵占遗失物、漂流物或者其他脱离占有的他人财物的"也构成侵占罪。正是由于"其他脱离占有的他人财物"这一兜底规定的存在,才使一切非基于所有人意愿而丧失占有的财物,均可成为第254条所规定之侵占罪的对象,这自然就包括死者的财物和错拿的他人财物。但由于我国《刑法》第270条第2款恰恰没有类似的兜底用语,所以要采纳相同的解释结论就明显存在障碍。

既然对《刑法》第270条第2款的分析无法证明,立法者意图对一切取得型财产犯罪行为均加以惩罚,从中也看不出想把侵占罪设计成能够囊括所有取得型财产犯罪的一般性条款;那么,纵然解释者有千般扩大侵占罪构成要件范围的实质理由,也不能借口补正解释对条文中的用语擅作删改。

第二,具体到表面的构成要件要素理论来说,是犯罪之间的关系决定了要素的性质,而不是要素的性质决定犯罪之间的关系。

罪刑法定原则所忌惮的是在缺乏法律依据的情况下认定犯罪的成立或加重对犯罪人的处罚,故它制约的对象当然仅限于刑法条文中那些具有肯定犯罪成立或者升高刑罚幅度功能的要素。当立法者决定对某一类法益侵害行为均加以处罚后,出于立法精密化的考虑,或许会将这类行为具体划分为甲、乙、丙、丁等不同的犯罪类型,但由于此类法益侵害行为在整体上已被确定为可罚,故无论立法者如何进一步分类细化,这种区分都只具有形式上的意义,丝毫不影响行为实质可罚性的存在。所以,只要确定行为人的行为落入了该类法益侵害行为的范围之内,即可断定该行为必然成立犯罪,有问题的只是它具体应当成立甲、乙、丙、丁等当中的哪一个罪而已。即使行为不具备某个界限要素,或者无法查明它是否具备该要素,法官也不会以罪刑法定原则或罪疑从无原则为由宣告无罪,因为该行为至少成立这类犯罪中最轻的那一种。这样看来,表面构成要件要素的基本思路并不存在问题。但需要注意的是,之所以能够认定某个要素属于不受罪刑法定原则制约的纯界限要素,前提在于我们通过刑法条文的表述可以事先确定,立法者已经使可罚性完整地覆盖了该类法益侵害行为,各具体犯罪类型之间没有间隙地紧密相接在一起。换言之,我们只有在确定了各犯罪之间的关系之后,才能说某个要素是真正的还是表面的构成要件要素,是关乎犯罪成立与否的还是仅仅用于说明各罪之间区别的要素;而不能反过来,先自行将某一要素说成是表面构成要件要素,进而声称各犯罪之间是重合关系。

因此,一旦我们无法事先肯定立法者意图一个不漏地处罚某类行为,那就只能认为立法者仅仅是从该类法益侵害行为的整体中挑选出了某些特定的类型加以处罚,这些类型各自都有其严格明晰的界限,它们之间存在着立法者有意预留的处罚空隙。这样一来,构成要件的每一要素都不仅起着区分此罪与彼罪的作用,而且还发挥着划定可罚性范围的功能。既然如前所述,"遗忘物"这一要素无法使侵占罪和盗窃罪的处罚范围实现"无缝对接",那它就不可能是无须证明的表面构成要件要素,而只能是处在罪刑法定原则约束下的真正构成要件要素。

4. 对"代为保管的他人财物"重新解释所带来的转机

行文至此,似乎教义学对这一问题的探索已经陷入黔驴技穷的绝境,似乎我们只能承认,侵占罪与盗窃罪之间的处罚漏洞无法借助刑法解释得到清除,只能留待立法者通过刑法修正的方式去加以填补。但是,在笔者看来,产生这一教义学困局的根源并不在于刑法条文本身,而在于解释者的观察视角存在误区。迄今为止,大多数学者都是在以《日本刑法典》第252条和第254条为参照模板的基础上,将《刑法》第270条第1款概括为委托物侵占罪,而将该条第2款归纳为脱离占有物侵占罪。这样一来,既然人们已经把"代为保管的他人财物"完全限定在基于租赁、担保、借用、寄存等委托关系交由行为人占有的财物之上,那就当然只能将填补侵占罪处罚漏洞的希望全部寄托在"遗忘物或者埋藏物"身上,冀求能把所有的脱离占有物均纳入其中。但是,"山重水复疑无路,柳暗花明又一村"。如果我们将关注的焦点从《刑法》第270条第2款转移到第1款之上,就会发现,"代为保管的他人财物"这一要素所蕴含的解释空间在很大程度上被人们忽视和埋没了。事实上,它本身就拥有包摄除盗窃罪对象以外之一切他人财物的能力。理由如下:

第一,侵占罪的对象只能是已经被人占有的财物,而不可能是无人占有的财物。故从定罪的角度来看,不应将侵占罪的对象划分为委托物与脱离占有物。学者们之所以将《刑法》第 270 条第 1 款与第 2 款严格区分开来,是因为他们认为前者的对象是行为人基于委托关系而占有的他人财物,后者的对象则是不为任何人占有的财物,两者存在根本差异。① 据此,侵占罪的对象是"行为人已占有的或者无人占有的他人财物"。然而,即便对于遗忘物或者埋藏物来说,它们要成为侵占罪的对象,也必须是被人占有的财物。因为,虽然遗忘物和埋藏物在被行为人拾得之前确实属于无人占有之物,但只有当行为人将该物置于自己的实际控制之下以后,才能进一步实施非法据为己有的侵占行为。所以,在侵占行为发生当时,遗忘物或者埋藏物已不再属于无人占有之物,它依然是行为人事先取得了合法占有的财物。② 当然,纯粹从理论上来说,可能存在行为人拾得遗忘物或者发现埋藏物的行为,与侵占行为同时进行的情形。例如,行为人发现马路上有一枚脱离了他人占有的金戒指,便立即以非法据为己有的意思将之放入口袋。在本案中,由于取得占有的行为和侵占行为已合二为一,没有先后之分,故可以认为此时侵占罪的对象是无人占有的财物。但在司法实践中,这种情形其实无法真正存在。因为法治国中的行为刑法原则要求,刑罚制裁的对象只能是将法益侵害危险客观化或现实化了的行为;③故唯有在客观上明确表现出侵害他人所有权之危险的举动,才可能成立侵占罪的实行行为。即便行为人在拾得脱离占有物之时就已心怀非法所有之意,但由于单纯的拾得行为却完全不足以表明它包含了侵犯他人所有权的意义,故也只有当行为人在取得占有的基础上,又另行采取了拒绝交出、擅自处分等行为时,我们才能认定侵占罪中"非法占为己有"的构成要件得到了满足。

---

① 正是因为如此,有学者甚至主张,第 270 条第 1 款和第 2 款分属两种犯罪类型,将其归入侵占罪一个罪名之下并不合理。参见刘明祥:《财产罪比较研究》,中国政法大学出版社 2001 年版,第 315、373、383 页以下;张明楷:《刑法学》(第六版),法律出版社 2021 年版,第 1260 页。

② Vgl. Bockelmann, Ist eine berichtigende Auslegung des § 246 StGB statthaft?, MDR 1953, S. 8; Tenckhoff, Die Unterschlagung (§ 246 StGB), JuS 1984, S. 777.

③ Vgl. Hirsch, Tatstrafrecht – ein hinreichend beachtetes Grundprinzip?, FS-Lüderssen, 2002, S. 255.

第二，从语义上来说，所谓"代为保管"只是指出了行为人所处的保管地位，并未对行为人获得这一保管地位的来源做出任何限定。以往人们总是倾向于将"代为保管"解释成"受托代理他人实施保管"，所以自然会将"代为保管的他人财物"等同于委托物。但"代为"的通常含义是"代替别人做（某事）"，故我们完全可以将"代为保管"理解为"代替他人实施保管"。我国法律在使用"代为"一词时，也并没有将其局限在"受他人委托做（某事）"的意义之上。例如，《刑事诉讼法》第264条第2款规定："对被判处有期徒刑的罪犯，在被交付执行刑罚前，剩余刑期在三个月以下的，由看守所代为执行。"很明显，这里的"代为执行"并不是"受监狱委托执行"的意思，而只能是指"代替监狱执行"。另外，《民法典》第316条规定："拾得人在遗失物送交有关部门前，有关部门在遗失物被领取前，应当妥善保管遗失物。"可见，无论是基于所有权人的主动委托授权，还是因为所有权人意志以外的因素，只要财物落入了行为人的占有范围之内，即可将其视为"代为保管的他人财物"。这无论是从国民的预测可能性还是从其他法律的用语习惯来看，都不存在障碍。

第三，《刑法》第270条第1款和第2款之间并非并列关系；第2款只是针对第1款的注意规定。尽管认为"代为保管的他人财物"不以委托关系存在为前提的观点，与人们的日常理解以及法律的用语例不相矛盾；但是，法条用语的普通含义毕竟只是刑法解释的底线，只有当一项解释在此基础上同时也符合刑法的规范目的时，才可能是合理的。① 因此，针对笔者的观点，一定会有人质疑说：如果"代为保管的他人财物"本身就足以囊括脱离占有物的话，那为什么《刑法》第270条第2款又要另行规定对于将遗忘物和埋藏物非法据为己有的行为也以侵占罪论处呢？这很好解释。《刑法》第279条第2款并没有在第1款之外规定出独立的侵占罪类型，它的存在只是为了提醒法官注意，不应将遗忘物和埋藏物遗漏在"代为保管的他人财物"之外。根据在于：首先，此处存在设立注意规定的必要性。无论是委托物，还是诸如行为人误拿的财物、邮递员误投的邮包之类的脱离占有物，行为人对物取得占有的原因要么

---

① 参见张明楷：《刑法分则的解释原理》（第二版），中国人民大学出版社2011年版，第821页。

是受到权利人的交付，要么是物偶然落入自己的支配领域之中，故将之理解为应由行为人代替保管的财物，不存在什么争议。但遗忘物和埋藏物则有所不同，行为人只有通过拾取、带走等积极行为才能取得对这类财物的占有，这就导致侵占遗忘物、埋藏物的行为极易与盗窃罪发生混淆。也正因为如此，早在侵占行为尚未入罪的1979年《刑法》时期，对于将他人遗忘物非法据为己有的行为究竟应定盗窃罪，还是应当宣告无罪，抑或应当类推定罪，都存在巨大争议。① 正是为了防止法官误将遗忘物、埋藏物排除在侵占罪的对象之外，立法者才特别通过增添第270条第2款的方式明确宣示，将这两类财物非法据为己有的行为应当按侵占罪论处。其次，一般认为，侵占委托物的行为所具有的法益侵害性高于侵占脱离占有物的行为，因为前者除了侵犯他人财产所有权之外，还侵害了委托信任关系。② 如果说立法者想要通过《刑法》第270条第1款和第2款将这两种不同类型的侵占罪区分开来，那就应当像《日本刑法典》第252条和第254条那样对两者分别设置不同的法定刑，否则这种类型上的划分就没有任何实质的意义。但既然《刑法》第270条并没有这样做，而是规定两款所描述的行为均适用同一个法定刑，那就只能认为立法者无意根据对象对侵占罪的类型做出区分，只能认为针对遗忘物和埋藏物的侵占行为本来就是内含于第270条第1款的犯罪。

通过对"代为保管的他人财物"作上述重新解释，可以得出结论：侵占罪与盗窃罪之间的处罚漏洞可以通过补正解释的方法得到消弭。既然"代为保管的他人财物"包含了委托物和一切脱离占有物，那就意味着"代为保管的他人财物"相当于"除被害人占有之物以外的他人财物"，侵占罪与盗窃罪在构成要件上呈现出紧密相接，即互斥且择一的关系。由于立法者已经明确表达出对一切严重侵犯他人所有权的行为均加以处罚的意图，故为了避免在抽象事实认识错误和共犯偏离的案件中出现处罚的漏洞，可以通过补正解释的方法将"代为保管的"视为表面的构成要件要素。

---

① 参见柯兵：《对"拎包"案件能一律作盗窃处理吗？》，载《法学》1986年第5期；肖中华、闵凯：《侵占罪中"代为保管的他人财物"之含义》，载《法学家》2006年第5期，第72页。

② 参见刘明祥：《财产罪比较研究》，中国政法大学出版社2001年版，第315页。

第八章　面包车与银行卡案

案情叙述

甲有一辆面包车价值6万余元，曾经出了一次事故，想卖又卖不上好价钱。2021年9月16日，甲假称进货，将面包车开到一家批发市场的停车场内，交了5元的停车费。过了一个多小时，甲偷偷将车开走藏匿起来，然后到附近的派出所报案，称自己的车辆被盗。之后，甲以车辆被盗为名，申请投保的保险公司赔偿其车辆丢失的损失。保险公司审查了甲报送的材料后，赔偿其58000元。甲又以停车场疏于看管、致其车辆丢失为由，向法院提起民事诉讼，要求停车场赔偿其损失。法院受理案件后，停车场负责人即找到甲协商，最终同意赔偿甲车款68000元，双方在法院开庭前达成和解，甲收到款项后撤诉。12月14日，甲借用其朋友乙的身份证在工商银行开户，办了银行卡（账户名和持卡人均为乙）。甲将银行卡自己保存。之后，甲将连同两笔赔偿款在内的积蓄总共15万元现金存到该卡上。乙对于甲之前获得赔偿款的事实并不知情。乙的妻子丙获悉甲用乙的名字办理的银行卡中存有15万元后，便产生据为己有之意。丙向乙提议将这笔钱弄出来，乙表示同意。12月21日下午，乙和丙来到工商银行。乙用其身份证将存有15万元的银行卡挂失，重新换领了一张银行卡。当日，乙和丙用新办的卡在银行ATM机上取出了现金800元，正待次日继续取现时，案发。①

---

① 案情改编自颜华、郑强：《挂失并取走自己账户下他人款项构成何罪》，载《中国审判》2010年第5期，第98页。

思路提要

一、停车场里的面包车

1. 盗窃罪(第264条)(×)
 (1) 构成要件符合性(×)
 (2) 结论

2. 盗窃罪(第264条,第23条)(×)
 (1) 构成要件符合性(×)
 (2) 结论

二、58000元保险金

1. 保险诈骗罪(第198条第1款第1分句第3项)(√)
 (1) 构成要件符合性(√)
 (2) 违法性(√)
 (3) 责任(√)
 (4) 结论

2. 诈骗罪(第266条第1句第1分句)(√)
 (1) 构成要件符合性(√)
 (2) 违法性(√)
 (3) 责任(√)
 (4) 结论

3. 竞合

三、68000元赔偿金

1. 诈骗罪(第266条第1句第1分句)(针对停车场管理人)(√)
 (1) 构成要件符合性(√)
 (2) 违法性(√)
 (3) 责任(√)
 (4) 结论

2. 诈骗罪(第266条第1句第2分句)(针对停车场管理人)(情节加重犯)(√)

3. 敲诈勒索罪(第274条)(针对停车场管理人)(×)
 (1) 构成要件符合性(×)
 (2) 结论

4. 诈骗罪(第266条第1句第1分句,第24条)(针对法院)(×)
 (1) 构成要件符合性(×)
 (2) 结论

5. 诈骗罪(第266条第1句第1分句,第23条)(针对法院)(√)

6. 虚假诉讼罪(第307条之一第1款第1分句)(针对法院)(√)
 (1) 构成要件符合性(√)
 (2) 违法性(√)
 (3) 责任(√)
 (4) 结论

7. 竞合

四、身份证和银行卡

(一)甲

1. 洗钱罪(第 191 条第 1 款第 1 分句)(针对 58000 元)(×)
   (1)构成要件符合性(×)
   (2)结论

2. 掩饰、隐瞒犯罪所得、犯罪所得收益罪(第 312 条)(针对 126000 元)(×)
   (1)构成要件符合性(×)
   (2)结论

3. 使用虚假身份证件、盗用身份证件罪(第 280 条之一)(×)
   (1)构成要件符合性(×)
   (2)结论

(二)乙

1. 洗钱罪(第 191 条)(×)
   (1)构成要件符合性(×)
   (2)结论

2. 掩饰、隐瞒犯罪所得、犯罪所得收益罪(第 312 条)(×)
   (1)构成要件符合性(×)
   (2)结论

五、15 万元银行存款

(一)乙

1. 盗窃罪(第 264 条第 1 分句)(√)
   (1)构成要件符合性(√)
   (2)违法性(√)
   (3)责任(√)
   (4)结论

2. 盗窃罪(第 264 条第 2 分句)(情节加重犯)(√)

3. 信用卡诈骗罪(第 196 条,第 23 条)(×)
   (1)构成要件符合性(×)
   (2)结论

4. 侵占罪(第 270 条)(×)
   (1)构成要件符合性(×)
   (2)结论

(二)丙

1. 盗窃罪(第 264 条,第 26 条第 1、4 款)(共同正犯)(×)
   (1)构成要件符合性(×)
   (2)结论

2. 盗窃罪(第 264 条第 2 分句,第 29 条第 1 款)(教唆犯)(√)
   (1)构成要件符合性(√)
   (2)违法性(√)
   (3)责任(√)
   (4)结论

3. 盗窃罪(第 264 条第 2 分句,第 27 条)(帮助犯)(√)
   (1)构成要件符合性(√)
   (2)违法性(√)
   (3)责任(√)
   (4)结论

六、全案分析的结论

具体分析

一、停车场里的面包车

甲将自己停放在停车场内价值6万余元的面包车偷偷开走并藏匿,该行为可能成立盗窃罪。

1. 盗窃罪(第264条)

(1)构成要件符合性

①客观构成要件

首先,本案不涉及多次盗窃、入户盗窃、携带凶器盗窃、扒窃,而普通盗窃的既遂以行为人取得他人占有的数额较大的财物为前提。本案中,当甲将面包车开入停车场,并且交纳停车费离去后,面包车就已经转移给停车场管理人员占有。因为停车场是由建筑物(室内停车场)、护栏(露天停车场)等设施建构起的相对封闭的空间,由专人负责看管,所以停车场管理者对于场所内的车辆具有较强的支配力。不过,尽管面包车已经为停车场管理者合法占有,但其所有权毕竟还是属于行为人甲本人。所以,此处需要讨论的问题是:被他人合法占有、但为行为人自己所有的财物,能否成为盗窃罪的对象?否定说认为,尽管他人的占有是合法的,但这种占有终归是源自于所有权,对于这种所有权与源于所有权的占有权发生对抗的情况,刑法应当从独立保护的立场出发,认定窃取行为不成立盗窃罪。① 肯定说则认为,所有权人从合法占有者那里窃取自己所有的财物,也成立盗窃罪。② 笔者赞同肯定说,理由在于:

第一,从盗窃罪侵犯的法益来看,关于盗窃罪法益的内容,理论上存在争议。一种观点认为,除了所有权之外,占有是盗窃罪构成要件的一项独立法益。③ 另一种观点则认为,盗窃罪的法益仅包括所有权,对占

---

① 参见马克昌主编:《百罪通论(下卷)》,北京大学出版社2014年版,第742—744页。

② 参见张明楷:《刑法学》(第六版),法律出版社2021年版,第1229页。

③ Vgl. RG 54, 282; BGHSt 10, 401; Hamburg MDR 1947, 35; Hamm NJW 1964, 1428; Maurach/Schroeder/Maiwald, Strafrecht BT, TeilBd. Ⅰ, 10. Aufl., 2009, § 33 Rn. 1; Lackner/Kühl, StGB, 29. Aufl., 2018, § 242 Rn. 1.

有的破坏不是该罪独立的法益侵害,而只是其侵害所有权的一种特有方式而已。① 不论哪种观点都承认,即便对于所有权人来说,他人对物的合法占有也是值得保护的。因为:尽管盗窃罪规范首要的保护法益无疑是他人财产所有权,但是所有权本身包括占有、使用、收益、处分等多种权能。在现代市场经济的背景下,作为整体的所有权和所有权的部分权能相分离的现象屡见不鲜,而所有权和占有相分离的情形也越来越常见。在所有权和占有相分离的场合,如果占有是非法的,它尚且可以对抗除本权人之外的任何第三人,即除非是本权人为恢复占有所实施的行为,否则一切第三人侵犯该占有的行为都可能成立财产犯罪。② 那么,如果占有状态具有权利基础(如他物权),由于这种占有是根据所有人的意志或者法律规定所设立,它就能够对所有权起到限制作用。③ 这时,法律理应为它提供更加全面的保护,使所有权人也不能随意改变该占有状态。换言之,合法占有具有对抗本权人的效力。因此,盗窃罪侵害的法益首先是财产所有权,其次还包括他人对财物的占有,包括合法的占有以及虽然非法但需要通过法定程序恢复应有状态的占有。

第二,即便公民对于某物并不享有所有权,但只要他事实上占有着该物,那么一方面他就对该物负有保管义务,另一方面法律也应当给予其保护。这得到了现行法的认可。《刑法》第91条第2款规定:"在国家机关、国有公司、企业、集体企业和人民团体管理、使用或者运输中的私人财产,以公共财产论。"这里所说的"管理、使用或者运输"指的就是占有。既然由国家或者集体占有的私人财产以公共财产论,那么由他人占有的财物以他人财物论,也是合理的。④ 外国立法例也有明确肯定这一点的,如《日本刑法》第242条规定:"虽然是自己的财物,但由他人占有或者给予公务机关的命令由他人看守时,就本章犯罪,视为他人的

---

① Vgl. Arzt/Weber/Heinrich/Hilgendorf, Strafrecht BT, 2. Aufl., 2009, § 13 Rn. 31; Kindhäuser, in: NK-StGB, 5. Aufl., 2017, Vorbemerkungen zu §§ 242ff. Rn. 3; Bosch, in: Schönke/Schröder, StGB, 30. Aufl., 2019, § 242 Rn. 1/2.
② 参见黎宏:《刑法学各论》,法律出版社2016年版,第286—287页。
③ 参见王利明、杨立新、王轶、程啸:《民法学》,法律出版社2020年版,第527—528页。
④ 参见"叶文言、叶文语等盗窃案",载中华人民共和国最高人民法院刑事审判第一庭、第二庭编:《刑事审判参考》(总第42集),法律出版社2005年版,第43页。

财物。"

第三,我国的一系列判例也承认,只要财物为他人合法占有,即便行为人是该物的所有权人,其窃取该物的行为也成立盗窃罪。① 有法官明确指出,侵财型犯罪所保护的法益,除了公民的财产所有权外,还应当包含其他权利,包括了用益物权、担保物权以及承租人、借用人基于债的关系而对物品占有、使用的权利。②

不过,尽管自己所有而为他人合法占有的财物可以成为盗窃罪的对象,但是由于刑法保护占有归根结底还是为了保护其背后的本权,所以只有当窃取行为在侵犯占有的同时也会对本权造成侵害时,才有必要动用刑法制裁的手段。例如,第三人将盗窃犯占有的赃物偷走的行为,在侵犯盗窃犯占有的同时也侵犯了物主的所有权。③ 又如,如果债权人基于担保物权(如质权、留置权)取得对他人财物的占有,那么所有权人窃取该物的行为,在侵犯债权人占有的同时也侵犯了其担保物权、降低了债权实现的可能。同样地,如果承租人基于租赁合同占有他人财物,那么所有权人窃取该物的行为,在破坏承租人占有的同时也侵犯了其对物进行使用、收益的权能。以上情形中,由于占有的背后均有值得保护的本权,所以相关的财物都能够成为盗窃罪的对象。

本案中,尽管面包车处在停车场管理者的合法占有之下,但是根据双方达成的委托保管合同,车辆占有的转移,仅仅意味着停车场管理者负有单纯看管的责任,他并不享有对车辆进行使用、收益的权利。因此,当甲将面包车开走时,一方面他作为所有权人并没有侵犯停车场管理者的所有权,另一方面也没有对停车场管理者的任何其他本权造成侵害。真正可能对停车场管理者的财产所有权造成侵害的,是甲利用车辆被盗的假象向其索取赔偿款的行为。但是,这时行为对象已经不是面包车本身,而是停车场管理者的现金了。这一观点也得到了司法判例的支持。例如,针对强行

---

① 参见"要桂英盗窃案",河南省尉氏县人民法院刑事判决书,(2011)尉刑初字第115号;"温文强、邓永火盗窃案",福建省沙县人民法院刑事判决书,(2019)闽0427刑初69号;"罗胜强盗窃案",广东省广州市中级人民法院刑事判决书,(2020)粤01刑终488号。

② 参见谢韵静:《窃取自己订购的商品并向商家索赔构成盗窃》,载《人民司法·案例》2020年第35期,第23页。

③ Vgl. Bosch, in: Schönke/Schröder, StGB, 30. Aufl., 2019, § 242 Rn. 1/2.

夺取被行政机关扣押的本人财产的案件,有法官明确指出,虽然《刑法》第91第2款明确规定在行政机关管理下的私人财物以公共财物论,但是如果行为人取回财物后并没有向国家索赔或主动接受国家赔偿,那么"以公共财产论"不能成为对抗本权的根据;如果行为人事后主动向国家机关索赔或国家机关主动向其赔偿而其予以接受,那么这种索赔或接受就具有诈骗性质,但其诈骗的对象并非扣押物品而是赔偿款。①

此处还有一个问题需要讨论:刑法理论通说和典型判例主张,行为人窃回他人保管的自己财物之后,如果实施了向保管者索取赔偿的行为,则可以构成盗窃罪。理由是:其一,如果行为人索赔,那便表明他主观上具有非法占有的目的,故"先盗后骗"的行为就成为一个完整的盗窃行为,仅以盗窃罪一罪论处。② 其二,行为人盗窃后索赔的行为,实际上同占有者花相当的价格买下该财物后又被行为人偷走的情况,并没有实质差别。③ 但这种观点值得商榷。因为:第一,对客观构成要件的检验应当优先于主观构成要件,故在判断行为人是否具有非法占有的目的之前,首先要确定是否存在适格的盗窃对象。关于盗窃对象的判断,应当立足于行为当时的情况来进行。既然在甲实施窃取行为之时,面包车在占有之外并未体现出值得保护的本权,那就只能认定盗窃罪的对象要件未获满足,这一结论并不因为事后是否发生了索赔行为而有任何变化。第二,当甲随后以欺骗的方式向停车场管理人员索赔时,其行为的对象已经发生改变,不再是面包车而是被害人的现金。既然两个行为所针对的对象根本不同,那便只能就后一行为认定甲构成诈骗罪,而不能将前后两个行为合并评价为盗窃罪。第三,既然在行为人"先盗后骗"的情况下,其行为可罚性的关键在于后续的"骗"而不在于先前的"盗",那就不可能出现诈骗被盗窃吸收的情况。

---

① 参见游涛、王昕炜:《强行夺取被行政机关扣押的本人财产之性质》,载《人民司法·案例》2010年第22期,第58页。

② 参见陈民城:《叶文言、叶文语等盗窃案——窃取被交通管理部门扣押的自己所有的车辆后进行索赔的行为如何定性》,载中华人民共和国最高人民法院刑事审判第一庭、第二庭编:《刑事审判参考》(总第42集),法律出版社2005年版,第43页;陈兴良:《规范刑法学》(第四版),中国人民大学出版社2017年版,第876—877页;高铭暄、马克昌主编:《刑法学》(第十版),北京大学出版社、高等教育出版社2022年版,第506页。

③ 参见刘明祥:《财产罪比较研究》,中国政法大学出版社2001年版,第21页。

综上,本案中的面包车不满足盗窃罪的对象要件。

(2)结论

甲的行为不成立盗窃罪的既遂。

2. 盗窃罪(第264条,第23条)

(1)构成要件符合性

①主观构成要件

盗窃罪故意的成立,要求行为人明知自己的行为会破坏他人对财物的占有并建立起自己对该物的占有,仍然希望或者放任这种结果发生。本案中,虽然在行为当时,面包车处在停车场管理者的占有之下,但如前所述,该物的所有权人为甲,停车场管理者对物又不享有任何本权,他对于面包车的这种单纯占有状态并不足以对抗甲的所有权,故面包车对于行为人甲而言不能成为适格的盗窃对象。既然甲对于这一事实有着明确的认知,那他就不可能具有本罪的故意。

(2)结论

甲的行为不成立盗窃罪的未遂。

二、58000元保险金

甲以车辆被盗为由,向投保的保险公司提出理赔申请,最终获赔58000元,该行为可能成立保险诈骗罪和诈骗罪。

1. 保险诈骗罪(第198条1款第1分句第3项)

(1)构成要件符合性

①客观构成要件

首先,本罪的既遂要求行为人取得数额较大的保险金。根据2022年4月6日最高人民检察院、公安部《关于公安机关管辖的刑事案件立案追诉标准的规定(二)》第51条的规定,进行保险诈骗活动,数额在5万元以上的,应予立案追诉。本案中,甲从保险公司处取得了58000元赔偿款,本罪既遂的结果要件已经具备。

其次,甲是车辆盗抢险的投保人,符合本罪的主体要件。

再次,《刑法》第198条第1款第1分句第3项规定,本罪实行行为的表现形式之一是:编造未曾发生的保险事故,骗取保险金。车辆盗抢险的赔付,以现实发生了被保险之机动车被盗窃、抢劫或者抢夺的事故为前提。本案中,甲的面包车并未被第三人盗走,但他却虚构出车辆被盗的保险事故,导致保险公司产生错误认识,并且基于这种错误作出了处分 58000 元赔偿款的行为,由此遭受了财产损失。因此,甲实施了保险诈骗的行为,保险公司遭受的财产损失可归责于该行为。

②主观构成要件

首先,甲明知自己的行为会使保险公司误以为发生了车辆被盗的事故并处分数额较大的保险金,而希望这种结果发生,故具备本罪的故意。

其次,关于"非法占有的目的"的含义,学界有不同看法。有的学者认为,非法占有的目的是指行为人将他人的财物作为自己的财物进行支配,并遵从财物的用途进行利用、处分的意思。① 有的学者则认为,非法占有的目的是指永远占有他人财物的意思。② 不论哪一种观点都承认,非法占有目的的成立,要求行为人意图在缺乏合法根据的情况下使自己具有类似于所有人的地位,对他人财物进行支配和控制。本案中,甲意图在没有合法依据的情况下将 58000 元保险金永久据为己有,故具有非法占有的目的。

(2)违法性

不存在违法阻却事由。

(3)责任

不存在责任阻却事由。

(4)结论

甲的行为成立保险诈骗罪。

2. 诈骗罪(第 266 条第 1 句第 1 分句)

(1)构成要件符合性

①客观构成要件

首先,本罪的既遂要求行为人取得数额较大的他人财物。根据《诈骗解释》第 1 条的规定,本罪"数额较大"的成立标准是 3000 元至 1 万元以上。本案中,甲从保险公司处取得了 58000 元赔偿款,本罪既遂的结果要件已经具备。

---

① 参见张明楷:《刑法学》(第六版),法律出版社 2021 年版,第 1248 页;周光权:《刑法各论》(第四版),中国人民大学出版社 2021 年版,第 114—116 页。
② 参见黎宏:《刑法学各论》,法律出版社 2016 年版,第 293 页。

其次,诈骗罪的既遂,要求行为人通过欺骗行为引起对方错误,使对方基于错误处分财产,由此导致被害人遭受财产损失。如前所述,甲虚构车辆被盗的事故,导致保险公司在误以为发生了保险事故的情况下向甲赔付保险金,遭受了数额较大的财产损失,已符合本罪的客观要件。

②主观构成要件

首先,甲明知自己的行为会使保险公司误以为发生了车辆被盗的事故并处分数额较大的保险金,而希望这种结果发生,故具备本罪的故意。

其次,甲意图非法将 58000 元保险金永久据为己有,故具有非法占有的目的。

(2) 违法性

不存在违法阻却事由。

(3) 责任

不存在责任阻却事由。

(4) 结论

甲的行为成立诈骗罪。

3. 竞合

在诈骗数额达到 1 万元以上的情况下,保险诈骗罪与诈骗罪是法条竞合关系。① 甲的一个行为同时符合两罪的法条,根据特别法优于普通法的原则,应当以保险诈骗罪论处。

三、68000 元赔偿金

甲以停车场管理人为被告向法院提起民事诉讼,最终通过庭外和解获得了停车场 68000 元赔偿款,可能成立诈骗罪、敲诈勒索罪、虚假诉讼罪。

1. 诈骗罪(第 266 条第 1 句第 1 分句)(针对停车场管理人)

(1) 构成要件符合性

①客观构成要件

首先,本罪的既遂要求行为人取得数额较大的他人财物。根据《诈骗解释》第 1 条的规定,本罪"数额较大"的成立标准是 3000 元至 1 万元

---

① 参见陈兴良:《规范刑法学》(第四版),中国人民大学出版社 2017 年版,第 898—899 页。

以上。本案中,甲从停车场管理人处取得了 68000 元赔偿款,本罪既遂的结果要件已经具备。

其次,诈骗罪的既遂,要求行为人通过欺骗行为引起对方错误,使对方基于错误处分财产,由此导致被害人遭受财产损失。根据《民法典》第 897 条的规定,在委托保管期间,因保管人保管不善造成保管物灭失的,保管人应当承担赔偿责任。甲编造面包车被盗的事实,使停车场管理人误以为确实是因为自身过失导致面包车失窃,负有赔偿对方损失的义务,进而在开庭之前向甲交付赔偿款,已符合本罪的客观要件。

②主观构成要件

首先,甲明知自己的行为会使停车场管理人产生错误并处分数额较大的财物,而希望这种结果发生,故具备本罪的故意。

其次,甲意图非法将 68000 元永久据为己有,故具有非法占有的目的。

(2)违法性

不存在违法阻却事由。

(3)责任

不存在责任阻却事由。

(4)结论

甲针对停车场管理人的行为成立诈骗罪。

2. 诈骗罪(第 266 条第 1 句第 2 分句)(针对停车场管理人)(情节加重犯)

在确定甲成立诈骗罪基本犯的情况下,还需要考察其是否因取财数额巨大而成立《刑法》第 266 条第 1 句第 2 分句规定的情节加重犯。根据《诈骗解释》第 1 条的规定,本罪"数额巨大"的成立标准是 3 万元至 10 万元以上。本案中,甲从停车场管理人处取得了 68000 元赔偿款,符合这一标准。因此,应对其适用"3 年以上 10 年以下有期徒刑,并处罚金"这一法定刑。

3. 敲诈勒索罪(第 274 条)(针对停车场管理人)

(1)构成要件符合性

①客观构成要件

首先,本罪的既遂要求行为人取得数额较大的他人财物。根据 2013 年 4 月 23 日最高人民法院、最高人民检察院《关于办理敲诈勒索刑事案件适用法律若干问题的解释》第 1 条的规定，本罪"数额较大"的成立标准是 2000 元至 5000 元以上。本案中，甲从停车场管理人处取得了 68000 元赔偿款，本罪既遂的结果要件已经具备。

其次，本罪的既遂，要求行为人通过威胁使对方产生恐惧心理，并基于恐惧处分财产，从而遭受财产损失。本案中，甲在虚构车辆被盗的假象之后，又以停车场管理者为被告向法院提起民事诉讼。对于停车场管理者来说，进入民事诉讼程序意味着他不仅将因为官司缠身而需要付出相当的时间和精力成本，而且一旦败诉则既需要支付相当数额的赔偿又要承担诉讼费，自身的社会声誉也可能因此受损。既然民事诉讼可能给停车场管理者带来不利后果，那么甲向法院起诉的行为，的确对停车场管理人产生了心理上的压力，对于其同意赔偿起到了推动作用。

但是，在行为人并用欺骗和恐吓手段的情况下，欲确定行为是敲诈勒索还是诈骗，需要考察：对于被害人交付财物起决定性作用的，究竟是错误认识还是恐惧心理？[1] 如果行为人虚构事实发出恐吓，对方主要是基于恐惧而被迫交付财物的，那么由于欺骗只是为发出胁迫或者增强威胁效果而服务的一种手段而已，故应以敲诈勒索罪论处；[2]反之，虽然行为兼具欺骗和恐吓双重属性，但对方之所以处分财产，主要不是因为害怕而是因为误信自己有交付财物的义务，则应当以诈骗罪论处。假如行为人同时使用欺骗和恐吓的手段，而且认识错误和恐惧心理分别对被害人处分财物发挥了重要的作用，则应当认为该行为同时成立诈骗罪和敲诈勒索罪。[3] 本案中，停车场管理者之所以愿意赔偿甲 68000 元，归根结底是因为相信确实发生了保管车辆失窃的事件，从而误认为

---

[1] 参见张明楷：《诈骗犯罪论》，法律出版社 2021 年版，第 157—159 页。

[2] 参见高铭暄、马克昌主编：《刑法学》（第十版），北京大学出版社、高等教育出版社 2022 年版，第 524 页。Vgl. BGHSt 11, 66 (67); BGH NStZ 1985, 408; Kindhäuser, in: NK-StGB, 5. Aufl., 2017, § 253 Rn. 50; Bosch, in: Schönke/Schröder, StGB, 30. Aufl., 2019, § 253 Rn. 33.

[3] 参见黎宏：《刑法学各论》，法律出版社 2016 年版，第 332 页；张明楷：《刑法学》（第六版），法律出版社 2021 年版，第 1335 页。Vgl. BGHSt 9, 245 (247); OLG Hamburg, JR 1950, 629 (631); Kindhäuser, Strafrecht BT 2, 9. Aufl., 2017, § 17 Rn. 66; Lackner/Kühl, StGB, 29. Aufl., 2018, § 253 Rn. 14.

甲对于自己的确享有损害赔偿请求权。也正是基于这种错误认识,车辆管理者才会估计己方在进入审理环节后胜算不大,故为了不耗费过多的时间和精力,也为了避免败诉引起的消极后果,他认为不如在庭外达成和解。由此可见,对于停车场管理者处分财物发挥决定性和根本性作用的,是甲虚构事实的行为;甲向法院起诉的举动,只是加快了被害人作出处分财物的决定,这对于处分行为的实施仅发挥了辅助和次要的作用。因此,68000元的财产损失不可归责于甲提起民事诉讼的行为。

(2)结论

甲的行为不成立敲诈勒索罪。

4. 诈骗罪(第 266 条第 1 句第 1 分句,第 24 条)(针对法院)

甲虚构案件事实向法院提起民事诉讼的行为,可能构成以法院为受骗者的诈骗罪。诉讼诈骗的既遂至少要求法院已经作出胜诉判决,①但本案中,在法院受理案件之后开庭审理之前,甲就自动撤诉,可能成立诈骗罪的中止。

(1)构成要件符合性

①主观构成要件

甲明知以虚假的债权债务关系向法院起诉,可能导致法院因为认识错误而作出判决处分停车场管理者数额较大的财物,并希望这种结果发生,故具有本罪的故意。同时,甲明知停车场管理者对自己并不负有赔偿义务,却意图获得其财物,故具有非法占有的目的。

②客观构成要件

首先,本罪以行为人向受骗者作虚假陈述为着手实行的时点。甲已经向法院起诉并且法院已经受理,这意味着法院对案件事实发生错误认识的危险性已经出现,故可以认定甲已经开始着手实行诈骗。同时,要想让法官支持己方的诉讼请求,甲还需要在法院受理后进一步实施举证的行为,为引起法官认识错误所必需的行为尚未实施完毕,即实行行为尚未终了。

其次,只有在行为人自认为其行为有可能实现既遂的情况下,其自

---

① 参见〔日〕山口厚:《刑法各论(第二版)》,王昭武译,中国人民大学出版社 2011 年版,第 306—307 页;张明楷:《刑法学》(第六版),法律出版社 2021 年版,第 1315 页。

动放弃的举动才可能成立犯罪中止。因为,一旦行为人认识到,其行为已根本无法实现既遂,由于该行为已经注定失败,故行为人放弃的举动就体现不出中止所要求的自动性。① 本案中,在甲和停车场管理者达成庭外和解协议,并且停车场管理人已经履行协议支付赔偿款之后,再将民事诉讼进行下去已经没有意义,法官也不可能再针对同一纠纷作出胜诉判决。这就意味着,随着停车场管理人赔付68000元,诉讼诈骗已经终局性地停留在了未遂状态,而且甲对此也是知晓的,所以不可能再成立犯罪中止。

(2)结论

甲针对法院所实施的诈骗罪不成立中止。

5.诈骗罪(第266条第1句第1分句,第23条)(针对法院)

结合前面关于甲诈骗罪中止的分析可知,甲已着手实行诈骗,但随着停车场管理人根据庭外和解协议支付了68000元的赔偿款,甲已经不可能再就该纠纷从法院处获得胜诉判决,故甲针对法院所实施的诈骗行为成立犯罪未遂。

6.虚假诉讼罪(第307条之一第1款第1分句)(针对法院)

(1)构成要件符合性

①客观构成要件

首先,关于本罪既遂的标准,理论和实务上存在不同看法。开庭审理说认为,从刑法谦抑性角度来考虑,为避免打击范围过广,不能以法院立案受理作为本罪既遂标准,而应当将刑罚处罚的关口推迟至法院立案受理后进行开庭审理、作出实体性裁判等重要程序节点为宜。② 根据2018年最高人民法院、最高人民检察院《关于办理虚假诉讼刑事案件适用法律若干问题的解释》(以下简称《虚假诉讼解释》)第2条的规定,只有"致使人民法院开庭审理"的才能认定本罪既遂。受理案件说则认为,《虚假诉讼解释》确立的标准过高,只要法院受理案件即可认定本罪

---

① Vgl. Roxin, Strafrecht AT, Bd. Ⅱ, 2003, § 30 Rn. 77; Kühl, Strafrecht AT, 8. Aufl., 2017, § 16 Rn. 10; Kindhäuser, Strafrecht AT, 8. Aufl., 2017, § 32 Rn. 5.

② 参见艾章琴、李加玺:《张伟民虚假诉讼案——如何认定虚假诉讼罪中的"情节严重"》,载中华人民共和国最高人民法院刑事审判第一、二、三、四、五庭主办:《刑事审判参考》(第124集),法律出版社2020年版,第124页。

既遂。① 笔者赞同后一种观点,理由在于:根据《刑法》第 307 条之一第 1 款的规定,本罪的法益侵害结果是"妨害司法秩序或者严重侵害他人合法权益"。所谓"妨害司法秩序",包括导致司法机关作出错误判决造成司法公信力受损,也包括占用了司法资源、干扰了司法机关的正常司法活动。② 即便法院还没有开庭审理,虚假诉讼也妨害了从立案到受理环节的司法秩序,耗费了相当的司法资源,此时应当认为本罪"妨害司法秩序"的法益侵害结果已经现实发生。据此,本案中,由于法院已经受理甲提起的民事诉讼,故本罪既遂所要求的结果已经出现。

其次,甲编造车辆失窃的事实,而且该事实的存在是甲对停车场管理人享有损害赔偿请求权的基础所在,足以影响法院公正裁决。故甲的行为属于以捏造的事实提起民事诉讼,符合本罪的行为要件。

②主观构成要件

甲明知自己是以捏造的事实提起民事诉讼,为了获得停车场管理者的赔偿而放任妨害司法秩序的结果发生,具备本罪的故意。

(2)违法性

不存在违法阻却事由。

(3)责任

不存在责任阻却事由。

(4)结论

甲的行为成立虚假诉讼罪。

7. 竞合

(1)甲向法院提起民事诉讼这一个行为,同时符合诈骗罪(未遂)和虚假诉讼罪。根据《刑法》第 307 条之一第 3 款的规定,应当依照处罚较重的规定定罪从重处罚。就诈骗罪来说,参考甲实际获得的赔偿数额,甲的诈骗行为是以他人大约 68000 元的财物为目标。尽管该诈骗行为属于未遂,但根据《诈骗解释》第 1 条的规定,也应当在 3 年以上 10 年以下有期徒刑的法定刑档次量刑。就虚假诉讼罪来说,根据《虚假诉讼解释》第 3 条的规定,甲的行为不属于"情节严重",故只能在 3 年以下有期

---

① 参见张明楷:《刑法学》(第六版),法律出版社 2021 年版,第 1435 页。
② 参见雷建斌主编:《〈中华人民共和国刑法修正案(九)〉释解与适用》,人民法院出版社 2015 年版,第 279 页。

徒刑、拘役或者管制的法定刑档次量刑。两相比较，诈骗罪的处罚较重，应以诈骗罪定罪、从重处罚。

（2）虽然甲针对停车场管理人和针对法院的两个诈骗行为分别成立诈骗罪，但二者均以获得68000元赔偿为目标，属于行为人为确保获得赔偿款而同时并用的两种手段。既然其中以停车场管理者为欺骗对象的诈骗行为已经得逞，那么以法院为欺骗对象的诈骗行为就没有单独评价的必要，可以为前者所吸收，以一个诈骗罪的既遂论处即可。

四、身份证和银行卡

（一）甲

1. 洗钱罪（第191条第1款第1分句）（针对58000元）

（1）构成要件符合性

①客观构成要件

首先，本罪的对象是特定上游犯罪的所得及其产生的收益。根据《刑法》第191条第1款第1分句的规定，上游犯罪包括金融诈骗犯罪。前面第二单元的分析表明，甲成立保险诈骗罪，而刑法分则第三章第五节"金融诈骗罪"包括了保险诈骗罪。因此，甲通过保险诈骗获得的58000元赔偿金符合本罪的对象。

其次，《刑法修正案（十一）》删去原条文中"明知是""协助"等用语，从而将上游犯罪的本犯也纳入本罪的主体范围之中，由此肯定了"自洗钱"行为的可罚性。① 因此，尽管甲是上游犯罪的本犯，但符合本罪的主体要件。

再次，本罪的行为是掩饰、隐瞒上游犯罪所得及其收益的来源和性质的各种行为。本案中，甲将保险诈骗所得的58000元存入以乙名义的银行账户。需要讨论的问题是：行为人单纯使用他人提供的账户、将上游犯罪所得及其收益汇入该账户，这是否属于转移犯罪所得、掩饰犯罪所得性质的行为？对此，司法实践中存在不同看法。一种观点认为，当本犯将犯罪所得及其收益汇入他人提供的资金账户时，本犯和账户提供

---

① 参见王爱立主编：《中华人民共和国刑法条文说明、立法理由及相关规定》，北京大学出版社2021年版，第695—696页。

者即可成立洗钱罪的共同正犯。另一种观点则认为,单纯为本犯提供账户以及本犯单纯将犯罪所得汇入他人提供之账户的行为尚不足以构成洗钱罪。① 笔者赞同第二种观点,理由在于:洗钱罪的立法目的旨在防止上游犯罪的所得及其收益经由各种金融机构或者其他交易渠道转换为合法来源之资金或财产,导致资金与当初犯罪行为的关联性被切断,使侦查机关无法借助资金的流向追查犯罪人。提供资金账户的行为本身毕竟属于中性的金融行为,它在社会经济活动中俯拾皆是。该行为是否属于本罪的实行行为,取决于它在资金流方面能否掩饰、隐瞒上游犯罪之所得及其收益的本质、来源和去向,能否切断资金与当初犯罪行为的关联性。即便发生了向本犯提供资金账户、本犯将犯罪所得汇入该账户的行为,但此时现金流仍透明易查,在形式上还无法使犯罪所得及其收益合法化,也没有造成资金流向断点。侦查机关受理被害人报案后,即能确认该资金流入提供资金账户的行为人的账户,故该资金来源之不法性与追查资金的流向并未被阻断,这样一来就起不到掩盖现金流与犯罪所得及其收益之间联系的作用。只有当账户提供者或者本犯另外实施了掩饰、隐匿行为,如将账户内的资金分散至多个其他账户或将资金从账户内提现,才能认定其行为足以切断资金与当初犯罪行为的关联性。

据此,本案中,甲只是单纯地将保险诈骗所得的 58000 元存入以乙名义的银行账户,并未进一步实施其他掩饰行为,故不符合本罪的行为要件。

(2)结论

甲的行为不成立洗钱罪。

2. 掩饰、隐瞒犯罪所得、犯罪所得收益罪(第 312 条)(针对 126000 元)

(1)构成要件符合性

本罪的犯罪主体不能是本犯。② 前述第二、三单元的分析表明,诈骗罪和保险诈骗罪的本犯正是甲自己,所以他掩饰、隐瞒自己实施诈骗

---

① 参见李光林、陶维俊:《提供资金账户式洗钱行为的司法认定》,载《检察日报》2021 年 7 月 23 日,第 003 版。

② 参见王作富主编:《刑法分则实务研究》(第五版),中国方正出版社 2013 年版,第 1235 页。不过,值得注意的是,《全国人民代表大会宪法和法律委员会关于〈中华人民共和国刑法修正案(十一)(草案)〉修改情况的汇报》明确指出:"宪法和法律委员会经(转下页)

和保险诈骗罪所得126000元的行为,不构成本罪。

（2）结论

甲的行为不成立掩饰、隐瞒犯罪所得、犯罪所得收益罪。

3. 使用虚假身份证件、盗用身份证件罪（第280条之一）

（1）构成要件符合性

①客观构成要件

首先,本罪必须发生在依照国家规定应当提供身份证明的活动中。根据2000年3月20日国务院《个人存款账户实名制规定》第6条第1款的规定,个人在金融机构开立个人存款账户时,应当出示本人身份证件,所以甲的行为符合这一要件。

其次,本罪的行为表现为使用伪造、编造的或者盗用他人的身份证件,情节严重的。甲在开户时所使用的是乙真实的身份证,故不属于使用伪造、变造的身份证。同时,甲是借用乙的身份证,这就说明他在使用乙的身份证之前已经征得了其同意,那么这是否属于盗用他人的居民身份证呢？对于征得持证人同意后使用的行为是否属于盗用的问题,学界存在不同看法。一种观点认为,经过身份证件持有者本人同意或者与其串通,冒用持证者名义从事相关经济活动的行为,由于不存在盗用本人名义的情况,故不属于本条所规定的"盗用"。① 另一种观点则主张,盗用不只是相对于身份证件的持有人而言,而是也相对于验证身份的一方而言,所以凡属于冒用他人身份证件的,即便征得持有人同意也构成盗用行为。② 笔者赞同后一种观点,理由在于：本罪位于《刑法》分则第六章第一节"扰乱公共秩序罪"中,其设立旨在建立良好的社会诚信体系,故该条保护的法益不仅仅是身份证件持有者个人的利益,而主要是居民

(接上页)同有关方面研究,建议对草案作以下修改补充……修改洗钱罪,将实施一些严重犯罪后的'自洗钱'明确为犯罪,……。作上述修改以后,我国刑法第一百九十一条、第三百一十二条等规定的洗钱犯罪的上游犯罪包含所有犯罪,'自洗钱'也可单独定罪。"这样一来,作为广义的洗钱犯罪,《刑法》第312条规定的掩饰、隐瞒犯罪所得、犯罪所得收益罪也适用"自洗钱"行为可以独立定罪。参见王爱立主编：《中华人民共和国刑法条文说明、立法理由及相关规定》,北京大学出版社2021年版,第693页。

① 参见郎胜主编：《中华人民共和国刑法释义》,法律出版社2015年版,第476—477页；雷建斌主编：《〈中华人民共和国刑法修正案（九）〉释解与适用》,人民法院出版社2015年版,第262页。

② 参见张明楷：《刑法学》（第六版）,法律出版社2021年版,第1364—1365页。

身份证件的公共信用。既然征得了持有人同意的冒用他人身份证件的行为,也同样会对以实名制为基础的社会管理机制的运作造成妨害,那就不能将其排除在"盗用"之外。但另一方面,本罪的成立还要求盗用行为必须达到情节严重的程度。如果盗用的次数和数量极少,而且使用行为得到了持证人许可,那么由于该行为对社会管理秩序造成的妨害较为轻微,也没有违反持有者的意志,所以不宜认定为情节严重,对于这种行为处以行政处罚即可。本案中,甲只是一次性盗用了他人的一张身份证件,且得到了乙的同意,故未达到情节严重的程度。

(2)结论

甲的行为不成立使用虚假身份证件、盗用身份证件罪。

(二)乙

1. 洗钱罪(第191条)

(1)构成要件符合性

尽管《刑法修正案(十一)》删去了原条文中"明知是"的用语,但这只是为了将"自洗钱"纳入到本罪处罚的范围之中。根据《刑法》第14条第1款的规定以及犯罪故意的一般原理,本罪故意的成立,依然要求行为人认识到自己的行为是在掩饰、隐瞒上游犯罪所得及其收益的来源和性质。本案中,由于乙并不知晓甲先前保险诈骗罪的事实,所以也无从知道许可甲使用自己身份证开立银行账户的行为会对保险诈骗罪的犯罪所得起到转移、掩饰的作用。乙不具备本罪的故意。

(2)结论

乙的行为不成立洗钱罪。

2. 掩饰、隐瞒犯罪所得、犯罪所得收益罪(第312条)

(1)构成要件符合性

本罪的成立,要求行为人明知是犯罪所得及其产生的收益。本案中,乙对甲之前实施诈骗罪、保险诈骗罪的事实一无所知,也就不可能明知11万元中有一部分属于赃款,故不具备本罪的主观要件。

(2)结论

乙不成立掩饰、隐瞒犯罪所得、犯罪所得收益罪。

五、15万元银行存款

乙是银行卡账户的户主,为存款名义人;甲将15万元存入银行卡并持有、使用该卡,为实际存款人。乙和丙通过挂失、重开卡的方式使得自己具有了取走账户内15万元存款的现实可能性,又实际支取了800元现金,可能构成盗窃罪、信用卡诈骗罪或者侵占罪。乙、丙可能构成共同犯罪。

(一) 乙

1. 盗窃罪(第264条第1分句)

(1) 构成要件符合性

① 客观构成要件

首先,本罪的对象是他人占有的财物。前一单元的分析表明,在甲存入银行的15万元中,有126000元是其犯诈骗罪、保险诈骗罪的所得。根据刑法学通说,对犯罪赃物的占有除不能对抗恢复本权的行为之外,可以对抗其他任何试图擅自改变占有状态的行为,所以即便是犯罪所得也能够成为盗窃等财产犯罪的对象。①

本案涉及两种财物:一是15万元存款,二是储户对银行享有的15万元债权。在此,需要厘清在乙挂失之前这两种财物的占有状况。分述如下:

第一,存款本身的占有。占有银行卡、存折等凭证,是否就意味着占有了凭证项下的存款?对此我国刑法理论存在不同看法。一体性说认为,占有财产凭证等同于占有凭证上记载的现金,故银行存款的占有者就是储户本人。因为,一般而言,只要存款人愿意,他随时都可以通过银行柜台或者自动取款机支取账户内的金钱,故可以认定他对账户内的现金具有实质上的支配。分离性说则认为,财产凭证与其所记载的财物之间是相互分离的,占有财产凭证的储户仅享有债权,而凭证项下的存款则归银行占有。② 笔者赞同分离性说。因为:尽管存款人可以随时向银

---

① 参见王作富主编:《刑法分则实务研究》(第五版),中国方正出版社2013年版,第933页。

② 相关争议,详见徐凌波:《存款占有的解构与重建——以传统侵犯财产犯罪的解释为中心》,中国法制出版社2018年版,第196—205页。

行支取现金,但他毕竟还是需要向银行出示凭证、并通过银行的审核程序之后才能取得存款,在丢失凭证、忘记密码的情况下,存款人并不能随心所欲地拿到存款。另外,现金属于种类物,为了保证交易安全和货币的自由流通,对于现金适用"占有即所有"的基本原则。① 当存款人将现金存入银行时,银行和储户就订立了存款合同,而该合同属于典型的消费保管合同。消费保管合同,是指以种类物为标的物、其所有权移转于保管人的保管合同。② 银行一方面取得了对这笔现金的现实支配即占有,另一方面也取得了对它的所有权。《民法典》第 901 条规定:"保管人保管货币的,可以返还相同种类、数量的货币。"因此,储户在向银行存入现金后丧失了对现金的所有权,但双方随即形成债权债务关系,银行发给储户的存折或者银行卡属于债权凭证,储户凭借该凭证对银行享有要求返还种类物(即与存入现金数额相等的现金)、支付利息的请求权。③

第二,存款债权的占有。虽然储户丧失了对存款的占有,但可以认为他通过存款合同取得了对存款债权这一财产性利益的占有。④ 一方面,在刑法上,为了实现对公私财产权全面和有效的保护,不仅要肯定对物的占有,而且还应当承认对债权等财产性利益的占有。另一方面,存款人通过建立个人账户、设置使用密码,取得了对存款债权的独占性控制,能够按照自己的意愿向银行请求支付现金。既然存款人对于存款债权享有排他的支配力,那就应当承认其占有着该债权。

本案中,可以确定的是,就存款本身的占有来说,一旦 15 万元存入银行,直到被取现之前,该笔现金的占有及所有权均归属于银行。需要讨论的是存款债权的占有问题:在账户的名义人(甲)和账户的使用者(乙)发生分离的情况下,存款债权的占有者究竟是甲还是乙? 对此,理论和实务界存在不同的意见。存款名义人说主张,在存款债权占有的归

---

① 参见郑玉波:《民法物权》,三民书局股份有限公司 2012 年版,第 543 页;王利明、杨立新、王轶、程啸:《民法学》,法律出版社 2020 年版,第 376 页。
② 参见马俊驹、余延满:《民法原论》,法律出版社 2011 年版,第 714 页。
③ 参见钱叶六:《存款占有的归属与财产犯罪的界限》,载《中国法学》2019 年第 2 期,第 224 页。
④ 参见黎宏:《刑法学各论》,法律出版社 2016 年版,第 320—321 页;张明楷:《刑法学》(第六版),法律出版社 2021 年版,第 1234 页。

属上,应当坚持"谁是账户户主,谁便享有(占有)存款债权"的准则。这就意味着,在开立账户时,使用了谁的身份证,账户上就记载谁的名字,他也就始终是存款债权的占有者。① 实际存款人说则主张,由于实际存款人是事实上往账户中存入款项的人,而且也实际持有、使用着该银行卡,所以他才是存款债权的占有者。② 笔者赞同实际存款人说,理由在于:

第一,刑法上的占有不同于民法上的占有,它强调占有者必须对财物具有现实的支配与控制,所以它不包括民法上间接占有的情况。③ 所以,在开户者将卡借给他人使用时,不能仅以开户者是账户的合法所有者这一点就断定他占有着存款债权。对于存款债权的占有归属来说,关键是要看谁对于债权的行使享有现实的支配力。本案中,虽然银行账户是以乙的名义开设的,但是一方面,银行卡这一债权凭证始终由甲握有,另一方面,甲通过设置密码保证了只有自己才能自由地行使债权、请求银行支付存款额度内的现金及利息,从而在通常情况下也排除了他人行使该债权的可能。最高人民法院发布的"上海市黄浦区人民检察院诉崔勇、仇国宾、张志国盗窃案"的判决理由也明确指出,实际存款人在拿到银行卡之后更改了密码,通过持有涉案银行卡并掌握密码,形成了对卡内钱款的实际占有和控制。④ 可见,本案中,对存款债权具有现实支配力的是实际存款人甲,而非存款名义人乙。

第二,存款名义人可以采取挂失、补卡等方法使得实际存款人无法办理取款、转账业务,这并不是否定实际存款人对存款债权享有占有的有力理由。因为,挂失、补卡等方式,本来是银行在储户因为丢失银行卡、忘记密码而丧失债权凭证的情况下,为其提供的一种对存款债权恢复实际控制的特殊措施。存款名义人只有求助于这种特殊的救济措施

---

① 参见钱叶六:《存款占有的归属与财产犯罪的界限》,载《中国法学》2019 年第 2 期,第 231—232 页。

② 参见陈兴良:《挂失并取走自己账户下他人款项构成盗窃罪》,载《中国审判》2010 年第 5 期,第 100 页;陈洪兵:《中国语境下存款占有及错误汇款的刑法分析》,载《当代法学》2013 年第 5 期,第 70 页;张新强、李思萌:《以挂失补卡方式侵吞他人存在自己名下款项行为如何定性》,载《上海法治报》2018 年 5 月 30 日第 B05 版。

③ 参见张明楷:《刑法学》(第六版),法律出版社 2021 年版,第 1231 页。Vgl. Kindhäuser, Strafrecht BT 2, 9. Aufl., 2017, § 2 Rn. 30.

④ 参见"上海市黄浦区人民检察院诉崔勇、仇国宾、张志国盗窃案",载《最高人民法院公报》2011 年第 9 期。

方能取出账户内的存款,这本身就足以说明,他并不能如实际存款人那样自由、随意地行使存款债权。

第三,存款名义人说提出的一个论据是,实际存款人利用名义人账户办理存款、取现或者转账的行为,性质上只是属于代理存款名义人与银行进行交易,其法律后果当然由存款名义人承担。① 可是,即便承认实际存款人是存款名义人的代理人,但是在代理关系中,从交易的法律后果由被代理人承担这一点,并不必然能够推导出被代理人始终占有着财物的结论。例如,三角诈骗的一种典型情形表现为:B 将自己的一批货物交给 A 保管,并且委托 A 代理自己予以出售,A 与 C 洽商买卖事宜,C 通过欺骗方法使 A 处分了货物。虽然代理者 A 所从事之民事法律行为的后果无疑应由被代理人 B 承担,但这并不影响我们认定行为当时占有货物的人是 A 而非 B。

第四,即便不承认实际存款人占有存款债权,也完全可能认定他对存款债权具有"准占有"。在民法上,占有只能以物为客体,以财产权为客体的占有则称为准占有。② 有学者一方面认为,虽然实际存款人持有银行卡并且保有密码,但他只是具有事实上取出存款的可能性,仅此可能性尚不足以认定其占有着存款债权,故存款债权的占有者只能是存款名义人;但另一方面又承认实际存款人持存款债权凭证并行使时,属于存款债权的准占有者。据此,存款名义人和实际存款人事实上以不同的方式占有着存款债权,实现共同占有,该存款债权也就可以成为盗窃罪的对象。③ 其结论与实际存款人说并无区别。

第五,从当前的司法实践来看,对于挂失并取走自己账户下他人款项的案件,多数判例都主张相关行为应当定为盗窃罪。④

---

① 参见钱叶六:《存款占有的归属与财产犯罪的界限》,载《中国法学》2019 年第 2 期,第 232 页。
② 参见王泽鉴:《民法物权》(第二版),北京大学出版社 2010 年版,第 564 页。
③ 参见徐凌波:《存款占有的解构与重建——以传统侵犯财产犯罪的解释为中心》,中国法制出版社 2018 年版,第 186、221—222 页。
④ 参见"晏某盗窃案",颜华、郑强:《挂失并取走自己账户下他人款项构成何罪》,载《中国审判》2010 年第 5 期,第 99 页;"崔勇等盗窃案",上海市黄浦区人民法院刑事判决书,(2010)黄刑初字第 172 号刑事判决书;"冯凤良盗窃案",浙江省嘉兴市中级人民法院刑事裁定书,(2013)浙嘉刑终字第 4 号。

综上所述,由于在乙挂失、重开卡之前,存款债权处在甲的占有之下,而且根据《盗窃解释》第1条的规定,15万元的存款债权已经达到数额较大的标准,故本罪的对象要件已经具备。

其次,本罪的实行行为是破坏他人对财物的占有,建立起自己对财物的占有。本案中,乙通过挂失的方式使得原有密码归于无效,导致甲无法行使存款债权,使之脱离了对该债权的支配。同时,乙通过重新开卡控制了银行卡及其密码,使自己随时可以从银行卡内取现,从而建立起了自己对15万元存款债权的支配。所以,当乙重新开卡成功时,就已经属于盗窃罪的既遂,后续从卡内取现则属于不可罚的事后行为。尽管乙只成功取现800元,未达到《盗窃解释》第1条规定的数额较大的标准,但不妨碍其盗窃既遂的成立。

②主观构成要件

乙明知自己挂失、重开卡的行为会破坏甲对存款债权的占有、建立起自己对存款债权的占有,希望这种结果发生,具有本罪的故意。另外,乙具有非法取得15万元存款债权的意图,具备非法占有的目的。

(2)违法性

不存在违法阻却事由。

(3)责任

不存在责任阻却事由。

(4)结论

乙的行为成立盗窃罪。

2. 盗窃罪(第264条第2分句)

在确定乙成立盗窃罪基本犯的情况下,还需要考察其是否因取财数额巨大而成立《刑法》第264条第2分句规定的情节加重犯。根据《盗窃解释》第1条的规定,本罪"数额巨大"的成立标准是3万元至10万元以上。本案中,乙取得了15万元的存款债权,符合这一标准。因此,应对其适用"3年以上10年以下有期徒刑,并处罚金"这一法定刑。

3. 信用卡诈骗罪(第196条,第23条)

本罪针对的是银行占有的资金,乙持卡从银行自动取款机中仅取得了800元现金,未达到2018年11月28日最高人民法院、最高人民检察院《关于办理妨害信用卡管理刑事案件具体应用法律若干问题的解释》第 5 条规定的数额较大的标准。故只能考虑乙是否成立本罪的未遂。

(1) 构成要件符合性

①主观构成要件

本罪故意的成立,要求行为人明知自己是在实施信用卡诈骗行为。然而,本案中,银行卡是真实的储蓄卡,并非伪造或者使用以虚假之身份证明骗领的,也不是作废的。另外,乙本就是银行卡账户户主,他使用银行卡取现也不属于冒用他人信用卡,其取现额度也没有超出账户余额的范围,故也不属于恶意透支。因此,乙并不具有本罪的故意。

(2) 结论

乙不成立信用卡诈骗罪。

4. 侵占罪(第 270 条)

(1) 构成要件符合性

①客观构成要件

本罪的既遂,要求行为人将数额较大的代为保管的他人财物、遗忘物或者埋藏物据为己有。可以确定的是:首先,本案中所涉存款债权高达 15 万元,已经符合数额较大的标准。其次,15 万元的存款债权不属于遗忘物或者埋藏物。所以,接下来需要讨论的是,这笔存款债权是否属于代为保管的他人财物? 有的学者认为,存款名义人是以对银行的存款债权进行法律上的占有,从而保管实际存款人所有的财产;存款名义人取出自己名下银行账户内存款,是对其权利的行使,但由于该存款债权所体现的财产终究属于实际存款人所有,故存款名义人虽然对银行可以行使债权,但负有归还实际存款人的义务,拒不退还时可能构成侵占罪。① 这一观点值得商榷,原因在于:

第一,尽管实际存款人使用的是以他人名义开设的银行卡,但是如前所述,由于他现实握有着银行卡,而且为银行卡设置了只有自己知晓的密码,所以实际存款人自己占有着存款债权,而并未将该债权转移给存款名义人。

---

① 参见钱叶六:《存款占有的归属与财产犯罪的界限》,载《中国法学》2019 年第 2 期,第 232—233 页。

第二,该说认定存款名义人的行为构成侵占罪,但侵占的对象究竟是什么还存在疑问。从该说认为存款名义人实际占有着存款债权这一点来看,似乎非法据为己有的对象应当是该存款债权。但是,既然按照论者的观点,存款名义人自始至终都是银行存款的合法债权人,实际存款人所为的转账、支取等都不过是代理他实施的行使债权的行为而已,那么当被代理人本人亲自行使债权时,其行为就毫无违法之处,并不侵犯任何人的利益。正因为如此,论者只好提出,由于"该存款债权所体现的财产终究属于实际存款人所有",故"实现不法占有,因而被评价为犯罪的并非存款名义人的挂失、补办新卡及取款行为,而是取款后拒不归还的行为。"这么说来,侵占的对象应该是存款本身。但问题是,一方面,在取款之前,存款的所有权属于银行而不属于实际存款人,而取款之后,存款现金的所有权又随即转移到了实际存款人手中;另一方面,这类案件中,存款名义人挂失、补卡、取款的行为都是背着实际存款人所为的,实际存款人并没有委托存款名义人取款。在这种情况下,怎么能说存款名义人是将代为保管的他人所有的财物非法据为己有了呢?

第三,该说一方面认为实际存款人是代理存款名义人行使债权者,另一方面又认为存款名义人是受实际存款人委托保管存款债权的人。这样一来,对于双方来说,代理人同时又是委托者,被代理人同时又是受托者,这似乎存在矛盾之处。

综上,本罪的对象要件未得到满足。

(2)结论

乙的行为不成立侵占罪。

> 当然,如果认为"代为保管的他人财物"、"遗忘物"和"埋藏物"只是表面的构成要件要素,那么侵占罪的对象也可以包括他人占有的财物(参见第六章"拾金而昧酿灾祸"案的分析)。于是,乙的行为在盗窃罪之外还成立侵占罪,根据法条竞合"特别法优于普通法"的原理,最终仅以盗窃罪论处。

(二)丙

乙的行为成立盗窃罪,故丙可能构成盗窃罪的共同犯罪。应当先分析其是否构成盗窃罪的共同正犯,若不成立则进一步分析其是否构成盗窃罪的狭义共犯。

1. 盗窃罪(第264条,第26条第1、4款)(共同正犯)

(1)构成要件符合性

①结果要件

如前所述,当乙重新开卡成功时,盗窃罪即告既遂,故共同正犯既遂所需的结果要件已经具备。

②共同正犯的归责要素

首先,共同实行的意思。其一,丙知道乙的挂失、重开卡行为将会导致存款债权的占有从甲转移到乙,希望这一结果发生,并且和乙一样具有将15万元据为己有的意图。故丙具备本罪的故意以及非法占有的目的。其二,丙和乙经过商议,对占有甲之存款债权达成了合意,由此形成了盗窃的意思联络。

其次,共同实行的行为。丙所为的行为主要有三个:一是提议将乙账户内的15万元存款债权取走;二是陪同乙到银行办理挂失、重开卡;三是和乙一同用新办的卡在银行ATM机上取出800元现金。其中,第一个行为是引起他人犯意的教唆行为;第三个行为如前所述只属于盗窃既遂后不可罚的事后行为;第二个,也就是挂失、重开卡的行为才属于盗窃的实行行为。一方面,由于只有户主本人才能进行挂失、开卡等操作,所以丙并未参与实施实行行为;另一方面,丙单纯陪同前往,并没有显著的事实和证据表明她对盗窃行为的完成发挥了重要的作用。

(2)结论

丙的行为不成立盗窃罪的共同正犯。

2. 盗窃罪(第264条第2分句,第29条第1款)(教唆犯)

(1)构成要件符合性

①前提要件

如前所述,乙的行为成立盗窃罪,故本罪教唆犯成立所需的前提要件已经具备。

②客观要件

丙通过提议引起了乙盗窃他人存款债权的犯意,符合教唆犯的客观要件。

③主观要件

丙一方面明知自己的提议会引起乙盗窃的犯意;另一方面,也知道乙的盗窃行为会导致存款债权的占有发生转移,并且希望这两种结果发生。故丙具有教唆的故意。

综上,丙的行为符合盗窃罪教唆犯的构成要件。根据《刑法》第29条第1款第1句的规定,对于教唆犯应当按照他在共同犯罪中所起的作用处罚。根据通说,教唆犯原则上应以主犯论处。① 丙不仅是盗窃犯意的发起者,而且参与了犯罪的谋议,故应当认定她对于盗窃犯罪发挥了主要作用,属于主犯。

(2)违法性

不存在违法阻却事由。

(3)责任

不存在责任阻却事由。

(4)结论

丙成立盗窃罪的教唆犯,系主犯。

3. 盗窃罪(第264条第2分句,第27条)(帮助犯)

(1)构成要件符合性

首先,乙的行为成立盗窃罪,故本罪帮助犯成立所需的前提要件已经具备。

其次,丙陪同乙前往银行办理挂失、重开卡等业务,随时可以为其提供建议从而使乙能够更为安心地完成盗窃行为,故可以认为丙至少提供了心理上的帮助。

最后,丙明知其陪同行为会对乙的盗窃行为产生协助作用,也明知乙的盗窃行为会取得对甲之存款债权的占有,并希望这两项结果发生,故具备帮助的故意。

---

① 相关争议以及对通说观点的论证,详见第五章"小孩与赎金"案(单一行为说的分析方案)第二单元中关于甲之刑事责任的分析。

综上,丙的行为符合盗窃罪帮助犯的构成要件,根据《刑法》第 27 条第 1 款的规定,应评价为从犯。

(2)违法性

不存在违法阻却事由。

(3)责任

不存在责任阻却事由。

(4)结论

丙成立盗窃罪的帮助犯,系从犯。

4. 竞合

丙的两个行为分别成立教唆犯(主犯)和帮助犯(从犯),但二者针对的是同一盗窃正犯。无论是根据吸收犯中主行为吸收从行为的原则,①还是根据包括一罪的原理,②对丙都应当仅以一个盗窃罪(主犯)论处。

六、全案分析的结论

1. 对甲应以诈骗罪、保险诈骗罪论处。

2. 对乙应以盗窃罪(主犯)论处。

3. 对丙应以盗窃罪(主犯)论处。

难点拓展

一、需要结合本案例复习的基础知识点包括:

1. 盗窃罪的对象;

2. 诈骗罪与敲诈勒索罪的关系;

3. 三角诈骗与诉讼诈骗;

4. 虚假诉讼罪的既遂标准;

5. 存款的占有。

---

① 参见陈兴良:《规范刑法学》,中国人民大学出版社 2017 年版,第 288 页;高铭暄、马克昌主编:《刑法学》(第十版),北京大学出版社、高等教育出版社 2022 年版,第 196 页。

② 参见〔日〕山口厚:《刑法总论(第三版)》,付立庆译,中国人民大学出版社 2018 年版,第 408 页。

二、本章的拓展主题:盗窃自己所有财物之行为的定性

(一)是否认定为财产犯罪

当前多个司法判例都认定,窃取为他人合法占有的自己财物的行为能够成立财产犯罪。不过,从审判实践来看,法院似乎更倾向于认为,这种盗窃行为只有在侵犯他人占有的同时,又给占有者造成了实质性财产损失的情况下,才适宜定罪。换言之,仅有侵害占有这一点并不足以成立财产犯罪,只有体现某种本权的占有才值得由刑法来加以保护。这主要包括以下情形:

1. 窃取质押物或者留置物

【叶某甲盗窃案】

2014年4月22日,被告人叶某甲因无钱还债,遂伙同他人商量后,将自己所有的一辆轿车(价值12万元)质押在林某处,向林某借款5万元,并于4月25日凌晨,将该车偷回来。接下来的几日,叶某甲按事先商量的方法向林某索要车辆被偷的赔偿款。①

对于这类案件,法院基本上都肯定被告人构成盗窃罪。其理由主要有:(1)行为人自己所有之物在他人合法占有、控制期间,应视为他人财物,可以成为盗窃罪的犯罪对象。(2)行为人将质权人合法占有的车辆秘密窃走,造成车辆在质押期间灭失的既成事实,导致质权人需要为此承担质押物灭失的责任,并因为质押物的灭失而无法通过回赎收回之前的借款。因此,行为人窃回质押物的行为导致质权人无法实现债权,由此造成了财产损失。②

值得注意的是,有的判例指出,行为人盗窃后是否索赔并不影响此类案件中盗窃罪的成立,即质物的所有权人将该数额较大的质物窃回,即便事后他没有向质权人索赔,也依然成立盗窃罪。

---

① 参见浙江省三门县人民法院刑事判决书,(2015)台三刑初字第133号。
② 参加"汪飞等盗窃案",浙江省杭州市江干区人民法院刑事判决书,(2015)杭江刑初字第337号。

【渠长法盗窃案】

被告人渠长法将其本人的一辆宝马车作抵押,渠长法和朱某、童某三人从刘某处借款 15 万元并打了借条。后因朱某、童某二人一直未还款,渠长法多次找中间人协商还款事宜,因牵涉其他纠纷而协商未果。2016 年 4 月 17 日 17 时许,渠长法伙同另外两人趁刘家无人之际从院墙跳进刘某院中,用事先准备好的螺丝刀等工具将刘家大门打开,用事先准备好的备用钥匙将该车偷走。4 月 21 日渠长法将该宝马车过户到其姑父朱登亮的名下,同时更换车牌号。

本案辩护人提出,虽然行为人自己所有的财物可能成为盗窃罪的犯罪对象,但由于渠长法将自己的宝马车偷偷开走后,没有索赔和以车抵债的意思和行为,其目的仅仅在于使宝马车重新回归自己的控制和占有,故主观上不具有非法占有刘某财物的目的,客观上也没有造成刘某财产损失,其行为不构成盗窃罪。但法院没有采纳该意见,而是判处被告人构成盗窃罪。① 笔者赞同法院的观点。因为,一旦质权人丧失对质物的占有,其债权就丧失了得到清偿的保障,所以即便行为人未予索偿,质权人也仍然遭受了财产损失。

另外,关于这类案件盗窃数额的确定,需要区分不同的情况:(1) 如果行为人盗窃后未向对方索赔,则审判实践倾向于认为盗窃数额应当根据债务数额来加以确定。例如,在"汪飞等盗窃案"中,检察院指控的盗窃数额为车辆本身的价值,即 97300 元;但法院认为,质权人王某对车辆只享有占有权,并未取得所有权,被告人汪飞窃回车辆后并未向王某索赔或要求回赎车辆,被害人王某丧失的仅仅是对车辆的占有权以及他之前支付的 4 万元质押款的所有权,故被告人汪飞等的盗窃数额应以被害人遭受的实际损失即 4 万元予以认定。② (2) 如果行为人盗窃后索赔,则审判实践倾向于认为盗窃数额应当以质物本身的价值,而非债务数额为计算标准。例如,在上述"叶某甲盗窃案"中,辩护人提出盗窃数额应

---

① 参见河南省开封市祥符区人民法院刑事判决书,(2017) 豫 0212 刑初 24 号。
② 参加浙江省杭州市江干区人民法院刑事判决书,(2015) 杭江刑初字第 337 号。

以质押款5万元来认定,但法院认为被告人事后要求林某赔偿车辆被盗的损失,该行为直接造成的后果是林某必须承担车辆灭失的赔偿责任,所以林某遭受的损失应该是车辆本身的价值,而不仅仅是质押款5万元。

2. 窃取出借给他人的财物

【温文强、邓永火盗窃罪】

2018年11月9日晚,被告人邓永火同意借自己的摩托车给被害人朱某使用,遂产生把借出的摩托车盗走骗钱的念头。11月10日,经邓永火的指使,被告人温文强在明知邓具有骗赔意图的情况下,将被害人朱某停放在银行门口的摩托车骑走,并停放在沙县的巷子内。事后,被害人朱某因借用的摩托车丢失报案,并赔偿邓永火4600元。经沙县价格认证中心认定,被盗摩托车价值2250元。

法院判决两名被告人构成盗窃罪,并根据赔偿款的数额确定盗窃数额为4600元。①

3. 窃取国家扣押的自己财物

【叶文言、叶文语等盗窃案】

2000年10月5日,被告人叶文言驾驶与叶文语、林万忠用共同购买的桑塔纳轿车进行非法营运,该车被苍南县灵溪交通管理所查扣,存放在三联汽车修理厂停车场。后叶文言、叶文语与被告人王连科、陈先居、叶启惠合谋将该车盗走,并购置了两套与交通管理部门制服类似的服装。10日晚,叶文言驾车将叶文语、王连科、陈先居、叶启惠送至三联汽车修理厂停车场,由叶文语、王连科爬墙进入,换掉被链条锁住的轿车轮胎,陈先居乘停车场门卫熟睡之机打开自动铁门,与王连科、叶启惠一起将价值9.2万元的轿车开走,并由叶文言与陈先居销赃得款2.5万元。2001年1月8日,被告人叶文言、叶文语以该

---

① 参见福建省沙县人民法院刑事判决书,(2019)闽0427刑初69号。

车被盗为由,向灵溪交通管理所申请赔偿。经多次协商,获赔11.65万元。

这一参考性案例在肯定车辆能够成为盗窃罪对象的前提下,进一步指出,并非窃取他人占有之自己财物的行为一律都具有可罚性,是否构成盗窃罪最终取决于行为人是否存在索取赔偿的意图,即如果行为人窃取财物是为了借此向他人索赔,则说明他具有非法占有的目的,应以盗窃罪论处;反之,如果行为人窃取他人保管之下的本人财物,只是为了逃避处罚或者只是因为不愿将自己的财物继续置于他人占有、控制之下,但并无借此索赔之意,则由于他主观上缺乏非法占有的目的,故不宜以盗窃罪论处。① 本案中,由于被告人事后向交管所索赔,故可认定其行为成立盗窃罪。还有其他判例也确认了这一裁判规则,例如:

【刘洪江盗窃案】

被告人刘洪江于2009年2月13日9时许驾驶夏利轿车非法载客运营至北京市海淀区滨河路时,被北京市交通执法总队第二执法大队稽查人员查获。稽查人员将该车扣押后,移交给暂扣车辆协议保管单位北京东外停车管理有限公司的驾驶员董明晓,由董明晓负责将车辆送到停车场。被告人刘洪江在步行至海淀区宝盛里小区东侧路口红绿灯处时,发现董明晓驾驶其被扣的车辆途经此处,遂上前将车拦住,并打开车门强行将董明晓拽下车后将该车开回家中。上述车辆经鉴定价值2430元。②

对于本案,检察院主张被告人构成抢夺罪,而法院则认定被告人构成妨害公务罪。主张构成抢夺罪的重要论据在于,根据《刑法》第91条

---

① 参见陈民城:《叶文言、叶文语等盗窃案——窃取被交通管理部门扣押的自己所有的车辆后进行索赔的行为如何定性》,载最高人民法院刑事审判第一、二、三、四、五庭主办:《中国刑事审判指导案例(危害国家安全罪·危害公共安全罪·侵犯财产罪·危害国防利益罪)》,法律出版社2009年版,第546—547页。

② 北京市第一中级人民法院刑事裁定书,(2009)一中刑终字第3502号。

第 2 款的规定,在国家机关管理、使用或者运输中的私人财产,以公共财产论,故所有权人对被扣押财物的本权不能对抗国家机关的正当占有权。① 但法官针对本案指出:《刑法》之所以作出这一规定,主要是因为此种状态下的私人财物一旦被盗、被抢、被骗,都须由管理、使用和运输的单位负责赔偿,这就等于国家或者集体的财产遭受了损失;如果财产所有人只是单纯地将财物窃回,而并没有向国家机关索赔或者在国家机关主动赔偿时拒绝接受,那就说明国家不可能遭受实际财产损失,故不应以盗窃罪论处。换言之,只要行为人未实施向国家索赔或者接受国家赔偿的行为,"以公共财产论"的规定不足以对抗所有权人的本权。② 由于本案被告人事后没有实施索赔行为,故不构成财产犯罪,只可能构成妨害公务罪。

至于这类案件中盗窃数额的计算,法院认为,由于赔偿数额才真正体现了被害人遭受的财产损失,故不论行为人获得赔偿的数额高于还是低于财物本身的价值,均应以赔偿数额确定盗窃数额。

(二) 应认定为盗窃罪还是诈骗罪?

当所有权人偷回财物的行为并未给占有者的本权造成侵害时,由于只有后续索赔的行为才会使被害人遭受财产损失,一旦离开了骗取行为,窃取行为本身并不具有独立的可罚性,所以不可能以盗窃罪和诈骗罪对行为人实行并罚。③ 那么,在确定只能成立一个财产犯罪的情况下,究竟是应当以前一盗窃行为吸收后一诈骗行为定盗窃罪,还是应当

---

① 参见李和仁、于安、张朝霞、于改之、杨涛:《抢回自己被行政机关扣押的财物该如何处理》,载《人民检察》2005 年第 17 期,第 32 页。

② 参见游涛、王昕炜:《刘洪江抢夺案——强行夺取被行政机关扣押的本人财产之性质》,载《人民司法·案例》2010 年第 22 期,第 58 页。

③ 只有当盗窃行为本身侵犯了他人独立的所有权时,才能将前后两个行为分别认定为盗窃罪和诈骗罪。例如,2019 年 10 月 23 日,被告人罗胜强在淘宝商家三星环球购企业店购买三星 Galaxy Note9 手机 1 部(价值 4331 元)。同月 25 日,顺丰快递公司快递员赖某将该手机快递件送至黄埔区南岗街万科尚城,拨打电话通知被告人罗胜强取件。被告人罗胜强谎称自己不在家,后趁快递员离开快递车去送其他快递之机,从快递车内盗走装有该手机的快递件。随后,被告人罗胜强虚构装有其手机的快递件丢失的事实,向三星环球购企业店申请退款。2019 年 10 月 26 日,被告人罗胜强在淘宝商家南越易购店下单购买三星 Galaxy Note10+手机 1 部(价值 6976 元)。次日,顺丰快递公司快递员李某将该手机快递件送至黄埔区南岗街万科尚城,拨打电话通知被告人罗胜强取件。被告人(转下页)

将目光完全锁定在后一行为直接定诈骗罪？司法实务似乎更倾向于前一种做法。当前多数判例认为，后续诈骗的行为只是证明行为人具有非法占有他人财物目的的。但正如本章分析所指出的，以诈骗罪论处似乎更为合理。

(接上页)罗胜强以相同手法从快递车内盗走装有该手机的快递件。随后，被告人罗胜强虚构快递件丢失的事实，向南越易购店申请退款。[广州市中级人民法院刑事判决书，(2020)粤01刑终488号]法院认为：涉案手机虽然是罗胜强向淘宝商家购买的，但快递员尚未完成派送，仍属于物流公司管理、运输、派送过程中的财物，所有权尚未发生转移，罗胜强窃取手机的行为本身就侵犯了物流公司的所有权，故构成盗窃罪（既遂）。罗胜强以手机快递件丢失为由申请淘宝商家退款，该行为又构成诈骗罪（未遂）。被告人的手段行为和目的行为分别触犯两个罪名，依照牵连犯从一重罪处断原则，应认定其行为构成盗窃罪。（参见谢韵静：《窃取自己订购的商品并向商家索赔构成盗窃》，载《人民司法·案例》2020年第35期）

第九章 "K粉"案

案情叙述

林某在某地打工时,结识了两名均为19岁的女青年X和Y。2019年7月15日,X和Y应邀在林某的家乡游玩,在此过程中又通过林某结识了另外三名男青年韩某、王某和钟某。7月20日中午,林、韩、王、钟四人暗中商议,要弄点"K粉"(学名"氯胺酮")来给X、Y吃,她们才放得开,才有机会"上路子"(指发生性关系)。林某提出,他的朋友麦某有"K粉",而且麦某有一幢二层洋楼,干脆就到麦家去行事。四人商量妥当后,林某随即打电话给麦某,说明意图,麦某表示同意。下午2时许,林某、韩某、王某、钟某带着X、Y前往麦家。途中遇到王某的小学同学、正在巡查的派出所民警吴某。吴某问王某干什么去,王某小声将计划告知吴某并邀请其参与,吴某没有答应,说了两句闲话便离去。抵达麦某家中后,麦某把众人带上二层楼的客厅中,暗中从自己300克"K粉"中取出两小包交给林某,又按其嘱咐买了一箱啤酒、两瓶白酒放在客厅里,随即下楼打"三国杀"去了。林某趁X、Y不备,在两人的啤酒中撒入"K粉",然后提议六人一起干杯。X、Y喝下啤酒数分钟后,即出现眩晕和四肢无力的症状,林某、韩某、王某、钟某四人便趁机搂着X、Y抚摸其胸部和大腿。随着药性的发作,X、Y已经不能站立。林某、韩某、王某、钟某见时机已到,便将X、Y拖入客厅旁的卧室中,企图与之发生性关系,但遇到X、Y的极力反抗。林某等四人见一时不能得手,便退入客厅一起喝酒,打算等药性导致二女完全失去知觉后再说。其间,钟某下楼去小卖部买烟,买到烟后迟疑了一阵,未再返回麦某的住宅,而是独自回家了。约15分钟后,X趁林某等人只顾喝酒未有防备之机,翻过打开的窗子,试图逃跑。但因"K粉"的药效导致其平衡和控制能力严重下降,失手从二楼摔下,又滚入旁边的池塘中溺亡。林某、韩某、王某三人听见屋外有人喊:"有人跳楼了",赶忙进入卧室,发现这一情况后,冲下楼强行骑上麦某的摩托车(价值6045元)逃跑。当王某骑上摩托车正欲发动时,麦某跑过来拦住三人,林某、韩某上前将麦某打倒在地,致其两颗门牙脱落。王某趁此机会发动摩托车,林、韩也迅速坐上后座,三人沿着公路疾驰而去。行至半路,迎面驶来一辆载重卡车,王某为躲闪猛然右转,但因先前饮酒较多未能保持平衡,导致摩托车撞上路边一棵大树,林某、韩某二人被抛出车外,三人均受重伤。经化验,王某当时血液中的酒精含量为142.6毫克/100毫升。①

思路提要

一、下药迷奸

(一)林某、韩某、王某、钟某

1. 强奸罪(第236条第1款,第26条第1、4款)(×)

(1)构成要件符合性(×)

(2)结论

2. 强奸罪(第236条第1款,第26条第1、4款,第23条)(√)

(1)构成要件符合性(√)

(2)违法性(√)

(3)责任(√)

(4)结论

3. 强奸罪(第236条第3款第4项,第26条第1、4款)(情节加重犯)(√)

(1)构成要件符合性(√)

(2)违法性(√)

(3)责任(√)

(4)结论

4. 强奸罪(第236条第3款第6项,第26条第1、4款)(结果加重犯)(√)

(1)构成要件符合性(√)

(2)违法性(√)

(3)责任(√)

(4)结论

5. 过失致人死亡罪(第233条)(√)

(1)构成要件符合性(√)

(2)违法性(√)

(3)责任(√)

(4)结论

---

① 案情改编自"林义等强奸案",湖南省高级人民法院刑事裁定书,(2010)湘高法刑三终字第173号。

6. 故意杀人罪(第232条,第26条第1、4款)(不作为犯)(×)

(1)构成要件符合性(×)

(2)结论

7. 故意杀人罪(第232条,第26条第1、4款,第23条)(不作为犯)(×)

(1)构成要件符合性(×)

(2)结论

8. 强制猥亵罪(第237条第1款,第26条第1、4款)(√)

(1)构成要件符合性(√)

(2)违法性(√)

(3)责任(√)

(4)结论

9. 强制猥亵罪(第237条第2款,第26条第1、4款)(情节加重犯)(√)

10. 欺骗他人吸毒罪(第353条第1款第1分句,第26条第1、4款)(√)

(1)构成要件符合性(√)

(2)违法性(√)

(3)责任(√)

(4)结论

11. 欺骗他人吸毒罪(第353条第1款第2分句,第26条第1、4款)(情节加重犯)(√)

(1)构成要件符合性(√)

(2)违法性(√)

(3)责任(√)

(4)结论

12. 竞合

(二)麦某

1. 强奸罪(第236条,第26条第1、4款,第23条)(共同正犯)(×)

(1)构成要件符合性(×)

(2)结论

2. 强奸罪(第236条,第27条,第23条)(帮助犯)(√)

(1)构成要件符合性(√)

(2)违法性(√)

(3)责任(√)

(4)结论

3. 强制猥亵罪(第237条,第27条)(帮助犯)(√)

(1)构成要件符合性(√)

(2)违法性(√)

(3)责任(√)

(4)结论

4. 欺骗他人吸毒罪(第353条第1款,第27条)(√)

(1)构成要件符合性(√)

(2)违法性(√)

(3)责任(√)

(4)结论

5. 容留他人吸毒罪(第354条)(√)

(1)构成要件符合性(√)

(2)违法性(√)

(3)责任(√)

(4)结论

6.非法持有毒品罪(第348条第2分句)(√)

(1)构成要件符合性(√)

(2)违法性(√)

(3)责任(√)

(4)结论

7.竞合

(三)吴某

1.强奸罪(第236条第1款,第26条第1、4款,第23条)(共同正犯)(√)

(1)构成要件符合性(√)

(2)违法性(√)

(3)责任(√)

(4)结论

2.强奸罪(第236条第3款第4项,第26条第1、4款)(情节加重犯)(√)

3.强奸罪(第236条第3款第6项,第26条第1、4款)(结果加重犯)(×)

4.强制猥亵罪(第237条,第26条第1、4款)(共同正犯)(√)

5.欺骗他人吸毒罪(第353条第1款,第26条第1、4款)(共同正犯)(√)

6.容留他人吸毒罪(第354条,第26条第1、4款)(共同正犯)(√)

7.滥用职权罪(第397条第1款第1句第1分句)(√)

(1)构成要件符合性(√)

(2)违法性(√)

(3)责任(√)

(4)结论

8.竞合

二、夺车逃窜

(一)林某、韩某

故意伤害罪(第234条第1款,第26条第1、4款)(共同正犯)(√)

(1)构成要件符合性(√)

(2)违法性(√)

(3)责任(√)

(4)结论

(二)王某

1.盗窃罪(第264条第1分句)(√)

(1)构成要件符合性(√)

(2)违法性(√)

(3)责任(√)

(4)结论

2.抢夺罪(第267条第1款第1分句)(√)

(1)构成要件符合性(√)

(2)违法性(√)

(3)责任(√)

(4)结论

(三)林某、韩某和王某

1.抢劫罪(第263条第1分

句,第 26 条第 1、4 款)(共同正犯)(√)

(1)构成要件符合性(√)
(2)违法性(√)
(3)责任(√)
(4)结论

2.抢劫罪(第 269 条,第 26 条第 1、4 款)(共同正犯)(×)

(1)构成要件符合性(×)
(2)结论

(四)竞合

三、酒驾翻车

王某

1.交通肇事罪(第 133 条第 1 分句)(√)

(1)构成要件符合性(√)
(2)违法性(√)
(3)责任(√)
(4)结论

2.过失致人重伤罪(第 235 条)(√)

3.危险驾驶罪(第 133 条之一第 1 款第 2 项)(√)

(1)构成要件符合性(√)
(2)违法性(√)
(3)责任(√)
(4)结论

4.竞合

四、全案分析结论

具体分析

关于事实单元划分的思考:

1.首先可以确定的是,林、韩、王三人夺走麦某摩托车的行为,王某酒后驾驶摩托车导致自己以及林、韩重伤的行为,分别成立独立的事实单元。

2.本案前面的事实,虽然所涉人员和罪名较为繁多,但笔者倾向于将其作为一个单元来看待。因为:第一,这部分事实涉及的核心罪名是强奸罪。从案件事实来看,一方面,毒品犯罪和强奸行为有着密切关联,既可能是强奸罪须经的前置阶段,也有可能本身就属于强奸行为的组成部分;另一方面,在强奸过程中出现了 X 死亡的结果,所以可能在成立强奸罪基本犯的基础上进一步成立结果加重犯。第二,这部分事实还涉及吴某的刑事责任问题。许多同学认为,吴某可能成立渎职犯罪,所以应当将其行为单列为一个单元。

> 但需要注意的是,吴某除了可能构成《刑法》分则第 9 章规定的渎职犯罪之外,还可能因为没有履行阻止他人犯罪的义务而构成不真正不作为犯,而这又进一步涉及以不作为的方式参与他人(即林、韩、王、钟四人)犯罪的问题。所以,对吴某刑事责任的检验似乎也不宜脱离林某等四人单独进行。

一、下药迷奸

> 预判:(1)林、韩、王、钟四人试图用毒品使 X 和 Y 丧失反抗能力后与之发生性关系,因 X 逃离坠楼,导致未能实际发生性关系,但出现了 X 死亡的结果。投放毒品的行为可能构成欺骗他人吸毒罪,强行发生性关系的行为可能构成强奸罪(未遂)、强制猥亵罪,引起死亡的行为可能构成过失致人死亡罪、强奸罪的结果加重犯、故意杀人罪(不作为)。钟某中途离开,可能构成相关犯罪的中止。(2)麦某先行持有毒品的行为可能构成非法持有毒品罪,他向四人提供了毒品以及实施强奸等犯罪的场所,可能构成强奸罪、强制猥亵罪、欺骗他人吸毒罪的共同犯罪,以及容留他人吸毒。(3)吴某身为民警,负有制止违法犯罪、保护公民人身安全的职责,却任由林某等人实施不法举动,可能构成相关犯罪的不作为犯以及滥用职权罪。

(一)林某、韩某、王某、钟某

1. 强奸罪(第 236 条第 1 款,第 26 条第 1、4 款)

(1)构成要件符合性

刑法理论通说认为,当对象是已满 14 周岁的女性时,本罪既遂以性器官结合为标准(结合说);当对象是不满 14 周岁的幼女时,本罪既遂以性器官发生接触为标准(接触说)。① 本案中,被害人 X 和 Y 均已满 14 周岁,四名行为人最终均未与其完成性器官的结合,故不成立本罪的既遂。

---

① 参见王作富主编:《刑法分则实务研究》(第五版),中国方正出版社 2013 年版,第 762 页。

（2）结论

林某等人的行为不成立强奸罪的既遂。

2. 强奸罪（第 236 条第 1 款，第 26 条第 1、4 款，第 23 条）

（1）构成要件符合性

①共同强奸的意思

林某等四人经过事先商议，形成了用 K 粉将 X 和 Y 迷倒后一同对其实施奸淫的意图，故具备共同实行强奸罪的意思。

②共同强奸的着手

刑法理论通说认为，强奸罪的实行行为表现为使用暴力、胁迫或者其他手段与妇女发生性交。强奸的手段除了暴力、胁迫以外，还包括一切能够使妇女处于不知反抗或者不能反抗状态的其他方法如醉酒、药物麻醉等。① 本案中，林某等人诱使 X 和 Y 喝下掺有"K 粉"的啤酒，从而完成了强奸罪的手段行为，并且在产生药效之后四人已经开始实施奸淫，故应当认定其已经着手实行强奸。

③意志以外的原因

本案中，虽然四人均未奸淫得逞，但其中钟某中途自动退出，而林、韩、王三人则一直等到 X 坠楼才放弃继续实施强奸行为。所以，强奸未能得逞究竟是不是基于意志以外的原因，需要分别加以考察。另外，只有在行为人自认为其行为有可能实现既遂的情况下，其自动放弃的举动才可能成立犯罪中止。因为，一旦行为人认识到，其行为已根本无法实现既遂，由于该行为已经注定失败，故行为人放弃的举动就体现不出中止所要求的自动性。② 本案中，对于钟某来说，在他买烟之时，强奸行为是可以继续进行下去的；对于林、韩、王三人来说，虽然在 X 坠楼之时，已经无法对 X 再实施奸淫，但他们仍有机会继续奸淫 Y。因此，有必要讨论行为人究竟属于自动放弃犯罪，还是属于由于意志以外的原因而未得逞。

首先，先看林、韩、王三人：林某、韩某和王某之所以未能完成与被害人性器官的结合，一开始是由于 X 和 Y 的极力反抗。随后，因为 X 在试

---

① 参见张明楷：《刑法学》（第六版），法律出版社 2021 年版，第 1136 页；高铭暄、马克昌主编：《刑法学》（第十版），北京大学出版社、高等教育出版社 2022 年版，第 469 页。

② Vgl. Roxin, Strafrecht AT, Bd. Ⅱ, 2003, § 30 Rn. 77; Kühl, Strafrecht AT, 8. Aufl., 2017, § 16 Rn. 10; Kindhäuser, Strafrecht AT, 8. Aufl., 2017, § 32 Rn. 5.

图逃离的过程中坠楼并落入池塘中,所以自然已无法再对其继续实施奸淫行为。但另一名被害人 Y 一直躺在二层卧室的床上,林某等人在本可以对其实施奸淫的情况下离开现场,是否属于自动放弃犯罪?

在如何理解中止的自动性要件的问题上,刑法理论界有不同看法。心理标准说认为,行为人停止犯罪是否出于自动,关键在于行为人放弃犯罪是否基于足以阻止犯罪的原因。如果行为人在认识到犯罪已无法完成的情况下放弃犯罪,则属于被迫停止犯罪;反之,若行为人明知自己遇到的是显然不足以阻止犯罪完成的不利因素,在自认为可以继续实施和完成犯罪的情况下自主选择停止犯罪,则属于自动放弃犯罪。① 规范标准说则主张,自动性认定标准的建构必须与犯罪中止减免处罚的实质根据相关联。行为人放弃犯罪是否具有自动性,关键不在于他本人的心理状态如何,而在于行为人停止犯罪的事实能否表明他已经回归合法的轨道上,从而使通过刑罚实现一般预防和特别预防目的的必要性都出现了大幅度下降。具体来说,以一名冷静权衡犯罪计划之风险和得失的犯罪人为标准,如果根据他的理性,在当时条件下放弃犯罪是合乎理性的,那就说明这是犯罪人的正常选择,他并未回归合法,不能获得大幅减免处罚的奖励;反之,若放弃犯罪超出了犯罪人的理性,那就说明犯罪人已经完全颠覆了其原有的犯罪计划,返回合法轨道上,故值得给予其大幅从宽处罚的待遇。② 我国有学者提出了修正的主观说,认为应当以行为人本人的情况为基础,以一般人的立场为标准,判断该种程度的事实障碍是否会导致行为人放弃犯罪,若回答是肯定的,则属于犯罪未遂,若回答是否定的,则属于犯罪中止。③ 该说与规范标准说大体相近。不过,针对行为人因为担心自己的犯罪活动被他人发觉而停止犯罪的情形,以上两种观点得出的结论基本一致。在心理标准说看来,只要保持犯罪的秘密性对于行为人来说是至关重要的,那么当继续实施犯罪将显著升高事发的风险时,这种不利的后果必然会对行为人产生巨大的精神强制,

---

① 参见高铭暄、马克昌主编:《刑法学》(第十版),北京大学出版社、高等教育出版社 2022 年版,第 156—157 页。

② 参见周光权:《刑法总论》(第四版),中国人民大学出版社 2021 年版,第 317 页。Vgl. Roxin, Strafrecht AT, Bd. Ⅱ, 2003, § 30 Rn. 383 ff.

③ 参见黎宏:《刑法学总论》,法律出版社 2016 年版,第 249 页。

导致其除了停止犯罪之外没有多少自由选择的空间,故应当否定自动性。① 规范标准说则认为,假如犯罪被他人发现的危险已经相当高,以至于站在一般犯罪人的角度来看只有当即放弃犯罪才属于理性之举,那么行为人放弃犯罪的事实并不能表明其已经回归合法公民的角色,故只能认定为犯罪未遂。② 最高人民法院公布的参考案例"李官容抢劫、故意杀人案"也肯定了这一点,其裁判理由指出:在天已大亮、路上行人较多的情况下,被告人因为担心路人已报警、罪行已败露而停止犯罪的,属于犯罪未遂。③

本案中,虽然客观上还存在着继续对 Y 实施奸淫的可能,但 X 坠楼事件的突然发生已经引起了他人的关注,这使林某等人强奸事实败露、被其他公民或者警察缉拿的风险骤然升高。从林某等人专门将作案地点选择在熟人麦某的私家住宅中这一点可以看出,保证强奸事实不为外人知晓、保证自己不被追究刑事责任,这对于行为人来说是至关重要的。任何一名怀有同样利益权衡考虑的理性犯罪人,值此犯罪事实即将败露的时刻,均不会再冒着被当场抓捕的风险继续实施强奸,而都会选择即刻停止犯罪、逃离现场。这就说明,林某等人放弃继续强奸 Y,并未突破犯罪人的理性,而不过是犯罪人之"常情"而已,故应当认为他们停止犯罪是由于其意志以外的原因。

其次,再来看钟某:在第一次强奸未得手后,在等待被害人完全失去反抗能力的过程中,钟某主动放弃继续强奸,是否成立强奸中止? 如前所述,钟某在放弃强奸之前,已经和其他三人共同着手实行了强奸行为。刑法理论通说认为,共同正犯中的部分参与人只有在自动放弃犯罪的同时,又有效阻止了其他参与者实行犯罪或者有效防止了结果发生时,他才能够成立中止;若参与者只是单纯停止自己的行为,却任由其他参与

---

① 参见马克昌主编:《犯罪通论》(第三版),武汉大学出版社 1999 年版,第 471 页;赵秉志:《犯罪未遂形态研究》,中国人民大学出版社 2008 年版第 149 页。Vgl. BGHSt 9, 48 (5); BGH, NStZ 1993, S. 76; BGH, NStZ 2007, S. 399; BGH, NStZ 2011, S. 454; Kühl, Strafrecht AT, 8. Aufl., 2017, § 16 Rn. 58.
② Vgl. Rudolphi, in: SK-StGB, 6. Aufl., 1993, § 24 Rn. 29; Roxin, Strafrecht AT, Bd. Ⅱ, 2003, § 30 Rn. 382, 394.
③ 参见陈兴良、张军、胡云腾主编:《人民法院刑事指导案例裁判要旨通纂(上卷)》(第二版),北京大学出版社 2018 年版,第 626—627 页。

人继续实行,则他无法成立中止。① 笔者赞同通说的立场,理由在于:第一,共同正犯奉行的是"部分实行全部责任"原则。因此,一旦参与人已经实行犯罪,即使其中途停止,但只要其他人实现了犯罪既遂,那么结果仍然可以归责于该参与人。第二,既然参与人事先已经实行犯罪,那就说明其先行行为致使被害人的法益陷入危险境地之中,由此产生了保护被害人不受侵害的作为义务,在参与人没有履行该义务的情况下,自然需要为其他参与者此后的犯罪行为及其结果负责。本案中,钟某仅仅自动停止了自己的强奸行为,却并未积极采取措施阻止其他参与者继续强奸。林、韩、王最终强奸未得逞,并不是因为钟某采取了阻止措施所致,故不能认定其属于强奸罪的中止。对于他来说,最终没有出现强奸既遂的结果,依然是由于意志以外的原因。

(2)违法性

不存在违法阻却事由。

(3)责任

不存在责任阻却事由。

(4)结论

林某、韩某、王某、钟某成立强奸罪(未遂),皆为主犯。考虑到钟某毕竟中途自动放弃继续强奸,对其量刑时可以酌情从轻。

3.强奸罪(第236条第3款第4项,第26条第1、4款)(情节加重犯)

如前所述,林某等四人成立强奸罪基本犯的未遂。根据刑法理论通说,在基本犯未遂的情况下依然存在成立加重犯的可能。② 林某等四人同一时间对被害人实施强奸,可能成立"二人以上轮奸"的情节加重犯。

(1)构成要件符合性

①加重情节

所谓轮奸,是指两名以上男子在同一时间段对同一妇女连续地轮流

---

① Vgl. Roxin, Strafrecht AT, Bd. Ⅱ, 2003, § 30 Rn. 314; Kindhäuser, Strafrecht AT, 8. Aufl., 2017, § 32 Rn. 32.

② 参见黎宏:《刑法学各论》,法律出版社2016年版,第236页;张明楷:《刑法学》(第六版),法律出版社2021年版,第452页。Vgl. Kühl, Strafrecht AT, 8. Aufl., 2017, § 17a Rn. 32; Kindhäuser/Hilgendorf, Lehr- und Praxiskommentar, 8. Aufl., 2020, § 22 Rn. 9.

或者同时实施强奸的行为。轮奸情节的成立,是否要求行为人必须强奸既遂？对此,刑法理论界有不同看法。一种观点认为,轮奸不存在未遂形态,即在共同实行强奸的案件中,只有当二人以上强奸既遂的情况下,才能对既遂者以轮奸论处;反之,若无人既遂或者只有一人既遂,则不构成轮奸。① 另一种观点则认为,轮奸不是单纯的量刑规则,而是加重的犯罪构成,所以存在未遂形态。据此,二人以上共同实行强奸,即便无人既遂,也应以轮奸论处,即适用轮奸的法定刑,同时适用未遂犯的处罚规定。② 笔者赞同第二种观点。因为,《刑法》之所以对轮奸这一情形加重处罚,其实质根据在于:一方面,轮奸行为使妇女连续遭受奸淫,这对其性自我决定权的侵害以及对其身心健康的摧残达到了十分严重的程度。另一方面,共同实行强奸者,既要对自己的奸淫行为及结果负责,同时还要对其他参与实行者的奸淫行为及结果负责,故其刑事责任也会加倍提升。二人以上同时或者轮流强奸妇女,即便未能既遂,但是:第一,只要行为人以轮奸的故意开始实行强奸,妇女的性自决法益就必然面临着遭遇连续、多重侵害的现实危险;第二,既然所有行为人是在共同强奸的意思支配下实施奸淫,那么每一参与者也都需要为其他参与人的强奸行为负责。所以,轮奸这一加重情节是否成立,不应以奸淫是否既遂为要件。

据此,本案中,林某等四人虽然皆未遂,但既然在同一时段实施了共同强奸妇女的行为,就应当认定为二人以上轮奸。

②主观构成要件

林某等四人经过商议后形成了轮流或者同时对 X、Y 实施强奸的意图,故具有轮奸的故意。

(2)违法性

不存在违法阻却事由。

(3)责任

不存在责任阻却事由。

---

① 参见王作富主编:《刑法分则实务研究》(第五版),中国方正出版社 2013 年版,第 768 页;马克昌主编:《百罪通论(上卷)》,北京大学出版社 2014 年版,第 548 页;黎宏:《刑法学各论》,法律出版社 2016 年版,第 236 页。

② 参见陈兴良:《规范刑法学》(第四版),中国人民大学出版社 2017 年版,第 803 页;张明楷:《刑法学》(第六版),法律出版社 2021 年版,第 1141 页。

（4）结论

林某等四人成立"二人以上轮奸"的情节加重犯。

4. 强奸罪（第 236 条第 3 款第 6 项，第 26 条第 1、4 款）（结果加重犯）

在林某等人的行为成立强奸罪基本犯（未遂）的情况下，又出现了被害人 X 死亡的结果，故可能成立强奸"致使被害人死亡"这一结果加重犯。

（1）构成要件符合性

①加重结果

被害人 X 死亡的加重结果已经出现。

②基本犯与加重结果之间存在因果关联

可以确定的是，结果加重犯的成立要求结果必须在客观上能够归责于基本犯的行为。但是，是否需要在一般的结果归责之外进一步提高结果加重犯的归责标准？对此，刑法学界有不同看法。通说认为，只要重结果与基本犯罪行为之间具有刑法上的因果关系即可，这种因果关系既可以是直接的也可以是间接的。① 有学者进一步提出，只要基本行为与加重结果之间存在相当因果关系，即可肯定存在结果加重犯的因果关系。② 另一种观点则主张，结果加重犯的成立，要求基本犯罪行为与加重结果之间具有直接性关联，即要求加重结果是基本行为的高度危险的直接现实化。③ 笔者赞同后一种观点。因为，从我国《刑法》的规定来看，结果加重犯的法定刑确实存在过于严苛的状况。例如，在抢劫或者强奸过程中即便只是过失致人重伤，也要适用"10 年以上有期徒刑、无期徒刑或者死刑"，其严厉程度与故意杀人罪相当。因此，有必要从客观构成要件上对结果加重犯的成立范围进行适当限制。在确定基本行为与加重结果之间具有条件关系之后，应当进一步探求刑法设置结果加重犯的根据，以该根据出发找到基本行为引发加重结果的特定危险类型。

---

① 参见马克昌主编：《犯罪通论》（第三版），武汉大学出版社 1999 年版，第 656 页；高铭暄、马克昌主编：《刑法学》（第十版），北京大学出版社、高等教育出版社 2022 年版，第 188 页。

② 参见周光权：《刑法总论》（第四版），中国人民大学出版社 2021 年版，第 127—128 页。

③ 参见张明楷：《刑法学》（第六版），法律出版社 2021 年版，第 217—219 页。

如果案件中的加重结果的确是基本行为特定危险现实化的表现,则可以认定该结果可归责于基本行为。

就本案来说,首先,从事实的角度来看,没有林某等人的强奸行为,就不可能出现X为逃跑而坠楼死亡的结果,两者之间存在条件关系。其次,需要进一步分析:立法者设置强奸"致人死亡"这一结果加重犯的规范保护目的究竟何在?刑法之所以在强奸罪中专门设置该类结果加重犯,根据在于:作为强奸罪手段行为的暴力或者其他方法,具有引起被害人重伤甚至死亡的高度危险,故有必要通过提高法定刑的方式加大预防该类结果发生的力度。因此,本案的关键问题就在于:林某等人采取了用毒品麻醉的手段实施强奸,那么X的死亡是否属于该手段行为所包含的特定类型之危险的现实化?回答是肯定的,理由在于:

第一,被害人行为的介入,不足以成立被害人自我答责。在引起X死亡的因果流程中,的确介入了被害人自己逃跑的行为。X明知从二楼翻窗逃跑具有坠楼死亡的危险却仍然实行,看似属于被害人自陷风险。但是,被害人自我答责的成立,要求被害人必须是在具有意志自由的情况下选择冒险。① 如果行为人先前的不法行为导致被害人陷入绝境,要想保全自身重大法益,除了冒死一搏之外别无其他选择,那就不能要求被害人对由此造成的死伤结果自负其责。本案中,一方面,对方侵害者则多达四人,随时可能进入卧室实施奸淫,故X面临着被强奸的急迫危险;另一方面,由于受毒品的麻醉,X自身的行动和言语能力都出现了大幅度下降,导致其既无法展开有力的反抗也无法大声呼救。所以,在当时的情境下,为了避免进一步遭受林某等人的强奸侵害,除了翻窗逃跑之外已经没有其他的选择。既然冒险翻窗是被害人不得已采取的自救措施,而且这种绝境正是行为人造成的,那就不能以被害人自我答责为由否定结果归责。

第二,毒品具有导致吸食者死亡的危险。"K粉"作为具有麻痹神经作用的毒品,它对于人的生命安全可能造成威胁。这种危险性主要体现在两个方面:其一,过量吸食可能直接引起吸食者死亡;其二,吸食后人的意识能力、身体行动和协调能力会被显著削弱,吸食者很可能因为无

---

① Vgl. Puppe, Strafrecht AT, Bd. I, 2002, § 6 Rn. 35.

法准确辨认或者无法及时、迅速地避开危险源,而发生跌倒、溺水等事故,由此引起死亡结果。本案中,X 之所以会从二楼跌下后又滚落池塘溺亡,正是因为其平衡和控制能力被毒品的麻醉作用所削弱,导致她无法正常行动。可见,林某等人麻醉手段所包含的致死危险,已经合乎规律地在 X 的死亡结果中得到了实现。因此,可以认定死亡结果与林某等人的强奸行为之间具有直接关联性。

第三,在司法实践中,有典型判例对于类似的案件作出了肯定结果加重犯成立的判断。例如,在"王照双强奸、盗窃案"中,被告人将被害人捆绑后对其实施强奸,在被告人离开现场后被害人到阳台呼救,因双手被捆坠楼身亡。辩护人提出,被害人坠楼身亡属于偶然因素,它与被告人的强奸行为之间不存在因果关系。但法院认为,被害人双手被被告人捆绑,这是使其在呼救中身体不稳定导致坠楼身亡的主要原因,故应当认定为强奸致人死亡。① 又如,在"王国全抢劫案"中,被告人诱骗被害人喝下掺入了镇静剂"三唑仑"的饮料,趁其神志不清之机抢走财物,后被害人溺水身亡。法院认为,被告人采取麻醉的方法,致使被害人神志不清,失去自控、自救能力,这是导致其溺水死亡的最主要原因,故应当认定为抢劫致人死亡。② 在这两个典型案例中,法院都肯定了一点,即:即便在基本行为和加重结果之间介入了被害人的行为,但只要行为人先前的捆绑、麻醉行为导致被害人的行动能力、自救能力出现严重下降,那么由被害人能力缺失状态所引起的死亡结果,就与基本行为之间存在结果加重犯的归责关联。

③主观构成要件

通说认为,结果加重犯的成立,要求行为人主观上对加重结果的发生至少具有过失。③ 具体到强奸罪来说,"致使被害人……死亡"的罪过形式包括哪些,学界有不同看法。有学者认为,强奸行为人对被害人死

---

① 参见"王照双强奸、盗窃案",北京市高级人民法院刑事判决书,(2006)高刑终字第 451 号。
② 参见"王国全抢劫案",载陈兴良、张军、胡云腾主编:《人民法院刑事指导案例裁判要旨通纂(下卷)》(第二版),北京大学出版社 2018 年版,第 1003—1005 页。
③ 参见黎宏:《刑法学总论》,法律出版社 2016 年版,第 320 页;高铭暄、马克昌主编:《刑法学》(第十版),北京大学出版社、高等教育出版社 2022 年版,第 188 页。

亡结果的发生只能持过失,而不能持故意态度。① 有学者则主张,虽然强奸致人死亡的罪过形式主要表现为过失,但如果行为人出于强奸的目的,使用足以导致妇女死亡的暴力压制其反抗,从而放任死亡结果的发生,则仍然可以认定其成立强奸致人死亡这一结果加重犯(与故意杀人罪成立想象竞合)。② 但不论何种观点均一致肯定,当强奸行为人出于过失导致被害人死亡时,能够成立本罪的结果加重犯。就本案来说:

首先,林某等人只是希望对 X 和 Y 实施奸淫,故并不希望发生 X 死亡的结果。同时,四人认为在"K 粉"的麻醉作用下,两被害人不可能逃脱,没有预料到在药效发作后 X 还会从窗户逃出,所以才会在客厅放心饮酒。故他们对死亡结果的出现没有故意。

其次,虽然林某等人没有预见到会发生死亡结果,但他们对于这种预见缺失的状态负有过错。危险信号所预示的危险越重大,法益安全利益在与行动自由利益进行比较的过程中所能获得的权重就越大,法秩序也就越迫切地要求守法公民以较高的谨慎态度保持或者激发自身的结果避免能力。③ 结合本案来看:第一,被害人处在林某等人的排他性支配之下,其人身安全完全依赖于林某等人。第二,被害人因为毒品的麻醉作用,其自救、身体控制能力已出现严重降低。第三,林某等人的强奸行为导致被害人面临着人身重大法益遭受侵害的急迫风险,从她们先前奋力反抗的表现来看,其逃避的欲望十分强烈。在危险信号已经较为明显的情况下,林某等人应当预见到将 X 和 Y 单独留在二楼卧室内,可能会发生被害人因急于逃走而发生坠亡的事故,也应当采取更加小心的看护措施,但他们并没有尽到必要的谨慎和注意加以防范。所以,应当认定他们对于 X 的死亡具有过失。

(2)违法性

不存在违法阻却事由。

---

① 参见王作富主编:《刑法分则实务研究》(第五版),中国方正出版社 2013 年版,第 768 页。

② 参见陈兴良主编:《刑法各论精释》,人民法院出版社 2015 年版,第 160 页;张明楷:《刑法学》(第六版),法律出版社 2021 年版,第 1135 页。

③ 参见陈璇:《标准人的心素与注意义务的边界——与"杨存贵交通肇事案"二审裁定书展开的学术对话》,载《清华法学》2020 年第 6 期,第 93 页。

（3）责任

不存在责任阻却事由。

（4）结论

林某等四人成立强奸"致使被害人死亡"的结果加重犯。

5. 过失致人死亡罪（第 233 条）

（1）构成要件符合性

前述关于强奸罪结果加重犯的分析表明，林某等人过失引起了 X 的死亡，符合本罪构成要件。

（2）违法性

不存在违法阻却事由。

（3）责任

不存在责任阻却事由。

（4）结论

林某等四人成立过失致人死亡罪。

6. 故意杀人罪（第 232 条，第 26 条第 1、4 款）（不作为犯）

林某等三人发现 X 坠楼后，并未积极施救，可能构成不作为的故意杀人罪。

（1）构成要件符合性

①结果已经出现

本案中，出现了 X 死亡的结果。

②保证人地位

尽管在保证人义务的认定问题上，刑法学界存在形式作为义务来源说和实质作为义务来源说之争，但无论哪种理论都承认，先行行为属于作为义务的来源之一。① 虽然理论界对于先行行为的范围还有不同看法，但却一致认为，当行为人先前实施的行为给他人法益造成了危险，而且该行为违反了某种法律义务时，可以肯定先行行为的成立。② 就本案来说，以上关于过失致人死亡罪的分析表明，正是林某等人先前疏于看护

---

① 参见张明楷：《刑法学》（第六版），法律出版社 2021 年版，第 199 页；高铭暄、马克昌主编：《刑法学》（第十版），北京大学出版社、高等教育出版社 2022 年版，第 65 页。

② Vgl. Kaspar, Strafrecht AT, 2015, Rn. 996; Kühl, Strafrecht AT, 8. Aufl., 2017, § 18 Rn. 93; Wessels/Beulke/Satzger, Strafrecht AT, 47. Aufl., 2017, Rn. 1022.

的过失行为引起了 X 的坠楼,使 X 陷入死亡的险境之中,应当认定林某等人因该先行行为而居于保证人的地位,他们负有排除危险的作为义务。

③能有效防止结果的行为

在 X 已经坠楼并且滚入池塘的情况下,能够防止 X 死亡的措施是立刻下楼前往池塘将 X 从水中救起并送往医院,或者向周围人求助。

④履行保证人义务的能力

作为成年男性,林某等三人有能力对 X 施救。即便林某等人不习水性,但是从 X 坠楼后立刻有人发现这一点来看,案发地点并非人迹罕至之处,三人完全可能向周围的居民求助。

⑤因果关系与客观归责

需要讨论的问题是:假定林某等人积极采取了施救的措施,能否确保避免 X 死亡结果的发生呢? 对于不作为犯的结果归责来说,作为义务的结果避免可能应当达到何种程度,学界对此有不同看法。确定可以避免说认为,在假定行为人实施积极作为的情况下,如果能够认定行为防止结果发生的盖然性达到了近乎确定的程度,即可将结果归责于不作为。① 危险降低说则主张,只要积极作为能够降低结果发生的可能性(即能够升高挽救法益的概率),就可以肯定结果归责。②

笔者倾向确定可以避免说,理由在于:第一,结果犯区别于危险犯的一点就在于,其既遂要求具体结果必须能够被评价为行为人创造的作品。然而,按照危险降低说,即便积极作为能否防止住结果的发生尚处在不确定的状态之中,也可以将具体结果归责于不作为,这种做法无异从根本上抛弃了结果归责要素,从而把结果犯变成了危险犯。③ 第二,既然在不作为结果犯中,结果与不作为之间的归责关联是该犯罪既遂不可或缺的要素,那么根据"存疑有利于被告人"的原则,一旦证据无法排除合理怀疑地证明该归责关联存在,就不能肯定结果归责。第三,即便

---

① Vgl. BGHSt 7, 211 (214); BGHSt 59, 292 (302ff); Baumann/Weber/Mitsch/Eisele, Strafrecht AT, 12. Aufl., 2016, § 21 Rn. 25; Lackner/Kühl, StGB, 29. Aufl., 2018, vor § 13 Rn. 12; Bosch, in: Schönke/Schröder, StGB, 30. Aufl., 2019, § 13 Rn. 62.

② Vgl. Otto, Grundkurs Strafrecht, Allgemeine Strafrechtslehre, 7. Aufl., 2004, § 9 Rn. 98ff; Stratenwerth/Kuhlen, Strafrecht AT, 6. Aufl., 2011, § 13 Rn. 54; Roxin, Strafrecht AT, Bd. Ⅱ, 2003, § 31 Rn. 54ff.

③ Vgl. Kühl, Strafrecht AT, 8. Aufl., 2017, § 18 Rn. 39.

在合义务替代行为问题上支持危险升高理论,也不意味着在不作为犯领域中应当采取危险降低说的立场。过失作为犯中的危险升高理论主张,用符合注意义务的行为去替换行为人的过失行为,只要合义务的替代行为存在避免结果发生的可能,那就说明行为人违反注意义务的行为升高了法益遭受侵害的风险,故可以将结果归责于其过失行为。[1] 不过,由作为犯和不作为犯的区别所决定,该原理并不能照搬适用于不作为犯。因为在过失作为犯中,危险升高是以结果和过失行为之间已确定存在条件因果关系为前提的,危险升高不过是在此基础之上另行添加的、对结果归责范围进行限缩的标准。可是,在不作为犯中,结果和不作为之间是否存在因果关系本来就存在疑问,故一旦适用危险降低说就会产生扩大处罚范围的效果。[2]

本案中,假定林某等人在发现 X 坠楼后第一时间施救,在此情况下究竟有多大的概率能避免死亡结果的发生,这取决于多种因素,比如:X 坠楼着地时遭受之伤害的严重程度、林某等人施救的速度、医院距离案发地点的远近等。但根据目前案情叙述所提供的事实,尚不足以对这些因素进行准确的认定。因此,根据"存疑有利于被告人"的原则,应当否定结果归责。

(2)结论

林某等人的不作为不成立故意杀人罪的既遂。

7. 故意杀人罪(第 232 条,第 26 条第 1、4 款,第 23 条)(不作为犯)

(1)构成要件符合性

当作为义务缺少结果避免可能性时,是否存在成立未遂犯的空间,对此学界有不同看法。一种观点认为,当作为义务防止结果发生的概率未达到接近确定的盖然性程度时,只是取消了结果无价值,但不作为犯的行为无价值依然存在,故可能成立未遂犯。[3] 另一种观点则认为,一旦作为义务的结果避免可能性未达到充足的水平,则不作为就不属于违

---

[1] 参见陈璇:《论过失犯的注意义务违反与结果之间的规范关联》,载《中外法学》2012 年第 4 期,第 696—697 页;周光权:《刑法总论》(第四版),中国人民大学出版社 2021 年版,第 131 页。

[2] Vgl. Jescheck/Weigend, Lehrbuch des Strafrechts AT, 5. Aufl., 1996, S. 620.

[3] Vgl. Kühl, Strafrecht AT, 8. Aufl., 2017, § 18 Rn. 39.

反义务的行为,故不存在成立未遂犯的余地。① 笔者赞同后一种观点。因为未遂犯的成立,以行为人着手实施的行为具有现实的法益侵害危险为前提。就不作为犯来说,既然法律要求行为人履行作为义务的目的在于防止结果发生,那么只有当行为人所负有的保证人义务切实具有避免结果发生的能力时,才能认为违反该义务的不作为具备了规范所欲防止的法益侵害性。因此,一旦缺少了结果避免可能性,那么被取消的将不仅仅是结果无价值,更是行为无价值本身。本案中,既然如前所述,林某等人即使履行保证人义务也不能避免死亡结果的出现,那么其不作为就缺乏犯罪成立所要求的法益侵害性,属于不可罚的不能犯,而不成立未遂犯。

(2)结论

林某等人的不作为不成立故意杀人罪的未遂犯。

8.强制猥亵罪(第237条第1款,第26条第1、4款)

(1)构成要件符合性

①共同强制猥亵的意思

林某等四人明知自己的行为会侵犯X和Y的性的自我决定权,并且追求这种结果发生,故具备本罪的故意。林某等四人通过事先商议形成了下药麻醉后对X、Y实施猥亵的意图,具有共同强制猥亵的意思。

②共同强制猥亵的行为

本罪的行为表现为,以暴力、胁迫或者其他方法强制猥亵他人。林某等人通过麻醉的方式导致X和Y的反抗能力下降,趁机强行触摸其胸部和大腿,属于强制猥亵妇女。

(2)违法性

不存在违法阻却事由。

(3)责任

不存在责任阻却事由。

(4)结论

林某等四人成立强制猥亵罪的共同正犯,皆为主犯。

---

① Vgl. Otto, Grundkurs Strafrecht, Allgemeine Strafrechtslehre, 7. Aufl., 2004, § 9 Rn. 99.

9. 强制猥亵罪（第 237 条第 2 款，第 26 条第 1、4 款）（情节加重犯）

如前所述，林某等四人成立强制猥亵罪的基本犯，具备了本罪情节加重犯的成立前提。根据《刑法》第 237 条第 2 款的规定，聚众强制猥亵的，处 5 年以上有期徒刑。所谓"聚众强制猥亵"，是指由首要分子纠集三人以上实施强制猥亵。① 本案中，林某等多达四人共同对 X、Y 实施强制猥亵，符合本罪情节加重犯的行为要件。

综上，林某等四人成立强制猥亵罪的情节加重犯。

10. 欺骗他人吸毒罪（第 353 条第 1 款第 1 分句，第 26 条第 1、4 款）

（1）构成要件符合性

①结果

本罪的既遂标准，学界有不同看法。通说认为，应以被欺骗者实际吸食、注射了毒品为既遂标志。② 也有学者主张，只要行为人实施了欺骗他人吸毒的行为，即构成本罪既遂。③ 笔者认为，通说的观点更为可取。因为，虽然刑法理论通说认为毒品犯罪侵害的法益是国家对毒品的管理制度，但对毒品加以管制的终极目的还是为了保护公众的健康。毒品犯罪是以公众健康为侵害法益的抽象危险犯。若行为人虽然实施了欺骗行为，但对方识破骗局而未吸毒，那就不会对其健康造成任何威胁；所以，只有在对方已经吸食、注射了毒品的情况下，才适宜认定本罪既遂。

就本案来说：根据《刑法》第 357 条第 1 款的规定，毒品是国家规定管制的能够使人形成瘾癖的麻醉药品和精神药品。国务院于 2016 年 2 月 6 日公布的《麻醉药品和精神药品管理条例》第 3 条规定："本条例所称麻醉药品和精神药品，是指列入麻醉药品目录、精神药品目录（以下称目录）的药品和其他物质。"而《麻醉药品和精神药品品种目录》（2013 年版）已将氯胺酮列入第一类精神药品品种目录。既然被害人 X、Y 已经通过饮酒摄入了氯胺酮，那就可以认定本罪既遂所要求的结果已经出现。

---

① 参见张明楷：《刑法学》（第六版），法律出版社 2021 年版，第 1150 页。
② 参见王作富主编：《刑法分则实务研究》（第五版），中国方正出版社 2013 年版，第 1474 页；张明楷：《刑法学》（第六版），法律出版社 2021 年版，第 1524 页。
③ 参见于志刚：《毒品犯罪及相关犯罪认定处理》，中国方正出版社 1999 年版，第 289 页。

②共同实行的意思

首先,本罪的故意要求行为人认识到其欺骗他人吸食的是毒品。如前所述,林某等四人所使用的氯胺酮属于毒品。具体何种物质属于"毒品",这只能根据相关行政法规才能加以认定,所以"毒品"属于规范的构成要件要素。对于规范的构成要件要素来说,只有当行为人对要素的社会或者法律意义存在正确理解时,才能认定其具备故意。那么,这种理解需要达到怎样的程度呢?对此,刑法学通说采取的是"外行人平行评价"的理论,即认为:对于法律外行人来说,不可能要求他对规范构成要件要素所涉及的法律概念具有确切的认知,因此,就这类构成要件要素而言,只要行为人对相关法律概念所反映的社会意义或者相关法律规定所追求的实质目的有所认识,即可认定其存在故意。① 本案中,即便林某等四人不能确切地认识到其所使用的"K粉"是列入麻醉药品目录、精神药品目录的药品,但既然他们知道"K粉"能够导致被害人神志不清,而且并不属于在市面上正常流通的货物,只有通过麦某的特殊渠道才能弄到,那就说明行为人至少认识到"K粉"是受到国家管制的麻醉药品,故对"毒品"这一规范构成要件要素的社会意义已经具有了足够的认知。林某等四人明知将氯胺酮投入被害人饮用的啤酒中会发生被害人误食毒品的结果,并追求这种结果的发生,具备本罪的故意。

其次,林某等四人通过商议达成了一起用"K粉"麻醉X、Y的意图,故具备共同欺骗他人吸毒的意思。

③共同欺骗他人吸毒的行为

本罪的实行行为表现为,隐瞒真相或者制造假象,使他人吸食、注射毒品。林某在X、Y不知情的情况下,将事先准备好的氯胺酮放入其饮用的啤酒中,四人以一起干杯的方式诱使被害人将其喝下,应认定为共同实施了欺骗他人吸毒的实行行为。

(2)违法性

不存在违法阻却事由。

---

① Vgl. Kühl, Strafrecht AT, 8. Aufl., 2017, § 5 Rn. 93; Roxin/Greco, Strafrecht AT, Bd. I, 5. Aufl., 2020, § 12 Rn. 101.

(3)责任

不存在责任阻却事由。

(4)结论

林某等四人成立欺骗他人吸毒罪的共同正犯,皆为主犯。

11. 欺骗他人吸毒罪(第 353 条第 1 款第 2 分句,第 26 条第 1、4 款)(情节加重犯)

以上分析表明,林某等四人的行为成立本罪的基本犯,满足了情节加重犯的前提条件。

(1)构成要件符合性

《刑法》第 353 条第 1 款规定,欺骗他人吸毒情节严重的,处 3 年以上 7 年以下有期徒刑并处罚金。2016 年 4 月 6 日最高人民法院《关于审理毒品犯罪案件适用法律若干问题的解释》(以下简称《毒品犯罪解释》)第 11 条列出了"情节严重"的具体情形。林某等人仅一次欺骗两人吸毒,故不属于欺骗多人或者多次欺骗他人吸毒;案件事实并未表明吸入的毒品本身给 X、Y 造成了严重损害,故不属于对他人身体健康造成严重危害的情况;同时也不存在导致他人实施故意杀人、故意伤害、交通肇事等犯罪行为,以及国家工作人员实施欺骗行为的情况。但是,一则林某等人毕竟对两名被害人实施了欺骗行为,二则其欺骗他人吸毒是为了实施更为严重的强奸犯罪,三则毒品的麻醉效果是引起 X 坠楼死亡的重要原因。所以,综合这些事实,可以认定林某等人属于"其他情节严重的情形",成立情节加重犯。

(2)违法性

不存在违法阻却事由。

(3)责任

不存在责任阻却事由。

(4)结论

林某等四人成立欺骗他人吸毒罪的情节加重犯,应当适用 3 年以上 7 年以下有期徒刑并处罚金的法定刑。

12. 竞合

(1)林某等四人成立强奸罪(未遂),同时具有"二人以上轮奸"和"致使被害人死亡"两项加重事由。当基本犯未能得逞,但出现了加重结果或情节时,成立(基本犯)未遂的结果或者情节加重犯。① 因此,对林某等人应以强奸罪论处,在适用 10 年以上有期徒刑、无期徒刑或者死刑这一法定刑档次的同时,适用《刑法》第 23 条第 2 款"可以比照既遂犯从轻或者减轻处罚"的规定。

(2)林某等人的一个强奸行为同时触犯了强奸罪结果加重犯和过失致人死亡罪,属于想象竞合。强奸罪结果加重犯的法定刑为 10 年以上有期徒刑、无期徒刑或者死刑,过失致人死亡罪的法定刑为 3 年以上 7 年以下有期徒刑,两相比较,前者为重罪。故择一重罪应以强奸罪论处。

(3)林某等人先是抚摸 X、Y 的胸部和大腿,后又试图奸淫,前后两个行为分别成立强制猥亵罪(情节加重犯)和强奸罪(未遂,结果和情节加重犯)。按照我国刑法学通说,分别独立成罪的两个行为,如果前一行为属于后一犯罪发展的所经阶段,则两者成立吸收犯,仅按后一犯罪论处即可。② 德日刑法理论中的不可罚的事前行为(也称共罚的事前行为)理论也认为,当前一行为仅仅是为后一更为严重的行为作准备,并且二者针对的是同一法益时,前行为的不法能够被后者包含或者吸收评价。③ 强制猥亵和强奸行为侵犯的都是 X 和 Y 的性自决权,且猥亵也是强奸行为必经的阶段,所以前罪的法益侵害可以包含评价在后罪之中,故根据不可罚的事前行为的原理,对林某等人仅以强奸罪论处即可。

(4)由于林某等人欺骗 X、Y 吸毒的行为,既成立欺骗他人吸毒罪,同时又属于强奸罪中的手段行为,一行为同时符合欺骗他人吸毒罪(情节加重犯)和强奸罪(结果和情节加重犯),成立想象竞合。欺骗他人吸毒罪(情节加重犯)的法定刑为 3 年以上 7 年以下有期徒刑,而强奸罪(结果和情节加重犯)的法定刑则为 10 年以上有期徒刑、无期徒刑或者死刑,两相比较,后者为重罪。所以择一重罪应以强奸罪定罪处罚。

综上,林某、韩某、王某和钟某四人在本事实单元中成立强奸罪,皆为主犯,均应适用 10 年以上有期徒刑、无期徒刑或者死刑的法定刑,同

---

① 参见张明楷:《刑法学》(第六版),法律出版社 2021 年版,第 449—450 页。
② 参见高铭暄、马克昌主编:《刑法学》(第十版),北京大学出版社、高等教育出版社 2022 年版,第 195 页。
③ 参见黎宏:《刑法学总论》,法律出版社 2016 年版,第 329 页。Vgl. Kindhäuser, Strafrecht AT, 8. Aufl., 2017, § 46 Rn. 15; Sternberg-Lieben/Bosch, in: Schönke/Schröder, StGB, 30. Aufl., 2019, Vorbem §§ 52 ff Rn. 127.

时适用《刑法》第 23 条第 2 款的规定,可以比照既遂犯从轻或者减轻处罚。

(二)麦某

1.强奸罪(第 236 条,第 26 条第 1、4 款,第 23 条)(共同正犯)

麦某本人并未亲手实施强奸罪的构成要件,故不成立本罪的直接正犯;同时,也没有事实表明麦某对林某等四人的强奸行为产生了支配,故不成立本罪的间接正犯,可以考虑麦某能否与林某等四人构成本罪的共同正犯。

(1)构成要件符合性

麦某在本单元实施的行为是,为林某等人实施强奸提供了场所,并且为其麻醉被害人提供了"K 粉"。首先,为强奸正犯者提供作案场所和麻醉药品的行为,并不属于以暴力、胁迫或者其他方法奸淫妇女,故没有分担强奸罪实行行为的任何部分。其次,提供场所和工具的行为为他人实施强奸提供了便利,有利于林某等人实施强奸以隐秘的方式进行,有利于他们更迅速有效地使被害人陷入不能反抗、不知反抗的状态之中。但是,这些便利对于强奸罪的实施来说并不属于不可替代的条件,因为即便没有麦某提供的毒品或者场所,也不妨碍林某等人采取其他方式、在其他地方实施强奸。所以,麦某并没有对他人强奸罪的实行行为发挥重要作用。

(2)结论

麦某不成立强奸罪的共同正犯。

2.强奸罪(第 236 条,第 27 条,第 23 条)(帮助犯)

(1)构成要件符合性

①前提条件

上述分析表明,林某等四人成立强奸罪的共同正犯,故帮助犯成立所需要的正犯行为已经具备。

②客观条件

麦某为林某等人实施强奸行为提供了麻醉所需的"K 粉"和啤酒,并将自己的住宅提供给林某等人作为犯罪的场所,这一方面提升了强奸正犯既遂的可能性,另一方面也有利于强奸犯罪在隐秘的条件下得以实施,故对强奸正犯行为起到了辅助作用。

③主观要件

麦某明知自己的行为会给他人的强奸犯罪提供有利的条件,也明知林某等人的行为会侵犯 X、Y 的性的自我决定权,但希望这种结果发生,故具备本罪帮助犯的故意。

如前所述,正犯者林某等人在成立强奸罪基本犯的基础上,还成立"致人死亡"的结果加重犯以及"二人以上轮奸"的情节加重犯。需要讨论的问题是:作为帮助犯,麦某是否也成立这两项加重犯?首先,就结果加重犯来说,麦某在提供了场地以及毒品、酒水等作案工具之后就离开了现场。如前所述,认定林某等对 X 的死亡具有过失,是基于被害人行动能力严重减弱、被害人表现出强烈的逃离欲望、行为人将被害人单独留在卧室中不加看管等一系列具体的事实。由于麦某下楼后对这些事实既无参与也无认识,所以也就无法认定他对于 X 的死亡具有过失。其次,就情节加重犯来说,在与林某等人谋划的过程中,麦某知道四人将同时或者轮流对 X、Y 实施强奸,所以他也应当为"二人以上轮奸"这一加重情节承担刑事责任。

(2)违法性

不存在违法阻却事由。

(3)责任

不存在责任阻却事由。

(4)结论

麦某成立强奸罪的帮助犯,成立"二人以上轮奸"的情节加重犯。根据《刑法》第 27 条的规定,在共同犯罪中起辅助作用的是从犯,故麦某属于本罪的从犯。

3. 强制猥亵罪(第 237 条,第 27 条)(帮助犯)

(1)构成要件符合性

前述分析表明,林某等人成立强制猥亵罪的共同正犯。麦某在客观上为其提供了麻醉物品和场所,主观上明知自己的行为会为正犯提供协助,也明知甲等人的行为会侵犯妇女的性自我决定权,并希望这种结果发生。故其行为符合本罪帮助犯的构成要件。

如前所述,正犯者林某等人在成立强制猥亵罪基本犯的基础上,还成立"聚众强制猥亵"的情节加重犯。在与林某等人谋划的过程中,麦某知道四人将对 X、Y 实施猥亵,所以他也应当为该加重情节承担刑事责任。

(2)违法性

不存在违法阻却事由。

(3)责任

不存在责任阻却事由。

(4)结论

麦某成立强制猥亵罪的帮助犯,系从犯。

4. 欺骗他人吸毒罪(第 353 条第 1 款,第 27 条)(帮助犯)

(1)构成要件符合性

前述分析表明,林某等四人的行为成立欺骗他人吸毒罪。麦某在客观上为其提供了毒品氯胺酮,主观上明知自己的行为会对正犯发挥协助作用,也明知会发生 X 和 Y 在不知情的情况下吸食毒品的结果,并希望这种结果发生,故符合本罪帮助犯的构成要件。

如前所述,正犯者林某等人在成立本罪基本犯的基础上,还成立情节加重犯。麦某知道他所帮助的四名行为人将欺骗两人吸毒,并且欺骗吸毒是强奸这一严重犯罪(而且具备轮奸的加重情节)的手段。因此,他也成立本罪的情节加重犯。

(2)违法性

不存在违法阻却事由。

(3)责任

不存在责任阻却事由。

(4)结论

麦某成立欺骗他人吸毒罪的帮助犯,具有加重情节,系从犯。

5. 容留他人吸毒罪(第 354 条)

(1)构成要件符合性

①客观构成要件

本罪的实行行为表现为,允许他人在自己管理的场所吸食、注射毒品或者为他人吸食、注射毒品提供场所。本案中,麦某提供自己的住宅作为 X、Y 吸食毒品的场所,符合本罪客观构成要件。首先,虽然 X 和 Y 是在被骗的情况下非出于自愿吸毒,但是一方面,《刑法》第 354 条并未要求本罪的行为只能表现为容留他人自愿吸食、注射毒品;另一方面,既然在被容留者自愿吸毒的情况下容留行为尚且成立本罪,那么"举轻以明重",当被容留者是被骗吸毒时,由于该行为同时侵犯了被害人的自我决定权,故其法益侵害程度明显更高,更应当成立本罪。其次,《毒品犯罪解释》第 12 条列举了足以入罪的七类情形。可以确定的是,本案不属于该条第 1—5 项所列的情形。根据本条第 6 项规定,"容留他人吸食、注射毒品造成严重后果的"成立本罪。本案中,一方面麦某的容留行为导致 X、Y 在违反自身意愿的情况下被骗吸毒,另一方面也导致 X 因为吸毒而在逃离过程中失手坠亡,故可以认定其容留行为造成了严重后果。

②主观构成要件

麦某明知自己为他人吸毒提供了场所,并追求这种结果发生,故具备本罪的故意。

(2) 违法性

不存在违法阻却事由。

(3) 责任

不成立责任阻却事由。

(4) 结论

麦某的行为成立容留他人吸毒罪。

6. 非法持有毒品罪(第 348 条第 2 分句)

(1) 构成要件符合性

①客观构成要件

本罪的实行行为表现为,非法持有数量较大的毒品。本案中,麦某无合法根据持有氯胺酮达到 300 克。根据最高人民法院 2016 年 4 月 6 日发布的《关于审理毒品犯罪案件适用法律若干问题的解释》第 2 条第 7 项的规定,非法持有氯胺酮 100 克以上的,即达到入罪标准。故麦某的行为符合本罪客观构成要件。

②主观构成要件

本罪故意的成立,要求行为人必须明知是数量较大的毒品而非法持有。毒品达到多少才算"数量较大",这取决于司法解释的规定,所以"毒品数量较大"属于规范的构成要件要素。正如前面关于林某等人欺骗他人吸毒罪的分析所述,根据"外行人平行评价"的原理,只要行为人对相关法律概念所反映的社会意义或者相关法律规定所追求的实质目的有所认识,即可认定其对于规范的构成要件要素存在故意。本案中,麦某未必确切地知道非法持有氯胺酮要达到 200 克以上才构成犯罪,但他知道自己缺乏合法根据持有的氯胺酮数量并不少,这便足以认定其具有本罪的故意。

(2)违法性

不存在违法阻却事由。

(3)责任

不存在责任阻却事由。

(4)结论

麦某成立非法持有毒品罪。

7. 竞合

(1)麦某向林某等人提供场所和氯胺酮的一个行为,同时成立强奸罪(情节加重犯,从犯)、强制猥亵罪(情节加重犯,从犯)、欺骗他人吸毒罪(情节加重犯,从犯)和容留他人吸毒罪,成立想象竞合。在麦某构成从犯的三个犯罪中,强奸罪(情节加重犯)的法定刑为 10 年以上有期徒刑、无期徒刑或者死刑,强制猥亵罪(情节加重犯)的法定刑为 5 年以上有期徒刑,欺骗他人吸毒罪(情节加重犯)的法定刑为 3 年以上 7 年以下有期徒刑,比较起来强奸罪(情节加重犯)为重罪。虽然按照《刑法》第 27 条第 2 款的规定,对于从犯应当从轻、减轻或者免除处罚,但考虑到麦某毕竟为强奸犯罪提供了工具、场地等全方位的协助,故不宜免除处罚。在此情况下,即便减轻处罚,强奸罪(从犯)的法定刑也高于容留他人吸毒罪的法定刑(3 年以下有期徒刑、拘役或者管制)。因此,择一重罪应当以强奸罪(从犯)论处。

(2)麦某持有毒品和向他人提供毒品的这两个行为,分别成立非法持有毒品罪和强奸罪(从犯)。那么,相对于强奸罪来说,能否认为先前的非法持有毒品罪属于不可罚的事前行为?如前所述,不可罚事前行为的成立条件有二:一是前行为单纯是为后一更为严重的行为做准备,二是前后两行为针对的是同一法益。本案中,一方面,麦某在先前持有毒品时并未产生为他人实施强奸犯罪提供帮助的意图,故无法认定麦某持有毒品是为后来帮助他人强奸作准备;另一方面,非法持有毒品罪侵害的法益是公众健康,强奸罪侵害的法益则是妇女性的自我决定权,二者并不同一。因此,不能认为非法持有毒品罪是强奸罪(从犯)的不可罚之事前行为,对二者只能实行并罚。

综上,麦某在本事实单元的行为成立强奸罪(从犯)和非法持有毒品罪。

(三)吴某

吴某身为民警,在巡查时发现林某等人正在实施犯罪行为却不及时制止,可能构成不真正不作为犯,也可能构成滥用职权罪。

1. 强奸罪(第 236 条第 1 款,第 26 条第 1、4 款,第 23 条)(共同正犯)

由于吴某本人并未亲自实施强奸罪的实行行为,而只是没有制止林某等人的强奸犯罪,所以他无法构成本罪的直接正犯,但可能以不作为的形式成立本罪的共同正犯。另外,前述分析表明,林某等人的强奸行为停留在未遂状态,故即便吴某构成本罪的共同正犯,也只能成立未遂。

(1)构成要件符合性

①共同实行的意思

本罪共同实行意思的成立,要求行为人具有强奸的故意,同时与其他参与者形成强奸的意思联络。一方面,吴某明知如果自己不加阻拦,就会出现 X、Y 遭受林某等人强奸的结果,却放任这一结果的发生,故具有本罪的故意;另一方面,王某已将犯罪计划告知吴某,吴某也以默许的方式向其表达了不会加以阻止的意思。共同正犯的意思联络并不要求数人之间直接形成,通过某个行为人分别向其他行为人联络的,也可以认定存在共同实行的意思。① 因此,即便当时只有王某和吴某进行了直接洽商,也不妨碍认定吴某与林某等四人均形成了本罪的犯意联络。

②保证人地位

对于不真正不作为犯作为义务的来源,刑法学界存在形式作为义务来源说和实质作为义务来源说之争。但两种学说均承认,警察负有制止违法犯罪活动的义务。因为,根据形式作为义务来源说,法律明文规定

---

① 参见张明楷:《刑法学》(第六版),法律出版社 2021 年版,第 534—535 页。

的义务是作为义务的主要依据之一。① 《人民警察法》第 21 条第 1 款明确规定:"人民警察遇到公民人身、财产安全受到侵犯或者出于其他危难情形,应当立即救助。"此乃警察对公民负有救助义务的法律依据。② 依照实质作为义务来源说,保证人义务分为保护义务和监督义务两种类型。其中,警察对于公民的法益安全负有保护义务。③ 其成立要件包括:第一,相关犯罪发生在警察管辖的空间和事务范围之内。第二,相关犯罪发生在警察工作时间之内。④ 本案中,吴某是正在执行巡查任务的民警,他对于辖区内公民的人身安全负有保护义务,具备保证人地位。

③能够有效防止结果的行为

虽然林某等人的强奸止于未遂,但毕竟其已经对被害人实施了强奸罪实行行为,对妇女性的自我决定权造成了现实危险。故对于吴某的不作为来说,需要考虑的问题是:若要及时、有效地制止林某等人的强奸犯罪,需要采取何种措施? 一方面,吴某可以对林某等人进行口头警示,要求其立即停止犯罪活动;另一方面,如果林某等人对吴某的警示置若罔闻,那么吴某就应当单独或者联系其他警察共同对林某等人采取强制措施。

④履行保证人义务的能力

就警示行为来说,吴某的作为可能性不存在疑问。当林某等人拒不放弃犯罪时,犯罪人有四人之众,而吴某只有一人,似乎寡不敌众。但作为一名民警,吴某经过了专门的培训,也配备了具有一定杀伤力的警械,而且可以迅速联系其他民警前来帮忙。因此,应当认为,吴某具有制止他人强奸犯罪的可能性。

⑤不作为参与的正犯性

吴某作为 X、Y 的保护保证人而不制止林某等人的强奸犯罪,能否构成强奸罪的共同正犯? 当保证人不阻止他人犯罪时,保证人能否成立

---

① 参见高铭暄主编:《刑法专论》(第二版),高等教育出版社 2006 年版,第 171 页。
② 参见贾宇主编:《刑法学》(上册·总论),高等教育出版社 2019 年版,第 114 页。
③ Vgl. Gaede, in: NK-StGB, 5. Aufl., 2017, § 13 Rn. 63; Kindhäuser/Hilgendorf, Lehr- und Praxiskommentar, 8. Aufl., 2020, § 13 Rn. 66.
④ Vgl. BVerfG, NJW 2003, S. 1031; BGHSt 38, S. 389ff; Roxin, Strafrecht AT, Bd. Ⅱ, 2003, § 32 Rn. 88.

该罪的共同正犯,刑法学界对此素有争议。① 原则正犯说主张,不作为属于义务犯,故凡是违反了保证人义务而参与他人故意犯罪者,不论其对于法益侵害结果所贡献的原因力几何,均应在原则上将之认定为正犯。② 原则帮助犯说认为,以不作为的方式参与他人故意犯罪者,原则上只能成立帮助犯。③ 二分说主张,参与他人故意犯罪的不作为究竟是正犯还是共犯,应当区别保证人义务的不同类型和具体内容来加以判断,违反保护义务者原则上应为正犯。④ 我国有学者指出,保证人的不作为成立帮助犯还是正犯,取决于该不作为在共同犯罪中所起的作用大小;一般来说,在保证人不履行阻止犯罪的义务时,只是使正犯行为更为容易,故认定为帮助犯较为合适,但公安人员对他人的犯罪不予阻止的,应认定为正犯(作用说)。⑤ 对于警察不履行阻止他人犯罪之义务的案件,原则正犯说、二分说以及作用说都认为,应当肯定警察成立相关犯罪的正犯,只有原则帮助犯说持否定态度。

笔者认为,二分说较为可取。第一,违反监督保证人义务者,原则上只能成立不作为的帮助犯。因为:只要行为人与被害人缺乏特殊的紧密关系,那么在介入了第三人故意犯罪的场合,监督义务的目的并不在于使行为人担负起保证被害人法益完好无损的责任,而只在于要求他避免使危险源落入犯罪人之手,从而给第三人的法益侵害行为提供便利。所以,对危险源不加监控,只是对他人起到了协助、促进作用;法益损害结果只能首先归责于第三人,而无法直接归责于保证人。第二,违反保护保证人义务者,原则上成立不作为的正犯。因为,保护义务的存在意味

---

① 相关的争论,参见姚诗:《不作为正犯与共犯之区分:实践发现与理论形塑》,载《法学家》2020年第4期,第115—119页。

② 参见何庆仁:《义务犯研究》,中国人民大学出版社2010年版,第284页。Vgl. Roxin, Strafrecht AT, Bd. Ⅱ, 2003, § 31 Rn. 140ff; Frister, Strafrecht AT, 8. Aufl., 2018, 26/40.

③ 参见陈家林:《共同正犯研究》,武汉大学出版社2004年版,第271页;黎宏:《不阻止他人犯罪的刑事责任》,载《中国法学》2020年第4期,第218—219页。Vgl. Jescheck/Weigend, Lehrbuch des Strafrechts AT, 5. Aufl., 1996, S. 560; Kühl, Strafrecht AT, 8. Aufl., 2017, § 20 Rn. 230.

④ Vgl. Jakobs, Strafrecht AT, 2. Aufl., 1991, 29/101ff; Heine/Weißer, in: Schönke/Schröder, StGB, 30. Aufl., 2019, Vorbem § § 25 ff Rn. 91ff.

⑤ 参见张明楷:《刑法学》(第六版),法律出版社2021年版,第592页。

着法律要求行为人对于被害人的法益承担着全面保障的职责。① 保证人必须消除一切可能对该法益构成威胁的危险,"不论危险是来自某一犯罪人的自治行为,还是来源于自然力。"②一旦保证人因不作为致使相关法益为第三人所伤,那么该结果就可以在归责于第三人的同时亦溯责于保证人。

(2)违法性

不存在违法阻却事由。

(3)责任

不存在责任阻却事由。

(4)结论

吴某成立强奸罪共同正犯的未遂,系主犯。

2. 强奸罪(第 236 条第 3 款第 4 项,第 26 条第 1、4 款)

前面的分析表明,林某、韩某、王某和钟某四人成立"二人以上轮奸"的情节加重犯。王某已将犯罪计划透露给了吴某,吴某明知四人将对 X 和 Y 轮流或者共同实施强奸却不予制止,同样需要对之以轮奸的情节加重犯论处。

3. 强奸罪(第 236 条第 3 款第 6 项,第 26 条第 1、4 款)

前面的分析表明,林某、韩某、王某和钟某四人成立"强奸致人死亡"的结果加重犯。但吴某无法为该结果加重犯承担刑事责任。理由在于:第一,如前所述,结果加重犯的成立要求基本行为与加重结果之间具有直接关联性。本案中,吴某不阻止他人实施强奸,这虽然与 X 最后的死亡之间具有条件关系,但中间毕竟介入了林某等人的过失行为、X 冒险自救的行为等因素,故吴某的不作为与死亡结果之间不存在直接关联。第二,过失中的预见可能性具有程度上的要求。行为人仅有某种抽象的畏惧感、不安感还不够,只有当他对作为构成要件要素的具体结果具备一定高度的预见可能性时,才能成立过失。③ 因此,如果要肯定吴

---

① Vgl. Heine/Weißer, in: Schönke/Schröder, StGB, 30. Aufl., 2019, Vorbem §§ 25ff. Rn. 96.

② Renzikowski, Restriktiver Täterbegriff und fahrlässige Beteiligung, 1997, S. 147.

③ 参见〔日〕山口厚:《刑法总论(第三版)》,付立庆译,中国人民大学出版社 2018 年版,第 252—253 页;周光权:《刑法总论》(第四版),中国人民大学出版社 2021 年版,第 171 页。

某具有结果加重犯意义上的过失,就要求他必须能够预见到林某等人的强奸行为具有致人死亡的现实危险。如前所述,林某四人在"K粉"药效发作之后将被害人单独留在了二楼卧室中,而未对其尽到必要的照管责任,这是认定他们对死亡结果存在过失的关键事实。尽管吴某知道林某等四人将以麻醉方法对被害人实施强奸,但是麻醉方法如果不结合具体的环境和条件,其本身引起被害人死亡的概率毕竟相对较小,既然吴某对上述关键事实并无认知,那就无法认定其对具体结果具备预见可能性。

综上,吴某不成立"强奸致人死亡"的结果加重犯。

4. 强制猥亵罪(第237条,第26条第1、4款)(共同正犯)

结合前述分析,吴某作为保护保证人不阻止林某等人实施强制猥亵罪,成立本罪的共同正犯。

5. 欺骗他人吸毒罪(第353条第1款,第26条第1、4款)(共同正犯)

结合前述分析,吴某作为保护保证人不阻止林某等人实施欺骗他人吸毒罪,成立本罪的共同正犯。

6. 容留他人吸毒罪(第354条,第26条第1、4款)(共同正犯)

结合前述分析,吴某作为保护保证人不阻止麦某实施容留他人吸毒罪,成立本罪的共同正犯。

7. 滥用职权罪(第397条第1款第1句第1分句)

(1)构成要件符合性

①客观构成要件

首先,本罪的成立,要求出现公共财产、国家和人民利益遭受重大损失的结果。根据2012年12月7日最高人民法院、最高人民检察院《关于办理渎职刑事案件适用法律若干问题的解释(一)》(以下简称《渎职解释(一)》)第1条的规定,该结果包括造成1人以上死亡的情形。本案出现了X死亡的结果,故本罪成立所需的结果要件已经具备。

其次,本罪的主体是国家机关工作人员。吴某为民警,属于行政机关工作人员,符合本罪的主体要件。

再次,本罪的实行行为表现为超越职权、违法决定、处理其无权决定、处理的事项,或者违反规定处理职权范围内的公务。滥用职权能否包括不作为在内,学界对此有不同看法。有的学者认为,在刑法明确将滥用职权罪和玩忽职守罪分立的情况下,应当认为滥用职权只能以积极作为的方式进行,而玩忽职守则只能由消极不作为的方式构成。① 有的学者则主张,作为与不作为只是形式不同,对法益的侵害性不存在差异,滥用职权罪完全可能表现为不作为。② 第二种观点值得赞同。理由在于:滥用职权行为的关键在于超越职权或者不当行使职权,而不当行使职权本身就包括故意不履行职责的情况。同样,玩忽职守行为的关键在于在行使职权的过程中严重不负责任,像不经审查即发放许可、出具证明之类的行为明显属于作为,但并不妨碍其成立玩忽职守罪。因此,没有理由将滥用职权罪的行为限定在不作为形式之上,也不能将"作为/不作为"视作滥用职权和玩忽职守两罪的界分标准。本案中,吴某没有履行民警肩负的制止犯罪的职责,属于不当行使职权,故符合本罪的行为要件。

最后,本罪的成立要求滥用职权的行为与重大损失的结果之间具有因果关系。刑法理论通说认为,在判断渎职犯罪的因果关系时应当注重多因一果的情况,不论是直接、必然的因果关系,还是间接、偶然的因果关系均足以成立结果归属。③ 司法实践的主流观点也认为,只要渎职行为是引发损害结果必不可少的条件,不论中间介入了何种因素,均应一概认定结果可归责于渎职行为。④ 通说的观点是合理的。因为,对于本罪成立所要求的严重后果(重伤、死亡)来看,立法者为本罪设置的法定刑是较轻的,基本刑仅为 3 年以下有期徒刑或者拘役,所以对于渎职行为和结果之间的因果关系无须提出如结果加重犯那样严格的要求。只要二者之间存在条件关系,同时结果发生在国家机关工作人员职责的保护目的范围之内,即可将结果归责于滥用职权的行为。本案中,可以确

---

① 参见马克昌主编:《百罪通论(下卷)》,北京大学出版社 2014 年版,第 1227 页。
② 参见陈兴良主编:《刑法各论精释》,人民法院出版社 2015 年版,第 1260—1261 页;张明楷:《刑法学》(第六版),法律出版社 2021 年版,第 1643 页;周光权:《刑法各论》(第四版),中国人民大学出版社 2021 年版,第 574—575 页。
③ 参见陈兴良:《判例刑法学(下卷)》(第二版),中国人民大学出版社 2017 年版,第 688—689 页。
④ 参见李小云:《镇政府工作人员违规同意施工发生重大安全事故应否担责》,载《人民检察》2008 年第 14 期,第 36 页;马剑萍:《玩忽职守罪因果关系认定的思考》,载《中国检察官》2012 年第 2 期,第 22 页。

定,假如吴某履行警察职责阻止林某等人的强奸行为,X死亡的结果就能够得到避免,故可以肯定该结果与吴某滥用职权的行为之间存在因果关系。

②主观构成要件

关于本罪的罪过形式,理论上有不同看法。通说认为,本罪的主观方面是故意,包括直接故意和间接故意。① 除此之外,还有间接故意说、过失说、间接故意加过失说、复合罪过说等观点。② 笔者赞同通说的观点,理由在于:第一,在滥用职权的情形中,国家机关工作人员明知自己的行为超越职权或者不当行使职权,会发生妨害国家公务合法、正当地执行的结果,希望或者放任这种结果发生。正是行为人的这种故意心态,才使滥用职权行为和以严重不负责任为特征的玩忽职守行为得以区分开来。第二,有学者担忧,如果将本罪的罪过形式界定为故意,那就可能出现罪刑失衡的现象。因为一旦滥用职权者对重伤、死亡结果持故意,那么以本罪论处,就只能处以3年以下有期徒刑或者拘役,情节特别严重的情况下也只能处以3年以上7年以下有期徒刑,这明显与行为的不法及责任程度不相匹配。不过,认为滥用职权罪是故意犯,这仅仅是针对国家公务的正当性遭受侵害这一结果,而不是针对重伤、死亡等重大损失来说的。关于重大损失在本罪中的地位,学者们有不同的看法,有的认为属于"客观的处罚条件",③有的认为属于"罪量",④有的则认为属于"客观的超过要素"⑤。但这些说法的共通之处在于,均认为重大损失并不是本罪故意的认识内容。

本案中,吴某明知自己负有制止犯罪的职责却不履行,放任国家公务的正当性遭受侵害,具备了本罪的故意。

---

① 参见陈兴良:《规范刑法学》(第四版),中国人民大学出版社2017年版,第1228页;张明楷:《刑法学》(第六版),法律出版社2021年版,第1637页;周光权:《刑法各论》(第四版),中国人民大学出版社2021年版,第576页;高铭暄、马克昌主编:《刑法学》(第十版),北京大学出版社、高等教育出版社2022年版,第660页。
② 相关争议,参见马克昌主编:《百罪通论(下卷)》,北京大学出版社2014年版,第1222页。
③ 参见王作富主编:《刑法分则实务研究》(第五版),中国方正出版社2013年版,第1745页。
④ 参见陈兴良:《规范刑法学》(第四版),中国人民大学出版社2017年版,第1228页。
⑤ 参见张明楷:《刑法学》(第六版),法律出版社2021年版,第1636—1638页。

(2)违法性

不存在违法阻却事由。

(3)责任

不存在责任阻却事由。

(4)结论

吴某成立滥用职权罪。

8. 竞合

(1)关于不同犯罪的不真正不作为犯。吴某的一个行为(不作为)同时成立强奸罪(未遂,情节加重犯)、强制猥亵罪、欺骗他人吸毒罪、容留他人吸毒罪的共同正犯,属于想象竞合,应当择一重罪,以强奸罪(主犯,未遂,情节加重犯)。

(2)关于强奸罪与滥用职权罪。吴某的一个行为(不作为)同时成立强奸罪(主犯,未遂,情节加重犯)和滥用职权罪,属于想象竞合。强奸罪(主犯,未遂,情节加重犯)的法定刑为 10 年以上有期徒刑、无期徒刑或者死刑,滥用职权罪的法定刑为 3 年以下有期徒刑或者拘役,两相比较,前者为重罪。故择一重罪,应以强奸罪(主犯,未遂,情节加重犯)论处。

但值得注意的是,根据《渎职解释(一)》第 4 条的规定,国家机关工作人员实施渎职行为,单纯放纵他人犯罪的,只能依照渎职罪的规定定罪处罚;只有当国家机关工作人员与他人共谋,利用其职务行为帮助他人实施其他犯罪,同时构成渎职犯罪和共谋实施的其他犯罪共犯的,才能依照处罚较重的规定定罪处罚。按照这一规定,由于吴某只是"放纵他人犯罪",所以只能以滥用职权罪论处。但是,当国家机关工作人员故意不履行职责的行为完全满足了严重犯罪的不作为犯成立要件时,如果仅以滥用职权罪这一较轻犯罪论处,则既违背罪责刑相适应原则,也无法体现我国奉行的从严治吏的刑事政策。因此,对《渎职解释(一)》第 4 条的规定应当作如下理解:国家机关工作人员实施渎职行为放纵他人犯罪的,只有当不真正不作为犯的处罚低于渎职罪时,才依照渎职罪的规定定罪处罚;一旦不真正不作为犯的法定刑更重,则应当根据想象竞合的原理以更严重的犯罪论处。

二、夺车逃窜

(一)林某、韩某

故意伤害罪(第234条第1款,第26条第1、4款)

(1)构成要件符合性

①既遂结果

故意伤害罪以出现轻伤以上的身体伤害结果为既遂要件。本案中,被害人麦某的两颗门牙脱落。根据2013年8月20日最高人民法院、最高人民检察院、公安部、国家安全部、司法部《人体损伤程度鉴定标准》第5.2.4条第q项的规定,牙齿脱落或者牙折2枚以上者属于二级轻伤。故本罪既遂所要求的结果已经出现。

②共同伤害的意思

首先,林某和韩某明知自己的殴打行为具有导致麦某轻伤的结果,出于夺走摩托车尽快逃离现场的目的放任了这种结果的发生,故具备本罪的故意。

其次,林某和韩某为夺走摩托车,即时形成了共同伤害麦某的意图,故具有伤害的意思联络。

③共同伤害的行为

林某、韩某在共同意思支配下一起对麦某实施了暴力殴打行为,符合故意伤害罪共同正犯的客观构成要件。两人在此过程中发挥了同等重要的作用,都应被评价为主犯。

(2)违法性

不存在违法阻却事由。

(3)责任

不存在责任阻却事由。

(4)结论

林某和韩某成立故意伤害罪的共同正犯,二人皆为主犯。

(二)王某

1.盗窃罪(第264条第1分句)

(1)构成要件符合性

①客观构成要件

首先,本案不涉及多次盗窃、携带凶器盗窃、入户盗窃和扒窃,所以盗窃既遂要求行为人取得了对数额较大财物的占有。摩托车价值6045元,达到了《盗窃解释》第1条所规定的入罪标准。

其次,盗窃罪的实行行为表现为,破坏他人对财物的占有并建立起新的占有。王某将麦某的摩托车骑走,由此使麦某失去了对财物的控制,并由自己取得了对该物的支配。

②主观构成要件

本罪的成立,要求行为人具有盗窃的故意和非法占有的目的。刑法理论通说认为,非法占有的目的包括排除意思和利用意思,前者旨在将单纯的盗用、骗用行为排除出取得型财产罪的范围,而后者则旨在将取得型财产犯罪与毁损型财产犯罪区分开来。①《盗窃解释》第10条规定,偷开机动车如果未送回而导致丢失的,可以认定具有非法占有的目的,成立盗窃罪。本案中,虽然王某取走他人摩托车,只是为了将其用作逃跑的工具,但鉴于他先前犯了强奸罪这样较为严重的犯罪,所以王某逃离现场后不可能再将摩托车返还麦某,可以认定他具有永久排除麦某占有财物的意思。因此,王某具有非法占有的目的。

(2)违法性

不存在违法阻却事由。

(3)责任

不存在责任阻却事由。

(4)结论

王某的行为成立盗窃罪。

2. 抢夺罪(第267条第1款第1分句)

(1)构成要件符合性

①客观构成要件

首先,本案不涉及多次抢夺,故抢夺既遂要求行为人取得了对数额较大财物的占有。摩托车价值6045元,达到了2013年11月11日最高人民法院、最高人民检察院《关于办理抢夺刑事案件适用法律若干问题

---

① 参见马克昌主编:《百罪通论(下卷)》,北京大学出版社2014年版,第762页;张明楷:《刑法学》(第六版),法律出版社2021年版,第1248—1249页;周光权:《刑法各论》(第四版),中国人民大学出版社2021年版,第114—116页。

的解释》第1条所规定的入罪标准。

其次,抢夺罪的实行行为表现为,公然夺取他人数额较大的财物。本案中,王某的行为分成两部分:第一,他骑上摩托车试图开车离去,但被麦某拦住未能得逞;第二,在林某、韩某用暴力排除麦某的反抗后,王某将摩托车骑走。该行为以公然方式取得了对他人数额较大财物的占有,符合本罪的行为要件。

②主观构成要件

结合前述关于盗窃罪的分析可知,王某具备抢夺的故意和非法占有的目的。

(2)违法性

不存在违法阻却事由。

(3)责任

不存在责任阻却事由。

(4)结论

王某的行为成立抢夺罪。

(三)林某、韩某和王某

1. 抢劫罪(第263条第1分句,第26条第1、4款)

(1)构成要件符合性

①既遂结果

根据《两抢意见》第10条的规定,具备劫取财物或者造成他人轻伤以上后果之一的,均属抢劫既遂。本案中,林某、韩某和王某既取得了对麦某摩托车的占有,同时又造成麦某轻伤,故本罪既遂的结果要件已经具备。

②共同抢劫的意思

首先,被害人X坠楼后,林某、韩某和王某迅速达成了合意,决定强行骑上麦某的摩托车逃离现场。在遇到麦某阻止时,三人为共同强取麦某的摩托车进行了分工,林某、韩某负责对麦某实施暴力行为,以压制其反抗,王某则负责取得对摩托车的占有。因此,可以认为三人形成了共同抢劫的意思联络。

其次,抢劫罪的成立要求行为人具有非法占有他人财物的目的。由于抢劫罪和盗窃罪同属取得型财产犯罪,故对抢劫罪中非法占有目的的理解可以参考盗窃罪的司法解释。本案中,虽然林某等三人夺走他人摩托车,只是为了将其用作逃跑的工具,但鉴于三人先前犯了强奸罪这样较为严重的犯罪,所以林某等人逃离现场后不可能再将摩托车返还麦某,可以认定他们具有永久排除麦某占有财物的意思。综上,林某等三人具有非法占有的目的。

③共同抢劫的行为

虽然林某和韩某只实施了暴力行为,而王某则实施了取走摩托车的行为,但由于三人是基于共同抢劫的意思进行了实行行为的分工,故根据"部分实行全部责任"的原则,两部分行为可以相互归责,三人均须为抢劫罪的既遂承担刑事责任,成立抢劫罪的共同正犯。由于三人都分担了抢劫罪的实行行为,对于抢劫的既遂均发挥了不可或缺的作用,所以都应当被评价为本罪的主犯。

(2)违法性

▲ **紧急避险**(第21条)

林某等三人是为了逃避危险而抢劫他人机动车辆作为工具,故可以考虑是否成立紧急避险。

避险前提。紧急避险的成立,以存在正在发生的危险为前提。但如果按照法律,行为人本来就有义务自行忍受某一危险,那就不允许他通过避险行为将该危险转嫁给第三人。[①] 如前所述,林某等三人在实施了强奸等犯罪的情况下,面临着被闻讯而来的警察或者其他公民即刻控制并扭送司法机关并且被追究法律责任的危险。不过,根据《刑事诉讼法》第82条的规定,对于犯罪后即时被发觉的犯罪嫌疑人,公安机关有权先行拘留;同时,根据《刑事诉讼法》第84条的规定,任何公民对于在犯罪后即时被发觉的人都可以立即扭送司法机关处理。警察拘留权和公民扭送权的存在说明,被警察或者其他公民暂时控制并被追究法律责任的风险,是林某等三人必须自行承担和忍受的风险,他们无权将之转嫁给其他第三人。

因此,林某等人抢劫他人摩托车用作逃离工具的行为不能成立紧急

---

① Vgl. Maurach/Zipf, Strafrecht AT, TeilBd. Ⅰ, 8. Aufl., 1992, § 27 Rn. 39; Kindhäuser, Strafrecht AT, 8. Aufl., 2017, § 17 Rn. 39.

避险,同时也不存在其他违法阻却事由,故具有违法性。

(3)责任

不存在责任阻却事由。

(4)结论

林某、韩某和王某的行为成立抢劫罪的共同正犯,皆为主犯。

2. 抢劫罪(第269条,第26条第1、4款)

王某开始时试图趁麦某不备将其摩托车骑走,在尚未发动车辆之时麦某赶来制止,林某、韩某继而对其实施暴力,该行为可能成立事后抢劫(转化型抢劫)。

(1)构成要件符合性

①前提要件

事后抢劫的成立要求行为人先前犯盗窃、诈骗、抢夺罪。学界对于本条中"犯……罪"的含义存在分歧。一种观点认为,该规定要求行为人必须犯盗窃、诈骗、抢夺罪既遂,即盗窃行为必须取得数额较大的财物。① 通说认为,该规定只要求行为已经构成盗窃、诈骗、抢夺罪,但不要求行为必须既遂。② 笔者认为,通说的观点是可取的,理由在于:第一,从法条文理上看,"犯……罪"只要求犯罪成立,而并不要求必须犯罪既遂,未遂犯同样属于犯罪行为。第二,根据《刑法》第269条的规定,单纯为抗拒抓捕和毁灭罪证而当场使用暴力者同样可以构成事后抢劫,这就说明先前行为取得数额较大的财物,这并非事后抢劫的必备前提。第三,抢劫罪的成立本来就不要求行为人取得数额较大的财物,所以事后抢劫的成立也不应当以先前财产犯罪的既遂为先决条件。第四,现行规范性文件也采纳了该观点。《两抢意见》第5条规定,即便行为人实施盗窃、诈骗、抢夺行为未达到"数额较大",若使用暴力致人轻微伤以上后果的,仍应以事后抢劫论处。2016年1月6日最高人民法院《关于审理抢劫刑事案件适用法律若干问题的指导意见》(以下简称《抢劫指导意见》)就转化型抢劫犯罪的认定问题明确提出:"犯盗窃、诈骗、抢夺

---

① 参见刘明祥:《财产罪专论》,中国人民大学出版社2019年版,第73页。

② 参见王作富主编:《刑法分则实务研究》(第五版),中国方正出版社2013年版,第918页;张明楷:《刑法学》(第六版),法律出版社2021年版,第1275—1276页;周光权:《刑法各论》(第四版),中国人民大学出版社2021年版,第121—122页。

罪",主要是指行为人已经着手实施盗窃、诈骗、抢夺行为,一般不考察盗窃、诈骗、抢夺行为是否既遂。

本案中,林某三人临时形成夺取麦某摩托车的合意后,由王某迅速发动摩托车,该行为使得麦某面临着丧失对数额较大财物之占有的急迫危险,可以认定其已经着手实行抢夺罪,故符合事后抢劫的前提要件。

②行为要件

事后抢劫的成立,要求行为人当场使用暴力或者以暴力相威胁。《抢劫指导意见》规定,暴力强度较小,未造成轻伤以上后果的,可不认定为"使用暴力"。本案中,在共同强取摩托车的意思支配下,林某、韩某对被害人麦某实施了造成轻伤害结果的暴力,符合了事后抢劫的行为要件。

③目的要件

事后抢劫的成立,要求行为人主观上是为了窝藏赃物、抗拒抓捕或者毁灭罪证。如果行为人在实行盗窃、诈骗、抢夺的过程中,尚未占有财物时就被他人发现,行为人为了取得财物而使用暴力的,应当认定为普通抢劫,而非事后抢劫。① 最高人民法院发布的参考性案例"朱永友抢劫案"也肯定了这一点,其裁判理由指出:一旦行为人在实施盗窃过程中被发现,他就不可能继续通过秘密窃取的方法达到取财目的,故该行为本身业已构成盗窃未遂;若行为人为了排除被害人的反抗转而对被害人实施暴力或者以暴力相威胁,从而达到取得他人财物的目的,则属于犯意转化,其后续行为完全符合《刑法》第263条典型抢劫罪的构成要件,不宜认定为转化的抢劫罪。② 本案中,被害人麦某及时赶到,导致林某等人先前的抢夺行为未能得手,所以林某和韩某使用暴力并不是为了窝藏赃物、抗拒抓捕或者毁灭罪证,而是为了取得对财物的占有,故不符合事后抢劫的行为要件。

---

① 参见张明楷:《刑法学》(第六版),法律出版社2021年版,第1284页。
② 参见叶巍、高军:《朱永友抢劫案——在盗窃过程中使用暴力的直接适用刑法第二百六十三条以抢劫罪定罪处罚》,载最高人民法院刑事审判第一、二、三、四、五庭主办:《中国刑事审判指导案例(危害国家安全罪・危害公共安全罪・侵犯财产罪・危害国防利益罪)》,法律出版社2009年版,第381—382页。

（2）结论

林某、韩某、王某的行为不成立事后抢劫。

（四）竞合

1. 抢劫罪的构成要件能够包含故意伤害罪。林某和韩某的一行为同时触犯了两罪，根据"特别法优于普通法"的原理，应当排除故意伤害罪法条的适用，仅以抢劫罪论处。

2. 抢劫罪可以被理解为"暴力、胁迫或者其他方法+盗窃"，是附加了特殊手段要素的盗窃罪。① 当财物价值达到1000元至3000元以上标准时，盗窃罪与抢劫罪是法条竞合的关系。王某的一个行为同时触犯了两罪，根据"特别法优于普通法"的原理，应当排除盗窃罪法条的适用，仅以抢劫罪论处。

综上，在本事实单元，林某、韩某和王某成立抢劫罪的共同正犯，皆为主犯。

三、酒驾翻车

王某

1. 交通肇事罪（第133条第1分句）

（1）构成要件符合性

①客观构成要件

首先，本罪的成立要求发生重大事故，致人重伤、死亡或者使公私财产遭受重大损失。本案中，出现了王某、林某和韩某三人重伤的结果。但是，在认定本罪是否成立时，不能将行为人本人重伤的结果作为定罪的依据，理由在于：第一，刑法中规定的一切罪刑规范，其目的均在于保护行为人以外的其他法益主体的安全。例如，故意杀人罪中的"人"必然指的是行为人以外的其他人。② 如果行为人基于完全自愿故意损害自身的生命、健康，由于该法益处在其个人处分的权限范围之内，故不再受到法律的保护。即便行为人非基于本意而是过失导致自身生命、健康受损，由于他本来就已自食其果，所以也没有必要再额外地要求他为此

---

① Vgl. Kindhäuser, Strafrecht BT 2, 9. Aufl., 2017, § 13 Rn. 1.
② 参见马克昌主编：《百罪通论（上卷）》，北京大学出版社2014年版，第503页。

承担法律责任。第二，我国已有刑事审判参考案例明确了这一点。"郑帮巧危险驾驶案"的裁判要旨指出：犯罪是对他人法益的侵害，一般情况下自损行为不构成犯罪，故 2000 年 11 月 21 日起施行的最高人民法院《关于审理交通肇事刑事案件具体应用法律若干问题的解释》（以下简称《交通肇事解释》）第 2 条规定的致人死亡、重伤等结果，其中的"人"不应当包括肇事者本人。① 综上，本案中能够作为定罪根据的损害结果只有林某、韩某二人的重伤。

根据《交通肇事解释》第 2 条的规定，若行为人酒后驾驶机动车辆，那么只要致 1 人以上重伤，且负事故全部或者主要责任，即达到本罪的入罪标准。本案中，王某在饮酒后驾驶摩托车并引起了两人重伤，符合了本罪的结果要件。

其次，本罪的行为表现为违反交通运输管理法规。丙酒后驾驶摩托车，违反了《道路交通安全法》第 22 条第 2 款的规定。

最后，本罪的成立，要求重大事故可归责于行为人违反交通运输管理法规的行为。正是由于先前摄入的酒精引起王某对车辆的控制能力下降，才导致翻车事故的发生，所以事故与违规驾驶行为之间具有事实因果关系。需要讨论的问题是：既然林某、韩某在明知王某已经醉酒的情况下，仍自愿乘坐其驾驶的摩托车，那么王某因酒驾发生事故而给林、韩二人造成的损害，能否成立被害人自我答责？一种观点认为，只要被害人认识到他人的行为具有给自己的法益造成损害的危险，却要求、允许或者接受他人实施该危险行为，由此产生的损害结果，就应该由被害人承担责任。② 另一种观点则主张，只有当被害人本人对危险的事实流程具有支配时，才能肯定被害人自我答责；若被害人对危险流程缺乏支配，只是对他人实施的危险行为表示接受和同意，则只能在违法性阶段考虑是否成立被害人承诺。③ 笔者赞同后一观点。因为：只有当危险行为处在被害人自己的支配之下时，才能保证危险创设的每个环节都准确

---

① 参见陈兴良、张军、胡云腾主编：《人民法院刑事指导案例裁判要旨通纂（上卷）》（第二版），北京大学出版社 2018 年版，第 116 页。

② 参见冯军：《刑法中的自我答责》，载《中国法学》2006 年第 3 期，第 102 页。Vgl. Roxin/Greco, Strafrecht AT, Bd. Ⅰ, 5. Aufl., 2020, § 11 Rn. 123.

③ 参见黎宏：《刑法学总论》，法律出版社 2016 年版，第 159 页。Vgl. Sternberg-Lieben, in: Schönke/Schröder, StGB, 30. Aufl., 2019, Vorbem § § 32 ff Rn. 107.

无误地体现着被害人本人的意志,也唯有如此才能最终要求被害人而非第三人为损害结果负全责。① 所以,本案不成立被害人自我答责,两人重伤的结果可归责于王某的违规驾驶行为。

②主观构成要件

本罪的罪过形式为过失。王某知道自己是酒后驾驶,作为一名具有驾驶经验的正常人,他事先必定预见到这种行为有发生重大事故的危险。不过,由于一旦出现事故,王某自己也将成为死伤的受害者,故他不可能对事故的发生持希望或者放任的态度。王某之所以在酒后坚持驾驶摩托车上路,一方面固然是因为逃窜心切,另一方面也是因为对自己的驾驶能力过于自信,故对于重大事故的发生存在过失。

(2)违法性

被害人承诺

尽管林某和韩某对重伤结果的发生并未表示同意,但他们毕竟自愿地接受了王某危险驾驶的行为。被害人单纯对危险行为表示同意的,能否成立被害人承诺?对此学界有不同看法。有的学者认为,当被害人仅对危险行为表示同意时,其意愿并没有达到容许结果发生的程度,不如说是反对结果发生,故不属于被害人承诺。② 有的学者则认为,被害人承诺的原理同样可以适用于被害人仅对危险行为表示了同意的情形。③ 笔者认为,后一种观点更为可取。因为,对于过失行为来说,一旦行为无价值被否定,那么即便该行为产生了重大损害结果,该结果也不能成为结果无价值的成立根据。所以,在被害人对危险行为本身表示同意的情况下,只要该同意有效,过失行为的行为无价值即归于取消,于是,该行为所引起的损害结果也就不再具有刑法上的意义。④ 因此,林某和韩某对王某醉酒驾驶的危险行为表示同意,存在成立被害人承诺的可能。

①承诺者对遭受损害的法益享有处分权限

---

① 详细的论证,参见第二章"见义勇为"案分析的第三部分。
② 参见〔日〕曾根威彦:《刑法学基础》,黎宏译,法律出版社 2005 年版,第 65 页。Vgl. Sternberg-Lieben, in: Schönke/Schröder, StGB, 30. Aufl., 2019, Vorbem §§ 32 ff Rn. 34.
③ 参见黎宏:《刑法学总论》,法律出版社 2016 年版,第 159 页。Vgl. Lackner/Kühl, StGB, 29. Aufl., 2018, § 228 Rn. 2a.
④ Vgl. Rönnau, in: LK-StGB, 12. Aufl., 2006, Vorbem §§ 32 ff Rn. 165; Kaspar, Strafrecht AT, 2015, Rn. 373.

被害人承诺的成立,要求受到行为人损害的必须是被害人有权处分的法益。本案中,王某的危险驾驶行为导致两名被害人重伤。需要探讨的问题是:重伤的危险能否成为被害人承诺的对象呢?回答是否定的,理由在于:

第一,与生命紧密关联的重大身体健康,不宜成为可由被害人处分的法益。对于伤害行为,在多大范围内允许根据被害人承诺阻却违法?刑法学界对此素来存在争议。有观点认为,当伤害行为所追求的目的或者所采用的方式违背了健全的道德观念时,对该伤害的承诺归于无效。① 有学者则认为,被害人承诺是否有效,应当取决于伤害的严重程度,如果伤害达到了重伤的程度,则应当认为同意无效。② 笔者赞同后一观点。因为:其一,人们一致认为,得到被害人同意的杀人行为仍然成立故意杀人罪。重伤害包含着生命危险,既然法律不承认得到同意的杀人能够得到合法化,那就应当认为得到同意的重伤害行为同样属于违法。③ 其二,伤害罪规范所保护的法益是人的身体健康,而非伦理道德,所以不能根据纯粹的道德观念来限制被害人承诺的成立范围。④

第二,重伤害行为不能成立被害人承诺,这一原则既适用于故意行为也适用于过失行为。一种观点认为,生命不能成为承诺之对象的原则不适用于行为人支配型的自陷风险,理由是《德国刑法》第 216 条(受嘱托杀人罪)为被害人承诺所设置的限制,仅适用于故意杀人的情形,但行为人支配型的自陷风险所涉及的却是过失致人死亡的情形,故被害人对致死风险的同意不受该条的制约。⑤ 同理,在过失伤害行为中,被害人

---

① Vgl. BGHSt 4, 24 (32) = BGH NJW 1953, 473; BGHSt 4, 88 = BGH NJW 1953, 912; BGHZ 67, 48 (50) = BGH NJW 1976, 1790.

② 参见张明楷:《刑法学》(第六版),法律出版社 2021 年版,第 1119 页。Vgl. Jescheck/Weigend, Lehrbuch des Strafrechts AT, 5. Aufl., 1996, S. 378f; Kindhäuser, Strafrecht BT 1, 8. Aufl., 2017, § 8 Rn. 20; Sternberg-Lieben, in: Schönke/Schröder, StGB, 30. Aufl., 2019, § 228 Rn. 17.

③ Vgl. Roxin/Greco, Strafrecht AT, Bd. Ⅰ, 5. Aufl., 2020, § 13 Rn. 41.

④ Vgl. Roxin/Greco, Strafrecht AT, Bd. Ⅰ, 5. Aufl., 2020, § 13 Rn. 38.

⑤ Vgl. Kühl, Strafrecht AT, 8. Aufl., 2017, § 17 Rn. 87; Kindhäuser, Strafrecht AT, 8. Aufl., 2017, § 12 Rn. 71.

承诺的成立也不应当受到伤害严重程度的影响。① 但是,我国《刑法》并无类似条款,而且理论界的多数意见目前倾向于认为,当行为人过失致人死亡时,即便被害人对致死风险表示了同意,也不妨碍过失罪的成立。② 同理,对于过失致人重伤的行为,也不存在被害人承诺的余地。本案中,既然王某的危险驾驶行为给林某和韩某造成了重伤害,那就无法成立被害人承诺。

第三,交通肇事罪所保护的法益不是单纯的个人生命、健康或者财产,而是公共安全。公共法益不能成为被害人承诺的对象。

综上,本案不成立被害人承诺。

(3)责任

不存在责任阻却事由。

(4)结论

王某成立交通肇事罪。

2. 过失致人重伤罪(第235条)

上述关于交通肇事罪的分析表明,王某违章驾驶摩托车过失造成了林某和韩某两人重伤,同时不存在违法阻却或者责任阻却事由,成立过失致人重伤罪。

3. 危险驾驶罪(第133条之一第1款第2项)

(1)构成要件符合性

①客观构成要件

根据《刑法》第133条之一第1款第2项的规定,本罪实行行为的表现之一是醉酒驾驶机动车。根据2013年12月18日最高人民法院、最高人民检察院、公安部《关于办理醉酒驾驶机动车刑事案件适用法律若干问题的意见》(以下简称《醉酒驾驶意见》)第1条的规定,在道路上驾驶机动车,血液酒精含量达到80毫克/100毫升以上的,属于醉酒驾驶机动车。王某驾驶摩托车在公路上行驶时,其血液酒精含量达到142.6毫克/100毫升,超过了醉驾标准,符合"醉酒驾驶机动车"这一行为要件。

---

① Vgl. Arzt/Weber/Heinrich/Hilgendorf, Strafrecht BT, 2. Aufl., 2009, § 6 Rn. 36; Kaspar, Strafrecht AT, 2015, Rn. 374.

② 参见黎宏:《刑法学总论》,法律出版社2016年版,第160页;张明楷:《刑法学》(第六版),法律出版社2021年版,第305—306页。

②主观构成要件

关于醉酒驾驶型危险驾驶罪的罪过形式,理论上存在争议。通说认为本罪是故意犯,①但也有学者主张本罪是过失犯(具体来说是过失的抽象危险犯)。② 笔者认为,通说更为可取,理由在于:第一,将本罪定性为故意犯,并不会出现罪刑失衡。有学者提出,本罪的法定刑低于交通肇事罪,如果认为本罪是故意犯,就会出现故意犯的法定刑反而低于过失犯的情况。但是,法定刑的高低不仅取决于主观罪过形式,而且也取决于客观法益侵害的程度。危险驾驶罪毕竟只是对道路安全造成了抽象危险,而交通肇事罪却造成了重伤、死亡等严重的实害结果,所以不能断言故意抽象危险犯的法定刑必然高于过失实害犯。事实上,《刑法》之所以对危险驾驶罪设置较轻的法定刑,是因为人们对增设此罪原本存有争议,本罪不宜造成实害为前提,发生率较高,为了慎重起见,不宜规定较重的法定刑。③ 第二,从规范目的来看,本罪属于一般交通违法行为与交通肇事罪之间的过渡性罪名。将本罪定为故意犯,只是说明行为人对其行为的抽象危险具有故意,这与其较轻的法定刑并不冲突。假如将本罪定为过失犯,反而会出现刑法缺少与该过失犯相对应的故意犯的情况。

本罪故意的成立,要求行为人明知自己是在醉酒状态下驾驶机动车。"醉酒"属于规范的构成要件要素,因为只有借助《醉酒驾驶意见》所规定的血液酒精含量值才能知悉其确切的含义。正如本案下药迷奸单元对林某等人欺骗他人吸毒罪的分析所述,根据"外行人平行评价"的原理,就规范的构成要件要素而言,只要行为人对相关法律概念所反映的社会意义或者相关法律规定所追求的实质目的有所认识,即可认定其存在故意。据此,并不要求王某认识到自己的血液酒精含量达到了该标准的确切数值,他只要认识到自己摄入的酒精并非微量即可。王某知

---

① 参见马克昌主编:《百罪通论(上卷)》,北京大学出版社 2014 年版,第 136—137 页;张明楷:《刑法学》(第六版),法律出版社 2021 年版,第 931 页;周光权:《刑法各论》(第四版),中国人民大学出版社 2021 年版,第 223 页;高铭暄、马克昌主编:《刑法学》(第十版),北京大学出版社、高等教育出版社 2022 年版,第 362 页。

② 参见冯军:《论〈刑法〉第 133 条之 1 的规范目的及其适用》,载《中国法学》2011 年第 5 期,第 143 页。

③ 参见黄太云:《〈刑法修正案(八)〉解读(二)》,在《人民检察》2011 年第 7 期,第 56 页。

道自己是在饮用了不少啤酒和白酒的情况下在公路上驾驶摩托车,故存在本罪的故意。

(2)违法性

不存在违法阻却事由。

(3)责任

不存在责任阻却事由。

(4)结论

王某的行为成立危险驾驶罪。

4. 竞合

(1)交通肇事罪与过失致人重伤罪是法条竞合关系。由于王某的一个行为同时满足这两个罪的成立条件,故根据"特别法优于普通法"的原理,应当排除过失致人重伤罪的法条,仅适用交通肇事罪的规定。

(2)根据《刑法》第133条之一第3款的规定,王某的一个行为同时构成交通肇事罪和危险驾驶罪,应当依照处罚较重的规定。交通肇事罪的基本法定刑为3年以下有期徒刑或者拘役,危险驾驶罪的法定刑为拘役并处罚金,两相比较,前者为重罪,故应以交通肇事罪的规定定罪处罚。

综上,在本事实单元,对王某应以交通肇事罪论处。

四、全案分析结论

1. 对林某应以强奸罪(未遂,主犯,具有轮奸情节和致人死亡的加重结果)、抢劫罪(主犯)论处。

2. 对韩某应以强奸罪(未遂,主犯,具有轮奸情节和致人死亡的加重结果)、抢劫罪(主犯)论处。

3. 对王某应以强奸罪(未遂,主犯,具有轮奸情节和致人死亡的加重结果)、抢劫罪(主犯)和交通肇事罪论处。

4. 对钟某应以强奸罪(未遂,主犯,具有轮奸情节和致人死亡的加重结果)论处。

5. 对吴某应以强奸罪(未遂,主犯,具有轮奸情节)论处。

6. 对麦某应以强奸罪(未遂,从犯,具有轮奸情节)和非法持有毒品罪论处。

重点复习

需要结合本案例复习的基础知识点包括:

1. 犯罪中止自动性的判断标准。
2. 强奸罪情节加重犯中"二人以上轮奸"的认定。
3. 如何认定结果加重犯中基本行为与加重结果之间的因果关系?
4. 不作为犯中作为义务的结果避免可能性。
5. 规范构成要件要素的认识错误。
6. 不可罚的事前行为与不可罚的事后行为。
7. 国家工作人员的保证人义务。
8. 以不作为的方式参与他人犯罪,属于正犯还是共犯?
9. 滥用职权罪与玩忽职守罪的认定。
10. 转化型抢劫(事后抢劫)的认定。
11. 危险接受与被害人承诺。
12. 醉酒型危险驾驶罪的认定。

知识点索引

刑法总论

一、犯罪论体系
  三阶体系与二阶体系 13—15

二、构成要件符合性
  表面的构成要件要素 279—280,305—317
  不作为犯 31—34,115—120,127—133,295,368—371,381—384
    先行行为引起的保证人义务 115—120
    国家工作人员的保证人义务 381—384
    作为义务的结果避免可能性 33,369—370
  被害人自我答责 31,33,65,80—82,128,176,209,365,396—397
  结果加重犯 34—35,155—160,166—167,199,233,297,364—368,375,377,384—386
  故意 14,25,32,37,64,72,77,82,103,154,165,177,277,286,325,326,330,377,398,400
    与过失的界分 66
    对规范构成要件要素的认识 373
  过失 14,30,75,84—89,117—120,201—202,235,364,366,384,387,395,397
  抽象的事实认识错误 47,305

三、违法性
  正当防卫 17,21,51,68—72,78,89—98,118,127,262,287
    假想防卫/假想防卫过当 49,288

防卫限度　20,69—72,89—91,96—98,127,133
　　紧急避险　78,86,120,130,149,392
　　公民扭送权　121,263,272,392
　　被害人承诺　83—86,397—399

四、责任

　　容许性构成要件错误　49—53,288
　　相对刑事责任能力人　10,206,236

五、犯罪未完成形态

　　犯罪未遂　24,73,106,108,189,197,217,232,287,331,360
　　　着手的认定　20,25,74,105,152,257,330,359
　　　盗窃罪的未遂　105,124,246,325
　　犯罪中止　24,27,29,173,189,207,217,331,359
　　　自动性的认定　331,360

六、共同犯罪

　　犯罪共同说与行为共同说　36,43
　　间接正犯的认定　45,113,142,152,180,190,218,220,256
　　　利用有故意无目的的工具　142,180,218
　　　利用有故意无身份的工具　257
　　　利用欠缺责任能力的工具　113,190,220
　　共同正犯　36—38,62,103,105,120,137,182,206,227,283,344, 359,381,391
　　　部分实行全部责任　37,63,213,362,392
　　共犯的限制从属性　36,38,111,113,191,221,223,255,286
　　教唆犯　39,81,113,124,142,170,181,190,204,218,255,260, 285,344
　　　"被教唆的人没有犯被教唆的罪"的理解　193,224
　　帮助犯　36,111,114,187,196,230,251,283,345,376,383
　　　心理帮助犯的认定　251
　　望风行为的定性　111
　　不作为形式的参与　358,383

共犯的脱离　362,384

七、犯罪竞合
想象竞合与法条竞合　87,184,202,227,238,292
继续犯　156,158,164,171,186,187,195,283,295
牵连犯　160,195,196,304,352
不可罚的事后行为　283,301,341,344
不可罚的事前行为　375,380

刑法各论

一、危害公共安全罪
放火罪　102,115
以危险方法危害公共安全罪　75,82
破坏交通工具罪　103,121
交通肇事罪　83,395
危险驾驶罪　76,87,399
　　醉酒驾驶型　399
　　追逐竞驶型　76,87

二、破坏社会主义市场经济秩序罪
信用卡诈骗罪　299,303,341
洗钱罪　333,336

三、侵犯公民人身权利、民主权利罪
故意杀人罪　64,73,80,154,157,197,231,287,368,370
过失致人死亡罪　75,368
故意伤害罪　72,75,140,154,198,232,253,255,289,389
强奸罪　358—368,381—385
　　强奸"致使被害人……死亡"的认定　364
　　"二人以上轮奸"的认定　362
非法拘禁罪　139,156,158,166,173,178,183,215,227,261
　　与绑架罪的关系　173,206

非法拘禁"致人死亡"的认定 156,166

"使用暴力致人……死亡"的认定 158,166

绑架罪 137,172,180,196,199,206,218,220,221,227,233

与抢劫罪的界分 138,161

单一行为说与复合行为说 137,169

共同犯罪的认定 196,206

绑架后"杀害被绑架人"的认定 199—201,233

拐骗儿童罪 177,182,213,227

组织未成年人进行违反治安管理活动罪 114,195,226

四、侵犯财产罪

抢劫罪 12,60,140—147,155,164,253,256,293,297,298,303,391,393

抢劫财产性利益 297

与抢夺罪的界分 60

抢劫"致人……死亡"的认定 155

转化型抢劫（事后抢劫） 253,256,393

抢劫信用卡后使用的 303

抢劫既遂的认定 141,162,259

盗窃罪 105—114,124,243—248,276,321—325,337—341,344—346,347,389

与侵占罪的关系 276,279,311—317

与诈骗罪的界分 246

盗窃未遂的认定 105,124,246,325

诈骗罪 246,248,251,328,330,331

处分意识 247

诉讼诈骗 330

抢夺罪 60,62,390

侵占罪 269,278,283,290,314

"代为保管的他人财物"的认定 276,314

"遗忘物"的认定 278

对赃物的侵占 290

对现金的侵占 270
"拒不退还/拒不交出"的认定 280
职务侵占罪 148,151
挪用资金罪 151,154
敲诈勒索罪 147,188,190,191,216,223,264,328
　　与诈骗罪的关系 329
　　与权利行使行为的关系 265
故意毁坏财物罪 110,122

五、妨害社会管理秩序罪

使用虚假身份证件、盗用身份证件罪 335
传授犯罪方法罪 194,226
虚假诉讼罪 331
窝藏、包庇罪 254,259,260,268,271
掩饰、隐瞒犯罪所得、犯罪所得收益罪 284,285,334,336
非法持有毒品罪 379
欺骗他人吸毒罪 372,374,378,385
容留他人吸毒罪 378,385

六、渎职罪

滥用职权罪 385
玩忽职守罪 386

分析框架索引

犯罪未遂的分析模式　25
过失犯的分析模式　31
不作为犯的分析模式　33,34
结果加重犯的分析模式　35
共同正犯的分析模式　38
间接正犯的分析模式　45
教唆犯的分析模式　39
帮助犯的分析模式　39

主要参考文献

一、教科书、评注书

1. 陈家林：《外国刑法通论》，中国人民公安大学出版社2009年版。
2. 陈兴良主编：《刑法总论精释》（第三版），人民法院出版社2016年版。
3. 陈兴良主编：《刑法各论精释》，人民法院出版社2015年版。
4. 陈兴良：《教义刑法学》（第三版），中国人民大学出版社2017年版。
5. 陈兴良：《规范刑法学》（第四版），中国人民大学出版社2017年版。
6. 陈兴良、刘树德、王芳凯编：《注释刑法全书》，北京大学出版社2022年版。
7. 高铭暄主编：《刑法专论》（第二版），高等教育出版社2006年版。
8. 高铭暄、马克昌主编：《刑法学》（第十版），北京大学出版社、高等教育出版社2022年版。
9. 冯军、肖中华主编：《刑法总论》（第三版），中国人民大学出版社2016年版。
10. 付立庆：《刑法总论》，法律出版社2020年版。
11. 贾宇主编：《刑法学（上册·总论）》，高等教育出版社2019年版。
12. 姜涛主编：《刑法总论入门笔记》，法律出版社2018年版。
13. 姜涛主编：《刑法分论入门笔记》，法律出版社2019年版。
14. 何帆：《刑法注释书》，中国民主法制出版社2021年版。
15. 郎胜主编：《中华人民共和国刑法释义》，法律出版社2015年版。
16. 黎宏：《刑法学总论》（第二版），法律出版社2016年版。
17. 黎宏：《刑法学各论》（第二版），法律出版社2016年版。

18. 马俊驹、余延满:《民法原论》(第四版),法律出版社 2011 年版。

19. 马克昌主编:《犯罪通论》,武汉大学出版社 1999 年版。

20. 马克昌主编:《百罪通论》,北京大学出版社 2014 年版

21. 王爱立主编:《中华人民共和国刑法条文说明、立法理由及相关规定》,北京大学出版社 2021 年版。

22. 王利明、杨立新、王轶、程啸:《民法学》(第六版),法律出版社 2020 年版。

23. 王作富主编:《刑法分则实务研究》(第五版),中国方正出版社 2013 年版。

24. 谢望原、赫兴旺主编:《刑法分论》(第三版),中国人民大学出版社 2016 年版。

25. 喻海松编著:《实务刑法评注》(第二版),北京大学出版社 2024 年版。

26. 张明楷:《外国刑法纲要》(第三版),法律出版社 2020 年版。

27. 张明楷:《刑法学》(第六版),法律出版社 2021 年版。

28. 周光权:《刑法总论》(第四版),中国人民大学出版社 2021 年版。

29. 周光权:《刑法各论》(第四版),中国人民大学出版社 2021 年版。

30. 〔日〕大谷实:《刑法讲义总论(新版第 5 版)》,黎宏、姚培培译,中国人民大学出版社 2023 年版。

31. 〔日〕大谷实:《刑法讲义各论(新版第 5 版)》,黎宏、邓毅丞译,中国人民大学出版社 2023 年版。

32. 〔日〕大塚仁:《刑法概说(总论)(第三版)》,冯军译,中国人民大学出版社 2003 年版。

33. 〔日〕大塚仁:《刑法概说(各论)(第三版)》,冯军译,中国人民大学出版社 2003 年版。

34. 〔日〕高桥则夫:《刑法总论》,李世阳译,中国政法大学出版社 2020 年版。

35. 〔德〕乌尔斯·金德霍伊泽尔:《刑法总论教科书(第六版)》,蔡桂生译,北京大学出版社 2015 年版。

36. 〔日〕前田雅英:《刑法总论讲义(第七版)》,曾文科译,北京大学

出版社 2024 年版。

37.〔日〕山口厚:《刑法总论(第三版)》,付立庆译,中国人民大学出版社 2018 年版。

38.〔日〕山口厚:《刑法各论(第二版)》,王昭武译,中国人民大学出版社 2011 年版。

39.〔日〕松宫孝明:《刑法总论讲义(第四版补正版)》,钱叶六译,王昭武审校,中国人民大学出版社 2013 年版。

40.〔日〕松宫孝明:《刑法各论讲义(第四版)》,王昭武、张小宁译,中国人民大学出版社 2018 年版。

41.〔日〕西田典之:《日本刑法总论(第二版)》,王昭武、刘明祥译,法律出版社 2013 年版。

42.〔日〕西田典之著,桥爪隆补订:《日本刑法各论(第十版)》,王昭武、刘明祥译,法律出版社 2020 年版。

43. *Arzt*, Gunther/ *Weber*, Ulrich / *Heinrich*, Bernd/ *Hilgendorf*, Eric, Strafrecht Besonderer Teil, 2. Auflage, Bielefeld 2009.

44. *Baumann*, Jürgen/ *Weber*, Ulrich/ *Mitsch*, Wolfgang/ *Eisele*, Jörg: Strafrecht Allgemeiner Teil, 12. Auflage, Bielefeld 2016.

45. *Cirener*, Gabriele/ *Radtke*, Henning/ *Rissing-van Saan*, Ruth/ *Rönnau*, Thomas/ *Schluckebier*, Wilhelm (Hrsg.), Leipziger Kommentar, Großkommentar zum Strafgesetzbuch, 13. Auflage, 2019ff.

46. *Erb*, Volker/ *Schäfer*, Jürgen (Hrsg.), Münchener Kommentar zum Strafgesetzbuch, 4. Auflage, 2020.

47. *Frister*, Helmut: Strafrecht Allgemeiner Teil, 8. Auflage, München 2018.

48. *Gropp*, Walter: Strafrecht Allgemeiner Teil, 4. Auflage, Berlin/Heidelberg/New York 2015.

49. *Jescheck*, Hans-Heinrich/ *Weigend*, Thomas: Lehrbuch des Strafrechts. Allgemeiner Teil, 5. Auflage, Berlin 1996.

50. *Jakobs*, Günther: Strafrecht Allgemeiner Teil, 2. Auflage, Berlin/ New York 1991.

51. *Kaspar*, Johannes: Strafrecht Allgemeiner Teil, Baden-Badeb 2015.

52. *Kindhäuser*, Urs: Strafrecht Allgemeiner Teil, 8. Auflage, Baden-Ba-

den 2017.

53. *Kindhäuser*, Urs: Strafrecht Besonderer Teil Ⅰ, Straftaten gegen Persönlichkeitsrechte, Staat und Gesellschaft, 8. Auflage, Baden-Baden 2017.

54. *Kindhäuser*, Urs: Strafrecht Besonderer Teil Ⅱ, Straftaten gegen Vermögensrechte, 9. Auflage, Baden-Baden 2017.

55. *Kindhäuser*, Urs/*Neumann* Ulfrid/*Paeffgen* Hans-Ullrich (Hrsg.), Nomos-Kommentar, Strafgesetzbuch, 5. Auflage, 2017.

56. *Kindhäuser*, Urs/*Hilgendorf*, Eric: Lehr- und Praxiskommentar, 8. Aufl., Baden-Baden 2020.

57. *Kühl*, Kristian: Strafrecht Allgemeiner Teil, 8. Auflage, München 2017.

58. *Lackner*, Karl/*Kühl*, Kristian: Strafgesetzbuch Kommentar, 29. Aufl., München 2018.

59. *Maurach*, Reinhart/*Zipf*, Heinz: Strafrecht Allgemeiner Teil, Teilbd. 1, 8. Auflage, Heidelberg 1992.

60. *Maurach*, Reinhart/*Gössel*, Karl Heinz/*Zipf*, Heinz: Strafrecht Allgemeiner Teil, Teilbd. 2, 8. Auflage, Heidelberg 2014.

61. *Maurach*, Reinhart/*Schroeder*, Friedrich-Christian/*Maiwald*, Manfred: Strafrecht Besonderer Teil, Teilbd. 1, 10. Auflage, Heidelberg 2009.

62. *Otto*, Harro: Grundkurs Strafrecht Allgemeiner Teil, 7. Auflage, Berlin 2004.

63. *Puppe*, Ingeborg: Strafrecht Allgemeiner Teil im Spiegel der Rechtsprechung, Bd. Ⅰ, Baden-Baden 2002.

64. *Puppe*, Ingeborg: Strafrecht Allgemeiner Teil im Spiegel der Rechtsprechung, Bd. Ⅱ, Baden-Baden 2005.

65. *Puppe*, Ingeborg: Kleine Schule des juristischen Denkens, 3. Aufl., Baden-Baden 2014.

66. *Roxin*, Claus/*Greco* Luís: Strafrecht Allgemeiner Teil, Bd. Ⅰ, 5. Auflage, München 2020.

67. *Roxin*, Claus: Strafrecht Allgemeiner Teil, Bd. Ⅱ, München 2003.

68. *Schönke*, Adolf/*Schröder*, Horst: Strafgesetzbuch. Kommentar, 30. Auflage, München 2019.

69. *Stratenwerth*, Günter/*Kuhlen*, Lothar: Strafrecht Allgemeiner Teil Ⅰ, 6. Auflage, München 2011.

70. *Wessels*, Johannes/*Beulke*, Werner/*Satzger*, Helmut: Strafrecht Allgemeiner Teil, 47. Auflage, Heidelberg 2017.

71. *Wessels*, Johannes/*Hillenkamp*, Thomas: Strafrecht Besonderer Teil 2, 40. Auflage, Heidelberg 2017.

二、案例教学文献

1. 卜元石:《德国法学教育中的案例研习课:值得借鉴？如何借鉴?》,载方小敏主编:《中德法学论坛》(第13辑),法律出版社2016年版。

2. 蔡圣伟:《刑法案例解析方法论》,元照出版公司2023年版。

3. 蔡仙:《刑法案例教学与归入法之提倡》,载《安顺学院学报》2021年第3期。

4. 车浩:《嫉恨的保姆》(上、下),载《燕大法学教室》2021年第1期、第2期,元照出版公司2021年版。

4. 车浩:《车浩的刑法题》(第2版),北京大学出版社2021年版。

6. 陈兴良:《判例刑法学》(第二版),中国人民大学出版社2017年版。

7. 陈兴良主编:《案例刑法研究(总论)》(上下卷·第2版),中国人民大学出版社2022年版。

8. 陈璇:《刑法鉴定式案例分析方法导论》,载《燕大法学教室》2021年第1期,元照出版公司2021年版。

9. 葛云松:《法学教育的理想》,载《中外法学》2014年第2期。

10. 葛云松、金可可、田士永、黄卉:《法治访谈录:请求权基础的案例教学法》,载《法律适用(司法案例)》2017年第14期。

11. 韩玉胜主编:《刑法案例研习教程》,中国人民大学出版社2014年版。

12. 黄京平主编:《刑法案例分析(总则)》(第三版),中国人民大学出版社2018年版。

13. 李世阳:《鉴定式案例分析方法的展示》,载《燕大法学教室》2021年第3期,元照出版公司2021年版。

14. 罗钢、陈正湘:《刑法鉴定式案例教学改革刍论》,载《教育观察》2020年第25期。

15. 阮齐林:《刑法总则案例教程》,中国政法大学出版社1999年版。

16. 田士永:《民法学案例研习的教学实践与思考》,载《中国法学教育研究》2011年第3期。

17. 王泽鉴:《民法思维:请求权基础理论体系》(2022年重排版),北京大学出版社2022年版。

18. 魏东:《案例刑法学》,中国人民大学出版社2019年版。

19. 吴香香:《请求权基础:方法、体系与实例》,北京大学出版社2021年版。

20. 吴香香主编:《请求权基础案例实训》,北京大学出版社2023年版。

21. 夏昊晗:《鉴定式案例研习:德国法学教育皇冠上的明珠》,载《人民法治》2018年第18期。

22. 章程:《继受法域的案例教学:为何而又如何?》,载《南大法学》2020年第4期。

23. 张翔、田伟:《基本权利案件的审查框架(一):概论》,载《燕大法学教室》2021年第3期,元照出版公司2021年版。

24. 中南财经政法大学法学院:《德国"鉴定式案例分析"方法的中国实践——中南财经政法大学法学院2018年案例暑期班综述》,载《人民法治》2018年第18期。

25. 周光权主编:《如何解答刑法题》,北京大学出版社2021年版。

26.〔德〕埃里克·希尔根多夫:《德国大学刑法案例辅导》,黄笑岩译,北京大学出版社2019年版。

27. *Arzt*, Gunther: Die Strafrechtsklausur, 7. Auflage, München 2006.

28. *Beulke*, Werner: Klausurenkurs im Strafrecht Ⅰ, Ein Fall- und Repetitionsbuch für Anfänger, 7. Auflage, Heidelberg 2016.

29. *Bosch*, Nikolaus: Übungen im Strafrecht, 8. Auflage, Berlin/Boston 2017.

30. *Gropengießer*, Helmut/ *Kohler*, Marius: Glück und Unglück eines römischen Feldherrn, Jura 2003, S. 277ff.

31. *Haft*, Fritjof: Der Weg zur guten Strafrechtsklausur, JuS 1980, S. 281ff.

32. *Kindhäuser*, Urs/ *Schumann*, Kay H./ *Lubig*, Sebastian, Klausurtraining

Strafrecht, 3. Auflage, Baden-Baden 2016.

33. *Putzke*, Holm: Der strafbare Versuch, JuS 2009, S. 896ff.

34. *Roxin*, Claus/ *Schünemann*, Bernd/ *Haffke*, Bernhard: Strafrechtliche Klausurenlehre mit Fallrepetitorium, 4. Auflage, Köln/Berlin/Bonn/München 1982.

35. *Safferling*, Christoph J. M.: Übungsklausur-Strafrecht: Mittäterschaftlicher Diebstahl, JuS 2005, S. 135ff.

36. *Seher*, Gerhard: Die objektive Zurechnung und ihre Darstellung im strafrechtlichen Gutachten, Jura 2001, S. 814ff.

37. *Seher*, Gerhard: Vorsatz und Mittäter-Zu einem verschwiegenen Problem der strafrechtlichen Beteiligungslehre, JuS 2009, S. 1ff.

38. *Schroeder*, Friedrich-Christian: Anleitung für strafrechtliche Übungsarbeiten, JuS 1984, S. 699ff.

39. *Valerius*, Brian: Einführung in den Gutachtenstil, 15 Klausuren zum Bürgerlichen Recht, Strafrecht und Öffentlichen Recht, 4. Auflage, Berlin 2017.

40. *Westphal*, Karsten/ *Tetenberg*, Stefan: Strafrechtliche Musterklausuren für die Assessorprüfung, München 2020.

三、法规、案例集

1. 陈兴良、张军、胡云腾主编：《人民法院刑事指导案例裁判要旨通纂(上卷)/(下卷)》(第二版)，北京大学出版社2018年版。

2. 国家法官学院案例开发研究中心编：《中国法院年度案例》(刑法总则/刑法分则案例)，中国法制出版社。

3. 胡云腾主编：《宣告无罪实务指南与案例精析》，法律出版社2014年版。

4. 江溯主编：《德国判例刑法·总则》，北京大学出版社2021年版。

5. 李立众编：《刑法一本通：中华人民共和国刑法总成》(第十六版)，法律出版社2022年版。

6. 刘志伟编：《刑法规范总整理》(第十二版)，法律出版社2021年版。

7. 刘志伟、田旭编著：《案例刑法》(第二版)，法律出版社2021年版。

8. 王钢:《德国判例刑法·分则》,北京大学出版社2016年版。

9. 中华人民共和国最高人民法院刑事审判第一、二、三、四、五庭主办:《刑事审判参考》,法律出版社。

10. 中华人民共和国最高人民法院刑事审判第一、二、三、四、五庭主办:《中国刑事审判指导案例》,法律出版社。

11. 〔德〕克劳斯·罗克辛:《德国最高法院判例·刑法总论》,何庆仁、蔡桂生译,中国人民大学出版社2012年版。

12. 〔日〕山口厚:《从新判例看刑法(第三版)》,付立庆、刘隽、陈少青译,中国人民大学出版社2019年版。

四、专著

1. 高铭暄:《中华人民共和国刑法的孕育诞生和发展完善》,北京大学出版社2012年版。

2. 黎宏:《刑法总论问题思考》(第二版),中国人民大学出版社2016年版。

3. 刘明祥:《财产罪比较研究》,中国政法大学出版社2001年版。

4. 刘明祥:《财产罪专论》,中国人民大学出版社2019年版。

5. 王作富、刘树德:《刑法分则专题研究》,中国人民大学出版社2013年版。

6. 肖中华:《侵犯公民人身权利罪》,中国人民公安大学出版社2003年版。

7. 赵秉志:《侵犯财产罪》,中国人民公安大学出版社2003年版。

8. 赵秉志主编:《刑法学各论研究综述(1978—2008)》,北京师范大学出版社2009年版。

9. 张明楷:《刑法分则的解释原理》(第二版),中国人民大学出版社2011年版。

10. 张明楷:《诈骗犯罪论》,法律出版社2021年版。

11. 〔德〕卡尔·拉伦茨:《法学方法论》,黄家镇译,商务印书馆2020年版。

12. *Engisch*, Karl: Einführung in das juristische Denken, 12. Auflage, Stuttgart 2018.

13. *Kaufmann*, Arthur: Rechtsphilosophie, 2. Auflage, München 1997.

附录　刑法案例分析课规划

课堂基本信息

任课教师：陈璇，中国人民大学法学院教授、博士生导师。
助　　教：1名，为刑法专业硕士或者博士研究生。
选课人数：50人。
课 时 量：共34课时，17周，每周2课时（计1小时30分）。
案 例 数：共8个案例，每个案例的课堂研讨大体需要耗费2周。

课程的三个阶段

1. 教师示范阶段（3周）

由教师讲解鉴定式案例方法的总体架构，并以一个案例展示该方法的具体操作。

2. 独立实操阶段（4周）

每名同学独立完成两个案例的分析。作业课后完成，在规定的时间之内发送到指定邮箱，助教集中收取。每个案例由教师和助教共同遴选出一篇优秀作业进行课堂展示（40分钟左右），教师进行补充和拓展。

3. 深入研讨阶段（10周）

50名同学分成5个小组，每组10人，各负责一个案例的课堂展示，展示顺序通过抽签确定。具体来说：

（1）每个小组提前1周领到案例后，由助教组织组员进行初步酝酿、分工，然后由各组员按照分工准备展示材料。

（2）展示时，先由一名组员对案例分析的整体结构进行宏观介绍，包括事实单元的划分、罪名的搜索以及发现的主要问题。

(3)接下来,各组员需要按照分工就案例中的争议性问题逐一展开深入讨论,每个问题都要有不同的同学分别负责正反两方意见的说理、论证。要求全面查找相关的法律、司法解释、规范性文件、判例和学理文献。

(4)在展示小组讲到每一个具体问题时,其他同学可以提问或者发表意见,教师随时进行追问、补充和拓展。

(5)由教师根据小组展示的课堂表现、PPT等汇报材料综合给出评分。

每位同学的期末成绩由两次案例分析作业的得分、所在小组展示的得分以及围绕其他小组展示的讨论三部分共同组成,分数各占40%、40%和20%,不再组织期末考试。